한국의 시간

대협곡의 벼랑끝에서 희망을 말하다

4대 위기, 3대 기회, 선진강국의 길

한국의 시간

대협곡의 벼랑 끝에서 희망을 말하다
4대 위기, 3대 기회, 선진강국의 길

초판 1쇄 2025년 10월 27일
초판 2쇄 2025년 12월 1일

지은이 이효수
펴낸이 최외출
펴낸곳 열린시선

출판등록 1975년 9월 5일 경산 제16-1호
주소 경북 경산시 대학로 280
전화 053) 810-1801~3
FAX 053) 810-4722
홈페이지 book.yu.ac.kr

ISBN 978-89-7581-759-5 03300

한국의 시간

대협곡의 벼랑 끝에서 희망을 말하다

4대 위기, 3대 기회, 선진강국의 길

이 효 수 지음

열린시선

프롤로그

대협곡의 벼랑 끝
위기와 기회의 갈림길에서

우리는 지금, 대협곡의 벼랑 끝에서 절체절명의 순간을 마주하고 있다. 자연이 만들어낸 대협곡은 수백만 년에 걸친 지각 변동, 풍화, 침식이라는 장엄한 힘이 빚어낸 경이로운 서사시이자 예술작품이다. 하지만 우리의 삶과 국가의 항로에서 마주하는 '대협곡'은 그 의미가 전혀 다르다. 이는 잘못된 선택과 행동이 누적되어, 불과 수년 혹은 수십 년이라는 짧은 시간 안에 우리 스스로 초래한 절망적인 위기를 상징한다.

인간의 삶에서 마주하게 되는 대협곡은 그 발생 원인에 따라 '작위적 대협곡'과 '부작위적 대협곡'으로 구분할 수 있다. 작위적(作爲的) 대협곡은 과거의 잘못된 선택과 행동이 누적되어 발생하는 위기를 뜻한다. 반면, 부작위적(不作爲的) 대협곡은 미래를 위한 대비나 축적을 소홀히 하거나, 환경 변화에 따른 개혁과 혁신에 실패했을 때 어느 순간 갑자기 찾아오는 심각한 위기를 의미한다.

인생의 길에서 마약, 알코올, 범죄 등에 중독되면, 헤어나기 어려운 작위적 대협곡에 빠지게 된다. 한편, 청소년기에 지식과 기술, 직업 능력을 연마하지 않으면 청장년기에 안정된 직업을 얻기가 어렵다. 더 나아가 청장년기에 '따뜻한 인간관계'와 경제력을 쌓지 못한다면, 노후에 고독과 빈곤의 늪에서 고통받게 될 가능성이 크다. 이것이 바로 인생의 길에서 마주하는 부작위적 대협곡의 예라 할 수 있다.

국가는 부정부패, 정치적 갈등, 양극화와 차별, 포퓰리즘 중독 등이 심화될 경우, 작위적 대협곡에 빠질 위험이 있다. 또한, 산업혁명과 경제발전 단계의 이행 시기에 경제 패러다임 전환을 위한 개혁을 소홀히 한다면, 부작위적 대협곡에 빠져들 가능성도 높다. 현재 한국은 이러한 작위적 대협곡과 부작위적 대협곡의 벼랑 끝에 서 있다. 위기와 기회가 교차하는 결정적 순간이다. 더 이상 지체할 시간이 없다.

우리가 직면한 위기의 대부분은 누적된 잘못된 선택과 행위에서 비롯된 내재적 문제이다. 그러나 이러한 위기의 심각성과 본질을 정확히 파악하고, 적절히 대처한다면 이를 극복하여 새로운 기회로 전환할 수 있다. 이 과정은 우리에게 주어진 과제이자 도전이 될 것이다.

현재 한국은 초저출산으로 인한 인구재앙 쓰나미, 저성장 함정과 양극화 심화, 정치적 후진성으로 야기된 심각한 국민 분열과 포퓰리즘 중독의 위험성, 그리고 국제정세 변화와 국가안보 위기 등 4대 위기를 마주하고 있다.

반면, 제4차 산업혁명과 경제발전단계의 이행, 인재와 기업의 글로벌 경쟁력, 그리고 세계적인 한류열풍과 한국 문화의 세계화라는 3대 기회와 잠재력도 지니고 있다.

이러한 4대 위기를 성공적으로 극복하고, 3대 핵심 기회와 잠재력을 극대화하는 것이 대협곡의 벼랑 끝에 선 지금의 한국에 던져진 혁신 과제이다. 특히 세계적인 수준의 첨단 기술 경쟁력과 독창적인 문화 경쟁력의 융합을 통해 국가 브랜드 가치를 획기적으로 상승시키고, 경제 영토의 전략적 확장도 현실화해야 한다.

이러한 혁신적인 변화를 이끌어낼 핵심 동력은 바로 '인재'이다. 명실상부한 초일류 국가로 도약하기 위해서는 인재를 최우선으로 하는 '인재주의 국가'를 향한 근본적인 패러다임 전환이 반드시 필요하다.

이에 따라 이 책에서는 4대 위기의 본질과 심각성을 심층적으로 진단하고, 각 위기의 발생 및 심화 메커니즘을 철저히 분석할 것이다. 더 나아가, 이러한 위기를 슬기롭게 극복하고, 새로운 기회를 창출하기 위한 혁신적인 접근법을 제시하고자 한다.

저자는 먼저 한국이 현재 직면한 인구재앙 쓰나미에 주목한다. 한국은 1983년 저출산 단계에 진입한 이후, 2002년부터 23년째 초저출산의 늪에서 벗어나지 못하고 있다. 초저출산이 장기화되면, 세대를 거듭할수록 출생아 수가 기하급수적으로 감소하게 된다. 그 결과, 생산연령인구의 급감과 인구구조의 고령화가 심화되며, 인구절벽 현상은 더욱 가속화된다. 이러한 변화는 결국 경제 및 사회 시스템을 붕괴시킬 수 있는 인구재앙 쓰나미를 초래하게 된다.

인구재앙 쓰나미는 한국을 더욱 깊은 저성장의 늪으로 몰아넣어, 선진 경제강국으로 도약할 수 있는 잠재력을 빠르게 잠식할 것이다. 그 결과, 기업과 일자리가 급속히 붕괴되고, 소득 정체와 함께 세금 및 연금 부담이 급증하여 삶의 질이 심각하게 악화될 것이다.

더 나아가 재정 악화로 인해 재분배 기능이 약화되면서 양극화와 빈곤의 늪이 더욱 확산될 가능성이 크다. 지역 소멸은 도미노처럼 확산되며, 최악의 경우 국가소멸로 이어질 위험성마저 존재한다.

이 책은 한국이 초저출산 함정에 빠지게 된 원인과 그 진행 과정, 그리고 이로 인해 초래될 위험성을 경제적, 사회적, 문화적 관점에서 심층적으로 분석한다. 이 과정에서 청소년층, 취업준비생, 현직 청장년층, 그리고 은퇴를 앞둔 고령층 및 이미 은퇴한 고령층이 어떻게 대협곡의 벼랑 끝으로 내몰릴 수 있는지를 보여준다.

한국의 초저출산 문제는 일차적으로 일-가정 양립이 어려운 경제적·사회적 시스템과 문화에서 비롯되었다. 이는 후발산업국가 시대에 형성된 단층노동시장과 고용 관행, 단선적 경쟁문화와 사교육 광풍, 수도권 블랙홀과 고비용 사회 구조에 기인한 것이다.

특히 단층노동시장과 수도권 블랙홀의 영향으로 청년층은 한편으로는 불안정한 일자리와 과도한 경쟁 스트레스에 시달리고, 다른 한편으로는 사교육 광풍과 높은 주거비용으로 인해 다른 선진국에 비해 육아비용이 현저히 높은 상황에 처해 있다. 이러한 환경 속에서 결혼, 출산, 육아를 희망과 행복으로 인식하기 보다는 오히려 '부담과 고통', 인생의 굴레로 여기는 청년들이 증가하고 있는 것이 현실이다.

노동시장과 교육시장의 구조적 실패로 인해 발생하는 이러한 문제들을 해결하고, 청년 세대가 겪는 정신적 고통 및 결혼과 육아에 대한 심리적 부담의 근본 원인을 파악하기 위해서는 한국 특유의 단층노동시장의 작동 원리와 메커니즘에 대한 심층적인 이해가 필수적이다. 이 책에서는 단층노동시장의 렌즈를 통해 우리 사회가 겪고 있는 초저출산의 원인과 본질을 분석한다.

초저출산 문제의 이차적 원인은 결혼, 출산, 육아, 가족에 대한 가치관 변화에서 찾을 수 있다. 저출산의 장기화가 낳은 이러한 변화로 인해 나홀로족과 딩크족이 급격히 증가하고 있으며, 점점 더 많은 사람들이 가족과 물질적 풍요, 그리고 가족과 개인적 행복을 서로 상충되는 선택의 문제로 인식하고 있다.

그러나 가족과 물질적 풍요, 가족과 개인적 행복은 본질적으로 상호 충돌하는 관계가 아니라, 오히려 조화로운 균형을 통해 서로 증폭될 수 있는 관계라 할 수 있다. 이러한 관점은 청년기의 시각을 넘어 생애 전체를 고려할 때 더욱 명확히 드러난다. 삶의 질과 행복의 조건에 대한 세계 최장·최대의 연구 프로젝트인 '하버드대 성인 발달 연구'의 생애 추적조사 결과가 이를 강력히 입증하고 있다.

그래서 일-가정 양립 및 가족 친화적 사회를 구축하는 것이 매우 중요하다. 이는 시스템과 문화를 함께 바꾸어야 하는 어려운 과제이며, 단순히 경제적·사회적 시스템의 혁신을 넘어 모든 국민이 공감하고 참여할 수 있는 문화를 창출해야만 가능하다. 또한 가족을 인생 행복의 조건으로 재인식할 수 있도록 새로운 가족문화를 형성하는 것이 필요하다. 이것이 바로 인구재앙 위기를 극복하는 길이며, 그 길을 제시하는 것이 이 책을 저술하는 이유 중 하나이다.

인구재앙 위기 극복을 위해 간과하지 말아야 할 또 하나의 과제는 정책 타이밍이다. 말기 암 환자에서 보듯이, 치료시간을 놓치면 다른 장기로 전이되어 치료에 더 많은 비용을 들이고도 회복이 늦어지며, 심지어 생명을 잃을 수도 있다. 경제사회 병리 현상도 정책 타이밍을 놓치면, 그것이 경제, 사회, 정치, 문화 등으로 확산되어 매우 복잡하고 다양한 병리 현상을 유발하며, 다양한 이해관계자들의 의견 조율이 필요해지면서 문제 해결이 매우 어려워진다. 정책 타이밍이 매우 중요한 이유이다.

설상가상으로 우리에게는 인구재앙 쓰나미를 피할 시간이 얼마 남지 않았다. 한국은 향후 5년 내에 저출산 단계(합계출산율 2.1명 미만~1.6명 이상)의 마지노선인 합계출산율 1.6명을 확보하지 못하면, 인구재앙 쓰나미의 대협곡에 빠지게 된다. 합계출산율 1.6명으로 한 해 출생아 수를 40만 명 이상을 확보할 수 있는 마지막 기회는 2000년대생이 결혼 출산에 본격 진입하는 향후 5년에서 10년 사이이다. 합계출산율 1.6명 이상을 회복하는 시기가 늦어질수록 대협곡은 더 깊고 더 넓어질 것이다. 대협곡이 깊고 넓어질수록 인구재앙 쓰나미는 더 광범위하고 거세게 밀려올 것이다.

초저출산 함정이 야기하는 심각한 경제사회적 위기는 국가의 존립과 개인의 삶 모두를 근본적으로 위협한다. 그러나 많은 국민들이 그 심각성을 제대로 인식하지 못하거나, 이를 자신과 무관한 문제로 여기고 있는 상황이다.

'인구재앙 쓰나미'로까지 불리는 위기를 극복하기 위해서는 우리 사회 구성원 모두가 이를 공동의 절박한 과제로 받아들이는 인식이 시급하다. 전 국민적 이해와 공감이 선행될 때에 비로소 실효성 있는 대응 방안을 모색할 수 있기 때문이다. 이러한 사회적 공감대는 단기적 처방을 넘어, 지속 가능한 미래를 위한 근본적인 합의를 형성하고 공동체적 노력을 결집하는 핵심 동력이 될 것이다.

이에 이 책은 다가올 인구재앙의 메커니즘을 과학적으로 분석하고, 실효성 있는 대책을 제시함으로써 정부의 정책대응과 기업의 전략적 선택은 물론, 모든 국민이 위기의 본질을 올바르게 인식하고 능동적으로 대응할 수 있는 길을 제시하고자 한다. 그것이 바로 대협곡의 벼랑 끝에 선 한국을 위기에서 구하는 첫걸음이 될 것이다.

한국이 현재 직면하고 있는 두 번째 대협곡은 '저성장 함정'이다. 저성장 함정이란 경제가 제로 성장 또는 마이너스 성장 상태에서 벗어나지 못하고 장기적으로 정체되는 현상을 의미한다. 한국은 2012년부터 이미 저성장 단계에 진입해 있으며, 이는 일시적 경기침체로 인한 것이 아니라 구조적 문제에서 비롯된 지속적 저성장이라는 점에서 더욱 심각하다. 이러한 저성장이 장기화되면 국가의 성장동력이 점차 소실되고, 결국 경제는 '저성장 함정'에 깊이 빠져들게 된다.

경제성장이 멈추면 일자리 및 소득이 줄어들어 소비자들의 구매력이 감소하고, 이는 소비수요의 감소로 이어진다. 수요 감소로 기업의 수익이 줄어들면 투자가 감소하고 일자리는 더욱 줄어든다. 정부의 세수도 감소할 수밖에 없기 때문에 국가 재정도 악화된다. 이러한 악순환의 고리가 형성되면서 저성장 함정에서 벗어나기 어렵게 된다. 일본의 사례에서 보듯이, 일단 저성장 함정에 빠지면, 정부의 경기 부양정책으로도 빠져나오기 어렵다는 점에서 문제의 심각성이 있다.

한국은 왜 저성장 함정에 빠질 위기에 처했는가? 이 위기에서 벗어나는 길은 무엇인가? 이 책은 'S자 경제성장 가설'에 입각하여 이 문제를 누구나 쉽게 이해할 수 있도록 설명한다. 현재 인류는 4차 산업혁명으로 자본주의 산업경제에서 인재주의 창조경제로 빠르게 이행하고 있다. 창의와 혁신, 생성형 인공지능의 전방위적 활용이 이 시대의 핵심 동력이자 경쟁력이다. 그 중심에 인재가 있다. 자본주의 산업경제의 핵심 생산요소는 자본과 반숙련 노동력이었지만, 인재주의 창조경제 시대의 핵심 생산요소는 인재와 창의력이다. 인재주의 시대가 도래한 것이다.

인재주의 시대를 열어가기 위해서는 교육시장, 노동시장, 생산방식, 경제 시스템의 패러다임 대전환이 필요하다. 이 책은 그 길을 구체적으로 제시한다. 한국은 인재주의 창조경제로의 패러다임 대전환을 통해 저성장 함정에서 벗어나 선진 경제강국으로 가는 길을 열어갈 수 있다. 현재 전 세계로 확산되고 있는 전방위적 한류 열풍은 한국이 경제, 기술, 문화 영토를 세계로 확장하는데 큰 도움이 될 것이다. 나는 이 책이 그 길을 밝히는 작은 등불이 되길 간절히 소망한다.

이 책은 국가와 국민이 직면한 운명적 기로를 분명히 이해하도록 돕기 위해 이론적, 실증적, 역사적 접근과 국제비교 방법론을 종합적으로 활용한다. 이론적 접근은 문제의 근본 원인과 구조를 심층적으로 파악하는데 기여하며, 실증적 접근은 통계 데이터와 사례를 통해 문제의 심각성을 객관적이고 구체적으로 확인하는 데 도움을 준다. 역사적 접근은 위기의 발생 원인과 과정을 분석하고 미래를 예측하는 데 중요한 통찰력을 제공하며, 국제비교는 위기의 심각성을 객관적으로 평가하고 효과적인 대응방안을 모색하는 데 큰 도움이 된다.

인구재앙과 저성장 함정은 역사적 산물이다. 따라서, 문제를 정확히 진단하고 미래를 예측하여 위기에서 벗어날 수 있는 바른 처방을 제시하기 위해서는 이론적, 실증적, 역사적 통합 접근이 필요하다. 이 책은 이러한 접근 방식을 통해 분석적이고 논리적으로 전개되면서도, 누구나 쉽게 이해하고 흥미롭게 읽을 수 있도록 평이하게 작성되었다.

제1부에서는 인구구조 변동과 국제비교 분석을 통해 한국의 초저출산과 고령화 속도가 세계적으로 유례없이 심각한 수준으로 전개될 것을 생생히 보여준다. 제2부에서는 초저출산으로 인해 발생하는 다양한 인구재앙 쓰나미가 한국인의 삶을 어떻게 심각하게 파괴할 수 있는지를 다룬다. 제3부는 경제이론과 역사적 접근을 활용해 인구재앙 위기의 근원을 누구나 쉽게 이해할 수 있도록 설명한다. 제4부에서는 경제이론을 기반으로, 한국이 현재 저성장 단계를 넘어 저성장 함정에 빠져들고 있음을 명확히 보여준다. 또한 정치적 후진성과 안보적 불안정성이 국가적 위기를 심화시키는 과정을 분석하고, 이에 대한 극복 방향을 논의한다. 마지막으로 제5부에서는 인재주의론의 관점에서 한국이 직면한 4대 위기에 대해 근본적 처방을 제시하고, 동시에 패러다임 전환을 통해 선진경제강국으로 나아가는 길을 제시한다.

저자는 이 책을 통해 개인은 물론 기업, 대학, 지역 사회 및 정부를 포함한 모든 주체들이 한국이 직면한 4대 위기의 본질과 심각성을 명확히 이해하고, 스스로 위기를 극복하며 미래를 개척할 지혜를 얻을 수 있기를 기대한다. 또한, 독자들이 한국의 현재 상황을 깊이 통찰하고, 나아가 지속 가능한 미래를 위한 전략을 심도 있게 고민하는 데 이 책이 실질적인 길잡이가 되기를 바란다.

이효수

목차

프롤로그

대협곡의 벼랑 끝: 위기와 기회의 갈림길에서 5

제1부 대협곡의 벼랑

1. 희망의 언덕에서 치명적 위기를 만나다 19
2. 대재앙의 씨앗, 초저출산 27
3. 초고속 고령화와 가파른 인구절벽 41

제2부 인구재앙 쓰나미

4. 축소와 소멸의 시대 59
5. 교육 사막화와 무너지는 대학 68
6. 지방소멸 79
7. 흔들리는 경제 85
8. 시들어가는 사회 101
9. 미래를 잃은 나라 109

제3부 위기의 근원을 찾아

10. 초저출산의 늪: 어디서, 어떻게? 121

11. 단층노동시장: 경쟁압력과 절망의 벽 150

12. 사교육 열풍과 공교육 붕괴 179

13. 수도권 블랙홀의 덫 193

14. 단선적 과잉경쟁과 스트레스 사회 207

15. 나홀로족 문화와 딩크족 문화 218

16. 저출산 정책은 왜 실패했는가? 231

17. 위험한 선택 240

제4부 또 다른 대협곡

18. 침몰하는 한국경제: 저성장 함정의 공포 253

19. 깊어지는 양극화, 빈곤과 부채의 덫 269

20. 정치·안보 대협곡: 분열과 위기의 시대 291

제5부 대협곡을 넘어: 인재주의 국가로의 대전환

21. 인재주의 시대: 빛과 길 307
22. 출생·육아 정책 패러다임의 대전환 323
23. 삶의 가치와 행복의 조건 351
24. 다원적 경쟁과 포용적 사회 365
25. Y형인재와 공교육 이니셔티브 377
26. 인재주의 시대 대학 패러다임 400
27. 건강한 노동시장과 가족친화적 고용관계 418
28. 인재중심 혁신성장: 중소기업 르네상스 438
29. 수도권 블랙홀에서 지역 생존의 길 449

에필로그: 고백과 호소 461

참고문헌 469

찾아보기 489

제 1 부

대협곡의 벼랑

Part 1

The Grand Demographic Valley of Death

※생성형 AI(Gemini)를 활용하여 제작한 이미지 임

1

희망의 언덕에서 치명적 위기를 만나다

우리는 지금 어디에 서 있는가? 그리고 어디로 가고 있는가? 한국은 역사상 경험하지 않았던 최고 기회와 최대 위기의 교차로에 서 있다. 세계의 수많은 사람들이 삼성이 만든 갤럭시 폰으로 하루를 시작하고, 현대차를 타고 비즈니스를 하고 데이트를 즐긴다. LG가 만든 냉장고에 자신의 먹거리를 관리하고, 삼성과 LG가 만든 TV로 한국의 영화와 연속극을 즐긴다. 한국의 아이돌은 세계 청소년들의 우상이며, 그들의 노래와 춤은 대륙과 국경을 넘어 넘실거린다. 자기 나라의 국토방위를 위해 한국이 만든 전투기, 탱크 등 무기를 구입하는 국가도 늘어나고 있다. 한국의 5000년 역사에서 경제, 과학, 기술, 문화 등 광범위한 분야에 걸쳐 지금처럼 세계 곳곳에 영향을 미친 시대는 없었다.

K-팝을 중심으로 한 한류는 음악뿐만 아니라, 패션, 문화, 언어 등 다양한 분야에서 전 세계적인 열풍을 일으키며, 글로벌 문화 트렌드를 선도하고 있다. K-팝 팬들은 SNS를 통해 전 세계 팬들과 소통하고 정보를 공유하며 팬덤을 형성하고 있다. 그들은 K-팝을 온몸으로 느끼기 위해 한국

어를 배우며, 이른바 '돌민정음'으로 국경과 언어를 초월하여 즐긴다.[1]

K-팝은 글로벌 차트 성적, 경제적 파급력, 그리고 문화적 영향력 측면에서 세계 음악 시장에서 가장 주목받는 장르 중 하나로 자리매김했다. BTS와 BLACKPINK을 비롯한 K-팝 아티스트들은 빌보드 차트를 석권하며, 세계 주요 음악 차트에서 꾸준히 상위권을 유지하고 있다.[2] 이들은 미국과 영국의 주류 아티스트들과 어깨를 나란히 하며, 글로벌 투어를 통해 전 세계 팬들을 열광시키고 있다.

한국 영화와 드라마도 세계 곳곳에서 큰 인기를 누리고 있다. 2020년에는 영화 <기생충>이 미국 아카데미 시상식에서 작품상과 감독상을 수상하였고, 2021년에는 넷플릭스의 한국 드라마 <오징어 게임>이 세계적 대박을 터트리며 여러 나라에서 유사 버전이 유행하기도 했다.

K-팝 가수와 K-드라마 및 K-영화 배우들이 먹는 한국 음식들이 K-푸드로 인기를 끌고 있다. 과거에는 된장, 김치 등 한국의 발효 식품들이 강렬하고 독특한 냄새로 인해 서양인들에게 '냄새나는 음식'으로 치부되었으나, 지금은 한국 음식들이 건강음식으로 재인식되면서 K-푸드가 세계의 새로운 미식 트렌드로 확산되고 있다.

한국 화장품은 첨단 기술과 고품질 성분을 사용하여 뛰어난 효과와 안전성을 제공한다는 평가를 받으며, 최근 몇 년 동안 전 세계적으로 폭발적인 인기를 얻고 있다. 'K-뷰티'는 세계적인 트렌드로 자리 잡았다. 이러한 현상은 한국의 문화적 소프트 파워가 세계적으로 확산되고 있음을 보여주는 중요한 지표이다.

세계 각국에 나가 있는 세계적 기업인 한국 기업에 취업하고, 임금수준이 높은 한국의 취업비자를 받기 위해, 그리고 한국의 첨단 기술을 배우기 위해 한글과 한국어를 배우려는 세계인들이 폭발적으로 증가하고 있다. 또한 한국의 문화, K-팝, K-드라마, K-영화를 제대로 이해하기 위해 한글과 한국어를 배우려는 사람들도 많다. 이러한 다양한 이유로 인해, 세계 각국의 유명 대학의 한국 관련 학과와 세종학당은 높은 경쟁률을 보이고 있다. 이것은 머리가 아니라 마음으로 한국을 느끼고 좋아하는 물결이 6대주에 흐르고 있다는 것을 의미한다.

한국은 역사상 처음으로 세계 선진강국으로 도약할 수 있는 절호의 기회를 맞고 있다. 이는 한국인들이 지난 70년간 지식과 기술을 축적하고, 도전과 열정으로 스스로 만들어 낸 기회이다. 우리는 이 기회를 더욱 극대화할 수 있는 새로운 시대를 맞이했다. 현재 우리는 4차 산업혁명과 창조경제 시대를 살고 있다.[3] 이는 시대가 우리 한국인에게 준 또 다른 기회, 즉 '시대의 운' 이다.

인류 역사를 보면, 경제발전단계에 따라 그 시대의 경쟁우위를 결정하는 핵심 생산요소가 바뀌면서 경쟁질서가 변화해 왔다. 농경사회에서는 토지, 산업 경제시대에는 자본과 노동, 제4차 산업혁명/창조경제 시대에는 '창의적 지식'이 핵심 생산요소이다.[4]

한반도는 국토가 협소하여 농경시대에 세계적 경쟁력을 갖는 것은 불가능했다. 우리는 자원이 빈약한 후발 산업국가로 산업 경제시대에 놀라운 성취를 이루어 왔지만, 세계 선진강국으로 갈 수 있는 풍부한 자본력과 노동력을 갖고 있지 못했다. 흔히 한국을 '인재밖에 없는 나라'라고 한다.

그런데 인재가 글로벌 경제에서 경쟁우위를 결정하는 시대가 왔다. 제4차 산업혁명/창조경제가 '사이버 세상, 'SNS 시대'를 열면서, 창의적 인재들이 경제영토를 끝없이 확장할 수 있는 시대에 들어왔다. 이것이 바로 한국이 선진 경제강국으로 도약할 수 있는 또 다른 기회이다.[5]

그러나 우리는 이러한 시대와 기회, 꿈과 희망을 영원히 잃어버릴 수 있는 길로 스스로 들어섰다. 초저출산의 늪에 빠져들고 있는 것이다. 우리나라의 2024년 합계출산율은 0.75명으로, 이는 단순한 '저출산'이 아니라 엄청난 '인구재앙 쓰나미'를 몰고 올 '초저출산'이다. 현재의 초저출산 위기를 신속히 극복하지 못하면, 앞으로 대부분의 한국인들은 생애 중 인구재앙이라는 쓰나미를 직접 경험하게 될 것이다. 그리고 수많은 사람들이 그 쓰나미에 쓸려 나갈 것이며, 선진 경제강국은 고사하고 나라의 존립마저 위협받게 될 것이다.

치명적 위기, 예정된 위기, 내재적 위기

현재의 초저출산 늪에서 벗어나지 못한다면, 직면하게 될 '인구재앙 쓰나미'는 '치명적 위기', '예정된 위기', '내재적 위기'라는 세 가지 특성을 지니고 있다. 이 재앙은 초기 단계에서 학령인구 감소로 나타나지만, 점차 생산 기반과 사회복지 시스템을 붕괴시키며 국민들의 삶의 질을 저하시킨다. 장기적으로는 지역소멸을 넘어 국가 소멸로 이어질 가능성이 있다. 결국, 초저출산 위기에서 촉발된 이 쓰나미는 국민과 국가 모두에게 매우 '치명적 위기'를 초래할 것이다.

우리가 직면할 이 치명적 위기는 '예정된 위기'이다. 인생을 살아가면서 우리는 크고 작은 여러 위기를 만난다. 대부분의 위기는 예상치 못한 상황에서 발생하거나 갑자기 닥치지만, 개인적 노력이나 주변의 도움으로 쉽게 극복될 수 있다. 또한, 예상한 위기가 실제로 발생하지 않거나 피할 수 있는 경우도 많다. 많은 사람들은 스타트-업이나 창업의 과정에서 여러 번 실패 위기에 직면하지만, 그 위기를 극복하여 큰 기업으로 성장시키기도 한다. 실패를 경험 삼아 새로운 비즈니스에 도전하는 사람들도 많다.

그러나 초저출산의 늪에서 비롯된 인구재앙 위기는 다르다. 이 위기는 초저출산 늪에서 벗어나지 못한다면 우리가 반드시 마주하게 될 '예정된 위기'이다. 초저출산 상태가 유지되는 한, '인구재앙 쓰나미'는 피할 수 없다. 미래는 불확실하기에 정확한 예측은 어렵지만, 인구통계에 기반한 예측은 비교적 정확도가 높다. 출산율, 사망률, 평균 수명과 같은 인구 관련 요소들은 예측 가능한 범위 내에서 변동하기 때문에 미래 인구 규모를 비교적 정확하게 예측할 수 있다. 특히 통계 모델, 시뮬레이션 등 인구 예측 방법론이 지속적으로 발전하면서 인구 예측 정확도는 더욱 높아졌다.

인구재앙 쓰나미 위기의 세 번째 특성은 '내재적 위기'이다. 내재적 위기는 스스로 만든 위기이고, 외생적 위기는 환경 등 외부요인에 의해 발생하는 위기이다. 우리가 직면하는 많은 위기는 '내재적 위기'일 수도 있지만, '외생적 위기'가 많다. 외생적 위기의 대표적 사례는 자연재해나 외세의 침입으로 삶의 터전을 잃어버리는 경우이다. 물론 자연재해도 평소에 재해 대비의 정도에 따라 피해의 정도가 다르게 나타날 수 있다. 외세 침입도 평상시에 국력과 국방을 튼튼히 했다면 발생하지 않을 수도 있고, 전쟁이 발생했을 경우에도 대응능력에 따라 위기의 크기는 다를 수 있다. 이런 측면에서 외생적 위기도 스스로 자초한 측면이 있지만, 위기 발생의 직접적 원인은 외부에 있다.

그러나 인구재앙 위기의 본질인 초저출산은 우리 스스로의 의사결정과 행동의 결과이다. 따라서 초저출산이 초래하는 인구재앙 쓰나미는 우리 스스로 만들어 낸 '내재적 위기'이다. 인간은 기본적으로 위험 회피 본능을 갖고 있기 때문에 외생적 위기에는 생각보다 잘 대처하는 경향이 있다. 그러나 내재적 위기는 우리 스스로의 생각과 행동에서 비롯되기 때문에, 타성에 젖어 문제의 심각성을 깨닫지 못한 채 방관하기 쉽다. 흡연이나 과음 등 잘못된 생활습관이 건강을 치명적으로 해칠 수 있지만, 돌이킬 수 없을 정도로 건강이 악화된 뒤에야 문제의 심각성을 깨닫게 되는 상황과 유사하다.

인구재앙 쓰나미를 부르는 3대 착각

한국은 2002년 초저출산 단계에 진입한 이후 지난 23년간 이 늪에서 벗어나지 못하고 있다. 이로 인해 가까운 미래에 다양한 형태의 '인구재앙 쓰나미'에 직면할 가능성이 높다. 이러한 쓰나미는 국민 삶의 질을 심각하게 저하시킬 뿐만 아니라, 궁극적으로는 국가소멸이라는 '치명적 위기'를 초래할 수 있다. 이 위기는 초저출산의 늪에서 벗어나지 못할 경우 피할 수 없는 '예정된 위기'이며, 동시에 한국인들이 스스로 만든 '내재적 위기'이다.

여기서 우리는 심각한 의문을 제기하게 된다. 왜 한국인들은 이처럼 '치명적 위기'를 스스로 만들어 내고 있는가? 이에 대한 답은 두 가지 관점에서 찾을 수 있다. 하나는 초저출산의 늪에서 시작된 인구재앙 쓰나미의 위험성을 제대로 인식하지 못하는 경우이고, 다른 하나는 자신이 이 재앙과 무관하다는 착각에 빠져 있는 경우이다.

첫 번째 경우, 많은 사람들이 '초저출산 늪'이 인구재앙 쓰나미를 가져온다는 것을 모르거나, 그 치명적 위기를 인식하지 못하는 경우이다.

주요 선진국들이 저출산 단계에 있지만, 20년이상 '초저출산' 단계에 있는 국가는 한국이 역사상 유일하다. 따라서 실제로 초저출산으로 위기에 처한 사례를 직접 목격하거나 경험한 적이 없고, 특히 인류 역사에서 전쟁이 아닌 초저출산으로 인한 인구 소멸로 국가가 소멸한 사례가 없기 때문에 인구재앙 위기의 실상과 심각성을 제대로 인식하지 못하는 사람들이 많을 수 있다.

그러나 인구통계학자이자 인류학자인 데이비드 콜먼(David Anwyll Coleman) 옥스퍼드 대학교 명예교수는 2006년 유엔 인구 포럼에서 당시 한국의 합계출산율 1.13명을 언급하며, 이대로라면 한국은 세계에서 인구

소멸 국가 1호가 될 것이라고 경고한 바 있다. 그는 또한 2023년 한국 초청 강연에서 이대로 가면 한국은 2750년에, 일본은 3000년쯤 소멸될 위험이 있다고 경고했다.[6]

두 번째의 경우, 초저출산에 의한 인구재앙 쓰나미 위기를 인식하고 있는 사람도 다음 세 가지 착각으로 인해, 자신의 문제로 인식하지 못할 가능성이 높다.

첫째, 자신이 살아있는 동안 '인구재앙 쓰나미'가 발생하겠는가? 조금만 주위를 살펴보면, 이러한 쓰나미가 이미 시작되었음을 알 수 있을 것이다. 중소도시에서는 유치원생 부족으로 문을 닫는 어린이집과 학생 감소로 폐교되는 초등학교가 점차 늘어나고 있다. 이 책은 초저출산 문제를 해결하지 못할 경우, 우리가 직면하게 될 다양한 형태의 '인구재앙 쓰나미'에 대해 다룬다.

둘째, 자신은 '인구재앙 쓰나미'의 영향을 받지 않을 것이라 생각할 수 있다. 그러나 인구재앙은 생산 기반과 복지 시스템 전반을 약화시키기 때문에, 그 여파에서 벗어날 수 있는 사람은 없다.

청년 노동력의 절대적 부족으로 인해 성장 동력과 생산성이 약화되고, 다수의 기업이 국제 경쟁력을 상실하게 될 것이다. 이로 인해 많은 양질의 일자리와 안정적인 일자리가 사라지며, 이는 나와 나의 자녀, 부모 모두가 일자리 상실의 위험에 직면할 가능성이 크다는 것을 의미한다.

더불어 내수시장이 축소되어 비정규직 일자리까지 줄어들고, 자산 시장의 붕괴로 부동산을 보유한 중산층조차 경제적 어려움을 겪게 될 것이다.

재정수입의 감소로 사회복지 재정이 약화되고, 국민연금 등 사회보장제도가 불안정해지며, 많은 노인들이 빈곤의 늪에서 고단한 노후를 맞이하게 될 것이다.

셋째, 초저출산 문제와 '인구재앙 쓰나미'는 국가가 해결해야 할 문제라고 생각할 수 있다. 그러나 이 쓰나미의 근본적 원인은 초저출산에 있으며, 이는 결혼과 출산을 어렵게 만드는 경제·사회적 요인뿐만 아니라 비혼 문화, 나홀로족 문화, 딩크족 문화와 같은 문화적 요인에서도 비롯된다.

이 책의 제3부에서는, 우리나라가 초저출산의 늪에 빠져드는 과정에서 가부장적 가족문화, 학부모의 과도한 교육열, 공교육 부실과 사교육 비대화, 일-가정 양립을 어렵게 만드는 기업의 고용관리 관행, 정부 정책의 실패, 정치권의 책임 회피, 그리고 비혼·나홀로족·딩크족 문화의 확산을 부추긴 언론의 역할 등이 얽히고설켜 있음을 보여준다. 이는 결국, 인구재앙 쓰나미의 원인과 영향에서 완전히 자유로운 사람은 없다는 사실을 의미한다.

정부와 국민 모두가 초저출산과 인구재앙 쓰나미의 생성 및 전개 메커니즘을 명확히 이해하고, 각자의 위치에서 '가족친화적 경제사회 시스템 혁신'과 '가족친화적 문화 창출'에 동참할 때, 우리는 초저출산의 늪에서 벗어날 수 있을 것이다. 우리 모두는 초저출산 문제를 만들어 낸 당사자이며, 동시에 이를 해결할 열쇠를 쥐고 있는 주체이다. 정부뿐만 아니라 기업, 시민사회, 그리고 개인이 협력하여 가족 친화적인 사회를 만들어 가는 데 힘써야 한다.

이 책은 이러한 사회적 변화를 위한 작은 첫걸음이 되고자 한다. 각자가 문제의 심각성을 인식하고, 해결을 위해 목소리를 내고, 변화를 위한 실천에 나설 때, 우리는 인구 절벽이라는 위기를 극복하고 지속 가능한 미래를 함께 만들어갈 수 있을 것이다.

2

대재앙의 씨앗, 초저출산

저출산 단계

저출산 현상은 그 심화 정도에 따라 여러 단계로 구분될 수 있으며, 이러한 단계적 구분은 문제의 심각성을 보다 명확히 파악하고 효과적인 해결책을 모색하는 데 중요한 역할을 한다. 특히 '저출산 단계'는 문제의 심각성을 진단하고[1], 정책 대응의 효과를 평가하며[2], 사회적 인식을 제고하는 데[3] 크게 기여한다. 아울러, 국제 비교와[4] 미래 예측을[5] 통해 저출산 문제 해결 방안을 모색하는 데에도 유용한 기준이 된다.

따라서 저출산 단계를 구분할 때는 다음의 세 가지 특성을 고려하여 구분 기준을 설정하는 것이 중요하다. 첫째, 저출산 문제의 심각성 정도를 정확히 반영해야 하며, 이를 통해 문제의 심화를 체계적으로 진단할 수 있어야 한다. 둘째, 저출산의 원인뿐만 아니라 저출산이 인구구조 변동과 경제사회에 미치는 충격의 차이를 종합적으로 포함해야 한다. 셋째, 저출산 대응 전략의 수립 시기와 정책 실행의 타이밍, 활용 가능한 정책수단, 그리고 정책 효과의 차이를 명료하게 드러낼 수 있는 기준이어야 한다. 이러한 기준은 저출산 문제를 다각적으로 분석하고 효율적인 해결책을 도출하는 데 기여할 것이다.

저출산은 합계출산율이 대체출산율에 미치지 못하는 상황을 의미한다. 여기서 합계출산율이란 가임 연령 (15~49세) 여성 1명이 평생 동안 낳을 것으로 예상되는 평균 자녀 수를 뜻하며, 대체출산율은 인구 규모를 유지하는 데 필요한 합계출산율을 말한다. 대체출산율은 각국의 사망률에 따라 다소 차이가 있지만, 사망률이 낮은 선진국에서는 일반적으로 2.1명으로 설정된다.

OECD에서는 합계출산율을 기준으로 저출산 단계를 두 가지로 구분하고 있다. 즉, 합계출산율이 2.1명 이하인 경우를 '저출산'으로, 1.3명 이하인 경우를 '초저출산'으로 구분한다.

그러나 이러한 2단계 구분 방식은 저출산 문제의 심각성, 원인, 인구구조 변동과 경제사회에 미치는 충격, 그리고 정책의 타이밍과 정책수단을 판단하는 데 있어 한계가 있다.

예를 들어, OECD의 분류 기준에 따르면 합계출산율이 2.0명인 경우와 1.4명인 경우가 모두 동일하게 '저출산 단계'로 분류된다. 그러나 가임기 여성 부부 1000명을 기준으로 할 때, 두 상황은 그 충격의 양상에서 극명한 차이를 보인다.

합계출산율이 2.0명일 경우, 손주 세대에서도 신생아 수가 약 1000명으로 유지되어 인구 규모에 큰 변화가 없다. 반면, 합계출산율이 1.4명일 경우에는 손주 세대의 신생아 수는 490명으로 절반 이하로 감소하게 된다. 이처럼 예시된 합계출산율의 차이는 인구구조의 변화뿐만 아니라 경제·사회 전반에 미치는 충격의 강도에서도 현격한 차이를 낳는다. 따라서 기존의 2단계 구분법으로는 이러한 현실을 충분히 반영하기 어렵다.

이에 따라 저출산 문제를 보다 정밀하게 진단하고 대응하기 위해 새로운 구분 방식의 도입이 필요하다. 우리는 합계출산율을 기준으로 저출산의 정도를 세 단계로 세분화하여 다음과 같이 정의한다.

합계출산율이 2.1명 미만 1.6명 이상인인 경우를 '저출산 단계', 1.6명 미만 1.3명 이상인 경우를 '준초저출산 단계', 그리고 1.3명 미만인 경우를 '초저출산 단계'로 정의한다. 이러한 출산율 수준이 장기적으로 지속될 경우, 각각을 '저출산 사회', '준초저출산 사회', '초저출산 사회'로 규정한다.

OECD의 기준과 달리 저출산 단계를 이처럼 세분화하는 이유는, 각 단계별로 저출산에 대한 국민의식과 문화, 인구구조의 변동, 그리고 경제·사회적 영향을 보다 정밀하게 반영하기 위함이다. 이를 통해 각 단계의 특수성을 고려한 보다 효과적인 정책 수립과 대응 전략의 마련이 가능해진다.

저출산 사회와 '지속가능 최저출산율'

저출산 사회란 합계출산율이 2.1명 미만이면서 1.6명 이상인 사회를 의미한다. 이 단계의 사회에서는 인구가 장기적으로 감소하더라도, 다음 세대의 신생아 수 감소 폭이 최대 20% 이내에 그친다는 특징이 있다.

선진국에서는 낮은 영아사망률, 여성의 노동시장 진출 확대, 그리고 고등교육 기회 및 양육비 증가로 인해 경제적 부담이 커지면서 자녀 수를 2명 이하로 제한하는 가정이 점차 늘어난다. 이러한 변화는 미국과 프랑스를 포함한 대부분의 선진국이 '저출산 사회'로 진입하게 된 주요 요인으로 작용하고 있다.

여기서 주목할 점은, '저출산 단계'의 최저치 합계출산율 1.6명을 유지하기 위해서는 가임기 여성의 70%가 두 자녀를, 20%가 한 자녀를 가져야 한다는 사실이다. 이는 결혼, 출산, 육아를 인생의 필수과정으로 받아들이는 사회적 의식과 문화가 여전히 강하게 작동하고 있음을 보여준다.

저출산 사회에서는 신생아 수와 인구가 장기적으로 감소하지만, 그 속도는 비교적 완만하여 인구감소 및 인구구조의 변화가 서서히 나타나는 특징이 있다. 이로 인해 기술혁신, 산업구조조정, 이민정책 등 다양한 정책대응이 비교적 용이하게 이루어질 수 있어, 지속가능한 발전을 유지할 수 있다.

따라서 우리는 저출산 단계에서의 최저 수준의 합계출산율인 1.6명을 '지속가능 최저출산율'로 정의하고자 한다. '지속가능 최저출산율'이란 국가의 지속 가능한 발전과 사회 안정을 유지하기 위해 반드시 충족해야 하는 최소한의 합계출산율을 의미한다.

이는 인구 감소를 최소화하여 세대교체를 가능하게 하고, 경제성장, 사회 안정, 국방력 유지를 위한 필수 인력을 확보하는 데 필요한 기준이다. 다시 말해, '지속가능 최저출산율'은 지속가능한 발전을 실현하기 위한 핵심 지표이자, 인구정책 목표를 수립하는 데 있어 중요한 기준점 역할을 한다.

준초저출산 사회

'준초저출산 사회'란 합계출산율이 1.3명 이상 1.6명 미만인 사회를 의미한다. 이 단계에서는 한 세대마다 신생아 수가 최소 20%에서 최대 35%까지 감소하는 특징이 나타난다. 이러한 변화는 결혼하지 않는 독신

가구와, 결혼 후 자녀를 두지 않는 '딩크족(DINKs)'이 뚜렷하게 증가하기 시작했음을 보여준다.

이 같은 현상은 결혼, 출산, 육아를 어렵게 만드는 경제·사회 구조적 문제에서 비롯된다. 예를 들어, 경제성장과 함께 여성의 노동시장 진출은 크게 확대되었지만, 여전히 일과 가정의 양립을 어렵게 만드는 고용관리 관행이 지속되고 있다. 또한, 비정규직의 확산으로 인한 고용과 소득이 불안정한 청년들의 증가, 주거비용과 육아비용의 급등 등은 결혼과 출산을 더욱 어렵게 만들고 있다.

준초저출산 사회에서는 신생아 수 감소로 인구구조의 고령화가 가속화된다. 이는 생산성과 경쟁력 약화를 초래할 뿐만 아니라, 내수시장의 축소와 고령자 복지 재정 부담의 증가로 이어질 수 있다.

특히 이 단계에서 정부가 적극적인 저출산 대책을 마련하지 않을 경우, 나홀로족과 딩크족이 하나의 문화로 자리 잡으며 '초저출산 사회'로 빠르게 진입할 위험이 높아진다.

초저출산 사회

초저출산 사회는 합계출산율이 1.3명 미만으로 고착화된 사회를 의미한다. 이러한 사회에서는 한 세대마다 신생아 수가 거의 절반으로 감소하며, 결혼을 하지 않는 나홀로족의 수가 크게 증가하는 특징을 보인다.

이로 인해 혼자 먹고 즐기며 살아가는 데 불편함이 없는 다양한 산업, 커뮤니티, 문화가 발전하며, 혼자 사는 삶을 자연스럽게 받아들이는 사람들이 점점 늘어난다. 나홀로족은 자유와 독립, 자아실현, 개인 성장에 집중할 수 있다는 점을 긍정적으로 평가하며, 이러한 문화는 새로운 사회적 흐름으로 자리 잡게 된다.

비슷한 맥락에서, 결혼 후 자녀를 두지 않는 딩크족 문화 또한 확산된다. 나홀로족과 딩크족 문화의 확산은 가족, 결혼, 출산, 육아에 대한 기존의 전통적 의식구조 및 가치관에 변화를 가져온다.

점차 많은 사람들이 결혼, 출산, 육아를 인생의 필수과정이 아닌 선택의 문제로 인식하며, 이를 행복의 원천이 아닌 부담으로 인식하는 경향이 두드러지게 된다. 특히 소셜 네트워크 서비스(SNS)의 발달로 인해 이러한 가치관과 인식의 확산 속도는 더욱 빨라지고 있다.

'초저출산의 늪'에 빠지게 되면 신생아 수가 기하급수적으로 감소하고, 일정한 시차를 두고 생산연령인구와 총인구 또한 급격히 줄어들게 된다. 초저출산은 급격한 인구변동을 유발하여, 인구구조 변화에 따른 경제사회 시스템의 혁신과 구조조정을 위한 시간을 확보하기 어렵게 만든다. 새로운 시스템을 마련하기 전에 기존 시스템이 붕괴됨에 따라 경제는 심각한 구조적 침체에 빠지고, 사회 불안과 혼란을 초래할 가능성이 높다.

특히 생산연령인구의 급감은 노동력 부족과 생산성 저하로 이어지며, 이는 경제가 저성장 함정에 빠지고 국민의 삶의 질이 현저히 저하되는 결과를 가져온다. 더불어 초저출산은 기대수명 증가와 맞물려 고령사회로의 전환을 가속화한다. 이로 인해 의료비 증가, 노년부양비 상승, 세대 간 갈등 심화 등 사회 전반에 걸친 부담이 가중된다.

결국, 초저출산은 경제사회 전반에 걸쳐 '인구재앙 쓰나미'를 불러오며, 지속 가능한 사회의 유지를 위협하는 심각한 결과를 초래할 수 있다. 이러한 도전은 선제적이고 효과적인 대책 없이는 피하기 어렵다.

과잉 인구와 적극적 산아제한

한국의 합계출산율은 지난 65년간(1960~2024년) 극적인 변화를 겪어왔다. 현재 한국은 '인구절벽으로 인한 인구재앙'의 위기에 직면해 있으며, 이를 극복하고 국가의 미래를 구하는 것이 이 책의 주요 목표 중 하나다.

그러나 1960~70년대, 한국의 산업화가 본격적으로 시작되고 압축성장이 이루어지던 시기에는 지금과는 정반대로 '과잉인구로 인한 인구재앙'이 심각하게 우려되던 상황이었다.

과잉인구로[6] 인한 인구재앙 문제를 최초로 제기한 이론서는 영국의 경제학자 토마스 로버트 맬서스(Thomas Robert Malthus, 1766~1834년)의 《인구론》이다. 그는 이 책에서 "인구는 기하급수적으로 증가하는 반면, 식량은 산술급수적으로 증가하기 때문에 과잉인구로 인한 식량부족은 필연적이며, 이로 인해 빈곤과 죄악이 발생한다"고 주장했다. 또한, "과잉인구가 지속되면 기아, 전쟁, 전염병과 같은 요인으로 인해 인구가 다시 감소하여 인구-식량 불균형 문제가 해소되고, 그 후 다시 인구는 기하급수적으로 증가한다"고 설명했다.[7]

맬서스는 과잉인구가 빈곤과 기아의 주요 원인이므로 성적 금욕이 필요하다고 주장했으며, 이를 현대적인 관점에서 해석하면 경제성장을 위해 산아제한 정책의 필요성을 시사했다고 볼 수 있다.[8]

한국은 6.25전쟁이 끝난 후 사회가 안정기에 접어든 1955년부터 본격적인 베이비 붐이 시작되었지만, 여전히 세계 최빈국으로 극심한 식량난에 시달리고 있었다. 이에 따라 박정희 정부는 식량 자급화와 산업화 정책을 적극적으로 추진하는 한편, 1961년에는 대한가족계획협회를 발족하고 산아제한 정책을 다각도로 전개하였다.

정부는 예비군과 가임기 여성을 대상으로 피임 교육과 산아제한 교육을 적극적으로 실시했으며, 대한뉴스 등 언론 매체를 통해 국민 홍보 교육도 강화했다. 당시 정부의 산아제한 슬로건을 살펴보면, 1960년대에는 "덮어 놓고 낳다 보면 거지 꼴을 못 면한다." 1970년대에는 "딸, 아들 구별 말고 둘만 낳아 잘 기르자"가 대표적이다.[9]

이러한 산아제한 정책은 매우 성공적이었다. 그 결과, 한국의 합계출산율은 1960년 5.95명에서 1965년 5.0명, 1970년 4.41명, 그리고 1980년에는 2.72명으로 감소하며, 20년 만에 절반 이하로 줄어드는 성과를 거두었다.

위기의 씨앗, 22년간 지속된 초저출산

1980년대에 들어서면서 한국은 새로운 인구 문제에 직면하게 되었다. 1983년, 합계출산율이 2.06명으로 대체출산율(2.1명) 이하로 떨어지며 한국은 본격적으로 '저출산 단계'에 진입했다.

그러나 이 시기에도 뿌리 깊은 남아선호 사상이 여전히 남아 있었고, 이로 인해 성비 불균형 문제가 심화되었다. 이에 정부는 대체출산율을 붕괴시키는 산아제한 캠페인을 전개했다. 1980년대 초반에는 "하나씩만 낳아도 삼천리는 초만원이다"라는[10] 슬로건이 사용되었고, 1980년대 중반부터 1990년대에는 "잘 키운 딸 하나, 열 아들 안 부럽다"라는 구호가 등장했다.

그 결과, 한국은 '저출산 단계'에 진입한 지 불과 3년 만인 1986년에 합계출산율이 1.58명으로 급락하며 '준초저출산 단계'로 접어들었다. 이 단계는 1990년까지 지속되었으며 당시 출산율은 1.57명에 머물렀다.

이후 1991년부터 1995년까지는 출산율이 일시적으로 반등하여 1.71명에서 1.63명 수준으로 회복되며 다시 '저출산 단계'로 회복되었다. 이 시기야말로 정부가 대체출산율 확보를 위한 적극적인 정책 전환에 나서야 할 중요한 시점이었다.

그러나, 출산율이 이미 심각한 수준으로 하락했음에도 불구하고, 정부는 여전히 '한 명만 낳기' 캠페인을 유지했다. 그 결과, 1996년에는 다시 1.57명으로 하락하며 '준초저출산 단계'로 재진입하게 되었다.

이후 1997년, 한국은 국가부도 위기를 맞아 그해 12월 국제통화기금(IMF)에 구제금융을 요청했다. IMF는 구제금융의 지원 조건으로 대대적인 구조조정과 정리해고를 포함한 노동시장 유연화를 강하게 요구했다.

이 과정에서 금융기관과 대기업을 포함한 수많은 기업이 도산했고, 오랜 동안 유지되어 온 '장기고용관행'은 무너졌다. 그 결과, 고용의 불안정성이 급격히 높아졌으며, 이는 출산율 하락을 더욱 가속화시키는 요인이 되었다.

결국 2002년, 합계출산율은 1.18명으로 떨어지며 한국은 '초저출산 단계'에 진입하게 되었다. 청년실업이 급증하고 고용 불안정성이 심화되면서, 결혼과 출산을 미루거나 포기하는 청년들이 늘어났다. '초저출산'이 장기화되면서 '나홀로족'과 '딩크족'이 하나의 새로운 문화로 자리 잡으며, 한국은 '초저출산의 늪'에 빠지게 되었다.

정부는 '저출산 단계'에 진입했을 때 문제의 심각성을 인식하고, 합계출산율 1.6명을 '지속가능 최저 출산율'로 설정하여 '준초저출산 단계' 이하로 떨어지지 않도록 적극적으로 대응했어야 했다. 그러나 정부가 본격적인 저출산 대응정책을 내놓은 것은 2002년 '초저출산 단계' 진입 이후 무려 4년이나 지난 2006년이었다.

그 후 17년간 저출산 문제 해결을 위해 정부는 300조 원 이상의 예산을 투입했지만, 실질적인 효과는 없었다. 한국은 2002년 초저출산 단계에 진입한 후 단 한 번도 '초저출산 늪'에서 벗어나지 못했으며, 매년 출산율

세계 최저 신기록을 경신해 왔다는 사실이 이를 입증한다.

(그림 2-1) 합계출산율과 출생아수 변동추이(1970-2024년)

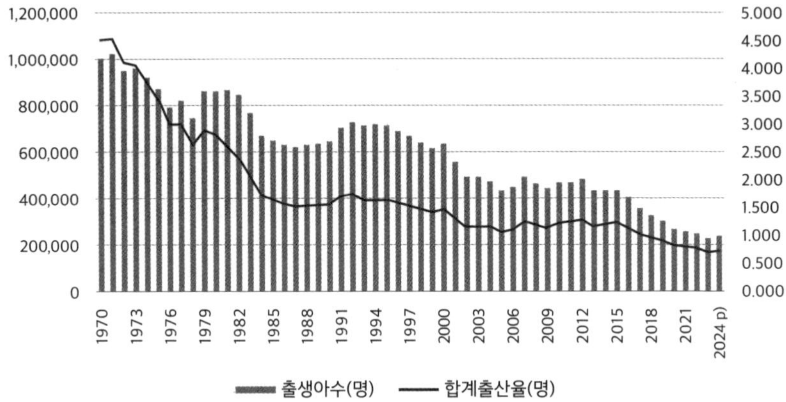

통계자료: KOSIS, 인구동태건수 및 동태율 추이, 2025. 4. 22. 인출 작성

(그림 2-1)을 보면, 합계출산율의 급격한 하락으로 인해 출생아 수가 크게 감소한 것을 확인할 수 있다. 1970년에는 100만 6천 명이 태어났지만, 저출산 단계에 진입한 1983년에는 76만 9천 명으로 줄었고, '준초저출산 단계'에 접어든 1986년에는 63만 6천 명으로 감소했다. 즉, 불과 16년 사이에 연간 출생아 수가 37만 명이나 줄어든 것이다.

이후 '초저출산 단계'로 진입한 2002년에는 출생아 수가 49만 7천 명으로 감소했으며, 2024년에는 23만 8천 명으로 줄어들어 1970년 대비 23.7% 수준에 불과하게 되었다.

합계출산율은 2023년 0.72명으로 역대 최저치를 기록한 후, 2024년에는 0.75명으로 소폭 반등했다. 합계출산율이 0.75명 수준으로 유지된다고 가정할 경우, 2024년 출생아 수를 기준으로 세대별 출생아 수 변동 추이를 추정해 보면, 인구 소멸로 인한 국가 소멸 가능성을 엿볼 수 있다.

2024년 출생아 세대를 국가 전체 인구로 가정하면, 2024년 출생아 세대의 자녀 세대에서는 출생아 수가 8만 9천 명으로 감소하고, 손주 세대에서는 33,510명, 증손주 세대에서는 12,566명, 고손주 세대에서는 4,712명으로 줄어든다.

이는 모든 세대에서 가임기까지 여성 사망률이 제로라는 암묵적 가정에 기반한 추정치이다. 이 시나리오에 따르면, 2024년 출생아 세대의 부모 세대는 연간 평균 약 73만 명이었고 그들의 증손주 세대는 12,566명으로 추정된다. 이를 고려할 때, 불과 5세대 만에 인구가 1.7% 수준으로 축소될 가능성이 있음을 보여준다.

저출산에 대한 심각한 인식 오류

선진국은 일반적으로 후진국보다 출산율이 낮으며, 대부분 저출산 단계에 속한다. 한국의 급격한 출산율 저하 역시 선진국 진입 과정에서 나타나는 자연스러운 현상으로 여겨져 왔다. 이러한 인식은 한국이 저출산 단계에 처음 진입한 1983년 이후 지난 40년간 우리 사회를 지배해 왔다.

그러나 이는 매우 심각한 '인식의 오류'다.[11] 우리는 이러한 오류를 바로잡기 위해 저출산 단계를 '저출산', '준초저출산', '초저출산'의 세 단계로 구분했다. 이는 모든 저출산이 동일한 수준의 문제를 야기하는 것이 아니라는 점을 분명히 하기 위함이다. 각 저출산 단계별로 인구구조의 변화 양상과 경제·사회에 미치는 충격의 강도가 현저히 다르기 때문이다.

한국의 저출산이 주요 선진국의 저출산과 어떻게 다른지를 분석하기 위해 UN 및 KOSIS 통계자료를 활용하여 (그림 2-2)를 도출했다. 이 그래프는 1980년부터 2023년까지 43년간 주요 국가별 합계출산율 변동 추이를 보여준다.

(그림 2-2) 국가별 합계출산율 추이(1980-2023년)

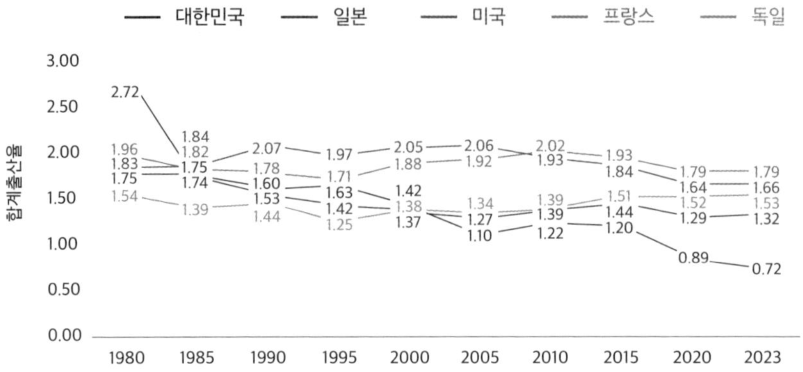

주: UN 및 KOSIS 통계자료(합계출산율), 2025. 2. 15. 인출 작성

이 국제비교를 통해 몇 가지 중요한 사실을 발견할 수 있다. 한국의 합계출산율은 지난 43년(1980~2023년) 동안 1980년 2.72명에서 2023년 0.72명까지 급격히 하락했다. 특히 2002년에는 합계출산율이 1.18명으로 떨어지며 '초저출산 단계'에 진입했고, 이후 2023년까지 22년간 세계 최저 출산율 기록을 지속적으로 경신해 왔다.

반면, 미국, 프랑스, 독일, 일본 등 주요 선진국은 같은 기간 동안 합계출산율을 비교적 안정적으로 유지해 왔으며, 어떤 국가도 '초저출산 단계'로 떨어진 적이 없다.

미국과 프랑스는 '저출산 단계'를 오랜 기간 성공적으로 유지하고 있으며, 독일은 '준초저출산 단계'에 속하지만 합계출산율은 1.5명 수준에서 매우 안정적으로 유지되고 있다. 일본은 1990년에 '준초저출산 단계'로 진입했으나, 2023년에도 합계출산율이 1.32명으로 한국의 2배에 가까운 수준을 유지하고 있다.

프랑스는 선진국 중에서도 비교적 이른 시기에 저출산 위기를 경험하고, 이에 대한 적극적인 대응 정책을 펼쳐 온 국가로 알려져 있다. 프랑스 역사상 '준초저출산 단계'에 진입했던 시기는 제1차 세계대전 기간인 1915년부터 1919년까지의 5년간이었다. 이 시기를 제외하면, 1900년부터 1974년까지 프랑스의 합계출산율은 2.1명에서 3.0명 사이를 유지하며 대체출산율이 무너진 적이 없었다.[12]

전시를 제외하면 프랑스가 저출산 단계에 처음 진입한 해는 1975년으로, 당시 합계출산율은 1.93명이었다. 프랑스는 저출산 단계로 진입하자 즉시 다양한 저출산 대응 정책을 시행했으며, (그림 2-2)에서 확인할 수 있듯이 이후 현재까지 단 한 해도 저출산 단계의 마지노선인 1.6명 미만으로 떨어진 적이 없다.

프랑스 사례가 주는 가장 중요한 시사점은 저출산 문제를 조기에 '국가적 위기'로 인식하고 즉각 대응했다는 점이다. 프랑스는 대체출산율이 무너지고 저출산 단계에 진입하자마자, 매우 적극적이고 포괄적인 저출산 대책을 추진했다. 그 결과, 1975년 저출산 단계에 진입한 이후 지난 48년간 단 한 번도 '준초저출산 단계'로 떨어진 적이 없을 뿐만 아니라, 합계출산율을 대체출산율 근방에서 안정적으로 유지해 왔다.

반면, 한국은 1983년 저출산 단계에 진입한지 불과 3년 만인 1986년에 '준초저출산 단계'로, 그리고 2002년에는 '초저출산 단계'로 매우 빠르게 이행했다.

더욱이 저출산 단계는 물론 '준초저출산 단계'에 이르기까지 정부는 여전히 '한 아이 갖기 운동'을 지속적으로 추진했다. 초저출산 단계에 진입한 이후에도 정책 전환은 지연되었고, 결국 4년이 지난 2006년에야 비로소 '저출산·고령사회 기본계획'을 수립하고 출산율 제고를 위한 정책을 시행하기 시작했다.

이러한 차이는 프랑스의 저출산 대책을 단순히 벤치마킹하는 것만으로는 한국의 초저출산 문제를 해결할 수 없다는 점을 분명히 보여준다.

프랑스는 저출산 단계에서부터 적극적인 대응 정책을 펼쳐 단 한 번도 준초저출산 단계로 진입한 적이 없다. 반면, 한국은 준초저출산 단계를 거쳐 '초저출산의 늪'에 빠진 뒤, 22년이 넘도록 그 상태에서 벗어나지 못하고 있는 실정이다.

모든 정책에서 '정책 타이밍'은 결정적인 요소다. 적절한 시기를 놓치면, 막대한 재정을 투입하더라도 기대했던 정책 효과를 거두기 어렵다. 따라서 한국은 가능한 한 신속하게 '초저출산의 늪'에서 벗어나야 한다. 대응이 늦어질수록 이를 극복하기 위한 투자비용은 기하급수적으로 증가할 뿐만 아니라, 경우에 따라서는 영원히 빠져나오지 못할 위험도 존재한다.

이 문제를 해결하기 위해서는 프랑스의 저출산 대책을 뛰어넘는 수준의 과감하고 전방위적인 투자와 노력이 필요하다. 보다 포괄적이고 강력한 정책을 추진하지 않는다면, 저출산 문제는 앞으로 더욱 심화될 수밖에 없다.

3
초고속 고령화와 가파른 인구절벽

초저출산이 부른 초고속 고령화

한국은 주요 선진국 가운데 고령화 속도가 가장 빠른 국가로, 세계적으로도 유사한 사례를 찾기 어려운 수준이다. 지금 한국은 전 세계 어느 나라도 경험하지 못한 속도로 인구 고령화가 진행되고 있다.

고령화 속도가 빠를수록 경제 성장의 동력은 약화되고 사회 역동성 또한 크게 저하된다. 따라서 우리는 단순한 고령화 현상 자체보다, 그 속도에 더욱 주목해야 한다.

일부에서는 인구가 감소하더라도 기술혁신 등을 통해 삶의 질이 현재 수준에서 유지되거나 오히려 향상될 수 있다고 믿는다. 그러나 이는 인구 감소가 완만하게 진행되는 경우에나 가능한 이야기다. 지속 가능한 발전은 '완만한 인구절벽'을 전제로 할 때에만 실현 가능하다.

한국처럼 유소년 인구와 생산연령인구가 '가파른 인구절벽'에 직면하고, 고령화 속도마저 세계에서 가장 빠른 국가에서는 다양한 분야에서 이른바 '인구재앙 쓰나미'가 발생할 가능성이 높다. 이러한 상황에서는 국민의 삶의 질을 유지하기가 매우 어렵다.

생산연령인구가 급격히 감소하고 고령인구가 반대로 가파르게 증가하면, 경제성장의 동력은 약화되고 사회보장 부담은 필연적으로 증가할 수밖에 없다. 특히 고령화 속도가 지나치게 빠를 경우, 기술혁신이나 구조조정 등을 통해 지속 가능한 경제사회 시스템을 새롭게 구축할 시간조차 부족해질 위험이 크다.

그렇게 되면 새로운 시스템이 마련되기도 전에 기존 시스템이 먼저 붕괴되는 사태가 발생할 수 있다. 지금까지는 경제사회 시스템이 붕괴될 정도로 고령화가 급진적으로 진행된 국가는 없었다. 그러나 한국은 역사상 그 첫 사례가 될 가능성이 점점 높아지고 있다.

고령화 단계

고령화 속도를 평가하기 위해서는 고령화 단계를 명확히 설정하고, 각 단계로 이행되는 데 걸리는 시간을 분석하는 것이 중요하다. 유엔(UN)은 전체 인구 중 65세 이상 고령인구 비율이 7% 이상인 사회를 '고령화 사회(aging society)', 14% 이상인 사회를 '고령사회(aged society)', 20% 이상인 사회를 '초고령 사회(super-aged society)'로 정의하고 있다.

우리는 여기에 더해, 고령인구 비율이 40% 이상인 사회를 '극초고령 사회(hyper-aged society)'로 새롭게 정의하여, 이를 고령화 단계에 추가함으로써 고령화 단계를 총 4단계로 구분하고자 한다. 이는 '극초고령 사회'가 경제 및 사회 전반에 미치는 영향이 기존의 '초고령 사회'와는 질적으로 다른 차원을 가지기 때문이다.

예를 들어, 고령인구 비율이 20%에 이르는 초고령 사회에서는 비록 저성장 단계에 접어들더라도 기술혁신과 구조조정을 통해 지속 가능한 발전을 도모할 가능성이 존재한다. 그러나 고령인구 비율이 40%를 초과하는 '극초고령 사회'에 이르면, 생산연령인구에 비해 고령자 복지 등 비생산적 지출의 비중이 지나치게 커지면서 지속가능한 발전이 사실상 어려워진다.[1]

UN이 '극초고령 사회'를 별도로 규정하지 않는 이유는, 지금까지 전 세계적으로 고령인구 비율이 40%를 초과한 국가가 존재하지 않았기 때문으로 보인다. UN과 KOSIS의 인구통계 자료에 따르면, 2100년까지 '극초고령 사회'로 진입할 것으로 예측되는 국가는 한국이 유일하다.[2]

한국은 2000년, 65세 이상 고령인구 비중이 7.2%에 달하여 처음으로 '고령화 사회'에 진입했다. 이는 프랑스보다 135년, 영국과 독일보다 70년, 미국보다 55년, 일본보다 31년 늦은 시점이다.

[표 3-1] 주요 선진국 고령화 속도

	대한민국	미국	일본	영국	독일	프랑스
고령화사회(A)	2000	1945	1969	1930	1930	1865
고령사회(B)	2017	2015	1995	1975	1975	1980
초고령사회(C)	2025	2029	2004	2025	2008	2018
A-B(B-C)	17(8)	70(14)	25(9)	45(50)	45(33)	115(38)

주: 1) 한국은 2050년에 극초고령 사회(65세 이상 고령인구 비중 40% 이상)에 진입하지만, 그 외 어떤 국가도 추계된 2100년까지 극초고령 사회에 진입하는 국가는 없다.
2) A-B는 고령화 사회에서 고령사회로 이행하는 데 소요된 기간, (B-C)는 고령사회에서 초고령 사회로 이행하는 데 소요된 기간을 나타낸다.

통계 자료: KOSIS, '세계속의 한국, 고령인구 비중, 1950-2100', 2025. 1. 21. 인출 작성

이처럼 한국이 다른 선진국에 비해 고령화 사회로의 진입이 늦었던 배경에는 1951년 6월 25일부터 1953년 7월 27일까지 이어진 한국전쟁과,

1955년부터 본격화된 전후 베이비붐(baby boom)의 영향이 크게 작용한 것으로 분석된다.[3]

국가기록원 자료에 따르면, 6.25전쟁 기간 동안 사망, 학살, 부상, 납치, 행방불명 등으로 인한 인명 피해자는 약 99만 명에 달했다.[4] 그러나 전후에 일어난 베이비붐으로 인해 유소년 인구는 급격히 증가했다. 그 결과, 1960년대 한국의 인구 피라미드는 출생률과 사망률이 모두 높은 전형적인 피라미드형 구조를 보였다. 1960년 한 해 동안 태어난 신생아 수는 100만 명을 넘었으며, 65세 이상 고령인구 비중은 2.7%에 불과했다. 전체 인구의 평균연령은 23.1세로,[5] 당시 한국은 매우 젊은 사회였다.

고령화 속도

문제는 '고령화의 속도'이다. [표 3-1]을 통해 한국의 고령화 속도가 얼마나 빠른지 확인할 수 있다. 한국은 2000년에 '고령화 사회'로 진입한 후 불과 17년 만인 2017년에 고령사회로 진입했다. 이는 프랑스가 115년, 미국이 70년, 영국과 독일이 각각 45년, 일본이 25년이 걸린 것과 비교하면 매우 짧은 기간이다.

더욱 놀라운 점은, 한국이 '고령사회'로 진입한 지 불과 8년 만인 2025년에 '초고령 사회'로 진입하게 된다는 사실이다. 참고로 프랑스는 고령사회에서 초고령 사회로 이행하는 데 38년, 영국은 50년, 독일은 33년, 미국은 14년, 일본은 9년이 걸렸다.

가장 충격적인 전망은 한국이 2050년에 65세 이상 고령자 비중이 40%을 넘어서며 '극초고령 사회'로 진입할 것으로 예상된다는 점이다. 나아가 2067년에는 65세 이상 고령인구 비중(46.4%)이 생산연령인구 비중(46.3%)을 처음으로 초과할 것으로 보인다.

반면, 2100년에도 미국(30.5%), 프랑스(34.2%), 독일(33.7%), 영국(32.4%), 일본(38.7%) 등 주요 선진국은 65세 이상 고령인구 비중이 40% 미만으로 유지될 것으로 전망된다. 이들 국가들은 고령자 비중이 이 수준에서 안정화되며 '극초고령 사회'로 진입하지 않을 것으로 추계된다.

앞서 제2장에서 언급했듯이, 미국, 프랑스, 독일 등은 1980년대부터 합계출산율을 '저출산 수준'에서 안정적으로 관리해 왔다. 또한 2100년경에는 베이붐 세대가 대부분 사망한 이후이기 때문에, 이들 국가의 고령인구 비중은 장기적으로 안정될 가능성이 매우 높다.[6]

한국이 주요 선진국에 비해 고령화 속도가 매우 빠르고, 불과 25년 후 '극초고령 사회'로 진입하게 되는 이유는 무엇일까? 그 해답은 제2장에서 다룬 저출산 단계의 국가별 차이에 있다.

한국은 1983년에 저출산 단계에 진입한 이후, 1986년에 '준초저출산 단계', 2002년에 '초저출산 단계'로 매우 빠르게 이행했다. 반면 프랑스와 미국은 단 한 해도 '저출산 단계'를 벗어난 적이 없으며, 독일은 '준초저출산 단계'에 머물고 있지만 거의 '저출산 단계' 마지노선 근방에서 안정적으로 유지하고 있다.

일본은 '준초저출산 단계'에 속하며 한국 다음으로 고령화 속도가 빠른 국가다. 2100년에는 일본의 65세 이상 고령인구 비중이 38.7%에[7] 이를 것으로 예상된다. 그러나 일본의 2023년 합계출산율은 1.32명으로, 같은 해 한국의 0.72명에 비해 두 배 가까이 높다.[8]

한국을 제외하면 일본이 '최악의 상황'에 처해 있지만, 일본조차도 '초저출산 단계'에는 진입하지는 않았다. 반면, 한국은 무려 23년 동안 '초저출산 늪'에서 벗어나지 못하고 있는 상황이다.

인구감소 3단계와 인구절벽

인구구조의 변동을 분석할 때는 연령 단계별로 유소년 인구(0-14세), 생산연령인구(15-64세), 그리고 노년 인구(65세 이상) 등 크게 세 그룹으로 구분하는 것이 유용하다. 이는 각 연령층이 경제와 사회에서 수행하는 역할과 그 영향력이 뚜렷하게 다르기 때문이다.

유소년 인구는 주로 교육을 받으며 미래의 생산 인력으로 성장하는 시기이다. 이들은 직접적인 생산활동에는 참여하지 않지만, 국가의 미래를 이끌어갈 주역으로서 중요한 의미를 지닌다.

생산연령인구는 사회의 생산자층이자 동시에 소비를 주도하는 핵심 계층이다. 이들은 가계 소득을 창출하고, 국가 경제발전에 실질적으로 기여하는 중심축이다.

반면, 65세 이상 노년 인구는 은퇴 이후 경제활동이 감소하며, 주로 연금과 저축에 의존해 생활을 유지한다. 이들은 노인복지시설과 의료 서비스에 대한 수요를 증가시키며, 사회복지 재정에 큰 영향을 미친다.

우리는 이러한 연령별 인구구조를 바탕으로, 인구 감소의 흐름을 체계적으로 설명하는 '인구 감소 3단계론'을 제시하고자 한다.

'제1단계 인구감소기'는 저출산 단계로 진입하는 시기를 의미한다. (그림 3-1)에서 볼 수 있듯이, 이 시기에는 유소년 인구가 감소 추세에 있지만, 생산연령인구와 노년 인구는 증가하는 추세를 보인다. 그 결과 국가 전체 인구는 여전히 증가 추세에 있기 때문에 국민들이 인구문제의 심각성을 체감하지 못하는 경향이 있다.

그러나 이 시점에서 이미 합계출산율은 대체출산율을 하회하고 있으며, 이는 적어도 15년 후에는 생산연령인구 감소가 불가피하게 시작된다는 것을 의미한다.

따라서 이 단계에서 국가는 '저출산 단계'에서 '준초저출산 단계'로 떨어지지 않도록 선제적이고 적극적인 대응에 나서야 한다. 이러한 초기 대응만이 인구감소 문제를 효과적이고 효율적으로 억제할 수 있는 길이다.

'제2단계 인구감소기'는 유소년 인구뿐만 아니라 생산연령인구도 감소하는 반면, 노년 인구는 지속적으로 증가하는 시기이다. 이 단계에서는 총인구 감소가 본격적으로 시작되며, 인구절벽에 진입하는 특징을 보인다.

제2단계의 초기에는 유소년 인구와 생산연령인구가 비교적 완만한 속도로 감소하지만, 후반기로 갈수록 감소 속도가 점점 빨라지고 노년 인구는 더욱 가파르게 증가한다. 그 결과, 전체 인구 감소는 초반에는 '완만한 인구절벽' 형태로 나타난다. 이 시기에는 인구 감소로 인한 경제·사회적 충격이 상대적으로 적기 때문에, 기술혁신과 산업 구조조정을 통해 지속가능한 성장을 도모할 수 있는 여지가 존재한다.

그러나 후반기로 접어들면서 인구구조는 '중위인구절벽' 형태로 전환된다. 이 시기에는 인구감소 규모가 크고 속도도 매우 빠르게 진행되며, 그에 따른 경제사회적 충격이 전방위적으로 나타난다. 기술혁신이나 산업구조조정으로 대응하는데도 한계가 있고, 결과적으로 '저성장 함정'에 빠질 위험이 매우 커지는 시기이다.

'제3단계 인구감소기'는 유소년 인구, 생산연령인구, 그리고 65세 이상 노년 인구까지 모든 연령층이 감소 추세에 접어드는 시기이다. 이로 인해 전체 인구는 급격히 줄어들며, 본격적인 '가파른 인구절벽' 현상이 나타난다.

가파른 인구절벽은 인구 감소의 규모가 매우 크고, 그 속도 또한 급격하게 진행되는 현상을 의미한다. 이 단계에서는 인구감소에 따른 다양한 형태의 '인구재앙 쓰나미'가 발생하며, 기존의 경제·사회 시스템이 곳곳에서 붕괴 조짐이 나타난다.

특히, 생산연령인구의 감소 속도가 지나치게 빨라지면서 기술혁신이나 산업구조조정을 통해 대응하는 것조차 어려운 상황에 직면하게 된다. 이로 인해 사회 전반의 지속 가능성이 심각하게 위협받는 시기라 할 수 있다.

한국의 인구절벽

한국은 2002년 이후 23년 동안 초저출산의 늪에 빠져 있으며, 그 결과 2025년 현재 이미 '제2단계 인구감소기'에 진입한 상태다.

(그림 3-1) 인구감소 3단계와 인구절벽

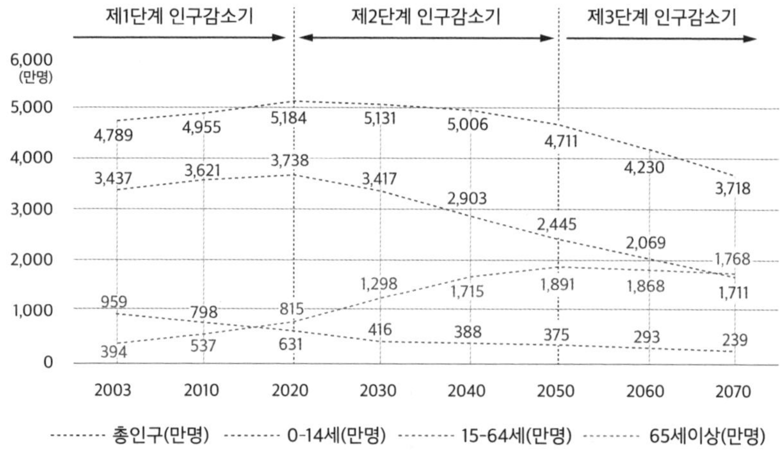

주: 인구추계 통계는 중위 추계(기본 추계: 출산율-중위/기대수명-중위/국제순이동-중위) 기준.

통계 자료: KOSIS, '주요 연령계층별 추계인구, 1960-2072', 2025. 3. 21. 인출 작성

(그림 3-1)에 따르면, 2030년에는 2020년 대비 14세 이하 유소년 인구가 34.1% 감소할 것으로 예상되며, 이는 전형적인 '가파른 인구절벽' 현상을 보여준다. 생산연령인구(15-64세)는 같은 기간 8.6% 감소하여 '완만한 인구절벽' 형태를 나타낼 것으로 보인다. 반면, 65세 이상 고령인

구는 같은 기간 동안 1.6배 증가할 것으로 전망되며, 이에 따라 총인구 감소율은 1.0%에 불과할 것으로 예측된다.

그러나 유소년층에서 시작된 '가파른 인구절벽'은 너울성 파도처럼 일정한 시차를 두고 생산연령인구와 고령인구에서도 동일한 형태의 절벽을 필연적으로 유발하게 될 것이다.

2030년부터 2050년까지의 20년은 '제2단계 인구감소기'의 후반기에 해당한다. 2050년에는 2030년 대비 유소년 인구 감소율이 9.9%로 다소 둔화되지만, 생산연령 인구는 무려 28.5% 감소하여 유소년 인구 감소 폭을 크게 상회하게 된다. 같은 기간 동안 65세 이상 고령인구는 1.5배 증가하고, 총인구는 8.2% 감소할 것으로 예상된다.

2050년에는 65세 이상 고령인구가 1,891만 명으로 정점에 이르며, 감소하기 시작하는 원년이 된다. 이 시점부터 고령 인구 또한 '완만한 인구절벽'에 진입하게 되는데, 이는 베이붐 세대가 90세를 넘어서면서 사망률이 급격히 증가하기 때문이다.

이 시점부터 한국은 모든 연령층의 인구가 감소하는 '제3단계 인구감소기'에 본격적으로 진입하며, 전례 없는 '가파른 인구절벽'에 직면하게 된다. 특히, 2050년에는 65세 이상 고령 인구 비중이 40.1%를 넘어서며, 한국은 '초고령 사회'을 넘어 '극초고령 사회'로 진입하게 된다.

2050년에서 2070년까지의 20년 동안 유소년 인구는 36.3%, 생산연령인구는 30.0%, 노년 인구는 6.5% 감소할 것으로 예상되며, 그 결과 총인구는 21.1% 줄어들 것으로 전망된다.

2072년에는 한국의 총인구가 3,622만 명으로 감소하여, 2024년의 5,175만 명 대비 약 70% 수준으로 줄어들 것으로 예상된다. 같은 기간 동안 유소년 인구는 549만 명에서 238만 명으로, 생산연령인구는 3,633만 명에서 1,658만 명으로 각각 절반 이하로 감소할 전망이다.

반면, 65세 이상 고령 인구는 1,727만 명으로, 2050년 정점 대비 8.7% 감소하지만, 이는 생산연령인구보다 70만 명이나 많고 총인구의 48%에 달하는 수치이다. 이는 불과 48년 후 한국이 맞이하게 될 미래의 모습으로, 인구구조의 극적인 전환과 그로 인한 사회적 충격을 단적으로 보여주는 사례라 할 수 있다.[9]

한편, 대체출산율에 근접한 합계출산율을 유지하고 있는 미국과 프랑스는 같은 기간(2024-2072년)에 인구가 오히려 증가하거나 감소 폭이 매우 미미할 것으로 추계된다. 미국은 이민 증가 등의 요인으로 총인구가 오히려 13.5% 증가할 것으로 예상되며, 프랑스는 1.7% 감소에 그칠 것으로 보인다. 반면, '준초저출산 단계'에 속한 독일은 같은 기간 동안 11.8% 감소할 것으로, 일본은 28.5% 감소할 것으로 전망된다.[10]

노인 공화국

한국의 인구구조 변동을 선진 5개국과 비교하기 위해, UN 및 통계청의 '장래인구추계' 자료를 바탕으로 [표 3-2]를 작성하였다. 이 표에는 '생산연령인구 비중(A)', '고령인구 비중(B)', '노년부양비(C)', '노령화 지수(D)'의 미래 전망치가 포함되어 있다. 이를 통해 한국이 현재 초저출산 문제를 해결하지 못할 경우, 미래 사회가 얼마나 불확실하고 불안정해질 수 있는지를 명확히 확인할 수 있다.

한 나라의 생산역량과 공급능력은 총인구에서 차지하는 '생산연령인구(15-64세 이상) 비중'에 크게 좌우된다.

2025년 한국의 생산연령인구 비중은 69.2%로, 선진 5개국에 비해 최소 5% 포인트(미국 대비), 최대 10.8% 포인트(일본 대비) 더 높은 수준이다.

그러나 문제는 2050년에 이 비중이 51.1%로 감소하면서, 2025년 대비 18.1% 포인트 하락하고 선진 5개국 중 가장 낮은 수준으로 전락하게 된다는 점이다. 같은 해 미국과 영국의 생산연령인구 비중은 각각 60.8%, 59.2%로, 한국보다 약 10% 포인트 더 높을 것으로 예상된다.

2070년에는 한국의 생산연령인구 비중이 46.1%로 줄어들며, 2025년 대비 23.1% 포인트 감소하고, 선진 5개국과의 격차는 더욱 벌어질 전망이다.

이는 시간이 지날수록 한국의 생산능력과 생산성이 미국, 프랑스, 영국, 독일 등 주요 선진국에 비해 현저히 저하될 위험이 크다는 점을 강하게 시사한다.

[표 3-2] 생산연령인구 비중, 고령자 비중, 노년부양비, 노령화 지수 국제비교

	2025				2050				2070			
	A	B	C	D	A	B	C	D	A	B	C	D
한국	69.2	20.6	29.7	201.5	51.1	40.1	78.6	456.2	46.1	46.4	100.6	620.6
프랑스	60.6	22.7	37.4	135.9	56.1	28.5	50.9	186.2	54.7	31.0	56.6	215.1
미국	64.2	18.5	28.9	107.7	60.8	23.6	38.9	151.3	57.9	27.5	47.5	188.0
영국	63.2	20.1	31.8	120.4	59.2	26.1	44.2	178.4	57.0	29.5	51.7	217.8
독일	62.3	23.6	37.9	168.3	56.8	30.5	53.6	239.9	54.8	32.2	58.8	248.4
일본	58.4	30.4	52.0	271.5	51.4	37.5	73.0	336.9	50.4	38.7	76.7	354.0

주: 1) A: 생산연령(15-64세) 인구 비중, B: 65세 이상 고령인구 비중, C: 노년부양비 = 고령인구(65세 이상) ÷ 생산연령인구(15-64세), D: 노령화 지수 = 유소년(14세 이하) 인구 100명에 대한 65세 이상 고령인구 비중

2) 중위자료

통계 자료: 통계청 『장래인구추계』, 2021. 12. UN 「https://population.un.org/wpp, World Population Prospects 2022」, 2022. 7., 2025. 1. 22. 인출 작성

생산연령인구 비중이 크게 감소하는 가운데, 고령인구 비중은 빠르게 증가하고 있다. 이를 선진 5개국과 비교하면 그 심각성은 더욱 분명하게 드러난다.

2025년 한국의 '65세 이상 고령인구 비중'은 20.6%로, 일본의 30.4%에 비해 낮고 다른 선진국들과 비슷한 수준이다. 그러나 2050년에는 이 비중이 40.1%로 급증하며, 2025년 대비 거의 2배에 달하게 된다. 이는 다

른 선진국들에 비해 10% 포인트 이상 높은 수치로, 한국이 본격적인 '극초고령 사회'에 진입하게 됨을 의미한다.

2070년에는 미국, 프랑스, 독일, 영국 등 주요 선진국들의 고령인구 비중은 30% 초반 수준에서 안정화되는 반면, 한국은 46.4%까지 상승하여 전체 인구의 거의 절반을 고령자가 차지할 것으로 예상된다.

노년부양비와 노인빈곤 문제

향후 45년간(2025-2070년) 한국은 선진 5개국에 비해 생산연령인구(15-64세) 비중이 상대적으로 급격히 감소하는 반면, '65세 이상 고령인구' 비중은 크게 증가할 것으로 예상된다. 이러한 인구구조의 변화는 '노년부양비'를 급격히 상승시키는 주요 요인이 된다.

노년부양비는 특정 국가 또는 지역에서 생산연령인구(15~64세) 100명당 65세 이상 고령인구 수를 나타내는 지표로, 노년부양비가 높아질수록 노년층을 부양하기 위한 복지 재정 부담이 커진다. 이에 따라 경제활동인구의 조세부담은 증가하고, 노인 빈곤 문제는 점차 심화될 가능성이 높다.

[표 3-2]에서 노년부양비의 국제비교를 통해, 향후 45년 동안 한국의 노년부양비가 선진 5개국에 비해 매우 빠른 속도로 상승할 것임을 확인할 수 있다.

2025년 현재 한국의 노년부양비는 29.7로, 이는 생산연령인구 3.4명이 65세 이상 고령인구 1명을 부양한다는 의미다. 이 수치는 미국보다 0.8포인트 높지만, 다른 선진국들과 비교하면 상대적으로 낮은 수준이다.

그러나 2050년에는 한국의 노년부양비가 78.6으로 급등하며, 2025년 대비 2.6배 상승하게 된다. 이는 미국의 2배, 프랑스의 1.5배에 해당하는 수치다.

2070년에는 한국의 노년부양비가 100.6에 달하여, 생산연령인구 1명이 65세 이상 고령인구 1명을 부양해야 하는 1:1 부양 구조에 도달할 것으로 예상된다. 반면, 일본을 제외한 다른 선진국들은 여전히 생산연령인구 2명이 고령인구 1명을 부양하는 구조를 유지할 것으로 보인다.

현재 한국의 노년부양비는 선진국에 비해 상대적으로 낮은 수준임에도 불구하고, 노인 빈곤율은 OECD 국가 중 가장 높은 수준을 기록하고 있다. OECD 노인 빈곤율은 '절대 빈곤율'이 아닌 '상대 빈곤율'로 측정되며, 이는 중위소득의 50% 미만인 노인이 전체 노인 인구에서 차지하는 비율을 의미한다.

향후 한국의 노년부양비가 선진국을 크게 앞지를 것으로 전망된다는 점을 고려하면, 노인 빈곤 문제는 현재보다 더욱 심각해질 위험이 크다. 이는 단순한 복지 문제를 넘어, 경제적 부담의 증가와 사회적 불평등의 심화로 이어질 가능성을 강하게 시사한다.

노령화 지수

한 나라의 노령화 수준과 인구구조 변동을 전망할 수 있는 주요 선행지표 중 하나가 바로 '노령화 지수'다. 노령화 지수는 14세 이하 유소년 인구 100명당 65세 이상 고령 인구가 몇 명인지를 나타내는 지표이다.

한국이 초저출산 늪에 빠져든 2002년 당시, 선진 6개국의 노령화 지수를 비교해 보면 한국은 38.6으로 가장 낮은 수치를 기록했다. 당시 한국에서는 14세 이하 유소년 인구가 65세 이상 고령인구의 약 2.6배에 달했다.

같은 시기 미국은 58.1, 영국은 84.5, 프랑스는 88.0, 독일은 113.8, 일본은 135.5를 기록하며, 이들 국가에서는 이미 한국보다 훨씬 더 노령화가 진행된 상태였다.

그러나 지난 22년 동안 한국은 세계에서 유일하게 '초저출산 늪'에서 벗어나지 못하면서, 노령화 지수가 다른 선진국에 비해 매우 빠른 속도로 상승했다. 앞으로도 이러한 상승세는 더욱 가속화될 것으로 전망된다.

한국이 고령화 사회로 진입한 2017년, 노령화 지수는 105.1로 2002년에 대비 약 2.7배 증가했다. 같은 해 미국은 79.1, 프랑스는 111.0, 독일은 159.1, 영국은 101.5, 일본은 229.5를 기록하며, 미국을 제외한 선진국의 노령화 지수는 여전히 한국보다 높은 수준을 유지하고 있었다.

그러나 2025년에는 한국의 노령화 지수가 201.5로 상승하며, 2017년 대비 거의 2배 가까이 증가하게 된다. 이로써 한국은 일본을 제외한 선진 4개국을 크게 앞지르는 수준에 도달하게 된다.

2050년에는 한국의 노령화지수가 456.2로 급등하며, 2025년 대비 2.5배 증가하고, 일본을 포함한 모든 선진국을 넘어서는 수치를 기록할 것으로 전망된다. 이는 미국의 3배, 영국의 2.6배, 프랑스의 2.5배에 해당하는 수준이다.

2070년에는 한국의 노령화지수는 620.6에 달하며, 이는 65세 이상 고령인구가 14세 이하 유소년 인구의 6.2배에 이르는 구조를 의미한다. 같은 해 이 수치는 미국의 3.3배, 프랑스의 2.9배, 영국의 2.8배, 독일의 2.5배, 일본의 1.8배에 해당하는 수준이다.

위급단계 경보

유소년 인구는 짧게는 10년, 길게는 25년 후에 본격적으로 경제활동에 참가하며, 국가의 미래를 이끌어가는 주역이 된다. 이들은 단순한 인구

집단을 넘어, 나라의 희망이자 미래 그 자체라 할 수 있다.

한국이 '초저출산 늪'에 빠져들기 시작한 2002년 당시, 한국의 노령화 지수는 38.6으로, 다른 선진국에 비해 유소년 인구 비중이 매우 높은 젊은 국가였다. 당시 실질 경제성장률은 7.7%에 달했으며, 경제적으로도 활발한 성장세를 보이고 있었다.

그럼에도 불구하고 초저출산 단계에 진입했다는 사실은, 가까운 미래에 심각한 위기가 도래할 수 있다는 분명한 경고 신호였다. 제2장에서 살펴본 바와 같이, 한국은 1983년에 '저출산 단계'에 진입한 이후, 1996년에는 '준초저출산 단계로, 2002년에는 본격적인 '초저출산 늪'에 빠져들기 시작했다.

이는 한국 사회가 지난 22년간 '주의 및 경계 단계 경보(저출산 단계)'를 넘어 '심각 단계 경보(준초저출산 단계)', 그리고 '위급 단계 경보(초저출산 단계)'까지 지속적으로 경보를 받아왔음에도 불구하고, 이에 적절히 대응하지 않았거나 대응하지 못했음을 의미한다.

한국이 하루빨리 '초저출산의 늪'에서 벗어나지 못한다면, 머지않아 '미래를 잃어버린 나라'가 될 위험이 크다. 이러한 비극을 피하고, 선진 5개국과 어깨를 나란히 하는 선진 경제강국으로 도약하기 위해서는 모든 국민이 초저출산의 실태와 원인, 그리고 이로 인해 초래될 인구재앙 쓰나미의 위험성을 올바르게 이해해야 한다.

무엇보다 중요한 것은 저출산 문제 극복에 국민 모두가 적극적으로 동참하는 것이다. 지금 이 순간, 초저출산의 늪에서 빠르게 벗어나지 못한다면, 그 누구도 인구재앙의 충격에서 자유로울 수 없다.

가장 심각한 문제는 많은 국민이 초저출산 문제를 자신과 무관한 일로 오해하거나, 이미 너무 늦었다는 절망감과 패배의식에 빠져드는 것이다. 이러한 상황에서 '죽음의 대협곡'을 벗어나기 위한 용기와 행동이 절실히 요구된다.

초저출산의 늪에서 벗어나기 위해서는 가족친화적 경제·사회 시스템과 문화를 구축해야 하며, 이는 모든 국민의 공감과 실천이 있을 때 비로소 가능해질 것이다.

제 2 부

인구재앙 쓰나미

Part 2

Demographic Disaster Tsunami

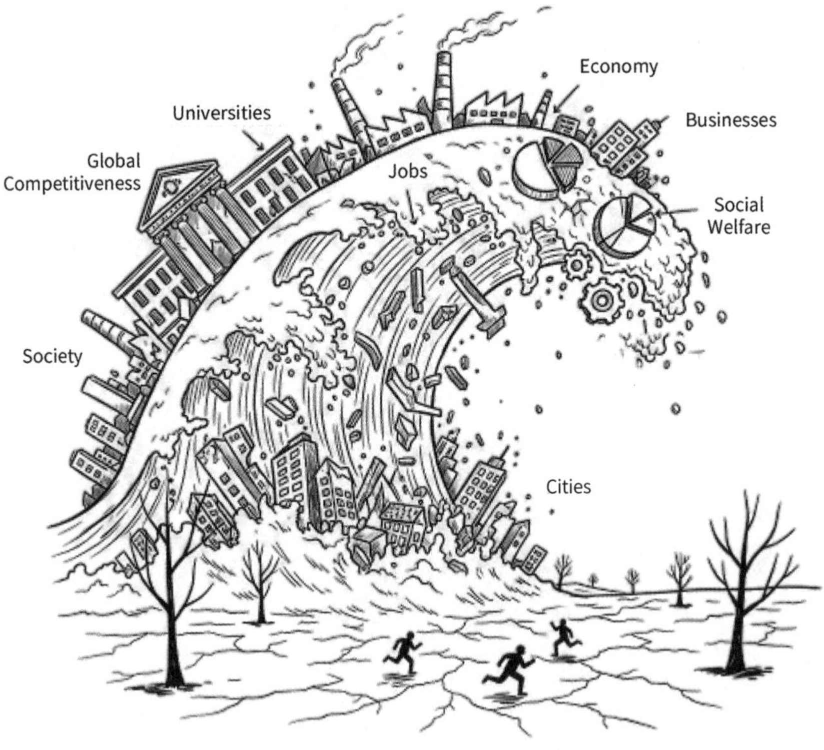

※생성형 AI(Gemini)를 활용하여 제작한 이미지 임

4

축소와 소멸의 시대

한국 사회는 20년 넘게 지속된 초저출산의 깊은 늪에서 벗어나지 못한 채, 이제 '인구절벽'이라는 거대한 파도에 휩쓸려 벼랑 끝으로 내몰리고 있다.

1983년, 한국이 '저출산 단계'에 진입했을 당시 출생아 수는 77만 명에 달했다. 그러나 2002년 '초저출산 단계'에 접어들면서 출생아 수는 50만 명으로 감소했고, 2024년에는 불과 23만 8천 명으로 급감했다. 이는 21년 전의 절반에도 미치지 못하는 수치로, 단순한 감소를 넘어선 '출생 절벽'이라는 심각한 현상을 보여준다.

출생 절벽은 일정한 시차를 두고 영유아 인구, 청소년 인구, 생산연령 인구, 그리고 노인 인구까지 연쇄적으로 감소시키는 파급효과를 초래한다. 이로 인해 교육시스템 축소, 산업구조 변화, 사회 서비스의 감소 등 다양한 경제·사회 시스템이 단계적으로 축소될 가능성이 크다.

결국 우리가 익숙하게 누려왔던 많은 것들이 점차 사라질 수 있으며, 출생 절벽에서 시작된 인구절벽의 파도는 '축소와 소멸의 도미노 현상'으로 이어져 경제와 사회 전반에 걸쳐 심각한 위기를 불러올 것이다.

출생의 가치를 알면, 내일이 보인다

출생 절벽이라는 냉혹한 현실 앞에서, 우리는 인생의 시작인 '출생'의 의미와 가치를 진지하게 되새겨볼 필요가 있다. 인간 사회의 모든 것은 출생에서 비롯되며, 따라서 출생 절벽은 우리가 누리는 모든 가치의 근원을 뒤흔들 수 있는 심각한 문제로 다가온다.

출생의 가치를 인식하게 되면, 현재 진행 중인 출생 절벽이 단지 인구 감소에 그치지 않고, 우리의 삶과 경제·사회는 물론, 역사와 문화를 단절시키고 붕괴시킬 수 있는 거대한 쓰나미로 이어질 수 있음을 깨닫게 된다.

출생은 단순히 새로운 생명의 탄생을 의미하는 것이 아니다. 그것은 개인에게는 존재의 시작이자 가능성의 출발점이며, 가족에게는 사랑과 책임의 확장이며, 사회 전체에는 지속성과 미래를 보장하는 핵심 기반이다.

출생은 새로운 생명의 시작을 상징한다. 생물학적 관점에서 보면, 서로 다른 유전자가 결합하여 독특한 개체가 탄생하는 순간이며, 이는 생명의 연속성과 진화를 보여주는 상징적인 사건이다. 출생한 아이는 부모의 유전인자를 물려받아 태어나지만, 자신만의 개성과 정체성을 지닌 세상에서 유일무이한 존재로 성장해 간다.

또한, 출생은 무한한 가능성을 지닌 새로운 존재의 등장이라는 점에서 더욱 특별하다. 각 개인은 고유한 재능과 잠재력을 가지고 태어나며, 이를 바탕으로 인생을 살아가면서 새로운 가치를 창출할 수 있는 잠재적 주체가 된다.

따라서 출생 절벽은 곧 가능성의 축소를 의미한다. 이는 단지 인구 수의 감소를 넘어, 우리 사회가 지닌 미래의 잠재력과 창조적 역량이 점차 사라질 수 있음을 뜻하며, 그 여파는 사회 전반에 걸쳐 심각한 영향을 미칠 수 있다.

출생은 가족의 대를 이어가는 중요한 연결 고리로서, 가족의 역사와 유전자를 다음 세대로 전달하는 역할을 한다. 아이의 탄생은 가족 구성원 간의 유대감을 더욱 강화하며, 서로를 깊이 이해하고 사랑하는 계기를 제공한다.

"부모가 되어야 부모의 마음을 알 수 있다"라는 속담이 있듯, 부모의 자식에 대한 사랑은 무조건적이고 이타적이며, 희생적이고, 지속적인 '아가페적 사랑'이다. 물론 세상에는 예외적인 경우도 존재하지만, 대부분의 부모는 자식에게 조건 없는 헌신과 사랑을 베푼다. 이러한 사랑은 생물학적 본능, 사회적 기대, 개인적 경험, 그리고 문화적 영향이 복합적으로 작용한 결과다.

자식은 부모의 유전자를 이어받은 존재이며, 부모는 본능적으로 자신의 유전자를 보존하고 후대를 번성시키려는 욕구를 지닌다. 이 본능은 부모와 자식 간의 깊은 유대감을 형성하고, 가족의 연속성과 진화를 상징한다. 위대한 성직자나 불멸의 사상이나 이론을 남긴 대학자들을 제외하면, 대부분의 사람은 출생이라는 전달 체계를 통해 자신의 존재를 후세에 이어간다. 자신의 죽음을 슬퍼할 이가 없고, 존재를 기억해 줄 사람이 없다는 사실은 참으로 허무하고 쓸쓸한 일이다.

부모가 자식을 키우며 느끼는 사랑과 걱정, 희생은 순수하고 숭고하며, 인간관계에서 가장 아름다운 모습이다. 이는 인류 사회를 지속시키는 원동력이기도 하다. 아이는 부모의 사랑을 먹고 자라며, 부모는 아이를 키우는 과정에서 기쁨과 희망, 책임과 의무, 사랑과 행복을 경험한다.

출생은 또한 인구를 유지하고 사회를 발전시키는 데 필수적인 요소이다. 새로운 세대의 탄생은 부모 세대의 문화와 가치관을 계승하는 동시에, 사회에 활력을 불어넣고 다양한 분야에서 새로운 가능성을 열어준다. 출생은 이처럼 사회의 지속 가능한 발전을 위한 기반이다.

오늘날 우리가 누리고 있는 문화와 문명, 과학과 경제를 석기시대와 비교해 보면, 그 발전은 실로 경이롭다. 이는 인간의 창의성과 무한한 가능성, 그리고 세대를 넘어 이어지는 지식 축적과 혁신의 결과이며, 그 모든 발전의 출발점이 바로 출생이다.

축소, 단절, 소멸의 시대

출생은 이처럼 단순한 생물학적 사건을 넘어, 인류의 존재와 인류가 창출하는 모든 가치의 출발점이다. 출생은 언제나 새로운 시작과 무한한 가능성을 상징하며, 개인과 사회의 미래를 여는 문이다.

따라서 출생 절벽은 단순히 출생률의 급격한 감소에 그치지 않는다. 그것은 세대 간의 단절, 사회적 가능성의 축소, 그리고 지식과 문화의 축적 구조가 무너지는 심각한 위기를 초래한다. 이는 곧 축소, 단절, 소멸의 시대가 도래하고 있음을 알리는 분명한 전조이다.

이러한 현상은 우리의 선조들이 오랜 세월에 걸쳐 발전시켜 온 가정과 사회, 경제와 문화, 지역과 국가에 깊은 상처를 남긴다. 그리고 결국에는 유형과 무형의 가치를 모두 쓸어버릴 '인구재앙 쓰나미'의 시작을 의미한다.

한국 사회에서는 현재 '나홀로족'과 '딩크족 문화'가 빠르게 확산되고 있다. 이들은 각자의 이유로 아이를 갖지 않기로 선택한 사람들을 의미한다. 일부는 건강상의 문제로 인해 아이를 갖지 못하는 안타까운 상황에 놓여 있지만, 최근에는 육아에 대한 경제적 부담, 사회적 제약, 그리고 가족에 대한 가치관 변화 등으로 인해 자발적으로 출산을 포기하는 경우가 늘고 있다.

물론 결혼을 하지 않거나 아이를 갖지 않는 것은 개인의 자유이며, 국가와 사회는 이러한 개인의 가치관과 선택을 존중해야 한다. 또한 모든 사람이 반드시 아이를 가져야 하는 것도 아니며, 아이를 갖는 것이 개인의 행복을 보장하는 것도 아니다.

그러나 한 가지 분명한 사실은, 초저출산으로 인해 가계가 단절되는 가정이 급격히 늘어나고 있다는 점이다. 이로 인해 오랜 역사와 맥을 이어온 수많은 가계와 가족이 이 땅에서 영원히 사라지고 있으며, 이는 단순한 인구 감소를 넘어선 심각한 사회적 문제로 다가오고 있다.

마을에 생동감을 불어넣던 어린이들의 천진난만한 웃음소리, 밥상을 둘러싼 가족들의 정다운 대화, 그리고 마을의 흥겨운 전통행사들이 점차 사라지고 있다.

한국의 대부분 농촌 마을에서는 이제 아이의 울음소리를 들을 수 없으며, 아이와 청년들이 모두 떠난 채 65세이상의 할아버지와 할머니만 남아 있는 마을이 많아졌다. "어린이용 기저귀는 찾는 사람이 없어 갖다 놓지 않고, 성인용 기저귀만 판다."[1] 이는 TV 뉴스 시간에 한 시골 편의점 주인이 기자에게 건넨 말로, 우리나라 농촌의 현재와 미래를 극명하게 보여주는 사례이다.

성인용 기저귀를 찾던 노인들이 세상을 떠나고 나면, 편의점도 문을 닫고, 온기가 돌던 집들은 결국 폐허가 될 것이다. 실제로 지금도 전국 곳곳의 시골 마을을 방문하면, 마을 곳곳에 흉물스럽게 방치된 빈집들을 쉽게 찾아볼 수 있다. 심지어 사람이 살고 있는 집보다 버려진 집이 더 많은 마을도 적지 않다.

수백 년 동안 선조들이 산야를 개간하며 일구어 온 삶의 터전이었던 논밭은 이제 다시 잡초로 뒤덮인 황폐한 산야로 돌아가고 있다. 이는 단순히 한 마을이 사라지는 것을 넘어, 수많은 사람들의 고향이 점차 사라지고 있다는 것을 의미한다.

고향은 단순히 태어나 자란 곳을 넘어, 우리의 정체성과 기억, 소속감을 형성하는 중요한 공간이다. 그곳에는 우리의 뿌리가 있으며, 어린 시절의 추억과 가족, 친구들과의 관계가 깊이 얽혀 있다. 개인의 정체성은 어린 시절 경험과 기억을 통해 형성되며, 고향은 이러한 경험과 추억을 만들어 온 터전이다.

익숙한 환경과 사람들 속에서 느끼는 소속감과 안정감은 고향의 중요한 특징이다. 그래서 고향은 위안과 안정감을 주는 피난처이자, 삶의 어려움 속에서도 다시 힘을 얻을 수 있는 곳이다.

또한 고향에는 각 지역마다 수천 년, 수백 년을 이어오며 형성된 유형, 무형의 문화적 유산이 존재한다. 고향은 특정 지역의 문화, 역사, 전통을 보존하고 전달하는 역할을 한다. 따라서 고향이 사라지면, 이러한 문화와 역사, 전통도 함께 사라지게 된다.

문화와 전통이 사라지면, 마음의 고향도 사라지게 된다. 마음의 고향이 사라지면, 정체성 또한 흔들리게 되며, 이는 슬픔과 상실감, 외로움 등 정서적 빈곤을 초래할 수 있다.

인구재앙 쓰나미의 시작

마을에 거주하는 인구가 줄어들면 약국이나 편의점 등 생활 편의 시설도 점점 사라지게 되며, 주민들의 일상은 더욱 불편해진다. 국가와 지방자치단체는 소수의 주민이 거주하는 마을에도 도로, 전기, 상하수도 등 사회 간접시설을 유지해야 하므로, 비효율적인 재정 투입이 불가피해진다. 그 결과, 국민들이 납부한 세금이 점차 비생산적이고 비효율적으로 사용되는 상황이 발생하게 된다.

편의점, 병원, 유치원, 학교, 시장 등 다양한 경제·사회 시스템이 유지되기 위해서는 일정 수준 이상의 인구가 필요하다. 이를 '사회서비스 유지 인구'라고 정의할 수 있다. 이 인구 기준은 산업이나 서비스의 특성과 종류에 따라 다르지만, 예를 들어 병원을 유지하려면 약 10,000명의 인구가 필요하고, 중고등학교를 유지하려면 100명 이상의 학령 인구가 필요하다는 식이다.

사회서비스 유지 인구에 미치지 못할 정도로 인구가 감소하면, 해당 지역의 경제·사회 시스템은 심각한 수요 부족에 직면하게 된다. 이로 인해 적자가 누적되고, 초기에는 규모 축소나 구조조정으로 대응하지만, 결국 하나둘씩 문을 닫게 되는 악순환이 반복된다.

이것은 두 가지 측면에서 심각한 문제를 야기한다.

첫째, 인구절벽으로 인한 '축소와 소멸'은 관련 산업이나 직종에 종사하는 사람들의 일자리를 붕괴시킨다. 인구가 줄어들면 수요가 감소하고, 이는 곧 생산과 서비스의 축소로 이어지며, 결국 고용 기반이 무너진다.

둘째, 이러한 '축소와 소멸'은 특정 부문이나 지역에 국한되지 않고, 다른 산업, 직종, 지역으로 도미노처럼 확산된다. 인구절벽으로 인해 생활에 필요한 각종 재화와 서비스를 제공하는 경제·사회 시스템이 하나둘씩 붕괴되면, 생활은 점점 불편해지고 일자리는 사라진다. 그 결과, 사람들은 일자리가 없고 살기 불편한 지역을 떠나 더 나은 환경을 찾아 끊임없이 이동하게 된다.

이처럼 인구가 점차 감소하면, '사회서비스 유지 인구'에 미치지 못하는 경제사회 시스템이 하나둘씩 차례로 무너진다. 예를 들어 인구가 10,000명에서 5,000명으로 줄면 병원이 먼저 문을 닫고, 다시 2,500명으로 감소하면 학교가 폐쇄되며, 500명 이하로 줄면 유치원이 사라지고,

100명 미만이 되면 편의점조차 운영이 어려워진다.

이러한 인구의 단계적 감소와 경제·사회 시스템의 단계적 붕괴가 악순환을 거듭하면, 결국 해당 지역은 소멸의 위기에 처하게 된다. 이것이 바로 '인구재앙 쓰나미'라 불리는 현상이다.

아이를 낳고 기르는 데 있어 임신, 출산 및 영유아를 위한 의료 인프라는 필수적이다. 그러나 인구재앙 쓰나미는 가장 먼저 출산과 양육을 위한 의료 인프라를 무너뜨린다.

경북 청도군의 사례는 한국 사회의 심각한 저출생 현실을 극명하게 보여준다. 210개 마을이 넓게 분포한 이 지역에서 2023년 한 해 동안 태어난 아이는 고작 97명에 불과했다. 이는 청도군 내 절반이 넘는 마을에서 신생아의 울음소리가 들리지 않았다는 것을 의미하며, 임신과 출산에 필수적인 산부인과와 소아청소년과를 유지하는 것조차 어려운 실정임을 시사한다.

이처럼 기본적인 의료 인프라가 부재한 환경에서는 가임기 여성들이 임신과 출산을 주저할 수밖에 없다. 더욱 심각한 문제는 이러한 의료 인프라 붕괴가 농촌 지역에 국한되지 않고, 심지어 대도시에서도 나타나고 있다는 점이다.

육아정책연구소는 산부인과와 소아청소년과의 공간적 접근성을 분석했다.[2] 이 분석에 따르면, 분만 가능 병원 및 소아청소년과 접근성을 '30Km 임계거리'를 기준으로 평가하여, 접근성이 양호한 지역을 '핫스팟', 열악한 지역을 '콜드 스팟'으로 분류했다.

분석 결과, 분만 가능 병원의 접근성이 양호한 '핫 스팟'은 서울, 인천, 경기 남부, 부산, 세종, 강릉시 등 일부 지역에 집중되어 있었다. 반면, 이들 지역을 제외한 전국 대부분은 '콜드 스팟'으로 분류되었다. 소아청소년과 역시 서울, 인천, 경기 남부, 대구, 대전, 세종 등 일부 대도시에 집중되

어 있으며, 그 외 전국 대부분 지역은 접근성이 떨어지는 '콜드 스팟'이 광범위하게 분포하고 있다.[3]

이러한 현실은 초저출산이 출산 및 육아 의료 인프라를 붕괴시키고, 의료 인프라 붕괴가 다시 초저출산을 심화시키는 악순환이 가속화되고 있음을 보여준다.

실제로 2021년 기준 의원급 산부인과 수는 2011년에 비해 절반 이하로 급감했다.[4] 더욱 심각한 것은 소아청소년과 전공의 지원율이 2023년 16.3%, 2024년 25.9%에 불과하다는 점이다. 심지어 소아청소년과 정원을 모두 채운 병원은 서울아산병원과 강동성심병원 단 두 곳뿐이었다.[5] 이는 미래의 소아청소년 의료 인프라 붕괴를 예고하는 심각한 신호로 해석된다.

영유아 인구 감소는 어린이집과 유치원 등 육아 인프라의 심각한 위축으로 이어지고 있다. 실제로 어린이집 수는 2013년 43,770개소에서 2022년 30,923개소로 크게 줄었으며,[6] 전국 유치원 수도 2018년 9,021개원에서 2022년 8,562개원으로 감소했다.

육아정책연구소는 이러한 추세가 더욱 심화될 것으로 전망했다. 보고서에 따르면, 어린이집 및 유치원 수는 2022년 39,485개소에서 2028년에는 27,069개소로 줄어들어, 6년 사이에 31.4%에 해당하는 12,416개소가 감소할 것으로 예측된다.[7] 이 모든 수치는 저출생으로 인한 육아 환경의 급격한 악화를 여실히 보여주는 경고 신호다.

5

교육 사막화와 무너지는 대학

초저출산으로 인해 영유아 수가 급격히 줄어들면서, 제4장에서 살펴본 바와 같이 문을 닫는 유치원 및 어린이집이 점점 늘어나고 있다. 영유아 수의 감소는 일정한 시차를 두고 초등학교, 중학교, 고등학교, 대학교까지 학령인구의 전반적인 감소로 이어진다. (그림 5-1)은 앞으로 각급 학교에서 학령 인구가 얼마나 빠르게 감소할지를 명확하게 보여주고 있다.

학령인구 절벽

초등학교부터 대학교에 이르는 전체 학령인구의 변동 추이를 살펴보면, 2024년 713만 8천 명에서 불과 16년 후인 2040년에 366만 명으로 절반 가까이 감소할 것으로 예상된다. 더 나아가 30년 후인 2070년에는 197만 8천 명으로 줄어들어, 2024년 대비 27.7% 수준에 불과할 것으로 전망된다.

특히 초등학교 학령인구는 2024년 248만 3천 명에서 불과 6년 후인 2030년에는 158만 9천 명으로 감소해, 2024년 대비 36%가 줄어들 것으로 보인다. 이후 2040년에는 절반 수준으로 감소하고, 2070년에는 57만 5천 명으로 줄어들어 2024년 대비 23.2% 수준에 그칠 것으로 예측된다. 이는 전국 초등학교 한 학년당 학생 수가 10만 명에도 미치지 못하게 될 수 있다는 점을 시사하며, 교육 시스템 전반에 걸쳐 대대적인 구조적 변화가 불가피하다는 경고이기도 하다.

(그림 5-1) 학령인구 추이(2024-2070)

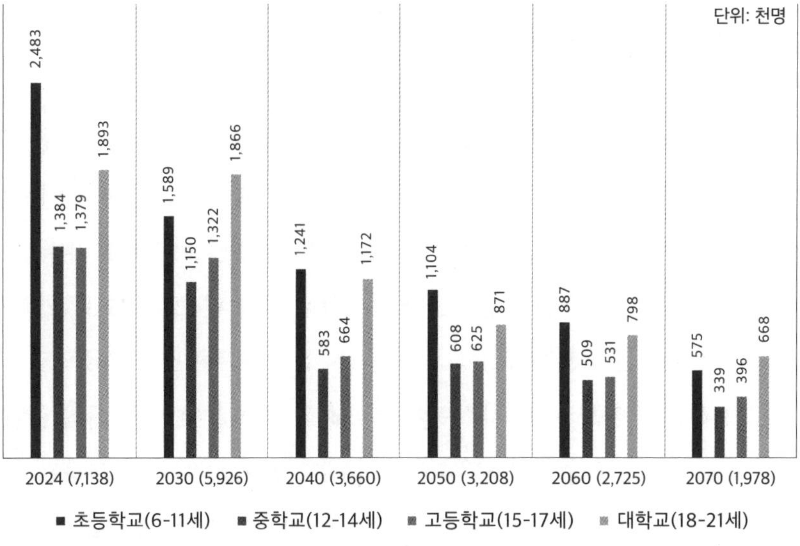

주: KOSIS 통계자료(학령인구), 2025. 1. 22. 인출 작성

중학교 학령인구는 2024년 138만 4천 명에서 2040년에는 58만 3천 명으로 줄어들며, 이는 2024년 대비 42.1% 수준으로 감소한 수치이다. 이어서 2070년에는 33만 9천 명까지 줄어들어, 2024년 대비 24.5% 수준으로 감소할 것으로 보인다.

고등학교 학령인구 역시 급격히 줄어들 것으로 보인다. 2024년 137만

9천 명에서 2040년에는 66만 4천 명으로 감소해 2024년 대비 48.2% 수준에 머물 것으로 예측된다. 그리고 2070년에는 39만 6천 명으로 줄어들어, 2024년 대비 28.7% 수준에 그칠 전망이다.

대학교 학령인구도 예외는 아니다. 2024년 189만 3천 명에서 2040년에는 117만 2천 명으로 감소할 것으로 예상되며, 이는 2024년 대비 61.9% 수준에 해당한다. 이후 2050년에는 2024년 대비 46% 수준, 2070년에는 35.3% 수준으로 줄어들어, 약 1/3 수준에 머물 것으로 전망된다.

폐교 도미노와 교육 사막화

학령인구 감소로 인한 초등학교 폐교 문제가 점점 심각해지고 있다. 지난 15년간(2010-2024년) 초등학생 수는 약 80만 명이나 감소했지만, 지역 간 인구 이동과 학급당 학생 수 감소 등의 영향으로 초등학교 수는 오히려 증가했다. 이는 신규 아파트 단지 조성에 따라 신설된 학교 수가 폐교 수를 상쇄했기 때문이다.

그러나 이러한 상황이 지속되기는 어려울 것으로 보인다. 이미 많은 초등학교의 학생 수가 한 자릿수로 감소하고 있으며, 이러한 현상은 앞으로 더욱 심화될 것으로 예상된다. 결국 초등학교 폐교는 급격히 증가할 가능성이 높고, 이는 연쇄적으로 중·고등학교 폐교로 이어질 수 있다.

교육부 추계에 따르면, 2023년 입학 인원이 단 1명인 초등학교가 전국적으로 140곳에 이르렀다.[1] 이는 향후 초등학교 폐교가 지속적으로 증가할 가능성을 보여주는 대표적인 사례다.

전라북도의 경우, 2023년 기준 중학교 211개교 중 전교생 수가 60명 이하인 소규모 학교가 85개교로 전체 학교수의 40.3%를 차지하고, 전교생 수가 10명 미만의 아주 작은 학교 수도 14개교에 이른다. 2028년에는 소규모 중학교 수는 94개교, 아주 작은 학교 수는 25개교로 늘어날 전망이다.[2] 이에 따라 전북교육청은 2024년 2월 18일, 남원의 금지, 대강, 송동, 수지 4개 면에 위치한 중학교 4곳을 2028년까지 1개로 통합해 '거점형 중학교'를 만들기로 결정했다.[3] 경상북도를 비롯한 다른 지역에서도 전라북도와 유사한 상황이 전개되고 있다.

서울도 예외는 아니다. 서울시 교육청 자료에 따르면, 2024년 기준 서울 내 초등학교 총 605개교 중 전교생 수가 240명 이하인 '작은 학교'는 69개교로, 전체의 11.4%를 차지한다. '작은 학교'는 한 학년당 학생 수가 평균 40명 이하인 학교를 의미한다. 2028년에는 이러한 작은 학교가 101개교로 증가해, 전체 초등학교의 16.5%를 차지할 것으로 예상된다.[4]

중·고등학교 경우, 학생 수 300명 이하를 '소규모 학교'로 분류한다. 서울의 경우, 2024년에는 소규모 중학교가 70개교, 소규모 고등학교가 25개교이었고, 2028년에는 소규모 중고등학교가 각각 75개교, 28개교로 늘어날 것으로 전망된다.[5] 이러한 수치는 서울에서도 향후 폐교가 본격적으로 증가할 가능성을 시사하는 선행 지표로 해석될 수 있다.

이처럼 2024년 현재에도 전국적으로 소규모 초·중·고교의 비중이 높은 상황에서, 향후 16년 내에 초·중·고교 학령인구가 절반 이하로 감소할 것으로 예상되면서, 이제부터 본격적인 '교육 사막화'와 '초·중·고교 폐교 도미노'가 시작될 것으로 보인다.

'교육 사막화'라는 표현은 단순히 학교의 폐쇄를 넘어, 교육 시스템의 붕괴, 교육의 질적 저하, 지역 사회의 활력 감소, 그리고 지역 경제의 침체 등 다양한 부작용을 내포하고 있다.

교육 수요자의 감소는 교육 환경의 전반적인 악화를 초래하며, 이는 양질의 교육 제공을 점점 어렵게 만든다. 일반적으로 교사나 교육 시설이 부족한 경우 교육의 질이 낮아지지만, 반대로 학생 수가 지나치게 적을 때도 교육의 질은 크게 저하될 수 있다.

한 학년에 한두 명의 학생만 있는 초미니 학교나 작은 학교의 수가 증가하면, 소수의 교사가 여러 과목을 동시에 담당해야 하는 상황이 발생한다. 이로 인해 학생 개개인의 잠재적 역량을 잘 개발할 수 있는 양질의 교육이 어려워지고, 결과적으로 교육의 질적 수준이 심각하게 저하될 수 있다.

더 심각한 문제는 또래 친구가 없다는 점이다. 이로 인해 사회성 교육, 감성 교육, 인성 교육, 인간관계 교육, 협력 학습 등이 제대로 이루어지기 어렵다는 점은 매우 우려스럽다. 이러한 문제는 앞으로 더욱 심화될 가능성이 크다.

교육은 단순히 지식과 정보를 전달하는 데 그치지 않고, 사회와 시대가 요구하는 인재를 양성하는 데 핵심적인 역할을 해야 한다. 진정한 인재란 단순히 영어 단어를 외우고 수학 문제를 푸는 능력을 넘어, 의사소통 능력, 공감 능력, 협력 능력, 문제해결 능력, 갈등관리 능력, 리더십, 책임감 등을 고루 갖춘 사람을 의미한다.

즉, 인재는 타인을 존중하고 배려하는 태도를 갖추며, 효과적인 의사소통 능력, 갈등을 해결하고 협력하는 능력, 책임감과 자존감, 그리고 사회 구성원으로서 바람직한 가치관과 태도를 지닌 사람이어야 한다. 이러한 역량을 기르기 위해서는 사회성 교육, 인성 교육, 정서 교육, 인간관계 교육 등이 필수적이다.

이러한 교육은 교사와 학생의 1:1 관계만으로는 충분하지 않다. 또래 친구들과의 학교생활, 토론, 그룹 프로젝트 등 다양한 상호작용을 통해 비로소 실질적인 교육 효과가 나타난다. 그러나 동료 친구가 거의 없는 초미니 학교에서는 이런 교육이 현실적으로 어렵다.

결국 교육 사막화는 단순히 교육 기회의 상실에 그치지 않고, 지역사회의 활력 저하, 인재 양성의 한계, 나아가 경제성장의 둔화 등 다양한 부작용을 초래할 수 있다. 이는 단순한 학교 폐교 문제를 넘어, 심각한 경제·사회적 문제로 확대될 가능성이 크다.

무너지는 대학들

초·중·고등학교의 폐교 도미노 현상은 2034년부터 본격적으로 대학으로 확산될 것으로 예상된다. 이미 2000년부터 2024년 사이에 11개 대학, 6개 전문대학, 3개 대학원 대학, 2개 기타 대학 등 총 22개교가 폐교되었다. 또한 2024년 기준, 정원 내 신입생 충원율이 90%에 미치지 못하는 대학이 30개에 이르고, 20개 사이버대학 중 신입생 충원율이 90%를 넘긴 곳은 3개교에 불과한 실정이다.[6]

여기서 주목해야 할 점은, 앞으로 신입생 미충원으로 인해 부실대학의 수가 크게 증가할 것으로 보인다는 것이다. 문제는 이들 부실대학이 단기간에 폐교되기보다는 오랜 시간 버티면서 인재 양성에 심각한 부작용을 초래할 위험성이 높다는 데 있다.

지금까지 폐교된 22개교는 초소형 대학으로, 스스로 고사한 사례에 해당한다. 그러나 앞으로는 입학 자원의 급격한 감소로 인해 중대형 규모의 대학들까지 부실화될 가능성이 높으며, 이들은 규모가 큰 만큼 고사하기까지 더 많은 시간이 소요될 것으로 예상된다.

이 과정에서 수많은 학생들이 교육의 질이 낮은 환경에 노출되어, 부실하게 양성될 위험이 크다는 점에서 문제의 심각성이 있다. 이는 단순한 대학 구조조정의 문제가 아니라, 국가의 인재 기반을 위협하는 중대한 교육 위기로 이어질 수 있다.

대학 입학 자원인 고3 학령인구(만 18세 기준)의 장래 변동 추이를 나타내는 (그림 5-2)를 살펴보면,[7] 단순한 감소를 넘어 짧은 시간 안에 급격히 줄어드는 '절벽' 현상이 뚜렷하게 나타난다. 고3 학령인구는 2024년에 43만 8천 명에서 2026년까지 소폭 증가하여 48만 5천 명에 이르렀다가, 이후 감소세로 전환되어 2034년까지는 43만 명 선을 유지할 것으로 전망된다.

그러나 2035년에는 학령인구가 38만 7천 명으로 감소하며 40만 명 선이 무너지고, 2038년에는 29만 6천 명으로 줄어들어 30만 명 선마저 붕괴된다. 이후 2043년에는 22만 명 수준까지 하락한 뒤 점차 회복세로 전환되어, 2055년에 28만 1천 명까지 증가할 것으로 예상된다. 하지만 그 이후 다시 감소세로 돌아서며, 2071년에는 결국 20만 명 선이 붕괴될 전망이다.

(그림 5-2) 고3(18세) 학령인구 변동 추이 (2024-2072년)

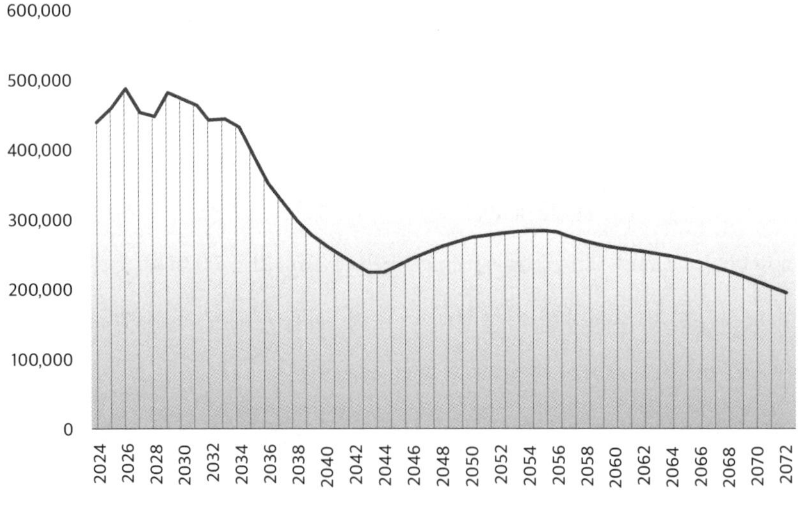

주: '성 및 연령별 추계인구 (중위 추계: 출산율-중위/기대수명-중위/국제순이동-중위)

통계자료: KOSIS 통계(학령인구), 2025. 2. 3. 인출 작성

2025학년도 대학 입시에서 전체 모집인원은 34만 934명,[8] 전문대학 입학정원은 16만 3,473명으로,[9] 전문대학 이상 총 모집 인원은 50만 4,407명이었다. 이를 고3 학령인구의 향후 변동 추이와 비교해 보면, 대학 및 전문대학의 상당수가 입학정원을 지속적으로 감축할 수밖에 없을 것으로 보인다. 그러나 많은 학과에서 정원을 채우지 못하는 대학들이 속출하면서, 대규모 미달 사태가 발생할 가능성도 높다.

부실대학 양산 우려

대학 학령인구 절벽으로 인한 가장 큰 재앙은 부실대학의 양산이다. 대학 입학 자원이 급감하면, 전국 대학의 절반 이상이 대규모 미달 사태에 직면할 가능성이 매우 높다. 지난 15년간 등록금이 동결된 상황에서 이미 많은 대학들이 재정위기를 겪고 있는 상황이다. 이러한 여건 속에서 대규모 미달 사태가 현실화될 경우, 교수 충원은 물론 연구 및 교육에 필요한 투자도 사실상 불가능해질 것이다.

교수 처우가 급격히 악화되면, 교수들은 연구와 교육에 대한 의욕을 상실할 수 있으며, 우수 교수 확보도 점점 어려워질 것이다. 특히, 필수 전문 분야에서 교수 충원이 어려워질 경우, 전공 교육을 위한 체계적인 교육과정 운영이 불가능해지며, 이는 대학 교육의 질적 저하로 직결된다. 나아가 고등교육 시스템 전반에 심각한 악영향을 미칠 수 있다.

이러한 상황에서 부실 대학들은 장학금 등 다양한 유인책을 동원해 학생 유치에 적극 나설 가능성이 높다. 그러나 이러한 노력은 대학의 재정을 더욱 악화시키고, 결과적으로 부실화를 심화시킬 위험이 크다.

문제는 이러한 부실 대학에서 4년을 보내는 학생들이 단순히 부실한 교육을 받는 데 그치지 않고, 인생을 살아가는 데 필요한 기초 역량을 기를 수 있는 소중한 시간을 허비하게 된다는 점이다. 이는 개인과 가정의 차원을 넘어, 청년 인구 절벽으로 인한 심각한 인재 부족 상황에서 국가의 생산력을 더욱 저하시킬 수 있는 중대한 문제로 이어진다.

청년 인구가 급감하고 있는 현실에서는 생산성 저하를 최소화하기 위해, 보다 질 높은 교육과 실질적인 훈련을 통해 직업 능력이 뛰어난 인재를 양성하는 것이 무엇보다 중요하다. 그러나 부실대학이 크게 증가하면서 경쟁력이 부족한 인재들이 대거 배출되는 상황이 가속화된다면, 국가 경쟁력은 더욱 빠르게 약화될 수밖에 없다.

구조조정의 문제

문제는 현재 제도에서 부실대학의 구조조정이나 퇴출이 쉽지 않으며, 이러한 대학들이 마지막 순간까지 자발적으로 문을 닫을 가능성이 매우 낮다는 점이다. 대학의 구조조정은 일반 기업의 구조조정보다 훨씬 복잡하고 어려운 과정을 수반한다. 학과를 폐쇄하지 않고 단순히 교수를 줄이는 방식은 전공 체계를 붕괴시켜 부실화를 더욱 심화시킬 위험이 있다.

우리나라의 많은 대학은 과거 팽창기에 규모 확대에만 집중해 왔다. 이제는 선택과 집중을 통해 구조조정에 나서야 한다. 우수한 교수를 확보할 수 있는 일부 학과만 유지하고, 나머지 학과는 과감히 폐과 하여 강소대학으로 거듭나야 한다.

특히 비수도권의 경우, 광역경제권별로 2~3개 대학을 제외한 대부분의 대학이 대규모 미달 사태에 직면할 가능성이 높다. 이러한 상황에서는 미달 대학들이 '대학 구조조정 컨소시엄'을 구성해, 대학 간 경계를 넘어서는 대규모 구조조정을 통해 학과를 공유하거나 조정하여 강소대학으로 재편하는 방안을 모색할 필요가 있다.

물론, 이는 매우 도전적인 과제이다. 학과를 폐쇄할 경우 교수와 학생의 강한 저항이 예상되며, 여러 대학이 협력하여 학과를 조정하는 과정에서는 이해관계 충돌로 인해 협의가 쉽지 않을 수 있다. 그럼에도 불구하고, 과감하고 신속한 구조조정은 지역 대학의 대규모 부실화를 막기 위한 필수적인 조치라 할 수 있다.

대학의 인재 양성 부실화를 방지하기 위해서는 구조조정을 통해 강소대학으로 전환할 수 없는 부실 대학은 폐교하거나 자발적으로 문을 닫도록 유도해야 한다.

그러나 이러한 과정은 단순한 구조조정보다 훨씬 더 복잡하고 어려운 과제다. 초·중·고교의 폐교와 달리, 대학 폐교는 학생, 교수, 직원, 동문, 재단, 지역사회 등 다양한 이해관계자들이 얽혀 있어 그 절차가 매우 복잡하다. 또한 대학은 지역사회에 미치는 영향이 크기 때문에, 대학 폐교는 경제적, 사회적, 정치적, 교육적 요인들이 복합적으로 작용하는 민감한 사안이다.

무엇보다 대학 폐교는 학생, 교수, 직원, 동문들의 강한 반발에 직면할 가능성이 높다. 더욱이, 현재로서는 정부가 부실 대학을 강제로 폐쇄할 법적 근거가 부족해, 자발적인 폐교를 유도할 수 있는 정책이 필요하지만, 이 또한 매우 어려운 과제이다. 정부는 그동안 신입생 충원율 등을 기준으로 부실 대학을 '재정 지원 제한 대학'으로 지정하고 국가장학금 지원을 중단하는 방식으로 퇴출을 유도해 왔지만, 실질적인 효과는 미미했다.

우리나라 대학의 80% 이상이 사립대학인 점을 고려할 때, 재단이 자발적으로 부실 대학을 정리할 유인이 부족하다는 점도 문제다. 실제로 일부 재단은 인재 양성이 사실상 불가능한 상황에서도 고사 직전까지 학생 유치에 매달릴 가능성이 높다. 이에 따라, 학교법인 해산 시 잔여 재산을 공익법인이나 사회복지법인으로 출연할 수 있도록 허용하는 등의 유인책이 필요하다는 점이 제기되고 있다.

대학 폐교는 해당 지역의 경제와 사회에 심각한 영향을 미친다. 예를 들어, 2018년 전라북도 남원시에 위치한 서남대가 폐교되면서 교수와 직원 약 300여명이 실직하였고, 주변 상가 40곳 중 35곳이 문을 닫는 경제적 타격을 입었다. 남원시는 서남대 폐교로 인해 연간 소득 감소액이 최대 344억 원에 이를 것으로 추산했다. 같은 해 폐교된 강원도 동해시의 한중대는 22만여㎡ 규모의 부지와 건물이 계속 방치되며 우범지대로 전락했고, 전라남도 광양시의 한려대 폐교 이후에도 주변 공실이 급격히 증가하는 등 유사한 문제가 발생했다.[10]

이처럼 대학 폐교는 지역 경제 침체, 인구감소, 지역사회 위축 등 심각한 경제·사회적 문제를 초래한다. 더욱이 대학은 교직원, 학생, 동문, 지역주민 등 다수의 이해관계자와 유권자를 보유하고 있어, 정치인들이 표심을 의식해 폐교에 반대할 가능성도 높다. 이러한 요인들은 부실대학 구조조정과 폐교를 더욱 어렵게 만든다.

결국, 이처럼 복잡한 이해관계와 제도적 한계로 인해 부실대학의 구조조정이나 폐교가 지연될수록, 눈에 보이지 않는 피해는 점점 누적되며, 이는 장기적으로 심각한 경제적·사회적 문제로 이어질 수 있다.

6

지방소멸

대한민국 제2의 도시 부산은 2024년 2월 기준으로 '소멸 위험' 단계에 접어들었다. 인구재앙 쓰나미는 삶의 공동체인 마을, 시·군·구 등 기초자치단체뿐만 아니라 광역자치단체까지 소멸 위기에 몰아넣을 가능성을 보여주고 있다.

일본 도쿄대학교의 마스다 히로야 객원 교수는 젊은 여성 인구 감소를 지역 소멸의 핵심 원인으로 지목하여, 2014년 저서 『지방소멸』에서 '지역 소멸위험지수'를 제시한 바 있다.[1]

지역 소멸위험지수는 지역의 인구 감소와 고령화 정도를 종합적으로 측정하여, 미래에 소멸할 위험이 있는 지역을 평가하는 지표로 활용된다. 이 지수는 인구구조의 변화가 가져올 위기를 조기에 진단하고, 정책적 대응 방향을 설정하는 데 중요한 역할을 한다.

지역 소멸위험지수는 한 지역의 20~39세 여성 인구를 65세 이상 고령인구로 나눈 수치이다. 이 지수가 1.0 미만일 경우, 이는 젊은 여성 인구보다 고령인구가 더 많다는 것을 의미하며, 해당 지역의 인구 감소와 고령화가 심각한 수준임을 나타낸다.

지역 소멸 위험지수가 0.5~1.0 미만이면 '소멸 주의단계'로 분류되며, 0.5미만일 경우 '소멸위험단계'에 해당한다. 소멸위험단계는 다시 '소멸위험 진입단계'(0.2~0.5 미만)와 '소멸고위험단계'(0.2 미만)로 세부적으로 나눌 수 있다.

한국경제신문이 통계청과 행정안전부의 주민등록인구통계 자료를 이용하여 산출한 2024년 2월 말 기준 '지역소멸위험지수'에 따르면, 전체 17개 광역자치단체 중 47.1%에 해당하는 8개 지역이 소멸위험지역으로 분류되었다.[2]

특히 주목할 점은 소멸위험에 처한 광역자치단체 수가 2022년 전남, 전북, 강원, 경북을 시작으로 2023년에는 경남, 충남, 2024년에는 충북과 부산으로 매년 2개씩 추가되어 불과 2년 만에 2배로 증가했다는 사실이다.

또한 소멸위험에 처한 기초자치단체 수도 2022년 113개에서 2023년 118개, 그리고 2024년에는 126개로 계속 증가해 전국 228개 시군구의 55.3%를 넘어섰다. 이들 126개 시군구 중 70곳은 소멸위험 진입 단계에 있고, 56곳은 소멸고위험 단계에 속해 있다.[3] 이는 가까운 장래에 인구 감소로 인한 인구재앙 쓰나미가 얼마나 심각하게 지역을 휩쓸어갈 지를 보여주는 사례라 할 수 있다.

텅 빈 요람, 멈춘 미래

어린아이의 울음소리가 사라진 기초자치단체의 수가 급격히 늘어가고 있다. 2023년 한 해 동안 출생아 수가 100명 미만인 기초자치단체는 울릉군(26명)을 포함해 36곳으로, 전체 226개 시군구의 15.9%에 해당한다. 출생아 수가 200명 미만인 기초자치단체는 60곳으로, 전체 시군구의

26.6%를 차지했다.[4]

초저출산 단계에 처음 진입했던 2002년 당시, 출생아 수가 100명 미만인 기초자치단체는 울릉군(63명) 한 곳뿐이었으며, 200명 미만인 기초자치단체는 6곳에 불과했다.[5] 그러나 지난 21년 동안 한 해 출생아 수가 200명에도 미치지 못하는 기초단체의 수는 10배로 급증하여, 초저출산 문제가 얼마나 심화되었는지를 잘 보여준다.

전라남도의 22개 기초자치단체 가운데 12곳(54.6%), 경상북도의 24개 기초자치단체 중 10곳(41.7%)은 2023년 한 해 동안 출생아 수가 200명을 넘지 못했다. 한 해 출생아 수가 200명에도 미치지 않는 기초자치단체들이 과연 지속 가능할 수 있을까? 더욱이 이 200명조차도 대부분 성장과정에서 학업이나 취업 등의 이유로 대도시로 유출될 가능성이 높다. 이는 머지않아 도(道) 단위 내 상당수 기초단체가 소멸 위기에 직면하게 될 것임을 시사한다.

출생아 수 감소는 대도시라고 해서 예외가 아니다. 초저출산 단계에 처음 진입했던 2002년과 비교하면, 2024년 기준 출생아 수는 서울특별시에서 52.9%, 부산광역시 57.4%, 대구광역시 58.4%, 인천광역시 43.2%, 광주광역시 66.6%, 대전광역시 53.3%, 울산광역시 54.6% 감소했다.[6]

이처럼 도는 물론 서울을 포함한 광역 대도시에서도 출생아 수가 급격히 줄어들고 있다. 아이의 울음소리가 사라진 지역은 더 이상 외딴 섬이 아니다. 대한민국 전역이 초저출산의 그늘 아래 놓여 있다.

지방붕락

특히 지방 대도시의 경우, 청년층의 수도권으로의 이탈마저 가속화되면서 쇠락이 더욱 빠르게 진행될 것으로 전망된다. 우리는 KOSIS의 인구추계 자료와[7] 감사원의 요청으로 통계청이 2017년을 기준으로 100년 후인 2117년의 인구를 예측한 자료를 결합하여[8] (그림 6-1)를 도출했다. 이 그림은 2025년, 2050년, 2117년의 시도별 인구 변동을 한눈에 보여준다.

(그림 6-1) 시도별 인구 변동 추이 (2025-2117년)

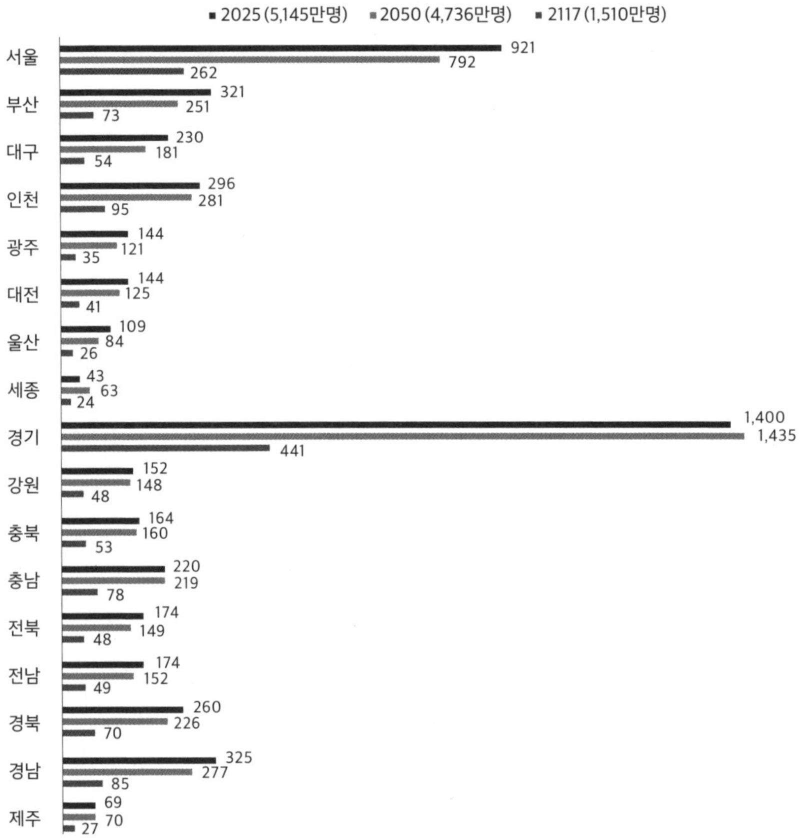

주: 중위추계(기본 추계: 출산율-중위/기대수명-중위/국제이동-중위/국내이동-중위

통계자료: 통계청, KOSIS, 2025. 1. 12. 인출 작성

이 그림을 통해 우리는 몇 가지 충격적 사실을 확인할 수 있다. 지방의 인구 기반이 무너지고, 대도시조차 중소도시로 전락하는 '지방붕락(地方崩落)'의 현실이 더 이상 미래의 우려가 아닌, 현재 진행형의 위기임을 보여준다.

첫째, 우리나라는 앞으로 매우 '가파른 인구절벽'에 직면할 것으로 보인다. 2025년 기준 5,145만 명이던 인구는 2117년에는 1,510만 명으로 감소할 것으로 전망되며, 이는 불과 92년 만에 인구가 3분의 1이하로 줄어드는 것이다.

특히 2050년부터 2117년까지 인구 감소 속도가 더욱 가팔라져, 이 기간 동안 무려 3,226만 명이 줄어들 것으로 예상된다. 2025년부터 2050년까지는 연평균 16만 명이 감소하는 데 반해, 2050년부터 2117년 사이에는 연평균 48만 명이 감소하여 감소폭이 3배로 커질 것으로 보인다. 이는 단순한 인구감소를 넘어, 시간이 흐를수록 기하급수적으로 인구가 줄어드는 심각한 상황임을 나타낸다.

이러한 현상은 맬더스의 인구론과 정반대의 양상이다. 맬더스는 인구는 기하급수적으로 증가하고 식량은 산술급수적으로 증가하기 때문에 빈곤은 피할 수 없는 문제라고 보았다. 그러나 오늘날의 한국은 충분한 식량을 보유하고 있음에도 인구가 기하급수적으로 감소하는 역설적인 현실에 직면해 있다.

둘째, 국가 전체적으로 인구절벽이 지속되는 상황 속에서도 경기도와 세종시는 2050년까지 오히려 인구 증가가 예상된다. 수도권 집중 현상의 영향으로, 경기도의 인구는 2025년 1,400만 명에서 2050년 1,435만 명으로 35만 명 증가할 것으로 보이며, 세종시는 43만 명에서 63만 명으로 20만 명 더 증가할 것으로 전망된다.

반면 같은 기간 동안 부산은 70만 명, 대구는 49만 명, 전남은 22만 명의 인구가 감소할 것으로 나타났다. 이러한 현상은 수도권 집중화에 따른 지역 간 인구 이동, 즉 '사회적 인구 증감'에 기인한 것이다.

수도권 역시 초저출산으로 인해 인구의 자연 감소가 나타나고 있지만, 지방에서 수도권으로의 순유입 인구가 자연 감소를 상쇄할 정도로 많아 수도권의 총인구는 증가하고 있다. 반면, 지방은 인구의 자연 감소와 사회적 감소가 동시에 발생하면서 인구 감소가 더욱 심화되는 양상을 보인다.

2117년, 충격적인 인구 지도

셋째, 93년 후인 2117년, 한국의 인구 지도는 매우 충격적인 변화를 보일 것으로 예상된다. 서울의 인구는 2024년 927만 명에서 2117년에는 262만 명으로 감소하여, 현재의 28.3% 수준에 불과할 전망이다. 같은 기간 동안, 부산은 324만 명에서 73만 명으로, 대구는 232만 명에서 54만 명으로, 광주는 145만 명에서 35만 명으로 줄어들어 중소도시로 전락할 것으로 보인다.

또한, 대구, 경북, 부산, 울산, 경남을 포함한 영남권 전체 인구는 2024년 1,252만 명에서 2117년에는 309만 명으로 감소하여, 현재 부산 인구보다도 적은 수준에 이를 것으로 예상된다.

이러한 추계는 2018년 합계출산율 0.98명과 중위 수준의 사회적 이동이 지속된다는 가정 하에서 이루어진 것이다. 그러나 2018년 이후에도 합계출산율은 지속적으로 하락하여, 2023년에는 0.72명까지 떨어졌다는 점을 고려하면, 미래 인구는 추계치보다 더 큰 폭으로 감소할 가능성이 크다.

7

흔들리는 경제

생산동력은 식어가고

제4장에서 제6장에 걸쳐 우리는 심각한 인구 감소가 어린이집, 초·중·고등학교, 대학 등 교육기관을 도미노처럼 붕괴시키고, 시골 마을과 중소도시를 휩쓸며, 향후 90년 내에 서울이 현재의 대구광역시 규모로 축소되고, 광역시는 중소도시로 전락할 것이라는 전망을 확인했다.

이 같은 인구재앙은 단지 지역의 문제에 그치지 않고, 경제의 공급과 수요 지대를 동시에 덮치는 더욱 강력한 쓰나미로 다가올 것이다. 생산연령인구의 급격한 감소는 생산동력의 약화로 이어지고, 인구절벽과 국민소득 감소는 소비 위축을 초래하여 내수시장을 빠르게 축소시킬 것으로 예상된다.

경제의 공급능력을 정확히 파악하기 위해서는 생산연령인구(15-64세)를 세분화하여 분석할 필요가 있다.

우선 15세에서 24세까지는 생산연령인구에 포함되지만, 주로 고등학교와 대학교에서 학업에 전념하거나 노동시장에 갓 진입한 청년층으로, 경제활동 참여율이 상대적으로 낮은 계층이다.

이어서 25세에서 54세까지는 경제활동에 가장 적극적으로 참여하는 '핵심노동인구'로, 경제 공급 능력의 중심축 역할을 한다.

마지막으로 55세에서 64세까지는 퇴직을 앞둔 연령대로, 노동시장 참여율이 점차 감소하는 고령층으로 분류할 수 있다.

인구절벽 현상에 따른 한국 경제의 공급능력을 보다 정확히 예측하기 위해, 우리는 총인구를 유소년인구(0-14세), 생산연령인구(15-64세), 핵심노동인구(25-54세), 고령 인구(65세 이상)로 구분하여 분석했다. 총인구의 변동 추세와 각 연령그룹별 인구 비중의 장기적 변동추이를 산출한 결과를 바탕으로 [표 7-1]를 작성하였다.

[표 7-1] 인구구조 변동

	2024	2030	2040	2050	2060	2070
총인구(천명)	51,751	51,306	50,059	47,107	42,302	37,182
	(100.0)	(99.1)	(96.7)	(91.0)	(81.7)	(71.9)
유소년 인구(0-14세) 비중	10.6	8.1	7.7	8.0	6.9	6.4
생산연령인구(15-64세)	36,328	34,166	29,029	24,448	20,687	17,111
	<70.2>	<66.6>	<58.0>	<51.9>	<48.9>	<46.0>
핵심노동인구(25-54세)	22,759	20,941	18,261	14,842	11,639	9,747
	<44.0>	<40.8>	<36.5>	<31.5>	<27.5>	<26.2>
	(100.0)	(92.0)	(80.2)	(65.2)	(51.1)	(42.8)
65세 이상 고령자비중	19.2	25.3	34.3	40.1	44.2	47.5

주: 1) 중위추계 (기본 추계: 출산율-중위/기대수명-중위/국제순이동-중위
2) ( )는 2024년 기준 변동률이고, < >는 총인구 대비 비율

통계자료: KOSIS, '주요 연령계층별 추계인구, 1960-2072', 2025. 1. 12. 인출 작성

제3장에서 언급했듯이, 한국은 세계적으로 유례를 찾기 어려운 가파른 인구절벽에 직면해 있다. 특히, 총인구 절벽보다 생산연령인구 절벽이

훨씬 가파르다는 점에서 그 심각성은 더욱 크다.

[표 7-1]에 따르면, 총인구에서 생산연령인구가 차지하는 비중은 2024년 70.2%에서 2050년 51.9%, 2070년 46.0%로 급격히 감소할 것으로 전망된다. 이는 생산연령인구의 감소 속도가 총인구 감소 속도보다 훨씬 빠르다는 사실을 보여주며, 2070년에는 생산연령인구가 전체인구의 절반에도 미치지 못하는 상황이 될 것임을 시사한다.

이러한 인구 구조의 변화는 한국 경제의 생산 능력뿐만 아니라 장기적인 성장 잠재력을 크게 약화시킬 것이다. 이는 단순한 인구 감소를 넘어, 경제적 역량의 근본적인 축소를 의미하며, 향후 경제 정책 수립과 사회 구조 개편에 중대한 영향을 미칠 것으로 예상된다.

특히 25세에서 54세 사이의 '핵심노동인구'의 급격한 감소는 두 가지 측면에서 한국경제에 심각한 타격을 줄 수 있다.

첫째, 총인구 절벽보다 핵심노동인구 절벽이 2배 이상 가파르다는 점이다. 총인구가 2040년까지 3.3% 감소하는 데 그치지만, 핵심노동인구는 같은 기간에 20% 감소한다. 또한, 총인구가 2060년까지 약 20% 감소하는 동안, 핵심노동인구는 절반으로 줄어들 것으로 전망된다. 이는 향후 35년 동안 국가 경제의 잠재적 공급능력이 사실상 절반 수준으로 축소될 수 있음을 의미이며, 한국 경제의 지속 가능성에 대한 심각한 경고 신호로 해석될 수 있다.

둘째, 총인구에서 핵심 노동력이 차지하는 비중이 급격히 줄어든다는 것이다. 총인구에서 핵심 노동력이 차지하는 비중이 2024년 44.0%에서 2040년 36.5%, 2060년에는 27.5%로 급격하게 낮아질 전망이다. 이는 한 사회에서 왕성한 생산능력을 가진 사람의 비중이 36년 동안 44%에서 27.5%로 줄어들고, 결국 더 적은 사람이 벌어서 더 많은 사람이 먹고 살아야 한다는 것을 의미한다.

절벽 위의 꽃: 핵심노동인구의 경고

핵심노동인구는 국가 경제의 핵심 동력으로, '경제활동인구의 꽃'이라 불릴 만큼 높은 생산성과 활력을 자랑한다. 특히 한국은 OECD 국가 중에서도 고학력률이 최상위권에 속하며, 이 연령층은 대부분 고등교육을 통해 습득한 지식과 기술을 바탕으로 국가 경제의 성장을 이끌고 있다.

우리는 현재 제4차 산업혁명, 창조경제, 디지털 경제 시대를 살아가고 있으며, 이 연령층은 디지털 네이티브로서 디지털 환경에 대한 적응력이 매우 뛰어나다. 제4차 산업혁명과 창조경제 시대에는 혁신이 일상화되고 기술 변화 속도가 매우 빠른 특징을 지닌다. 핵심노동인구는 창의적이고 변화에 대한 적응 능력이 높아 이러한 시대에 적합한 인재로 평가된다.

이 연령층은 정신적, 육체적으로도 건강하고 활력이 넘쳐, 열정적으로 일할 수 있는 조건을 갖추고 있어 생산성이 매우 높다. 또한, 핵심노동인구는 스타트-업을 일으키는 중심세력으로, 제4차 산업혁명/창조경제 시대의 핵심 성장동력인 '스타트-업'의 기반을 형성한다.[1]

스타트-업은 제4차 산업혁명 범용기술을 기반으로 한다는 점에서, 소자본 창업이나 프랜차이즈, 카페, 식당 등과 같은 '모방 창업'과는 본질적으로 차별화된다.[2] 예를 들어, 챗GPT 시장을 연 '오픈 AI'와 같은 스타트-업은 스스로 성장해 세계적 기업으로 도약하거나, 기존 하이테크 기업에 인수되어 혁신과 새로운 시장 개척에 결정적인 기여를 하기도 한다. 이러한 점에서 스타트-업은 제4차 산업혁명과 창조경제 시대의 핵심 성장동력이라고 할 수 있다.

따라서 핵심노동인구의 급격한 감소는 단순한 노동력 부족 문제를 넘어, 한국경제의 생산성과 혁신 역량을 심각하게 약화시킬 수 있음을 시사한다. 특히, 이로 인한 '혁신 역량의 저하'는 단순한 생산 과정의 자동화로 극복될 수 없다는 점에서 문제의 심각성이 더욱 부각된다.

핵심노동인구의 급감은 스타트-업과 혁신의 중심세력이 크게 줄어든다는 결과를 초래하며, 이는 한국의 미래를 더욱 어둡게 만들 수 있다. 이러한 변화는 국가경제 뿐만 아니라 사회 구조 전반에 중대한 영향을 미칠 것으로 예상된다.

국제경쟁력도 약화되고

한국경제는 해외 의존도가 매우 높기 때문에, 상품과 서비스의 국제경쟁력을 확보하는 것이 매우 중요하다. 2023년 기준, 한국의 GDP 대비 수출입 비율은 69.3%에 달하며, 이는 무역의존도가 매우 높은 수준임을 보여준다.[3]

생산성은 국제경쟁력의 핵심 지표로, 무역의존도가 높은 국가에서 생산성이 저하될 경우 해외시장을 상실할 위험이 커지며, 이는 국가 경제를 치명적인 위기에 빠뜨릴 수 있다.

더욱 심각한 문제는 한국의 핵심노동인구 비중의 감소 규모와 속도가 OECD 중 가장 빠르게 진행되고 있다는 점이다. 한국경제연구원이 경제협력개발기구(OECD) 통계와 통계청 자료를 분석한 결과, 2020년 한국의 핵심노동인구 비중은 45.3%로 OECD 38개국 중 두 번째로 높은 수준이었으나, 2047년에는 31.3%로 떨어져 OECD에서 가장 낮은 수준이 될 것으로 나타났다.[4] 이는 다른 선진국에 비해 한국의 생산성이 급격히 저하될 가능성을 시사하며, 그 결과 국제경쟁력이 크게 약화될 수 있다는 강력한 경고 신호로 해석된다.

이와 같은 상황은 한국 경제의 지속 가능성과 글로벌 시장에서의 입지를 위협할 수 있는 중요한 문제로, 이에 대한 적극적인 대책 마련이 반드시 필요하다. 그러나 핵심노동인구 급감 문제를 해결하지 못한다면 실효성 있는 대책을 마련하기 어려울 것이라는 점에서 문제가 더욱 심각하다고 할 수 있다.

내수시장은 줄어들고

내수시장은 국가 경제의 근간으로서 국민에게 필요한 재화와 서비스를 제공할 뿐만아니라, 수많은 사람들에게 비즈니스와 일자리 기회를 창출하는 중요한 역할을 한다. 내수시장은 또한 경제성장, 일자리, 물가 등 거시경제 변수에도 결정적인 영향을 미친다.

국내에서 생산된 재화와 서비스는 내수시장과 해외시장에서 판매되며, 이를 통해 새로운 일자리가 만들어지고 경제가 활성화된다. 그러나 앞서 언급했듯이, 생산연령 인구 절벽으로 인해 생산성과 국제경쟁력이 약화되면 해외시장은 축소될 수 있다. 더 큰 문제는 이러한 인구절벽은 내수시장을 더욱 심각하게 위축시킬 위험이 크다는 점이다. 해외시장과 내수시장이 동시에 축소될 경우, 이는 대규모 일자리 붕괴로 이어지고, 다시 내수시장 위축을 가속화하는 악순환을 초래할 수 있다.

내수시장의 규모와 성장은 국민 소득 수준, 고용률, 물가, 금리, 인구 및 인구구조, 소비심리, 그리고 정부정책 등 다양한 요인에 의해 결정된다. 이러한 요인들 중 내수시장에 구조적으로 장기적인 영향을 미치는 핵심 변수는 인구절벽과 인구구조의 변화이다. 따라서 우리는 인구절벽과 인구구조 변동이 내수시장에 미치는 영향을 면밀히 분석하고, 이에 대한 대응전략을 모색할 필요가 있다.

보이지 않는 위기: 인구구조 변동의 충격

인구절벽 쓰나미는 이제 막 시작 단계에 있다. 아직 많은 사람들은 자신의 일자리나 비즈니스가 인구절벽에 의해 흔들리고 있음을 직접적으로 체감하지 못하고 있으며, 그 심각성을 실감하지 못할 수도 있다.

총인구 기준으로 보면, 향후 20년 이내에는 인구절벽으로 인한 내수시장 충격이 비교적 크지 않을 것처럼 보일 수 있다. 실제로 2024년 대비 2040년까지 16년에 걸쳐 총인구는 약 3.3% 감소하는 데 그칠 것으로 예상된다.

그러나 인구구조 변동의 관점에서 접근하면, 상황은 전혀 다르다는 것을 알 수 있다. 인구절벽 쓰나미는 이미 우리 발밑까지 밀려오고 있는 셈이다.

[표 7-1]에 따르면, 2024년 대비 2040년 총인구는 약 170만 명 감소하는 데 그칠 것으로 보인다. 그러나 같은 기간에 생산연령인구는 무려 730만 명이 줄어들 것으로 예상된다. 이는 총인구 감소의 4.3배에 달하는 수치로, 단순한 인구 감소가 아닌 인구구조의 급격한 전환을 의미한다. 이러한 현상은 같은 기간 동안 65세 이상 고령인구가 720만 명이 증가하기 때문이다.

앞으로 불과 16년 사이에 감소할 730만 명의 생산연령인구는, 2024년 8월 기준 부산광역시, 대구광역시, 전라북도의 총인구를 합친 규모에 해당한다. 이처럼 3대 지역 인구와 맞먹는 생산연령인구가 단기간 내에 사라진다는 사실을 상상해 본다면, 인구재앙 쓰나미의 위력을 실감할 수 있을 것이다.

인구구조 변화와 내수시장 축소

우리가 인구구조 변동에 특별히 주목하는 이유는, 유소년 인구, 생산연령인구, 그리고 65세 이상 고령인구의 구매력과 소비 능력에 큰 차이가 있어, 연령별 인구구조 변동이 내수시장에 미치는 영향이 매우 크기 때문이다.

특히 65세 이상 고령층의 경제적 현실은 심각하다. 노인 빈곤율은 세전 소득 기준으로 59.5%, 세후 소득 기준으로 39.3%에 달한다.[5] 대부분의 65세 이상 노인은 은퇴 후 연금이나 정부의 기초생활보조금으로 생활하며, 일부는 경제활동을 지속하지만 대개 최저임금에도 못 미치는 일자리에 종사하고 있다. 이로 인해 고령인구의 구매력은 생산연령인구에 비해 현저히 낮은 수준에 머물러 있다.

생산연령인구의 급감과 노인인구의 증가는 단순한 인구 통계 변화를 넘어, 우리 사회의 경제 전반에 거대한 쓰나미를 몰고 올 수 있다. 이러한 변화는 상품과 서비스 수요구조의 근본적인 변동을 야기하며, 동시에 구매력 감소로 인한 내수시장 축소는 피할 수 없는 현실이 될 것이다.

구매력의 절대적 비중을 차지하는 생산연령인구가 앞으로 불과 16년 이내에 부산광역시, 대구광역시, 전라북도의 총인구에 해당하는 규모로 감소한다면, 어떤 현상이 발생할까? 다음과 같은 질문을 스스로에게 던져보면, 인구재앙 쓰나미가 몰고 올 충격을 보다 현실적으로 이해할 수 있을 것이다.

고객이 급격하게 줄어드는 상황에서 내가 운영하는 식당, 가게, 카페를 유지할 수 있을까? 지역상권과 지역경제가 연쇄적으로 무너지는 상황에서 나의 비즈니스와 일자리는 과연 지킬 수 있을까? 카페들이 줄줄이 문을 닫는다면, 아르바이트 자리를 구할 수 있을까? 내가 근무하는 기업이나 은행은 과연 안전할까? 정리해고로 일자리를 잃으면, 새로운 일자리를 구할 수 있을까? 내가 받은 퇴직금으로 새로운 비즈니스를 시작할 수 있을까? 회사의 영업이익이 계속 줄어드는 상황에서 물가 상승률만큼이라도 임금을 올려 받을 수 있을까?

이제는 단순한 인구 감소가 아닌, 인구구조의 전환이 우리 삶의 기반을 어떻게 흔들 수 있는지를 직시해야 할 때이다. 숫자보다 중요한 것은 그 안에 숨겨진 변화이며, 그 변화는 이미 시작되었다.

자영업 붕괴

2024년 한국의 전체 취업자 중 자영업자 비중은 19.8%로, 1963년(37.2%) 통계 작성이래 처음으로 20% 아래로 떨어졌다. 고도성장과 산업구조 변화 속에서 자영업자 비중은 꾸준히 감소해 왔으며, 1989년에는 28.8%로 30%선이 붕괴됐고, 2010년에는 23.5%로 25%선도 무너졌다.[6]

코로나 팬데믹을 거치며 플랫폼 기반의 인터넷 소비가 본격적으로 정착되었고, 여기에 문재인 정부 시기의 급격한 최저임금 인상과 2년 이상 지속된 고금리 기조까지 겹치면서 자영업은 큰 타격을 입었다.

그 결과 자영업자 비중이 감소했을 뿐만 아니라, 고용인을 둔 자영업자의 비중도 2019년 코로나 직전의 27.4%에서 2024년에는 25.3%로 하락했다.[7] 이는 자영업 환경이 악화되고 이로 인해 자영업이 점차 축소되고 영세화 되는 추세에 있음을 보여준다.

그럼에도 불구하고 한국의 자영업자 비중은 여전히 다른 선진국에 비해 높은 수준이다. 2024년 기준 OECD 통계에 따르면, 한국의 '비임금 근로자' 비중은 22.8%(자영업자 19.8%+무급가족종사자 3.1%)로, 미국(6.2%), 캐나다(6.7%), 독일(8.3%), 프랑스(13.3%), 일본(9.2%) 등 주요 선진국과 비교했을 때 2배 이상 높게 나타났다.[8]

선진국과의 비교에서도 볼 수 있듯이, 자영업자 비중의 점진적인 축소는 농업 인구 감소와 같이 선진화 과정에서 발생하는 구조적 전환의 일환으로, 자연스러운 흐름으로 이해할 수 있다. 그러나 앞으로의 자영업 붕괴는 산업구조 변화나 경기 불황과는 차원이 다르다.

초저출산과 인구절벽 등 이른바 '인구재앙'이 초래할 내수 축소는 자영업의 급격하고 구조적인 몰락으로 이어질 가능성이 크다. 경기침체에 따른 자영업 위기는 회복의 여지가 있지만, 인구구조의 급변으로 인한 수요 기반 붕괴는 대응이 극히 어려운 구조적 문제로 작용할 수 있다.

자영업 붕괴는 자영업자 본인은 물론, 자영업에 종사하는 아르바이트 근로자들의 일자리에도 직격탄이 될 것이다. 특히 저성장 경제가 지속되는 가운데 자영업 붕괴로 일자리를 잃은 사람들은 새로운 일자리를 찾는데 상당한 어려움을 겪을 수 있다는 점에서 문제의 심각성이 있다.

아울러 상가 공실률의 급증으로 인해 상가 임대업자의 자산 소득도 감소할 것으로 예상된다. 물론 경제력이 탄탄한 상가 소유자도 있겠지만, 노후대비 목적으로 상가를 한두 개 소유한 이들에겐 상당한 재정적 타격이 될 수 있다.

기업과 일자리 소멸

내수시장의 급격한 축소는 자영업뿐만 아니라, 내수 비중이 높은 다수의 중소기업에도 심각한 영향을 미칠 것으로 예상된다. 무기를 생산하는 방산산업처럼 민간 소비와 무관한 일부 분야를 제외하고, 대부분의 기업은 민간 소비를 기반으로 재화와 서비스를 생산하고 있기 때문에 인구재앙 쓰나미의 영향을 피하기 어려울 것이다.

국내 소비시장의 핵심 동력은 25세에서 54세 사이의 핵심노동인구이다. 이들은 왕성한 경제활동과 높은 구매력을 기반으로 자동차 구매와 주택 마련은 물론, 결혼, 출산, 육아에 이르기까지 생애주기 전반에 걸쳐 활발한 소비를 이어간다.

이 소비층은 냉장고, 세탁기 등 필수 가전제품에 더해, 청소 로봇이나 비서 로봇과 같은 스마트 가전의 활용에도 적극적이다. 또한 여가 시간에는 외식과 여행을 즐기며 삶의 질 향상에 투자하고, 명품 소비 등 개인 만족을 위한 소비에도 적극적이다.

그런데 [표 7-1]에 따르면, 향후 16년 이내에 이러한 소비활동을 주도하는 핵심노동인구가 서울 인구의 절반에 해당하는 450만 명이 감소할 것으로 예측된다. 이는 현재 핵심노동인구의 80% 수준으로 급감하는 수치로, 핵심노동인구를 기반으로 하는 국내 소비 시장 규모가 약 20% 축소될 가능성을 시사한다.

더욱 심각한 문제는 핵심노동인구 감소세가 시간이 흐를수록 더욱 가속화된다는 점이다. 2060년에는 핵심노동인구가 현재의 절반 수준으로까지 줄어들 것으로 예상된다. 이와 같은 인구 절벽은 건설업계를 포함한 다수의 내수기업의 존립을 위협할 뿐만 아니라, 대기업들까지 대규모 구조조정의 압력에 직면하게 할 가능성이 높다.

가전제품 제조업체와 유통업체 역시 현재의 영업 규모와 고용 수준을 유지할 수 있을지는 불확실하다. 기업의 존폐는 곧 일자리의 소멸로 이어지기 때문이다. 물론, 경쟁력을 갖춘 대기업이나 중견기업들은 생존할 가능성이 높지만, 축소되는 내수시장을 대체할 해외시장 개척에 실패한다면 이들조차도 대규모 인력 감축을 피하기 어려울 것이다. 이는 곧 양질의 일자리 감소로 이어질 것이다.

더욱이, 내수시장이 위축되면서 국내 대기업들이 해외시장 비중을 확대하고 해외투자를 늘릴 수밖에 없는 구조적 흐름 속에서, 외국인의 국내 직접투자 기회 또한 제한될 수밖에 없다. 이는 국내에서 새로운 양질의 일자리를 창출하기 어려운 환경을 더욱 고착화시킬 것이다.

주택의 이중성과 자산가치 붕괴

인구절벽이 심화되면, 주택과 상업용 부동산 수요는 지속적으로 감소하고, 이는 자산가치 하락으로 이어지게 된다. 특히 인구소멸 지역에서는 자산가치의 급격한 붕괴가 현실화될 가능성이 크다. 물론, 주택 가격 하락이 주거안정에 기여할 수 있는 긍정적인 측면도 있으나, 주택 가격의 과도한 변동은 또 다른 문제를 초래한다.

이를 우리는 '부동산 가치의 역설'이라고 부르며, 이는 '주택이 주거 공간이면서 동시에 투자 자산이라는 이중적 특성'에서 비롯된다. 주택가격이 지속적으로 상승하면, 주택 구입 및 임대 비용이 높아지면서 가계의 경제적 부담이 증가하고 자산 및 사회적 불평등이 심화된다. 또한 이러한 현상은 부동산 거품을 형성하고, 결국 금융 시스템의 불안정을 야기할 수 있다.

반면, 주택 가격이 지나치게 하락할 경우에는 가계의 자산가치가 줄어들며, 특히 주택을 담보로 대출을 받은 가계는 자산가치 하락으로 인해 부채상환능력이 약화되고 소비심리가 위축될 가능성이 높다. 특히 한국에서는 가계 자산의 구조가 주택에 지나치게 편중되어 있어, 주택 가격의 지속적 하락은 상승 못지않게 심각한 문제를 초래할 가능성이 크다.

2023년 기준, 한국인의 가계자산 중 76.1%가 부동산으로 구성되어 있다. 이 중 43.5%는 거주 주택, 28.0%는 거주 주택외 부동산, 4.7%는 기타 실물자산이다. 반면, 금융자산은 23.9%를 차지하며, 이 중 약 7.1%는 전·월세 보증금으로 구성되어 있다. 즉, 금융자산의 비중은 전체 자산의 1/4

에도 미치지 못하며, 금융자산의 약 1/3도 부동산 임대 수입과 연계되어 있다.[9]

이러한 자산구조는 주요 선진국과 극명한 차이를 보인다. 한국의 가계 자산 중 부동산 비중 76.1%는 미국(28.5%), 일본(37.0%), 영국(46.2%)과 비교해 월등히 높은 수치다.[10] 한국은 부동산 중심으로 자산을 관리하는 반면, 미국은 주식 및 국채 등 금융투자 상품, 일본은 현금 및 예금, 영국과 호주 등은 보험 및 연금을 중심으로 자산을 운용하는 특징을 갖고 있다.

부동산 중심 자산관리

한국 가계는 왜 다른 선진국과 달리 부동산 중심으로 자산을 관리해 왔을까? 그 배경에는 부동산이 비교적 안전하고 자산증식 효과가 크다는 인식이 자리잡고 있다. 급속한 도시화와 압축성장의 과정에서 부동산 가치는 꾸준히 상승해 왔으며, 이러한 흐름이 그 믿음을 강화했다.

한편, 한국의 금융시장이 상대적으로 덜 발달한 탓에, 자산관리에 있어 분산 투자라는 포트폴리오 개념이 제대로 정착하지 못했다. 이러한 환경 속에서 많은 한국인은 부모의 지원이나 저축을 통해 주택 구입 자금의 일부를 마련하고, 주택을 담보로 은행대출을 받아 가능한 한 높은 가치의 주택을 매입하는 방식으로 자산을 증식해 왔다.

이러한 접근은 '부동산 불패 신화'라는 믿음에서 비롯되었다. 경제불황으로 인해 일시적인 침체가 나타나더라도 장기적으로는 부동산 가격이 상승할 것이라는 기대가 강하게 작용한 것이다. 이러한 배경 속에서 주택은 단순한 주거 공간을 넘어, 자산증식의 핵심 수단으로 여겨졌다.

그러나 인구절벽으로 인한 수요감소는 경기침체와 달리 일시적 현상이 아니라 장기적이고 지속적인 구조변화다. 이로 인해 부동산에 대한 기대가치가 낮아지고, 기존의 신화에 균열이 생길 가능성이 커지고 있다.

특히 부동산은 위치에 따라 가치 차이를 크게 보이는 데, 부동산 시장 침체기에는 이 '입지효과'가 더욱 두드러진다. 인구절벽이 심화되면서 지역별 부동산 시장의 양극화도 심화된다. 인구가 줄어드는 지역은 경제력이 약해지고, 상대적으로 경제력이 높은 지역으로 인구 이동이 가속화된다.

그 결과, 인구의 사회적 증가가 지속되는 지역에서는 부동산의 기대가치가 유지되거나 상승하는 반면, 인구의 사회적 감소가 계속되는 지역에서는 부동산의 기대가치가 지속적으로 하락하게 된다. 이러한 흐름은 지역간 부동산 시장의 양극화를 더욱 뚜렷하게 만든다.

또한 인구절벽이 가속화될수록, 인구의 사회적 증가가 지속되는 지역의 수는 점점 줄어들 것으로 예상된다. 이로 인해, 서울 강남처럼 만성적인 초과 수요가 존재할 수 있는 일부 지역을 제외하면, 대부분의 지역에서 부동산 가치가 하락할 가능성이 높아지고 있다.

지금까지 주택이 자산증식의 주요한 수단이 될 수 있었던 배경에는 '주택 갈아타기' 전략이 있었다. 일반적으로 매입 가격보다 매도 가격이 높은 상황에서 주택을 바꾸며 자산을 늘리는 방식이었다. 그러나 앞으로는 인구절벽에 따른 수요의 구조적 감소로 인해, 서울 및 대도시의 인기 지역을 제외하고는 주택 가격이 감가상각을 반영하여 하락할 가능성이 크다.

이로 인해 '주택 갈아타기'를 통한 자산 증식은 점점 어려워지고, 대도시 내에서도 오래된 주택의 매매가 힘들어질 수 있다. 특히, 인구소멸 지역에서는 부동산의 기대가치가 사실상 사라지면서 수요자가 없는 버려지는 주택과 농지가 크게 늘어날 가능성이 있다. 이는 곧 자산가치 붕괴로 이어질 수 있다.

부동산 시장의 양극화는 또한 중산층 붕괴를 초래할 수 있다. 중산층의 정의는 국가마다 다르지만, 한국에서는 주택 소유 여부가 중산층 여부를 판단하는 핵심 기준 중 하나로 여겨진다. 이에 따라 주택시장의 양극화가 심화되고 주택의 미래가치가 하락하는 가구가 증가한다는 것은 곧 중산층 붕괴 가능성을 시사하는 중요한 신호다.

인구절벽으로 인한 부동산 가치 하락은 가계경제는 물론 국가경제에도 심각한 악영향을 미칠 수 있다. 대다수 가계는 주택이나 부동산을 구입할 때 해당 자산을 담보로 은행 대출을 활용한다. 이러한 상황에서 자산가치가 구조적으로 하락하면 부채 상환 능력이 약화되고, 미래에 대한 불확실성으로 인해 소비 심리가 크게 위축될 수 있다. 동시에 부동산 가치의 지속적 하락은 담보 대출의 부실화를 초래할 가능성을 증가시킨다. 이는 금융기관의 건전성을 약화시키고, 신용경색을 심화시켜 경제 전반에 심각한 위험을 초래할 우려가 있다.

더불어, 부동산 가격 하락은 정부의 세수 감소를 초래하여 재정 부담을 가중시킨다. 결국, 자산가치의 지속적인 하락은 소비 위축, 투자 감소, 금융시장 불안, 정부 재정 악화, 고용시장 약화 등 다양한 경제 문제를 동반하며 경제 성장에 심각한 부정적 영향을 미칠 수 있다.

날개 없는 추락

인구절벽과 인구구조의 급격한 변화로 인한 내수시장의 축소는 단순한 경기 후퇴가 아니라, 회복이 어려운 구조적 문제이다. 이로 인해 소비수요와 투자수요가 동시에 감소하면서 경제 전반에 악순환 고리가 형성되고, 국민경제는 장기침체의 늪에 빠질 위험에 직면하게 된다.

물론 인구 천만 명 미만의 고소득 선진국 사례는 인구 규모가 작더라도 높은 생활 수준을 유지할 수 있다는 가능성을 보여준다. 그러나 애초부터 인구가 적은 경우와 인구절벽으로 인해 급격히 인구가 축소되는 경우는 경제와 사회에 미치는 충격의 양상이 현저히 다르다.

소규모 국가는 제한된 인구 규모에 맞춰 산업구조와 생산시스템을 구축하며 성장 기반을 다져왔지만, 인구절벽은 기존 생산시스템의 붕괴와 내수 기반의 급속한 축소를 동시에 초래하여 경기 침체로부터 벗어나기 어려운 구조를 만들어낸다.

특히 한국처럼 초저출산으로 인해 가파른 인구절벽이 급격하게 진행되는 경우, 단순한 인구 축소에 그치지 않고 빠른 고령화로 이어지며 생산력과 경쟁력을 빠르게 상실하게 된다. 이로 인해 국민의 삶의 질을 유지하는 것도 점점 어려워진다.

초저출산이 지속될 경우 인구는 기하급수적으로 줄어들고, 경제는 날개 없는 추락을 하게 될 위험이 커지게 된다. 이러한 변화속에서 국민은 삶의 질 하락에 따른 톱니효과로 인해 고통을 겪게 된다. 톱니효과는 소비나 지출 수준이 한 번 상승하면 쉽게 낮아지지 않는 현상을 의미한다. 경제의 구조적 침체로 인해 소득 수준이 하락하면 소비 지출을 줄여야 하지만, 개인은 이전에 누리던 생활 수준이 낮아지는 과정에서 불편과 고통을 경험하게 된다.

8

시들어가는 사회

한국은 현재의 초저출산 문제를 해결하지 못할 경우, 가까운 미래에 사회의 역동성을 상실하고 많은 사람이 빈곤의 늪에 빠질 위험에 직면할 수 있다. 현재 한국은 OECD 38개국 중에서 열 번째로 젊은 국가에 속하지만, 2052년에는 가장 고령화된 국가가 될 것으로 전망된다.

제3장에서 살펴본 바와 같이, 한국은 2025년에 초고령 사회에 진입한 이후 불과 25년 만인 2050년에는 65세 이상 고령자 비중이 40%를 넘어서면서, 세계에서 유일하게 '극초고령 사회'로 진입할 가능성이 높다.

문제는 단순히 노인 인구의 증가에만 국한되지 않는다. 더 심각한 점은 일자리 창출과 부가가치 생산을 담당하는 생산연령인구가 지금부터 빠른 속도로 감소하기 시작한다는 것이다.

한국은 앞으로 40년이 채 남지 않은 2062년에 20-64세 생산연령인구가 현재의 절반 수준으로 줄어들 것으로 추정된다.[1] 생산연령인구 감소는 세계적 추세이지만, 향후 약 40년 동안 OECD 국가의 평균 감소율이 10%에 불과한 반면, 한국은 무려 50% 감소할 것으로 예상된다.

생산능력과 경제력이 있는 생산연령인구는 급격히 줄어드는 반면, 부양해야 할 65세 이상의 노인 인구는 급증할 것이다. 이 과정에서 '빈곤의 늪'은 더욱 넓어지고 깊어질 가능성이 크다.

한국은 현재에도 OECD 국가 중 노인 빈곤율이 가장 높은 나라이다. 노인의 빈곤 상태를 측정하는 대표적인 지표 중 하나인 '노인 빈곤율'은 중위 가구 균등화 가처분소득의 50%를 기준으로 빈곤선을 설정하고, 이보다 낮은 소득을 가진 노인 인구의 비율로 나타낸다.

[표 8-1]은 OECD가 최근 발표한 소득분배 자료를 기반으로 산출된 '노인 빈곤율 국제비교표'이다.[2] 2022년 기준, 한국의 65세 이상 노인 빈곤율은 39.7%에 달한다. 이는 2020년 기준 OECD 평균인 14.2%의 2.8배로, OECD 회원국 중 가장 높은 수치이다.

[표 8-1] 노인빈곤율

단위:%

	18-65세	65세이상	66-75세	76세이상	남자	여자
대한민국	10.0	39.7	29.8	54.0	34.0	45.3
미국	15.7	22.9	20.4	26.7	19.8	25.3
영국	10.7	15.0	12.0	18.8	n.a,	n.a,
캐나다	12.2	10.1	10.4	9.6	n.a,	n.a,
프랑스	8.0	6.1	5.6	6.7	3.3	5.2
독일	11.7	12.6	14.9	11.0	8.6	12.7
OECD 평균	11.4	14.2	12.5	16.6	11.1	16.5

주: 미국, 영국, 캐나다는 2023년, 대한민국, 프랑스는 2022년, 독일은 2021년, OECD 평균은 2020년 통계 자료임. 남녀 노인빈곤율은 65세 이상을 기준으로 함

통계자료: OECD Data Explorer, Income distribution database, 2025. 9. 10. 인출 작성

한국은 특히 노인의 연령이 높아질수록 빈곤율이 더 심화되고, 여성의 빈곤율이 남성보다 더 높은 경향을 보인다. 예를 들어, 75세 이상 고령자의 빈곤율은 54.0%로, OECD 평균의 약 3.3배에 이르며, 여성은 남성

보다 11.3%포인트 더 높은 빈곤율을 기록하고 있다.

또한 한국의 65세 이상 노인 빈곤율(39.7%)은 생산연령(18-65세)의 빈곤율(10.0%)에 비해 약4배에 달해, 서구 선진국과 뚜렷한 대비를 이룬다. 캐나다와 프랑스는 오히려 노인 빈곤율이 생산연령 빈곤율보다 낮고, 독일은 연령 간 빈곤율 차이가 미미하다. 영국과 미국은 노인 빈곤율이 생산연령층에 비해 다소 높기는 하지만, 한국에 비하면 그 격차는 훨씬 작다.

노후가 두려운 나라, 미흡한 연금 시스템

OECD의 노인 소득 추계에는 자본소득, 근로소득 (자영업 소득 포함), 국민연금 및 기초연금 같은 공적연금, 사적연금 등이 포함되며, 주택과 같은 자산은 산정 대상에 포함되지 않는다.

한국의 경우, 자산을 보유한 노인 대다수가 자신이 거주하는 주택 한 채만을 소유하고 있어 자본소득 수준은 매우 낮다. 이에 따라 노인은 공적연금과 사적연금에 주로 의존할 수밖에 없으며, 이러한 소득마저 부족한 경우에는 노후에도 근로소득을 통해 생계를 유지해야 하는 상황에 놓인다.

그러나 한국은 서구 선진국에 비해 공적연금 뿐만 아니라 사적연금 제도 역시 충분히 발달되어 있지 않다. 이것이 바로 한국의 노인 빈곤율이 높게 나타나는 주요 원인 중 하나이다.

공적연금은 노령 및 유족 급여를 위한 공공지출을 의미하며, 노인 복지의 중요한 지표로 여겨진다. 2019년 기준으로 OECD 평균 공적연금 지출 규모는 '국가 총 공공지출'의 18.1%, GDP의 7.7%에 달했다. 노인 빈곤율이 가장 낮은 프랑스는 2020년 기준 공적연금 지출이 국가 총 공공지출의 24.3%, GDP의 14.5%였고, 서구 선진국 가운데 노인 빈곤율이 가장 높은 미국은 같은 해 각각 18.6%, 7.5%를 기록했다.

반면, 한국은 2020년 기준 공적연금 지출이 국가 총 공공지출의 9.7%, GDP의 3.6%로, OECD 평균의 절반 수준에도 미치지 못했다. 이러한 낮은 공적연금 지출 수준은 한국의 높은 노인빈곤율을 설명하는 주요 요인 중 하나로 볼 수 있다.

한국의 공적연금 제도는 1960년 공무원연금을 시작으로 1963년 군인연금, 1975년 사학연금이 도입되며 공공 부문 중심으로 구축되었다. 이후 1988년에는 일반 국민을 대상으로 한 국민연금이 시행되었고, 2014년에는 저소득층 노인을 위한 기초연금이[3] 새롭게 추가되었다.

사적연금제도 또한 미발달

OECD 38개국 중 절반은 공적연금제도 외에도 의무적, 준의무적, 또는 자발적인 '사적연금제도'를 병행해 운영하고 있다. OECD 회원국의 약 30%는 법적 의무 또는 노사 간 협약을 기반으로 한 '준의무적' 형태의 사적연금 제도를 갖추고 있다. 그 외의 국가들은 개인이나 고용주가 자발적으로 제공하는 사적연금 또는 법적 최소 수준을 초과해 추가 연금을 지급하는 형태의 제도를 활용하고 있다.

사적연금 제도가 가장 발달한 국가로는 캐나다, 네덜란드, 스위스, 미국, 영국 등이 있다. 이들 국가에서는 2019년 기준으로 사적연금이 GDP의 5.3%에서 5.6%를 차지했다. 이에 반해, 한국의 2020년 사적연금은 GDP의 1.0% 수준으로, 이는 일본(3.3%)보다도 낮은 수준이다.[4] 결과적으로 한국은 서구 선진국에 비해 공적연금 제도는 물론, 노후를 위한 사적연금 제도 역시 충분히 발달되어 있지 않다.

고령에도 일터로: 노년의 노동

이처럼 한국에서는 공적연금과 사적연금 제도가 충분히 발달되어 있지 않다. 2023년 기준, 65세 이상 인구의 90.9%가 공적연금과 사적연금을 포함해 한가지 이상의 연금을 수령하고 있다. 그러나 연금수급자의 54.9%는 월 평균 50만 원 이하, 86%는 1인 가구 최저생계비에도 크게 못 미치는 월 평균 100만 원 미만의 연금을 받고 있다.[5] 이처럼 불충분한 연금수준으로 인해 많은 고령층이 생존을 위해 다시 일터로 나설 수 밖에 없는 현실에 놓여 있다.

이는 한국의 고령층 고용률이 서구 선진국에 비해 매우 높은 이유 중 하나이다. 2023년 기준, 65-69세 고령층의 고용률은 51.1%로 OECD 평균의 두 배를 넘었다.[6] OECD 국가에서는 해당 연령층의 80%가 노동에서 은퇴해 노년을 보내는 반면, 한국에서는 절반 이상이 여전히 노동을 이어가고 있다.

최근에는 70세 이상 고용률도 꾸준히 증가하고 있다. 2023년 기준으로 70-74세 연령층의 고용률은 39.9%였으며, 75세 이상의 고용률도 24.3%에 달했다.[7]

고령층이 계속 일하는 가장 큰 이유는 경제적 문제다. 일자리를 원하는 고령자의 55.8%는 연금만으로는 생활비가 부족하다고 답했으며, 35.6%는 일하는 즐거움, 4.3%는 무료함을 달래기 위해 일한다고 응답했다.[8]

초저출산 늪이 만들 '빈곤의 늪'

초저출산의 늪에서 벗어나지 못할 경우, 노인 빈곤 문제는 개선되기는 커녕 오히려 더욱 심각하게 악화될 가능성이 높으며, 국민 다수 또한 빈곤의 위험에 노출될 수 있다.

현재의 초저출산 추세가 지속될 경우, 한국은 2025년에 '초고령 사회'로 진입한 이후 불과 25년 만에 65세 이상 고령자의 비중이 40%를 넘는 '극초고령 사회'로 빠르게 접어들 것으로 전망된다. 이 과정에서 노년층을 부양하는 부담, 즉 노인부양비는 급격히 증가할 것으로 예상된다.

OECD가 2023년 말 발표한 「한눈에 보는 연금 2023」 보고서는 이러한 한국의 노인 빈곤 문제의 심각성을 명확히 보여준다.[9] 해당 보고서에서는 20-64세 생산연령인구 100명당 65세 이상 인구 수를 기준으로 '노년부양비'를 산정하였다. [표 8-2]는 OECD 연금 보고서를 기반으로 작성된 노년부양비의 장기 변동 추이를 국제적으로 비교한 자료이다.

[표 8-2]노년부양비 (1962-2082)

	1962	1992	2022	2052	2082
대한민국	7.5	8.6	26.3	82.3	117.0
미국	18.1	21.0	29.4	43.4	57.7
프랑스	21.5	24.9	39.3	57.1	68.4
OECD 평균	15.7	20.4	31.3	53.8	66.1

통계자료: OECD, Pensions at a Glance 2023, 2023. 11.; UN, Department of Economics and Social Affairs (2022), World Population Projects 2022, 2025. 1. 8. 인출 작성

노년부양비의 국제비교를 시계열적으로 살펴보면, 2022년을 기점으로 한국은 이전과는 전혀 다른 경제·사회적 환경으로 전환하게 된다는 것을 알 수 있다. 1992년 기준, 한국의 노년부양비는 OECD 평균의 절반보다 훨씬 낮은 수준이었으며, 2022년에도 OECD 국가 평균을 밑돌았다.

적어도 2022년까지는 한국의 생산연령인구 대비 65세 이상 노인 인구의 비율이 OECD 평균보다 상대적으로 낮아 젊은 사회로 분류되었다. 이러한 젊고 역동적인 인구조조는 빠른 경제성장, 양질의 일자리 창출, 삶

의 질 향상의 원동력이 되어 왔다. 실제로 한국은 2022년 기준, OECD 38개국 중 10번째로 젊은 국가였다.

하지만, 이러한 인구구조는 머지않아 급격하게 변화할 것으로 보인다. 현재의 초저출산 추세가 지속될 경우, 한국은 불과 30년이 채 안 남은 2052년에는 OECD 회원국 중 가장 고령화 된 국가로 전환될 전망이다. 2022년에는 생산연령인구 4명이 노인 1명을 부양했으나, 2052년에는 생산연령인구 1명이 노인 1명을 부양해야 하는 상황에 이를 것으로 예측된다. 같은 시기, OECD 회원국 평균은 생산연령인구 2명이 노인 1명을 부양할 것으로 추정된다.

더욱 충격적인 전망은 2082년이다. 이 해에 한국의 노년부양비는 117.0에 이를 것으로 예측되며, 이는 세계에서 한국에 이어 두 번째로 높은 부양비가 예측되는 중국(92.9)을 크게 앞서는 수치이다.

이처럼 급격하게 증가하는 노년부양비는 단지 고령층의 삶의 질 문제에 그치지 않고, 생산연령인구와 노인을 포함한 국민 전체가 '빈곤의 늪'에 빠질 위험을 높이는 중대한 사회경제적 위기 요인으로 작용할 수 있다.

지금까지 살펴본 바와 같이, 노년부양비의 급증은 전적으로 생산연령인구의 감소와 노인 인구의 급증에서 비롯된다. 이는 공적연금 및 사적연금의 개인 지급액을 인상하지 않더라도, 늘어나는 공적연금 재정을 충당하기 위해 경제활동인구가 더 많은 세금과 연금 부담금을 납부해야 함을 의미한다.

노인부양비가 높아질수록 생산연령인구는 더욱 많은 세금과 연금부담금을 납부해야 하므로, 이에 따라 가처분소득이 줄어들고 삶의 질이 저하될 수밖에 없다. 동시에, 노인복지 재정의 악화로 인해 노인의 기초연금이나 복지 혜택을 개선하기 어려워질 뿐만 아니라, 연금수령 자체가 불확실해질 수 있다는 불안감마저 증폭될 가능성도 있다.

현재의 노인 빈곤 문제를 해결하려면 공적연금과 사적연금의 개인 지급 수준을 서구 선진국 수준으로 끌어올리는 정책적 노력이 필요하다. 그러나 급증하는 노인인구로 인해 수혜 대상자가 빠르게 늘어나면서, 개인 지급액을 대폭 확대하는 데에는 재정적·구조적 한계가 뚜렷하다. 이와 같은 구조적 문제로 인해 초저출산 문제가 해결되지 않는다면, 대다수 국민의 삶의 질이 급격히 하락할 위험이 매우 높아질 것으로 보인다.

회색빛 사회

우리는 머지않아 사회 구성원의 절반이 노인으로 이루어지고, 그 중 상당수가 빈곤에 시달리는 극초고령 사회에 직면할 위험이 크다. 초저출산 문제가 해결되지 않는다면, 앞으로 25년 내에 65세 이상 고령 인구 비율이 40%를 넘어설 것으로 보이며, 노년 부양 부담은 현재보다 3배 이상 증가할 것이다.

이미 40%에 이르는 노인 빈곤율은 더욱 악화될 가능성이 크며, 세대 간 갈등 또한 심화될 것으로 전망된다. 지금과 같은 추세가 지속된다면, 우리 사회는 생산성 저하로 인해 활력을 잃고, 절반 이상의 노인들이 빈곤과 고독속에서 힘겨운 노후를 보내야 하는 '회색빛 사회'로 전락할 위험이 높다.

평생을 사회를 위해 헌신해 온 노인들이 빈곤과 고독 속에서 삶을 마감해야 하는 현실은 참으로 슬프고 안타까운 일이다. 이는 단순한 사회복지의 문제가 아니라, 국가의 지속가능성과 공동체의 존엄성에 대한 중대한 과제이다.

9
미래를 잃은 나라

우리가 살아가는 동안 마주하게 될 미래는 숙명처럼 정해진 것일까? 아니면 현재 우리의 선택과 행동으로 빚어지는 것일까?

물론 미래는 예측하기 어렵고, 외부 환경과 운이라는 변수 또한 우리의 앞날에 적지 않은 영향을 미친다는 점을 부정할 수 없다. 그러나 분명한 사실은, 미래에 닥칠지도 모를 위기에 대처하고 극복할 수 있는 가능성, 그리고 다가올 행운과 기회를 잡을 수 있는 확률 모두 현재 우리의 삶의 태도와 행동에 깊이 뿌리내리고 있다는 점이다.

오늘의 땀방울과 깊은 숙고는 미래라는 캔버스 위에 어떤 그림이 그려질지를 결정하는 핵심 요소가 된다. 이는 개인의 삶에만 국한되지 않으며, 지성의 상아탑인 대학, 혁신을 추구하는 기업, 그리고 국민의 안녕과 번영을 책임지는 국가에도 똑같이 적용되는 진리이다.

현재의 안일함과 무관심은 미래의 쇠퇴를 초래할 수 있지만, 능동적인 자세와 끊임없는 노력은 더 풍요롭고 안정된 미래를 열어가는 토대가 된다.

특히 초저출산 문제처럼, 현재 우리의 행동과 결정이 심각한 위기를 잉태하고 있음에도 이를 인식하지 못하거나 외면한다면, 우리가 꿈꾸던 미래는 사라지고 심각한 위기와 고통의 늪에 빠질 위험이 커질 수 있다.

불확실한 시대일수록 희망을 잃지 않고 현재에 충실하며, 미래를 향해 꾸준히 나아가는 능동적인 자세야말로, 우리 앞에 놓인 수많은 가능성을 현실로 만들어가는 가장 확실한 방법이다.

꿈과 희망이 사라지면

미래를 외면하는 순간, 고통은 현실이 된다. 문제는 우리가 오늘 해야 할 일을 외면함으로써 우리의 밝은 미래를 잃어버린다면, 그것 이야말로 커다란 고통으로 다가온다는 점이다. 일부 사람들은 불확실한 미래를 준비하기보다는 현재의 행복을 추구하며 사는 것이 더 지혜롭다고 생각하기도 한다.

그러나 미래는 멀리 있는 추상적인 시간이 아니라, '다가올 오늘'의 연속이다. 꿈과 희망은 미래에 실현되지만, 그것이 오늘 우리를 설레게 하고 움직이게 하는 이유는 바로 미래가 '다가올 오늘'이기 때문이다.

미래를 잃는다는 것은 단지 내일이 사라진다는 뜻을 넘어, 꿈과 희망이 함께 소멸하는 것을 의미한다. 꿈과 희망이 사라질 때, 우리의 오늘은 방향과 의미를 잃고 깊은 공허 속으로 빠져들 수 있다. 이처럼 '잃어버린 미래'는 단순한 시간의 상실이 아니라 삶의 본질을 위협하는 재앙이기에, 우리는 지금 이 순간에도 내일을 위한 씨앗을 심어야 한다.

지금이 바로 결단의 시간이다. 지금 이 순간 우리가 '초저출산의 늪'을 극복하지 못한다면, 한국은 지금까지 경험한 적 없는 찬란한 미래를 잃게 될 위험에 처할 것이다. 선진 경제강국과 부유한 국민, 이른바 부민강국의 꿈과 희망을 실현할 수 있는 찬란한 미래가 우리 앞에 놓여 있다. 한국의 높아진 국제적 위상과 한국을 바라보는 세계인의 긍정적 시선이 그것을 말해주고 있다.

그러나, 우리가 현재의 '초저출산의 늪'에서 벗어나지 못한다면, 인구재앙이라는 거대한 쓰나미가 우리의 모든 꿈과 희망을 송두리째 쓸어버릴 것이다. 잃어버린 미래는 개인과 사회 모두에게 치명적인 재앙이 될 수 있다.

지금 행동하지 않으면, 미래는 사라진다. 우리 국민 모두가 지금 이 순간 결단하고 행동하지 않는다면, 우리는 꿈과 희망이 사라진 절망의 대협곡에서 축소지향적 삶을 살며 국가소멸의 위기를 걱정해야 하는 상황에 직면하게 될 것이다. 그리고 이 국가소멸의 위기는 나와 무관한 문제가 아니라, 결국 나의 삶을 무겁게 짓누르는 현실로 다가올 것이다.

한국은 불과 70년이라는 짧은 역사 속에서 세계의 변방에서 세계의 중심으로, 최빈국에서 선진국으로 놀라운 도약을 이루어 냈다. 특히 최근 들어 한국의 세계적 위상은 그 어느 때보다 두드러지게 변화하고 있다.

과거 한류의 물결을 타고 세계 무대에 등장한 한국 문화는 단순한 '유행'으로 인식되었다. 그러나 이제는 '존경'과 '이해'를 바탕으로, 세계인들의 깊은 관심과 상호작용 속에서 더욱 확고하게 각인되기 시작했다.

이러한 변화는 단순히 한국 상품의 인기나 문화적 영향력 확대에 그치지 않는다. 그것은 한국인과 한국 사회 전반에 대한 긍정적인 인식 변화로 이어지고 있으며, 이러한 흐름은 다양한 국내외 사례를 통해 뚜렷하게 확인되고 있다.

최근 세계 곳곳을 여행하다 보면 변화된 한국의 국제적 위상을 자연스럽게 체감할 수 있다. 선진국과 개발도상국을 불문하고 한국어와 한글을 배우려는 열풍이 일어나고 있다. 세계 각국의 대학들은 경쟁적으로 한국어 학과를 개설하고 있으며, 이러한 학과는 높은 경쟁률을 자랑한다.

개발도상국에서는 한국어 실력이 양질의 일자리를 구할 수 있는 경쟁력 있는 '직업능력'으로 인식되고 있다. 반면 선진국에서는 한국 문화를 더 깊이 이해하고 체험하고자 하는 이들이 한국어와 한글 학습에 적극적으로 참여하고 있다.

K-팝과 K-드라마를 넘어, 예술, 디자인, 패션, 뷰티, 음식, 게임 등 다양한 분야에서 한국 문화의 독창성과 매력이 세계 무대에서 빛을 발하고 세계인들에게 강렬한 인상을 남기고 있다. 한국 문화는 이제 단순한 '소비' 대상에 머무르지 않고, '경험'하고 '탐구'하는 고유한 문화적 정체성으로 자리매김하고 있다.

세계 곳곳에서 불고 있는 한국어 학습 열풍은 이러한 현상을 잘 보여준다. 한국 문화체험 프로그램과 한국 여행 상품 역시 높은 인기를 얻고 있으며, 한국의 전통 예술·음식·생활방식 등에 대한 세계인의 관심은 날로 커지고 있다. 결국, 한국의 맛과 멋은 새로운 글로벌 트렌드를 이끄는 중심축으로 부상하고 있다.

뿐만 아니라, 반도체와 자동차 등 첨단 산업 분야에서 세계적 기술력을 확보한 한국은 방위산업과 원자력 분야에서도 두각을 나타내며 수출을 지속적으로 확대하고 있다. 이처럼 축적된 기술력은 K-컬처의 세계적 인기와 맞물려, 한국의 국가 브랜드를 한층 강화하고 전 산업 분야의 경쟁력을 높이는 시너지 효과를 창출하고 있다.

지난 수십 년간 경제, 기술, 문화 등 각 분야에서 꾸준히 경쟁력을 높이며 발전해 온 한국은 이제 이들 요소가 상호작용을 통해 본격적인 상승효과를 발휘하기 시작했다. 이는 한국이 그간 축적해 온 지식과 기술이 세계 무대에서 빛을 발하고 있음을 보여주는 동시에, 한국이 선진 경제강국으로 자리매김할 수 있는 국제적 환경과 역사적 기회가 도래하고 있음을 의미한다.

경쟁력을 잃은 나라

기회와 운이 주어진다 해도 그것을 받아들일 준비가 되어 있지 않은 개인이나 국가는 그 혜택을 누릴 수 없다. 이는 준비되지 않은 자에게 기회란 결국 스쳐 지나가는 바람에 불과하다는 점을 시사한다.

지난 20년 동안 우리는 초저출산의 늪에 깊이 빠져 있었다. 이 문제의 심각성을 제대로 인식하고 대처하지 못하는 사이, 비혼 문화와 딩크족 문화가 사회 전반에 자리 잡으며 결국 인구재앙이라는 쓰나미에 직면하게 되었다.

우리는 제4장에서 제8장에 걸쳐, 초저출산의 늪에서 벗어나지 못할 경우 피할 수 없는 다양한 형태의 인구재앙 쓰나미에 대해 면밀히 살펴보았다. 이러한 인구재앙 쓰나미가 현실화되는 동안, 선진 경제강국과 부민강국의 꿈은 허상처럼 사라지고 말 것이다.

선진경제강국과 부민강국의 비전은 단순한 꿈이 아니라, 앞서 살펴본 바와 같이 '축적된 역량과 글로벌 환경'의 빠른 조성으로 그 꿈의 실현이 목전에 있다. 그러나 초저출산에 의한 인구재앙 쓰나미로 인해 우리는 한 번도 경험하지 못한 '선진강국'이 될 수 있는 역사적 기회를 상실할 위험이 높아지고 있다. 꿈과 희망은 현재의 고통을 이겨낼 수 있는 원동력이 되지만, 그것을 잃게 되면 절망과 좌절이 밀려오면서 현재의 고통마저 더욱 깊어질 수밖에 없다.

더 심각한 문제는, 향후 10년 내에 초저출산의 늪에서 벗어나지 못한다면, 선진강국은커녕 국가경쟁력마저 정점을 찍고 지속적으로 하락할 위험성이 크다는 사실이다.

국가경쟁력은 단순한 추상적 개념이 아니다. 이는 국민 개개인이 얼마나 풍요롭고 안정된 삶을 누릴 수 있는지를 보여주는 종합적 지표이다. 특히 해외의존도가 높은 한국은 높은 국가경쟁력을 유지해야만 세계 시장에서 경쟁 우위를 확보할 수 있다.

이를 기반으로 국내 투자를 확대하고 외국인 투자를 적극 유치함으로써 국가 경제의 지속적 성장을 도모할 수 있다. 이 과정에서 국민 소득이 증가하고, 양질의 일자리 창출과 사회 서비스 개선이 이루어져 국민의 삶의 질을 실질적으로 향상시킬 수 있다.

국가경쟁력은 경제적 요소(경제성장률, 국민소득, 무역규모, 투자, 생산성 등), 사회적 요소(교육 수준, 의료 서비스, 사회 안전망, 삶의 질, 환경 등), 정치적 요소(정부 효율성, 정책 안정성, 부패 방지, 법치주의 등), 기술적 요소 (기술 혁신 능력, R&D 투자, 정보통신 인프라 등), 인적자원 (인력의 질, 교육수준, 노동생산성 등) 등에 의해 결정된다.

이러한 국가경쟁력은 국가의 지속 가능한 발전을 위한 필수적 요소이며, 이를 강화하기 위한 노력은 곧 국민 삶의 질 향상과 국가의 미래를 위한 중요한 투자라고 할 수 있다.

그런데 국가경쟁력을 결정하는 경제적 요소, 사회적 요소, 정치적 요소, 기술적 요소, 인적자원을 관통하는 핵심은 바로 '인재'이다. 특히 석유와 같은 천연자원이 절대적으로 부족한 한국과 같은 나라에서는 국가경쟁력이 인적자원의 질과 규모에 의해 크게 좌우될 수밖에 없다. 따라서 인재의 육성과 활용은 한국의 경쟁력을 강화하고 지속 가능한 성장을 실현하기 위한 가장 중요한 요인이다.

제7장에 살펴본 바와 같이, 한국에서는 2024년에서 2040년까지 불과

16년 사이에 생산연령인구가 730만 명, 핵심노동인구(25-54세)가 450만 명이 감소할 것으로 전망된다. 국가의 생산력과 경쟁력에 결정적 영향을 미치는 핵심노동인구의 급격한 감소는 국가경쟁력의 약화를 가져올 수밖에 없다.

생산성과 혁신역량이 높은 핵심노동인구가 급감하는 상황에서도 현재의 국가경쟁력을 유지하기 위해서는, 감소하는 생산역량을 극복할 수 있는 생산성 향상과 기술혁신이 필요하다. 하지만 이는 상당히 모순적이며, 현실적으로 극복하기 어려운 문제다. 생산성 향상과 혁신을 주도할 중심세력이 급격히 줄어드는 상황에서, 반대로 생산성 향상과 기술혁신을 기대한다는 것이 과연 가능한 일일까?

국가경쟁력과 나의 삶

'국가 경쟁력'이라는 말은 때로 먼 우주 이야기처럼 느껴질 수 있지만, 사실은 우리의 삶과 밀접하게 연결된 현실적인 개념이다. 우리는 국가라는 거대한 배를 타고 있는 승객과 같다. 배가 순항할 때는 개개인의 삶도 평온하지만, 위기가 닥치면 누구도 예외 없이 위험에 처하게 된다. 타이타닉의 비극은 이러한 사실을 극명히 보여준다. 국가 경쟁력은 단지 추상적인 용어가 아니라, 개인의 행복과 직결된 문제다. 이는 우리 모두가 주목하고 관심을 가져야 할 중요한 화두라 할 수 있다.

국가경쟁력이 높아지거나 높은 수준을 유지해야 국민들은 양질의 일자리와 높은 소득을 얻으며, 안정적이고 질 높은 삶을 누릴 가능성이 높아진다. 반면 국가경쟁력이 정체되거나 하락하게 되면, 좋은 일자리 상실, 실질소득 감소, 그리고 삶의 질 저하를 경험하게 될 가능성이 커지게 된다.

국가경쟁력이 높은 나라는 국민 개개인에게 더 많은 기회와 자원을 제공할 수 있다. 이는 창업, 교육, 연구 개발 등 다양한 분야에서 개인의 성장을 도모할 수 있는 좋은 환경을 조성해 준다. 또한, 선진 경제강국은 의료, 교육, 주거, 복지 등에서 더 나은 서비스를 제공하며, 편리한 사회간접자본 시설과 아름답고 쾌적한 공원 등 살기 좋은 환경을 제공할 수 있다. 반면, 국가가 경쟁력을 잃으면 재정지출 능력이 약화되면서 국민 복지비와 삶의 환경개선을 위한 지출이 감소하여 사람들의 삶의 환경이 나빠지게 된다.

국가 경쟁력이 높아지면 국제 사회에서 그 나라의 국민, 기업, 그리고 국가의 위상이 함께 높아진다. 국가 위상의 변화는 경제적, 외교적 이익으로 이어질 뿐만 아니라, 국민 개개인의 자부심과 국가에 대한 신뢰를 높이는 데 기여한다.

국가 위상을 국민들이 피부로 느낄 수 있는 하나의 지표가 여권 파워이다. 2025년 헨리 여권 글로벌 순위에 따르면, 한국 여권은 192개국 무비자 입국이 가능하여, 싱가포르(195개국), 일본(193개국)에 이어 독일, 프랑스 등과 더불어 세계 3위의 여권 파워를 자랑한다.[1] 이는 한국의 경제적 위상, 정치적 안정성, 그리고 국제사회에서의 신뢰도가 높아졌음을 보여준다. 또한, 한국이 국제사회에서 중요한 역할을 수행하고 있으며, 한국인들이 세계 각국에서 환영받고 있음을 나타낸다.

국가 경쟁력은 이처럼 국내외에서 국민의 삶에 지대한 영향을 미친다. 그러나 초저출산으로 인한 인구재앙 쓰나미는 필연적으로 국가경쟁력을 약화시킬 수밖에 없으며, 이러한 경쟁력 저하는 다양한 경로를 통해 국민 개인의 삶의 질까지 저하시킬 것이다.

그렇다면 우리가 초저출산의 늪에서 벗어나 부민강국의 꿈과 희망을 실현하기위해서는 무엇을, 어떻게 해야 할까? 우선, 우리가 왜 초저출산의 늪에 빠지게 되었는지 그 원인을 올바르게 진단하는 것이 중요하다.

이와 관련된 근본적인 원인들은 제10장에서부터 제16장까지 상세히 논의될 것이다. 이후, 제22장에서 제29장에 걸쳐 초저출산의 늪에서 벗어날 수 있는 구체적이고 실행 가능한 해결책들을 제시하고자 한다.

제 3 부

위기의 근원을 찾아

Part 3

Finding the Source of the Crisis

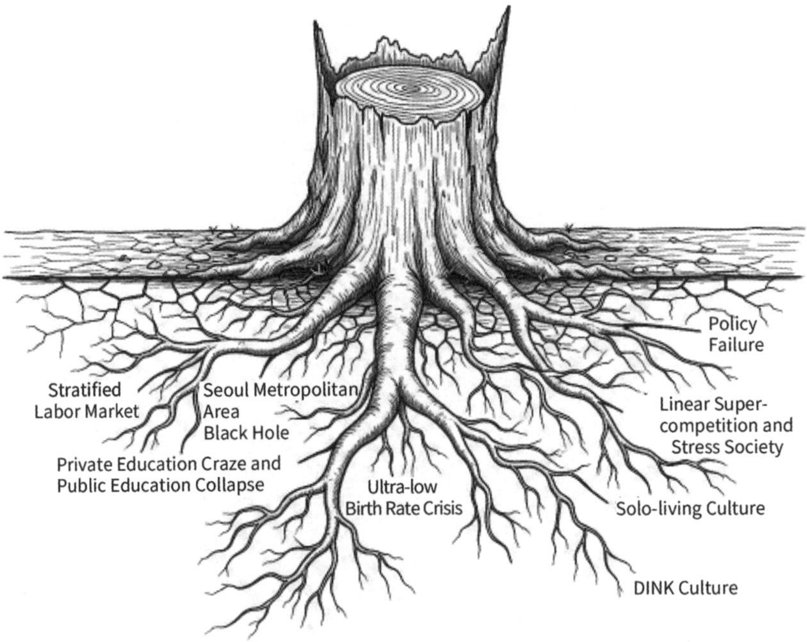

※생성형 AI(Gemini)를 활용하여 제작한 이미지 임

10

초저출산의 늪: 어디서, 어떻게?

결혼과 출생, 심각한 위기 신호

결혼을 하지 않는 청년들이 크게 늘어나고 있으며, 결혼을 하더라도 자녀를 갖지 않으려는 청년들의 비율도 상승하고 있다.

통계청은 2024년 9월, '생애단계별 행정통계'와 '청년통계 등록부'를 연계하여 「25-39세 청년의 배우자 유무별 사회·경제적 특성 분석(2022년 기준)」이라는 자료를 발표했다.[1] 이 통계자료를 통해 결혼과 출생의 위기가 심화되고 있음을 보여주는 세 가지 중요한 사실을 확인할 수 있다.

첫째, 25-39세 청년층의 유배우자 비중이 빠르게 감소하고 있다. 2020년 38.5%였던 유배자 비중은 매년 2.4%포인트씩 낮아져, 불과 2년 만인 2022년에 33.7%로 하락했다.

특히, 25-39세 청년층 중에서도 유배우자 비중이 가장 높은 연령층은 30대 후반(35-39세)이지만, 이마저도 60.3%에 불과해, 결혼을 선택한 청년의 비율이 전반적으로 매우 낮은 수준임을 보여주고 있다.

둘째, 유배우자 청년 중 자녀가 있는 유자녀 비중 역시 같은 기간에 감소했다. 2020년 76.6%였던 유자녀 비율은 2022년 74.7%로 낮아졌으며, 감소 폭은 크지 않지만 출생 기피 현상이 점차 고착화되고 있음을 시사한다.

특히, 유자녀 비율이 가장 높은 30대 후반(35-39세) 연령층의 유배우자 청년 중에서도 유자녀 비율은 83.8%에 불과하다. 30대 후반 청년층의 유배우자 비중이 60.3%임을 고려할 때, 이들 전체 중 실제로 자녀가 있는 비율은 약 50.6%에 불과하다.

결국 30대 후반 청년 10명 중 4명은 아직 배우자가 없으며, 절반은 아직 자녀가 없는 현실은 우리 사회가 심각한 출생 절벽에 직면해 있음을 보여준다. 지금 한국은 결혼과 출생의 '빙하기'를 겪고 있다고 해도 과언이 아니다.

셋째, 유배우자 청년이 무배우자 청년에 비해 경제수준이 더 높은 것으로 나타났다. 이는 청년층의 경제적 양극화가 결혼과 출생률 감소에 일정한 영향을 미치고 있음을 시사한다.

취업률은 유배우자가 73.9%, 무배우자가 72,8%로 비슷한 수준이지만, 소득과 주택 소유면에서는 큰 격차가 존재한다. 연간 중위소득은 유배우자가 4,056만 원, 무배우자는 3,220만 원이며, 아파트 거주 비율 또한 유배우자가 76.7%, 무배우자는 47.6%로 상당한 차이를 보인다.

이러한 통계는 두 가지 측면에서 해석할 수 있다. 하나는 경제적 어려움을 겪는 청년들이 결혼과 출생에 어려움을 겪고 있다는 점이다. 다른 하나는 경제적 이유로 결혼을 기피하는 경향이 있지만, 결혼이 오히려 경제적 문제 해결에 도움이 될 수 있다는 점이다.

결혼을 통해 부부는 맞벌이를 할 수 있으며, 경제 공동체로서 주택, 가전제품, 가구 등을 공유함으로써 생활비를 절감할 수 있다. 또한, 자산 축적의 기회를 확대하고, 안정적인 경제 기반을 마련하는 데도 유리할 수 있다.

왜 초저출산 늪에 빠졌는가?

한국은 이처럼 현재 결혼과 출생의 위기가 심각한 수준에 이르러, 세계적으로도 유례를 찾기 어려운 '초저출산의 늪'에 깊숙이 빠져 있다. 불과 몇 십 년 전만 해도 다출산 사회였던 한국은, 1970년대 이후 압축성장과 급격한 경제사회구조의 전환 과정을 거치면서 '아이 키우기 힘든 사회'로 변모하게 되었다.

이러한 변화는 복합적인 요인에 기인한다. 대표적으로 '일과 가정의 양립 어려움', '고용 불안정', '획일적이고 단선적인 경쟁문화', 그리고 '높은 양육비와 육아 스트레스' 등이 주된 원인으로 지적된다.

제10장에서는 한국 사회가 어쩌다 일과 가정을 병행하기 어려운 환경에 놓이게 되었는지, 그리고 서구 유럽 국가들과는 달리 한국에서 '일·가정 양립 문제'가 심각한 사회적 이슈로 떠오른 배경을 심층적으로 다룬다.

OECD 29개국 중에서도 한국이 '워라밸(work-life balance)'이 아닌 '워차밸(work-childcare balance) 딜레마'가 두드러지고, 여성의 사회적 성공을 가로막는 유리천장지수가 최하위권에 머물고 있는 현실을 진단한다.

이 장에서는 이러한 워차밸의 구조적 딜레마와 유리천장의 압박 속에서, MZ 세대가 결혼, 출산, 그리고 육아를 포기하는 새로운 사회적 경향과 그 근본적인 원인을 분석하고자 한다. 이를 통해 한국의 초저출산 문제가 형성된 심층적인 맥락을 체계적으로 조명할 것이다.

제11장에서는 한국 사회의 고질적인 문제인 워차밸 딜레마와 유리천장 현상의 핵심적 원인을, 단층노동시장 구조와 차별적인 고용관행 분석을 통해 심층적으로 규명하고자 한다.

단층노동시장의 구조적 특성과 작동원리를 명확히 이해함으로써, 초저출산 문제뿐만 아니라 워차밸 딜레마, 유리천장, 과도한 학력 경쟁, 뿌리 깊은 학벌주의, 심화되는 비정규직 문제와 사회 양극화, 그리고 공교육 시스템의 약화와 사교육 시장의 비대화 등 한국 사회의 복합적 난제들이 서로 밀접하게 연결되어 있음을 알 수 있게 될 것이다.

특히, 단층노동시장에서 청년 노동 인구의 과반수가 겪고 있는 심각한 고용불안은, 결혼, 출산, 육아를 포기하는 결정적 요인으로 작용한다. 이는 곧 근본적인 노동시장 개혁 없이는 단순한 출산 및 양육 지원 정책만으로는 초저출산 문제를 해결할 수 없다는 점을 보여준다.

제12장에서는 한국 사회 특유의 과도한 사교육 열풍과 이로 인해 약화된 공교육 시스템이 초래하는 높은 양육비 문제를 심층적으로 분석한다. 세계적으로 유례를 찾기 어려운 한국의 사교육 과열 현상은, 한국 사회를 '고비용 양육 사회'로 특징짓게 만들었다.

한국의 학부모들은 자녀의 사교육에 상당한 직접비용은 물론, 시간과 노력이라는 기회비용까지 감수하고 있다. 이러한 과도한 부담은 교육 환경뿐만 아니라 가정의 경제적 안정에도 깊은 영향을 미치고 있다.

이 장에서는 단층노동시장이라는 구조적 문제가 어떻게 사교육 열풍을 부추키는 메커니즘으로 작동하는지를 밝히고, 그 결과로 공교육 시스템의 붕괴가 어떻게 진행되는 지를 면밀히 조명한다. 더 나아가, 과도한 사교육비 부담이 심화시키는 '육아빈곤' 문제에 주목하여, 이것이 한국 사회가 초저출산의 늪으로 빠지게 된 주요 원인 중 하나임을 강조할 것이다.

여기서 '육아빈곤'은 자녀 양육 과정에서 발생하는 막대한 경제적 부담으로 인해, 삶의 질이 저하되고 미래에 대한 불안감이 증폭되는 심리적 상태를 의미한다. 특히, 한국 사회의 높은 사교육비 부담은 젊은 세대에게 아이를 키우는 것 자체가 엄두조차 나지 않는 현실적인 장벽으로 작용하고 있음을 지적할 것이다.

제13장에서는 심화되는 수도권 집중 현상이 한국 사회의 초저출산 문

제를 악화시키는 주요 원인임을 강조한다. 현재 주요 대기업 본사와 핵심 R&D 센터의 80% 이상이 수도권에 밀집되어 있으며, 이는 곧 양질의 일자리가 수도권에 편중되어 있음을 뜻한다.

실제로 한국 인구의 절반 이상이 수도권에 거주하고 있으며, 양질의 일자리, 풍부한 자본, 우수한 교육 환경, 그리고 다채로운 문화 시설 등 핵심적인 사회경제적 자원 또한 수도권에 집중되어 있다. 이러한 상황 속에서 수도권은 비수도권 지역에 비해 압도적인 경제사회적 중력을 발휘하여, 지방의 인력, 자본, 산업 기반을 흡수하는 거대한 '수도권 블랙홀'을 형성하고 있다.

그 결과, 수도권은 극심한 과밀화로 인한 높은 주거비와 생활비, 그리고 과도한 경쟁으로 인한 심리적 압박이 일상화된 지역으로 변모하였으며, 반대로 지방은 점차 쇠퇴의 길을 걷고 있다.

이처럼 수도권의 과도한 과밀화로 인해 발생하는 높은 주거 비용과 생활비, 그리고 끊임없는 초경쟁 분위기에서 비롯된 심리적 압박감은 젊은 세대가 결혼과 출산을 망설이게 만드는 주요 요인으로 작용하고 있다. 이 장에서는 이러한 수도권 집중 현상이 초저출산 문제에 미치는 구조적 영향을 심도 있게 분석할 것이다.

제10장부터 제13장까지는 초저출산 문제를 가속화시킨 경제사회 시스템에 대해 다각도로 분석했다면, 이어지는 제14장과 제15장에서는 개인의 심리적 요인과 사회 문화적 환경이 결혼율과 출산율 저하에 어떤 영향을 미치는지를 구체적으로 살펴볼 것이다.

제14장에서는 한국의 단층노동시장이 초래한 '단선적 초경쟁 사회'와 그로 인한 높은 스트레스가 출산율 저하에 미치는 심각한 영향을 심층적으로 분석한다. 과도한 경쟁 환경 속에서 개인은 생존을 위해 끊임없는 노력을 요구받으며, 이로 인해 육아와 같은 삶의 다른 영역에 대한 관심

과 여유가 현저히 줄어들게 된다.

또한 불안정한 고용환경과 지속적으로 상승하는 생활비는 미래에 대한 불확실성을 더욱 증폭시키며, 이는 젊은 세대가 결혼과 출산을 주저하게 만드는 주요한 원인으로 작용하고 있음을 밝힐 것이다.

제15장에서는 나홀로족과 딩크족의 확산이 새로운 문화적 흐름으로 자리 잡으며, 한국 사회의 초저출산 현상을 더욱 심화시키고 있음을 심층적으로 분석한다. 이러한 현상은 단순한 개인의 선택을 넘어, 급변하는 사회 구조와 디지털 문화의 빠른 확산에 따른 가치관 변화가 복합적으로 작용한 결과로 해석할 수 있다. 특히, 자녀 양육이 오히려 개인의 행복과 삶의 질을 저해한다고 인식하는 사회적 분위기가 확산되면서, 출산율 저하를 가속화시키는 중요한 요인으로 작용하고 있음을 중점적으로 논의할 것이다.

한국은 다산 국가였다

1950년대 말까지 한국은 농업경제 사회였다. 이 시기 여성들은 대개 20세 전후에 결혼하여 자녀를 낳고 양육하는 것을 인생의 필수적인 과정으로 여겼으며, 여성에게 가장 중요한 역할은 자녀 양육과 가사노동이었다.

당시 많은 자녀를 둔 가정은 식량, 의복, 주거 공간 등의 부족으로 인해 빈곤에 처하는 경우도 있었지만, 토지와 노동력이 핵심 생산요소였던 농업경제 사회에서는 다산이 오히려 신의 축복으로 인식되었다. 또한 노인을 위한 사회보장제도가 없었기 때문에 자녀가 부모의 노후를 책임지는 역할을 수행했다.

농경사회는 이처럼 가족 중심적인 사회 구조를 지니고 있었으며, 이러한 사회에서는 오늘날과 같은 '아이 키우기 힘들다'는 인식 자체가 존재하지 않았다.

더불어, 논밭과 같은 일터가 집 근처에 위치하고, 노동시간도 비교적 자유롭게 조절할 수 있었기 때문에 '일-가정 양립'이라는 개념조차 없었다. 아이들은 부모뿐만 아니라 형제자매, 조부모 등 다양한 가족 구성원의 보살핌을 받으며 자연 속에서 자유롭게 뛰어놀며, 자연스럽게 성장한 것이 일반적인 모습이었다.

한국은 불과 60년이라는 짧은 기간 동안, 세계 최빈국에서 세계 10대 경제대국으로, 농업국가에서 선진 산업국가로의 놀라운 압축 성장을 이룩한 나라이다. 이러한 급격한 산업화 과정 속에서 경제사회 구조, 가족구성 형태, 그리고 여성의 경제활동 참여 방식 역시 큰 변화를 겪었다.

그러나 이러한 경제사회발전 단계에 발맞춘 출산과 육아를 위한 사회적 시스템을 제대로 구축하지 못한 결과, 한국은 선진국 중에서도 '아이 키우기 힘든 사회'가 되었다.

급격한 도시화의 진전으로 전통적인 대가족 제도는 핵가족 중심으로 빠른 속도로 재편되었다. 또한, 여성의 사회 참여 확대로 가사노동의 비중은 줄고, 시장노동의 비중이 크게 늘어났다.

이러한 도시화와 핵가족화가 가속화되면서, 과거처럼 아이들이 조부모의 보살핌을 받으며 자연속에서 자유롭게 뛰어 놀면서 성장할 수 있는 환경이 점차 사라졌다. 동시에 여성의 시장노동 비중이 증가하면서 '일-가장 양립'이라는 과제가 중요한 사회적 이슈로 부각되었다.

더불어, 경제사회 구조가 선진화됨에 따라 여성들의 경제적 자립 의식과 자아실현 욕구가 크게 높아졌다. 이는 여성의 경제활동참여에 대한 필요성과 욕구가 동시에 증대되었음을 의미하며, 그만큼 여성의 시장노동 비중도 높아지게 되었다.

여성 앞에 놓인 구조적 벽

1960년대와 1970년대, 산업화가 본격적으로 추진되면서 10대 후반에서 20대 초반의 젊은 여성들은 섬유, 신발, 가발 등 경공업 분야의 핵심적인 노동력으로 대거 유입되었다. 당시 농촌 지역의 과잉노동력과 베이비 붐 세대의 증가로 인해 노동력은 사실상 무제한으로 공급되는 상황이었다.

이들은 저임금 장시간 노동에 고통받으면서도 남동생과 오빠의 학비는 물론 가정 경제까지 헌신적으로 지원했다. 이는 아들과 딸 사이에 교육기회의 불평등이 존재했을 뿐만 아니라, 심지어 아들의 교육기회를 확대하기 위해 딸의 교육기회를 의도적으로 희생시킨 결과였다. 당시 사회 분위기 속에서 이러한 결정은 가족 전체를 위한 불가피한 선택이자 당연한 길로 여겨졌다.

당시에는 가정뿐만 아니라 사회 전반에서 성차별이 심각하게 존재했다. 제11장에서 구체적으로 논의되겠지만, 한국 노동시장은 학력과 성별을 기준으로 상위단층, 중위단층, 하위단층 등 3개 단층으로 분단된 단층 노동시장 구조를 띠고 있다.

상위단층은 임금, 승진기회, 근로조건이 모두 우월한 노동시장인데 1980년대까지 대졸 남성에게만 이 단층에 진입할 수 있는 자격이 주어졌다. 이는 여성이 대학을 졸업하더라도 상위단층에 진입할 수 없었음을 의미하며, 여성은 남성과 동일한 학력을 가지고도 남성에 비해 차하위 단층으로 진입할 수밖에 없었다. 이러한 현실은 한국 노동시장에서 성차별이 얼마나 심각했는지를 극명하게 보여준다. 당시에는 단순히 눈에 보이지 않는 유리천장만 존재했던 것이 아니라, 여성이라는 이유만으로 상위단층 진입이 아예 불가능한 거대한 벽이 존재하고 있었다.

결혼 후 퇴직 관행

더 심각한 문제는 1980년대까지 저임금의 젊은 여성 노동력이 무제한으로 공급되는 상황에서, 여성 노동자의 결혼 후 퇴직 관행이 사회 전반에 걸쳐 확고하게 자리잡고 있었다는 점이다. 남성 노동자들은 결혼 여부와 관계없이 장기고용 상태를 유지하는 것이 일반적이었지만, 여성 노동자들은 결혼하거나 임신하게 되면 본인의 의사와는 상관없이 회사를 그만두어야 했다. 그 이유는 결혼과 출산이 여성의 회사 업무에 대한 집중도를 떨어뜨릴 것이라는 편견 때문이었다.

1987년 남녀고용평등법이 제정되기 이전까지는 결혼 후 퇴직관행이 당연한 것으로 여겨졌으며, 이를 금지하는 법적 제도조차 존재하지 않았다. 남녀고용평등법 제정 이후에도 상당수의 기업에서는 권고사직 등의 다양한 방법을 통해 결혼 후 퇴직관행을 유지하고 있었다.

'결혼 후 퇴직제'의 실태는 하나의 판례를 통해 확인할 수 있다.[2] 여성 A 씨는 1991년에 원고 회사에 입사하여 근무를 시작했으며, 1998년 8월에는 회사에 11월 8일 결혼 예정 사실을 회사에 통보했다. 이후 A 씨는 11월 2일자로 사직서를 제출했고, 같은 날 의원면직 처리되었다.

그러나 A 씨는 같은 해 12월 22일에 지방노동위원회에 결혼을 이유로 한 해고라며 부당해고 구제신청을 했고, 지방노동위원회로부터 구제명령을 받았다. 이에 원고 회사는 중앙노동위원회에 재심을 청구했으나 기각되었고, 결국 중앙노동위원회를 상대로 서울행정법원에 소송을 제기했으나 최종적으로 패소했다.

이 판례에서 주목할 점은, 해당 회사에서 근무하거나 근무했던 여성 근로자 5명이 작성한 "결혼과 동시에 퇴직하는 조건으로 원고 회사에 입사하였다"는 각서 및 진술조서가 증거 자료로 채택되었다는 사실이다. 원고는 이를 부인했으나, 재판부는 원고 회사의 정식 여성 근로자 56명 전원이 미혼 상태이며, 1953년 창립 이후 1999년까지 결혼 후에도 근무한 여성 근로자가 없었다는 점, 그리고 노조원 중에 여성근로자가 존재하지 않았다는 사실을 근거로 결혼을 이유로 한 부당해고로 인정하여 원고 청구를 기각했다.

이 판례는 1987년 남녀고용평등법이 제정된 지 11년이 지난 시점에도 일부 기업에서 결혼 후 퇴직 관행이 유지되고 있었음을 보여준다. 특히, 해당 기업은 1970년 코스피에 상장된 중견기업이었다는 점을 감안하면, '결혼 후 퇴직제'가 불법화된 이후에도 이 관행이 얼마나 널리 자리잡고 있었는지를 확인할 수 있는 사례라 할 수 있다.

교육에서 고용까지, 여성의 지위 변화

1980년대와 1990년대는 한국 여성의 경제사회적 지위에 중대한 변화가 일어난 시기였다.

첫째, 소득 수준 향상과 출산율 급감으로 가정 내 자녀 교육 기회에 대한 성차별이 점차 사라졌다. 한국의 1인당 국민총소득은 1962년 120달러에서 1980년에는 1,870달러, 1990년에는 6,450달러, 2000년에는 11,030달러로 빠르게 증가했다.[3] 이와 함께 합계출산율은 1970년 4.53명에서 1983년 2.06명으로 하락하여, 대체출산율인 2.1명 미만 수준으로 떨어졌다.[4]

남녀 중등교육 취학률 변화를 살펴보면, 1971년에는 남학생은 47.1%, 여학생은 30.4%로 뚜렷한 격차를 보였으나, 1995년에는 각각 98.8%, 98.6%로 남녀 모두 거의 100%를 기록했다.[5] 대학 진학률 역시 2000년에는 남학생 (63.5%)이 여학생 (60.3%)보다 다소 높았지만, 2005년에는

여학생 (73.6%)이 남학생 (72.9%)을 추월한 이후 지속적으로 높은 추세를 나타내고 있다.[6]

이처럼 여성의 고등교육기회가 크게 확대되면서, 여성들의 자존의식과 권리의식, 경제적 자립 욕구와 자기실현에 대한 열망 또한 뚜렷하게 높아졌다.

둘째, 여성의 자의식이 크게 높아지면서 성차별 철폐와 경제활동 참가에 매우 적극적으로 나서게 되었다. 1987년에는 한국 여성의 사회적 지위에 중요한 변혁을 가져온 두 가지 사회적 사건이 있었다. 하나는 1987년 7월부터 3개월 간 지속된 '노동자 대투쟁'이고, 다른 하나는 같은 해 12월 4일에 제정된 남녀고용평등법이다.

그러나 남녀고용평등법이 제정된 이후에도 성차별은 여전히 존재하였고, 여성의 경력단절이 심각한 사회문제로 부각될 정도로 일과 가정을 양립하기 어려운 상황이 지속되었다. 이러한 문제를 해결하기 위해, '남녀고용평등법'은 제정된 지 20년 후인 2007년에 '남녀 고용평등과 일-가정 양립 지원에 관한 법률(약칭: 남녀고용평등법)'로 개정되었다.[7]

이 법은 '대한민국 헌법의 평등이념에 따라 고용에서 남녀의 평등한 기회와 대우를 보장하고 모성 보호와 여성 고용을 촉진하여 남녀고용평등을 실현함과 아울러 근로자의 일과 가정의 양립을 지원함으로써 모든 국민의 삶의 질 향상에 이바지하는 것을 목적으로 한다'고 명시하고 있다.

출산휴가 및 육아휴직 제도

일과 가정의 양립을 지원하기 위해 '근로기준법'과 '남녀고용평등법'은 '출산 휴가', '육아휴직', 그리고 '육아기 근로시간 단축'을 보장하고 있다.

출산휴가

먼저 '출산휴가'를 보면, 사용자는 임신한 근로자에게 출산 전후를 통해 90일(한 번에 둘 이상 자녀 임신 경우 120일)의 출산휴가를 제공해야 하며, 최초 60일은 유급으로 한다 (근로기준법 74조). 또한 사업주는 근로자가 '배우자 출산휴가'를 신청할 경우에 근무일 기준으로 20일의 유급 휴가를 제공해야 한다(남녀고용평등법 제18조의2). 아울러, 국가는 출산 휴가 및 배우자 출산 휴가 기간 동안 통상임금에 상당하는 금액을 지급할 수 있도록 (남녀고용평등법 제18조) 규정하고 있다.

육아휴직

근로자는 만 8세 이하 또는 초등학교 2학년 이하의 자녀를 양육하기 위해 최대 1년간 '육아휴직'을 신청할 수 있으며, 법률이 정한 사정에 따라 추가로 6개월까지 연장할 수 있다. 육아휴직은 최대 3회로 나누어 사용할 수 있으며, 사업주는 이를 이유로 불리한 처우를 해서는 안 된다. 또한 사업주는 육아휴직 기간 동안 해고할 수 없으며, 이 기간은 근속기간에 포함된다. 휴직 후에는 휴직 전과 동일한 업무 또는 동일 수준의 임금을 지급하는 직무에 복귀시켜야 한다 (남녀고용평등법 제19조).

육아기 근로시간 단축

'육아기 근로시간 단축'은 만 12세 이하 또는 초등학교 6학년 이하의 자녀를 양육하는 근로자가 신청할 수 있으며, 사업주는 이를 허용해야 한다. 다만, 대체인력 채용이 불가능하거나 정상적인 사업 운영에 중대한 지장을 초래하는 경우 등 대통령령으로 정하는 예외 상황에서만 허용되지 않을 수 있다. 이 경우에도 사업주는 육아휴직, 출퇴근 시간 조정 등 다른 조치에 대해 근로자와 협의해야 한다. 육아기 근로시간 단축은 최대 1년 이내로 하고, 주당 단축 근로시간은 15시간 이상 35시간 이하로 제한된다. 근로시간 단축을 이유로 불리한 처우를 하여서는 안 된다 (남녀고용평등법 제19조의2).

현실의 벽

남녀고용평등법의 도입으로 인해 승진 과정에서 여성을 명시적으로 차별하는 것은 어려워졌지만, 현실적으로 많은 직장 여성들이 출산과 육아 과정에서 경력단절을 겪거나 안정된 직장을 잃는 경우가 여전히 많다. 일부 직장에서는 출산 후 권고사직을 강요당하거나 직장 동료들로부터 불편한 시선을 받는 상황도 여전히 존재한다.

특히, 법적으로 보장된 출산휴가와 육아휴직을 사용하고 싶어도, 직장에서의 불이익을 우려해 이를 적극적으로 활용하지 못하는 여성들이 많다. 이는 대체 인력 부족과 함께 사용자와 동료들의 부정적인 인식, 그리고 경직된 사내 분위기 등 복합적인 요인으로 인해 '모성 페널티 문화'가 여전히 존재하는 기업 환경에서 비롯된다.

더욱이, 육아휴직 제도가 비교적 잘 갖춰진 기업에서도 여성들은 육아휴직 사용이 승진 기회에 부정적인 영향을 미칠 수 있다는 불안감을 느낀다. 많은 여성들이 육아휴직 활용으로 인한 경력단절이나 인사고과 불이익을 우려하는 현실은 직장 여성들의 안정적인 경력 유지를 위해 시급히 해결해야 할 과제이다.

일-가정 양립이 어려운 이유는 다양하다. BBC 서울 특파원 진 매킨지는 '한국 여성들은 왜 아이를 낳지 않나'라는 질문을 품고 1년간 한국 여성들을 취재한 결과, 다음과 같은 안타까운 현실을 조명했다. "출산 후 복직하지 못한 동료들을 보며 출산과 육아를 포기한 여성들, 배우자의 비협조 속에 홀로 육아의 어려움을 겪는 여성들, 그리고 학업 스트레스 등으로 인해 아이가 행복할 수 없는 환경을 염려하여 출산을 꺼리는 여성들의 이야기'가 그것이다. 진 매킨지는 이러한 현실만 개선된다면 임신과 육아를 기꺼이 선택했을 여성들이 많았을 것"이라고 강조했다.[8]

유리천장과 모성 페널티

남녀 고용평등 관련 법제가 강화되고 사회 전반의 평등의식이 상당 수준으로 향상되었음에도 불구하고, 한국의 유리천장지수는 OECD 29개국 중 29위에 머물러 있다. '유리천장'이란 여성의 사회적 성공을 가로막는, 눈에 보이지 않는 장벽을 은유적으로 표현한 용어이다.

물론 유리천장지수(glass-ceiling index)는 일-가정 양립 정도를 파악하기 위해 개발된 지수는 아니며, 여성이 경제적, 정치적, 사회적 영역에서 얼마나 높은 지위에 도달하고 있는지를 보여주는 중요한 지수이다. 이 지수는 여성의 권익 증진과 평등 사회 실현을 위한 중요한 지표로 활용되고 있다.

유리천장지수는 다양한 지표를 사용하여 측정한다. 경제적 영역에서는 여성의 노동참여율, 여성의 임금수준, 여성 경영자 비율, 여성의 기업 이사회 비율을, 정치적 영역에서는 여성 의원 비율, 여성 장관 비율, 여성 지방자치단체장 비율을, 사회적 영역에서는 여성 교육 수준, 여성 건강 수준, 여성 사회 참여 수준 등의 자료를 사용한다.

경제적 영역을 중심으로 측정한 유리천장지수는 여성의 경제적 참여와 기회를 측정하는 지표이다. 이는 노동시장에서의 성차별(gender discrimination)을 반영하고 있다고 볼 수 있다. 유리천장지수는 여성의 경제적 참여와 기회를 측정하는 지표이기 때문에, 지수가 낮을수록 여성이 남성보다 불리한 상황에 놓여 있거나, 직장에서 직면하는 차별이 더 크다는 것을 의미한다.

일-가정 양립의 보장 정도를 알 수 있는 유리천장지수는 주로 경제적 영역 변수를 중심으로 측정한 것이다. 영국 이코노미스트는 남녀 고등교육 격차, 노동참여율, 임금수준, 기업 관리직 여성 비율, 육아비용, 출산 및 육아 휴가 현황 등 10개의 지표를 사용하여 경제협력개발기구(OECD) 회원국을 대상으로 2013년부터 매년 유리천장지수를 산정 발표해 왔다.[9] 한국은 2024년 조사대상국 29개국 중 29위를 기록했고, 지난 12년 연속 꼴찌였다.

노동시장 내 성차별이 적어 유리천장지수가 높은 국가들은 아이슬란드, 스웨덴, 노르웨이, 핀란드 등 북유럽 국가들이며, 그 뒤를 이어 프랑스, 포르투갈, 폴란드, 벨기에, 덴마크, 호주 등이 위치하고 있다. 영국, 미국, 독일은 매년 20위권 내외를 오르내리고, 스위스(26위), 일본(27위), 튀르키예(28위) 등은 한국(29위)과 함께 최하위권을 벗어나지 못하고 있다. 세부 지표별로 살펴보면 한국의 남녀 소득격차는 31.1%로 OECD 국가 중 최하위 수준이고, 관리직 여성 비율 또한 한국(16.3%)과 일본(14.6%)은 OECD 평균인 34.2%에 비해 현저히 낮은 수준이다.[10]

단선적 경쟁문화와 고비용 양육구조

한국 사회는 단층노동시장에서 비롯된 학벌주의와 단선적 경쟁문화로 인해 '고비용 양육구조'가 고착화되었다. 자녀가 태어나 성인이 되어 독립하기까지 부모는 상당한 비용을 지출해야 한다.

중·고등 교육은 대학입시를 목표로 한 획일적인 점수 서열 경쟁에 초점이 맞춰져 있으며, 이는 자연스럽게 사교육 경쟁으로 이어진다. 비록 고등학교까지 무상교육 제도가 시행되고 있음에도 불구하고, 학부모들은 자녀가 태어나 대학에 진학할 때까지 막대한 사교육비를 감당해야 하는 실정이다.

'좋은 대학에 가려면, 엄마의 정보력, 할아버지의 재력, 아빠의 무관심, 족집게 강사를 만나야 한다'는 자조적인 유행어는 한국 사회의 뿌리 깊은 사교육 의존 현실과 교육 기회 불균형 문제를 날카롭게 풍자하고 있다.

단선적 경쟁문화

더욱이 한국 사회에는 '단선적 경쟁문화'가 깊숙이 뿌리내린 탓에, 어린아이의 신발이나 옷조차 명품 경쟁을 벌이는 지경에 이르렀다. 자녀 교육에 있어서도 '나다움'보다 '친구를 이겨야' 한다는 과잉경쟁 문화가 만연해 있다.

이러한 자녀 양육 문화는 두 가지 측면에서 심각한 문제를 야기한다. 첫째, 하위단층에 속하는 사람들은 저임금과 고용불안으로 인해 과도한 자녀 양육비를 감당할 엄두를 내지 못한다. 둘째, 자녀를 양육하는 과정에서 겪게 될 과도한 경쟁과 그로 인한 스트레스에 대한 우려가 크다.

이러한 높은 양육비 부담과 양육 스트레스에 대한 두려움은 결혼과 출산을 주저하게 만드는 주요 요인이 된다. 이는 일-가정 양립의 어려움과 맞물려 한국 사회의 심각한 초저출산 현상을 심화시키는 핵심 원인 중 하나로 작용하고 있다.

프랑스에 거주하는 한국인 여성들의 온라인 커뮤니티 게시글과 프랑스 언론 보도를 종합한 한 기사는 한국 사회의 심각한 육아 스트레스 실태를 잘 보여준다.[11] 한 40대 여성은 "프랑스에서는 눈치를 보거나 비교 당하지 않고, 내가 원하는 방식대로 아이를 키울 수 있어 해방감을 느낀다"고 밝혔다. 또 다른 30대 여성은 "부부가 승진 등의 불이익을 걱정하지 않고 휴직과 휴가를 자유롭게 사용해 두 아이를 키우고 있다"고 전했다.

또한, 한 50대 여성은 "한국 엄마들 모임에서는 입시 과외 정보를 교환하느라 정신이 없었지만, 프랑스 엄마들은 아이와 재미있게 지내는 방법이나 여러 아이를 편하게 키우는 노하우 등을 주로 이야기한다"고 비교했다.

프랑스 유력 일간지 르몽드는 "한국 청년들이 아이를 낳지 않는 배경에는 집을 반드시 구입해야 하고 가능하면 대기업에서 안정적 직업을 가져야 한다는 뿌리 깊은 사회적 압력이 있다"며 "한국은 아이와 부모 모두가 행복하기 어려운 사회"라고 했다. 프랑스 공영방송 TV5 몽드 역시 "프랑스에서는 아이가 부부 행복의 필수 조건이지만, 한국에서는 아이가 부모의 행복과 자유를 빼앗는 존재로 인식되는 경향이 있다"며 "이런 상황이 바뀌지 않는다면 한국 정부의 출산 장려 정책은 실효를 거두기 어려울 것"이라고 지적했다.

일-가정 양립과 워차밸 딜레마

남녀고용평등법의 진전에도 불구하고, '육아친화적 문화'가 제대로 뿌리내리지 못하면서 일과 가정의 양립 문제, 즉 '워차밸 (work-childcare balance) 딜레마'는 오히려 심화되고 있다. '워차밸'은 일과 삶의 균형을 의미하는 '워라밸(work-life balance)'과 유사한 개념으로, 자녀 양육에 필요한 시간과 노력, 그리고 직장 생활에 투입해야 하는 시간과 노력 사이의 균형을 의미한다. 따라서 '워차밸 딜레마'는 이러한 균형을 이루기 어려운 현실을 지칭하는 용어이다.

결혼 후 퇴직 관행이라는 사회적 관행이 뚜렷했던 과거에는 역설적으로 '워차밸 딜레마'라는 개념 자체가 성립하기 어려웠다. 여성들은 결혼과 동시에 자연스럽게 시장노동에서 벗어나 가사노동에 집중하고, 출산과 육아를 전담하는 것이 일반적이었기 때문이다.

그러나 최근 MZ 세대는 일을 통한 자아실현에 대한 열망이 강하며, 결혼 후에도 커리어를 포기하지 않으려는 경향이 뚜렷하다. 이러한 변화에 따라 가사노동과 육아를 부부가 공동으로 분담해야 한다는 인식이 널리 퍼지고 있지만, 현실에서는 시장노동, 가사노동, 육아노동의 삼중고를 겪는 직장 여성들이 여전히 많다. 결혼한 여성들은 직장과 자녀 양육에서 모두 성공해야 한다는 '교차압박(double jeopardy)'에 시달리며, 그 결과 워차밸 딜레마에 빠지게 되는 경우가 적지 않다.

성 차별 축소와 육아 기회비용 증가

남녀고용평등법 시행과 함께 사회 전반의 성평등 의식 수준이 점차 높아짐에 따라, 과거 두드러졌던 결혼 후 퇴직관행은 상당 부분 사라지고 있으며, 성별 임금격차도 점진적으로 축소되고 있다.

2022년 기준 한국 제조업의 남녀간 임금격차는 69.1%로, 미국(83.3%), 프랑스(79.8%), 독일(71.6%), 영국(78.7%)에 비하면 여전히 크지만 일본(69.5%)과 비슷한 수준을 보이고 있다.[12] 한국의 남녀간 임금격차는 시계열적으로 보면, 1995년 54.1%에서 2010년 61.6%, 2022년 69.1%로 꾸준히 감소하는 추세를 보이고 있다.[13]

이처럼 노동시장에서 남녀 간 임금격차가 줄어들수록 여성들이 육아와 가사노동을 수행하면서 포기해야 하는 경제적 기회비용은 더욱 커지게 되고, 이는 곧 워차밸 딜레마의 심화로 이어지게 된다. 워차밸 딜레마는 여성들이 일과 가정을 양립하기 어려운 현실을 반영하며, 이로 인해 여성들은 일과 가정 중 하나를 선택해야 하는 상황에 놓이게 된다.

최근 들어 여성들의 자기실현 욕구가 높아지면서 가정보다 일을 선택하는 여성들의 비중이 증가하는 추세이다. 특히 출산과 육아를 어렵게 하는 기업문화, 유리천장과 모성 페널티, 단선적 경쟁문화와 고양육비 등이 일과 가정 양립의 기회비용을 높여, 여성들이 결혼, 출산, 육아를 포기하게 만든다.

이를 해결하기 위해서는 출산휴가, 육아휴직, 유연근로시간, 공동육아, 모성 페널티 해소 등 육아친화적 제도를 보완하고, 이러한 제도를 눈치보지 않고 활용할 수 있는 조직문화를 정착시키는 것이 중요하다. 즉, 육아친화적 제도를 법적으로 보장하고, 고용주와 직장동료들이 이를 자연스럽게 받아들이는 문화가 필요하다.

가정보다 일

고학력 여성들은 경제적 자립과 자기실현 욕구가 높아 출산으로 인한 경력단절에 대한 불안과 두려움이 크다. 오늘날 젊은 여성들은 자신의 인생과 행복을 지키기 위해 안정적인 일자리를 유지하는 것이 중요하다고 생각한다. 일자리가 있어야 경제적 자립이 가능하고, 자기실현을 통해 행복을 추구할 수 있다고 믿기 때문이다.

그러나 육아를 위해 휴직하면 승진기회를 놓치거나 현재의 일자리를 잃을 수 있다는 두려움이 있다. 아이를 어느 정도 키운 후 새로운 일자리를 찾는다면, 직업능력의 축적과 경력관리가 어려워져 '괜찮은 일자리(decent jobs)'를 얻을 확률이 낮아진다. 이러한 불안과 두려움으로 인해 결혼을 미루거나, 결혼 후에도 딩크족으로 살아가는 여성들이 증가하고 있다.

여성 경제활동참가율: M자형에서 역U자형으로

1990년대까지 많은 여성들은 일과 가정 중 하나를 선택해야 할 때 주로 가정을 우선시했다. 이들은 비경제활동인구로서 가정에 전념하거나, 육아를 마친 후 다시 경제활동에 참여하는 경향을 보였다.

그러나 2000년대 이후, 일자리를 지키기 위해 결혼을 늦추거나 출산을 포기하는 여성들이 점차 늘어나기 시작했다. 이러한 변화는 여성의 연령계층별 경제활동참가율 변동추이를 통해 명확히 확인할 수 있다.

남성의 연령계층별 경제활동참가율은 전통적으로 '역 U자' 형태를 보인다. 즉 20대에는 학업 등의 영향으로 낮고, 30대와 40대에 가장 높은 수준을 유지한 뒤, 50대 이후에는 퇴직 등의 요인으로 다시 낮아지는 경향을 보인다.

반면, 2005년 여성의 연령계층별 경제활동참가율은 10대(15~19세) 10.2%, 20대 64.4%, 30대 54.6%, 40대 64.4%, 50대 54.4%, 60세이상 28.3%로 M자 형태를 보였다.[14] 이는 출산과 육아로 인해 30대에 경제활동을 중단했다가, 40대에 다시 경제활동에 진입했다는 것을 의미한다.

그러나 2015년 이후 30대 여성의 경제활동참가율이 꾸준히 증가하여, 2020년이후에는 M자 형이 사라지기 시작했다. 특히 2024년에는 10대 8.4%, 20대 67.2%, 30대 73.2%, 40대 68.3%, 50대 68.7%, 60세이상 39.0%로 남성처럼 완전한 '역 U자' 형태로 변화했다.[15]

여성의 연령별 경제활동참가율이 역U자 모양으로 변모했다는 것은 결혼 및 출산 적령기인 20대 후반과 30대 여성의 경제활동참가율이 꾸준히 증가했음을 의미한다. 2000년부터 2024년까지 20대 여성의 경제활동참가율은 58.4%에서 67.2%로 8.8%포인트 상승했으며, 2015년 이후에는 같은 연령대 남성의 경제활동참가율을 앞지르기 시작했다. 이는 물론 남성의 병역의무에 기인한 바도 크지만, 그만큼 20대 여성의 경제활동참가가 시계열적으로 꾸준히 늘어났음을 의미한다. 특히, 30대 여성의 경제활동참가율은 같은 기간 동안 54.1%에서 73.2%로 무려 19.1%포인트라는 괄목할 만한 증가세를 보였다.

[표 10-1] 여성 경제활동참가율(%)과 초혼연령/혼인율/출산율의 변동 추세

연도	2000	2005	2010	2015	2020	2024
20대 경제활동참가율	58.4	64.4	62.4	64.3	61.8	67.2
30대 경제활동참가율	54.1	54.6	55.4	58.7	63.8	73.2
여성 평균초혼연령(세)	26.5	27.7	28.9	30.0	30.8	31.6
조혼인율(천명당)	7.0	6.5	6.5	5.9	4.2	4.4
합계출산율(명)	1.48	1.09	1.23	1.24	0.84	0.75

주: 합계출산율은 1983년에 2.06명으로 대체출산율 2.1명 미만으로 떨어진 후, 지속적으로 하락

통계자료: KOSIS, 2025. 4. 27. 인출 작성

만혼 문화: 혼인율과 출산율 저하

이는 '워차밸 딜레마' 속에서 결혼과 출산보다는 일을 선택하는 여성이 크게 증가했음을 시사한다. 문제는 이 과정에서 [표 10-1]에서 보는 바와 같이 여성 초혼연령이 크게 상승했고, 혼인율과 출산율이 급격히 감소했다는 점이다.

여성의 평균 초혼연령은 1990년 24.8세, 2000년 26.5세, 그리고 2024년 31.55세로 꾸준히 높아지는 추세를 나타냈다. 이는 양질의 일자리를 얻기 위한 적극적인 구직활동과 직장에서의 성장 및 안정적인 고용관계 유지를 위해 결혼 시기를 늦추는 여성들이 늘어났기 때문이며, 2015년 이후 만혼이 사회적인 현상으로 자리 잡았음을 시사한다.

결과적으로 여성의 만혼 추세는 혼인율과 출산율의 현저한 하락을 초래하며, 그 배경에는 다음 두 가지 핵심적인 문제가 존재한다.

첫째, 배우자에 대한 기대불일치로 결혼의 기회를 놓치거나 포기하는

여성이 증가하고 있다. 여성이 결혼을 미루고 직장에 몰입할수록 승진기회와 경제사회적 지위는 높아지지만 동시에 연령도 높아진다.

여성은 자신의 경제사회적 지위가 안정될수록 능력 있는 배우자를 기대하는 반면, 남성은 상대적으로 나이 어린 여성을 선호하면서 배우자에 대한 기대불일치가 커진다. 이는 '결혼 미스매치'로 이어져 결혼율을 낮추는 원인이 된다. 실제로 인구 1,000명당 연간 결혼건수를 나타내는 조혼인율은[16] 1990년 9.3건에서 2000년 7.0건, 2020년 4.2건으로 급감했으며, 2024년 4.4건으로 소폭 반등했지만 여전히 낮은 수준이다.

둘째, 결혼연령이 늦어지고 혼인율이 크게 떨어지면서 출산율도 자연스럽게 낮아지고 있다. 조혼인율이 하락한다는 것은 결혼 건수가 줄어들고 상대적으로 비혼자가 증가함을 의미하므로 합계출산율은 떨어질 수밖에 없다. 또한 산모의 나이가 많아질수록 출산 위험이 높아지고, 은퇴 연령이 되어도 자녀의 교육과 출가를 마무리하기 어렵다는 부담이 생긴다. 따라서 결혼연령이 높을수록 아이를 갖지 않거나 한 명만 가질 확률이 높아진다. 이로 인해 합계출산율은 2000년 1.48명에서 2024년 0.75명으로, 지난 24년 동안 절반 수준으로 줄어들었다.

결혼/출산 가치관 변화

초저출산 현상이 확산되는 주요 원인 중 하나는 아이를 키우기 어려운 사회적 환경이 장기화되면서 결혼과 출산에 대해 부정적인 인식을 갖는 청년층이 증가했기 때문이다.

통계청이 2023년에 발표한 '사회조사로 살펴본 청년의 의식변화'(이하 '청년의식 변화 조사')에 따르면,[17] 결혼에 대해 긍정적으로 생각하는 청년

(19-34세)의 비율은 2012년 56.5%에서 2022년 36.4%로 지난 10년 사이 20.1%포인트나 감소했다. 같은 기간 남성은 66.1%에서 43.8%로, 여성은 46.9%에서 28.0%로 하락하여, 현재 결혼에 대해 긍정적으로 생각하는 청년의 비율은 3명 중 1명 정도로 매우 낮은 수준임을 확인할 수 있다.

미혼 청년들이 결혼을 하지 않는 주된 이유로, 남성의 경우 결혼 자금 부족(40.9%), 불안정한 고용 상태(11.9%), 출산 및 양육 부담(10.1%) 등 경제적 이유가 62.9%로 가장 큰 비중을 차지했다. 반면, 결혼의 필요성을 느끼지 못하거나(13.3%), 현재의 자유로운 삶을 포기하고 싶지 않다(9.1%)는 비혼주의적 성향를 이유로 든 응답은 22.4%였다.

여성의 경우에도 결혼 자금 부족(26.4%), 출산 및 양육 부담(11.5%), 불안정한 고용 상태(6.8%) 등 경제적인 이유가 44.7%로 중요한 부분을 차지했지만, 결혼의 필요성을 느끼지 못하거나(23.7%), 현재의 자유로운 삶을 유지하고 싶다(11.4%)는 비혼주의적 성향을 이유로 든 비율이 35.1%로 남성에 비해 높게 나타났다.

한편, 배우자 미스매칭 즉 결혼 상대를 만나지 못했기 때문에 결혼하지 못한다는 응답의 비중은 남성(8.2%)과 여성(9.2%)이 비슷한 수준을 보였다.

비혼 여성의 이유

여성가족부는 2013년부터 3년 주기로 전국 25-54세 여성을 대상으로 '경력단절 여성 등의 경제활동 실태조사(이하 '경단여성 실태조사')'를 실시하고 있는데, 이 조사에서는 결혼 및 출산에 대한 의향을 보다 직설적으로 묻고 있다.[18]

이 실태조사를 바탕으로 작성한 [표 10-2]에 따르면, 2022년의 경우, 미혼, 사별, 이혼 여성을 대상으로 한 향후 결혼 의향 조사에서 50.6%가 결혼 의향이 없다고 응답했다.[19] 연령대별로는 25-29세의 28.6%, 30-39

세의 45.8%가 결혼 의향이 없는 것으로 조사되었다. 그렇다면, 비혼 여성들이 결혼을 선택하지 않는 주된 이유는 무엇일까?

첫 번째 이유는 결혼에 대한 가치관의 변화이다. 독신주의를 포함한 비혼 선호(47.1%)와 가부장제, 가족주의 등 전통적 가치관에 대한 불편함(8.2%)을 이유로 비혼을 선택한 비율이 55.3%에 달했다.[20] 이는 비혼 여성의 절반 이상이 사실상 독신주의 가치관을 이유로 결혼을 하지 않는다는 것을 보여준다. 이러한 현상은 초저출산 문제 해결의 최대 난제로 꼽히며, 제15장 나홀로족 문화와 딩크족 문화에서 이 문제를 구체적으로 다룬다.

[표 10-2] 비혼 여성 향후 결혼 의향 조사 (2022)

단위: %

	결혼의향 없음	비혼 이유					
		비혼선호	경력단절	경제문제	배우자 미스매칭	가치관 변화	기타
소계	50.6	47.1	3.2	10.2	30.3	8.2	1.0
25-29세	28.6	55.6	4.6	12.5	21.8	4.9	0.6
30-39세	45.8	59.4	3.8	10.2	21.7	4.7	0.2
40-49세	86.8	40.9	1.7	11.8	34.7	9.4	1.5

통계자료: KOSIS, '향후 결혼할 의향; 결혼할 의향이 없는 이유; 출산의향; 출산할 의향이 없는 이유', 2024. 7. 5. 인출 작성

두 번째 이유는 배우자 미스매칭 문제이다. 여성의 초혼연령이 높아지면서 상대와의 조건불일치 가능성이 증가하고 있으며, 이는 결혼 기회 상실의 주요 원인으로 작용하고 있다.

세 번째 이유는 경제적 요인이다. 이는 저임금과 고용불안정성이 높은 하위단층에 속하는 여성들이 경제적 어려움을 겪고 있기 때문인 것으로 보인다. 경력단절을 이유로 든 여성의 비율은 4.6% 미만으로 예상보다 낮게 나타났다.

멈춰선 출산 시계: 아이를 낳지 않겠다

출산 의향에 대한 조사 결과는 더욱 심각한 현실을 보여준다. '청년 의식 변화 조사'에 따르면, 청년 세대(19-34세)의 과반수인 53.5%가 결혼을 하더라도 자녀를 가질 필요가 없다고 응답했다. 이러한 경향은 남성(43.3%)보다 여성(65.0%)에게서 더욱 뚜렷하게 나타났고, 연령대가 낮아질수록 그 비율은 더욱 높게 나타났다.[21]

또한, '경단여성 실태조사'에서는 현재 자녀가 없는 여성들을 대상으로 향후 출산 의향을 조사한 결과, 25-29세 연령층의 39.5%, 30대 연령층의 74.7%, 그리고 40대 연령층의 97.8%가 출산 의사가 없다고 응답했다.[22]

두 조사 간 연령에 따른 출산의향이 상반되게 나타난 것은 조사대상의 범위가 다르기 때문이다. '청년의식 조사'에서는 34세까지를 대상으로 했으며, 반면 '경단여성 실태 조사'는 35세 이후 출산의사가 없는 여성의 비중이 급격히 증가하는 경향을 반영하고 있다.

두 조사가 공통적으로 시사하는 점은, 결혼 이후에도 자녀를 갖지 않는 '딩크족'이 한국 사회에서 빠르게 증가하고 있다는 사실이다. 이 문제는 제15장 나홀로족 문화와 딩크족 문화에서 구체적으로 다루어질 것이다.

왜 아이를 낳지 않으려 하는가?

출산 의향이 없는 이유를 연령대별로 분석한 결과, 뚜렷한 차이를 보였다.

25-29세 연령층에서는 비혼선호가 37.2%로 가장 큰 비중을 차지했다. 그 외에는 양육비 및 교육비 부담(16.6%), 육아 및 돌봄의 책임감(13.7%), 경제적 문제(13.4%)등이 주요 이유로 뒤를 이었다.

반면 30대 연령층에서는 '이미 출산계획을 완료한 경우'가 33.4%로 가장 높게 나타났다. 이어서 양육비 및 교육비 부담(17.9%), 육아 및 돌봄의 책임감(15.8%), 비혼선호(11.8%), 경제적 문제(9.0%) 순으로 조사되었다.[23]

2024년 2월, 결혼 및 출산 적령기인 25-45세 사이의 경제활동 여성 1천 명을 대상으로 실시한 설문조사에도 유사한 결과가 확인되었다. 놀랍게도 전체 응답자의 70%가 2명이상의 자녀를 이상적이라고 생각했지만, 실제로는 62.2%가 '앞으로 자녀를 출산할 생각이 없다'고 응답했다. 세부적으로 보면, 미혼 여성의 66.6%, 기혼 여성의 59.2%가 자녀를 낳을 의향이 없다고 밝혔으며, 특히 미혼 여성에서 비출산 의향이 더욱 강하게 나타났다.

출산하지 않으려는 이유(복수 응답)로는 '육아에 구속되기 싫어서', '경제적으로 여유롭지 못해서', '자아실현에 장애가 될 것 같아서' 등이 주요하게 언급되었다.[24] 이는 단순한 개인 선택을 넘어 구조적 현실과 가치관의 변화가 맞물린 결과임을 시사한다.

비혼 동거, 비혼 출산

결혼 및 출산에 대한 청년층 가치관에서 주목할 만한 또 다른 변화는 '비혼 동거'와 '비혼 출산'에 대한 긍정적 인식이 빠르게 확산되고 있다는 점이다.

'청년의식 변화 조사' 결과에 따르면,[25] 결혼하지 않더라도 함께 살 수 있다는 '비혼 동거'에 동의하는 청년의 비율은 2012년 61.8%에서 2022년 80.9%로 19.1%포인트나 상승했다. 성별로 살펴보면, 같은 기간 남성은 64.4%에서 81.9%로, 여성은 59.2%에서 79.8%로 각각 증가하여 전반적인 인식 변화가 확인되었다.

또한 결혼하지 않고도 자녀를 가질 수 있다는 '비혼 출산'에 동의하는 비율 역시 증가 추세를 보였다. 남성의 경우 2012년 31.3%에서 2022년에 40.2%로, 여성은 같은 기간 28.3%에서 38.8%로 높아졌다.

가사도 함께, 일도 함께

청년층 사이에서 여성취업, 가사분담, 그리고 일-가정 양립에 대한 긍정적인 인식은 뚜렷하게 확산되는 추세이다. '청년의식 변화 조사' 결과에 따르면, 2021년에는 청년의 87.4%가 여성의 경제활동을 지지하는 것으로 나타났다.

특히, 여성이 직업을 가졌을 때 출산, 양육, 가사와 관계없이 계속 일하는 것이 좋다고 생각하는 청년의 비율은 2011년 53.2%에서 2021년 74.0%로 20.8%포인트나 증가했다. 반면, 출산 전과 자녀 성장 후에 취업하는 것이 바람직하다고 생각하는 청년의 비율은 같은 기간 23.7%에서 14.1%로 감소했다. 이는 앞서 언급된 30대 여성의 경제활동 참가율의 급증 현상과 맥을 같이하는 결과이다.

하지만 여성 취업의 가장 큰 걸림돌로 '육아 부담'을 지적하는 응답은 여전히 높은 비율을 차지했다. 남성의 44.3%, 여성의 48.5%가 이 점을 여성 취업의 가장 큰 장애 요인으로 꼽았다.

한편, 부부의 가사 분담에 대한 인식 역시 크게 변화하고 있다. 같은 조사에서 부부가 가사를 공평하게 분담해야 한다고 생각하는 청년의 비율은 2012년 59.7%에서 2022년에 84.4%로 지난 10년 동안 24.7%포인트 증가했다. 실제로 가사를 분담하고 있는 청년의 비율도 같은 기간 20.4%에서 41.3%로 두 배 이상 증가했다.

또한 '일-가정 균형'을 중시하는 청년의 비율도 2011년 28.8%에서 2021년 45.5%로 크게 높아졌다. 2021 기준으로 남성의 43.2%, 여성의 47.9%가 일과 가정의 균형을 중시한다고 응답했다. 반면, 일을 우선시하는 비율은 남성 36.1%, 여성 31.7%로 나타났고, 반대로 일보다 가정생활을 우선시하는 응답은 남성 20.7%, 여성 20.4%로 나타나, 상대적으로 낮은 수준을 보였다.

청년의식 변화가 주는 시사점

앞서 살펴본 실태조사 결과를 통해 몇 가지 중요한 사실을 발견할 수 있다.

첫째, 지난 10년간 결혼을 긍정적으로 생각하는 청년층의 비율이 절반 가까이 감소했다. 결혼을 원하지 않는 주된 이유로 남성의 절반 이상이 경제적 부담을, 여성의 약 절반이 '자유로운 싱글 라이프 선호'로 응답하여, 성별에 따른 인식 차이가 뚜렷하게 드러났다.

둘째, 출산에 대한 청년층의 인식은 더욱 심각한 수준이다. 19-34세 청년 남성의 43.3%, 여성의 65.0%가 결혼을 하더라도 자녀를 가질 필요가 없다고 응답했다. 그 주요 이유로는 양육에 따른 경제적 부담과 스트레스를 지목했다.

셋째, 비혼 동거와 비혼 출산에 대해 긍정적으로 생각하는 청년의 비율이 지난 10년 동안 크게 증가했다. 80%이상의 청년이 비혼 동거에 동의했으며, 40% 이상이 '비혼 출산'에도 긍정적인 입장을 보였다. 이는 전통적인 가족 형태에 대한 가치관이 변화하고 있음을 나타낸다.

넷째, 여성의 취업, 부부의 가사 분담, 그리고 일과 가정의 양립에 대해 긍정적으로 인식하는 청년들의 비율이 크게 증가했다. 이는 성 역할에 대한 보다 평등하고 유연한 가치관이 빠르게 확산되고 있음을 보여준다.

새로운 가능성

이처럼 결혼과 출산에 대한 부정적 시각을 가진 청년층의 비중이 크게 증가하고 있다는 점은 초저출산 현상이 더욱 심화되고 확산될 가능성을 시사한다. 그러나 동시에 비혼 동거와 비혼 출산, 그리고 일-가정 양립에 동의하는 청년층의 비율이 증가하고 있다는 사실은 초저출산의 늪에서 벗어날 수 있는 긍정적인 신호로 작용하며 새로운 방향성을 제시한다. 이러한 긍정적인 변화의 조짐은, 이어지는 제5부에서 초저출산 문제를 타개하기 위한 대안을 모색하는 과정에서 중요한 고려 사항이 될 것이다.

초저출산의 늪에서 벗어날 수 있는 가장 분명한 길은 결혼과 출산에 대한 청년층의 부정적인 인식의 확산을 방지하고, 나아가 이를 긍정적으로 전환할 수 있는 실질적인 해법을 모색하는 데 있다.

앞서의 일차적 진단에서 드러났듯이, '경제적 어려움'과 '자유로운 솔로의 삶'에 대한 선호는 결혼과 출산을 망설이게 하는 주요 요인으로 작용하고 있다. 이러한 요인을 올바르게 이해하고, 실효성 있는 해결책을 마련하기 위해서는 더욱 심층적인 근원 진단이 요구된다.

이 책의 제11장부터 제16장에서는 이러한 문제들을 심도 있게 다루며, 초저출산 문제 해결의 실마리를 찾아 나갈 것이다.

11

단층노동시장: 경쟁압력과 절망의 벽

단층노동시장을 알면 보이는 것들

이효수의 '단층노동시장론'은 오늘날 한국 사회가 직면한 복합적인 난제들, 가령 초저출산과 인구절벽, 청년 취업난과 중산층 붕괴, 과잉교육 및 사교육 문제, 성장 동력 약화와 저성장 함정 등에 대한 근본적인 원인 진단과 해결책 모색에 중요한 통찰력을 제공한다.

실제로 초저출산의 원인에 대한 실태조사 및 연구결과들을 종합해보면, 청년층의 저임금과 고용불안, 과도한 사교육비 및 육아비용, 일과 가정의 양립을 어렵게 만드는 고용 환경, 그리고 높은 주거비용 등이 주요 원인으로 꼽힌다. 흥미로운 점은 이 중에서 높은 주거비용을 제외한 대부분의 요인들이 결국 한국 노동시장의 독특한 구조, 즉 단층노동시장과 깊숙이 연관되어 있다는 사실이다.

단층노동시장론은 '노동시장구조분석론'에 기반을 두고 있다. 이효수 교수가 제시한 '노동시장구조분석론'에 따르면, 경제, 기술, 사회문화적 요인들을 포함한 노동시장 환경은 노동시장의 주요 행위주체인 노동자, 사용자, 그리고 정부의 가치관(Value)과 이들 사이의 역학관계(Power Position)에 영향을 미친다.

이러한 행위주체들의 전략적 선택과 역학관계 속에서 노동시장 구조를 형성하는 핵심 요인들, 즉 조직 및 직무 특성, 노동력 이질성, 그리고 고용관리 관행의 구체적인 양상이 결정된다. 결국, 노동수요 측면의 '조직 및 직무 특성', 노동공급 측면의 '노동력의 이질성', 그리고 이 둘을 결합하는 '고용관리관행'이 복합적으로 상호작용함으로써, 한 국가의 노동시장구조는 고유한 형태로 드러나게 되는 것이다.[1]

노동시장 환경변수는 국가별로 다르고 시대에 따라 변화하기 때문에, 노동시장구조 역시 국가별로 상이하며 시대에 따라 변화한다. 한 국가의 노동시장 구조는 그 나라의 산업화 초기의 노동시장 환경과 행위주체들의 전략적 선택에 의해 기본적인 틀이 형성된다.

일단 형성된 노동시장 구조는 제도와 관행에 의해 고착화되는 '관성의 법칙'과 환경변화와 경쟁에서 살아남기 위해 변화하는 '변화의 법칙'이라는 두 가지 상반된 힘의 영향을 동시에 받는다. 따라서 한 나라의 경제가 발전하는 과정에서 노동시장 구조는 초기 형태 및 특성을 유지하면서도 부분적으로 구조적 변화를 경험하게 된다.

이효수는 그의 '노동시장구조분석론'을 바탕으로, 한국 산업화가 본격화되었던 1960년대와 70년대의 노동시장 통계 자료, 관련 법령, 기업 인사규정 등 방대한 실태자료들을 심층적으로 분석하여 한국노동시장이 4개의 단층으로 이루어진 단층 노동시장임을 규명하였다. 또한, 단층노동시장의 작동 메커니즘을 밝혀내며 '단층노동시장론'을 전개했다.[2]

이는 미국 경제학자 피오르(Piore)와 되린저(Doeringer) 등이 제시한 이중노동시장론이나,[3] 에드워드(Edwards), 라이히(Reich), 고든(Gordon) 등이 발전시킨 분단노동시장론과는[4] 이론적 기초를 달리한다.

한국에서는 서구에서 개발된 이중노동시장론이나 분단노동시장론을 그대로 받아들여 한국 노동시장을 단순히 이중노동시장이나 분단노동시장으로 설명하는 학자들도 있지만, 이런 이론들은 한국 노동시장의 본질적 문제를 제대로 진단하지 못한다는 한계가 있다.

이중노동시장론과 분단노동시장론이 개발된 하버드대학교 출신의 이정우 교수는 자신의 저서 『불평등 경제학』에서 "이효수는 한국의 노동시장분석에 선구적 업적을 쌓아 왔고, 그의 '분단(단층)노동시장론'은 한국의 분단노동시장 분석을 위한 대표적 이론이다. 이효수의 단층노동시장론은 구미 학자들에 의해 개발된 분단노동시장론들과 다른 특성을 지니고 있다."라고 평가하였다.[5]

압박과 절망

제10장에서 살펴본 바와 같이, 한국의 심각한 초저출산 문제는 본질적으로 청년세대가 직면한 심리적, 경제적 압박에서 비롯된다. 극심한 경쟁압력, 높은 고용불안, 경제적 어려움, 그리고 마치 넘을 수 없는 벽처럼 작용하는 비정규직 함정에서 오는 깊은 절망감은 청년들의 삶 전반에 깊은 영향을 미친다. 그 결과 결혼, 출산, 육아와 같은 삶의 중요한 결정조차 고민할 정신적, 시간적 여유조차 갖지 못하는 청년이 많다.

이러한 현실 속에서 청년들은 자연스럽게 자신의 삶과 행복을 우선시할 수밖에 없는 상황에 놓이게 된다. 따라서 청년 세대의 이러한 심리적 요인에 대한 깊이 있는 이해 없이는 초저출산 문제의 근원을 제대로 진단하고, 실질적인 해결책을 마련하기 어렵다. 따라서 이 문제를 해결하기 위해서는 청년들이 느끼는 심리적 부담을 효과적으로 완화하고, 안정적인 고용 환경과 삶의 여유를 제공할 수 있는 정책적 접근이 반드시 필요하다.

청년들이 체감하는 강한 경쟁압력과 높은 고용불안, 그리고 구조적으로 고착된 비정규직 문제는 서구 사회와는 전혀 다른 맥락에서 등장한다. 서구 사회에서는 경쟁이 개인의 능력과 성과를 중심으로 이루어지는 다원적 경쟁인 반면, 한국 사회에서의 경쟁은 수직적 서열 구조 속에서 벌어지는 단선적 초경쟁이며, 이는 사회적 지위를 확보하기 위한 압박으로 작동한다.

이러한 단선적 경쟁은 한국사회에 깊이 뿌리내린 학벌주의, 사교육 열풍, 연공서열 중심의 조직문화 등과 결합되며, 청년들에게 과도한 스트레스를 유발한다. 서구에서도 명문대학과 사교육이 존재하지만, 한국처럼 출신 학교라는 '간판'이 삶의 성패를 좌우하고, 사교육이 경쟁질서를 흔들 정도로 과열된 양상은 찾아보기 어렵다. 특히 한국 고용관계의 핵심원리인 연공서열주의는 서구 고용체계에서는 아예 존재하지 않는 개념이다.

결국 이러한 구조적 특수성은 한국의 단층노동시장 구조에서 비롯된 것이며, 미국 등 서구에서 개발된 이중노동시장론이나 분단노동시장론으로는 이러한 문제들을 충분히 설명하거나 진단하기 어렵다.

반면, '단층노동시장론'은 한국사회에 깊숙이 뿌리내린 학벌 지상주의, 과도한 사교육 경쟁, 획일적인 단선적 초경쟁문화, 연공서열 중심의 조직질서, 그리고 깊고 넓은 비정규직 함정 등을 명확하고 심층적으로 분석하고 설명할 수 있는 이론적 틀이다.

더 나아가, 이 이론은 청년 세대가 느끼는 극심한 경쟁압력과 고용불안, 그리고 깊은 절망감이 어떤 메커니즘을 통해 형성되고 심화되는지를 설득력 있게 설명해 준다. 이는 한국형 초저출산 문제를 진단하고 해법을 모색하는 데 있어 핵심적인 접근법이 될 수 있다.

단층노동시장과 연공서열 임금체계

단층노동시장론에 따르면, 한국 노동시장은 상위단층, 중위단층, 하위단층 등 세 개의 단층으로 나뉘며, 각 단층은 다음과 같은 특징을 지니고 있다.

첫째, 각 단층별로 임금, 고용 안정성, 승진 기회, 근로조건 등에 현저한 차이가 있으며, 노동시장에 진입한 후 상위단층으로의 이동은 사실상 불가능한 일종의 신분사회다.

둘째, 상위단층과 중위단층은 정규직 노동시장이고, 하위단층은 비정규직 노동시장이다.

셋째, 상위단층과 중위단층은 연공서열 임금체계를 갖고 있지만, 서로 다른 승진 사다리를 가지고 있다. 각 단층은 서로 다른 직급(port of entry)으로 입사하며, 입사 후에는 직급별로 근속년수를 기준으로 승급하는 연공서열제를 갖고 있어 단층 간 경쟁은 불가능하다.

넷째, 상위단층과 중위단층의 입직 기준은 학력, 성별, 연령을 중심으로 설정된다. 상위 단층의 입직 자격은 1990년대까지는 대졸 남성으로 제한되었으나, 2000년대 이후 남녀고용평등법이 정착되면서 대졸 학력 소지자로 확대되었다. 상위단층과 중위단층 진입에 실패한 경우, 입직 기준이 가장 낮은 하위단층으로 이동하거나 비경제활동인구로 남게 된다.

단층(斷層)은 본래 지질학에서 외부의 힘에 의해 지각이 두 조각으로 끊어져 어긋난 구조를 지칭하는 용어이다. 그러나 단층노동시장론에서는 이 용어가 비유적으로 사용되어, 마치 지층이 끊어져 단절된 것처럼, 노동시장 내의 계단형 직급구조에서 각 단층별로 계층이 단절되어 있어, 개인의 노력만으로는 상위단층으로의 이동이 불가능한 구조를 의미한다.

상위단층은 높은 임금, 안정적인 고용, 폭넓은 승진 기회, 매력적인 부가급여(fringe benefits) 등 우수한 근로조건이 보장된다. 반면, 중위단층은 상위단층에 비해 임금 수준, 고용 안정성, 승진 기회, 부가급여, 그리고 전반적인 근로조건 면에서 상대적으로 열악한 환경에 놓여있다.

특히, 상위 관리직으로 올라갈수록 임금과 부가급여는 물론 지위, 권한, 재량권 등이 커지기 때문에 대부분의 사람들이 상위관리직으로의 승진을 희망하지만, 이러한 승진 기회는 상위단층에만 열려 있으며, 중위단층에서는 이러한 기회를 얻기 매우 어려운 구조적 한계를 보인다.

하위단층은 승진기회와 고용 안정성이 전무하며, 임금 역시 최저임금 수준에 머물러 있고, 근로조건 또한 열악하다. 특히 하위단층은 상위단층 및 중위단층과 달리 '비정규직 노동시장'의 특성을 지니고 있으며, 임금이 연공서열이 아닌 시장의 수요와 공급의 원리에 따라 시급 또는 일당으로 결정된다.

이처럼 단층노동시장에서는 각 단층별로 요구되는 입직 기준이 서로 다르며, 임금, 고용 안정성, 승진 기회 등 고용관리가 단층별로 차별적으로 이루어지기 때문에, 상위단층 진입은 개인의 사회경제적 성공을 위한 가장 중요한 일차적 관문으로 인식된다. 결과적으로 상위단층의 진입요건을 충족하지 못하는 개인은 불가피하게 중위단층이나 하위단층에 머무를 수밖에 없는 구조이다.

직위중심 피라미드형 조직구조

단층노동시장의 수요구조는 '직위중심 피라미드형 조직구조'를 특징으로 한다. 따라서 단층노동시장을 올바르게 이해하기 위해서는 이러한 조직구조의 특성을 이해하는 것이 매우 중요하다.

한국 기업들은 일반적으로 최상단에 CEO가 위치하며, 그 아래에는 경영지원 직군, 마케팅/영업직군, 생산/기술직군, IT/SW직군, 연구개발 직군, 디자인 직군 등 직군 별로 구분된다. 각 직군은 수직적 직위체계를 갖춘 명확한 위계 구조를 가지고 있으며, 최고경영자를 정점으로 전무, 상무, 이사, 부장, 차장, 과장, 계장 등 여러 단계의 관리직이 존재한다. 각 관리자는 자신 아래에 있는 직원들을 지휘하고 감독하는 역할을 수행한다. 이러한 다단계 직위구조는 상층부로 올라갈수록 좁아지는 피라미드 형태를 이루며, 조직내 권한과 책임이 상위 직위로 집중되는 구조적 특징을 보여준다.

노동수요와 노동공급의 결합기제는 '고용관리관행'이다. 고용관리는 크게 외부 고용관리와 내부 고용관리로 나눌 수 있다. 외부 고용관리는 채용관리를 중심으로 인력계획, 모집, 선발, 배치 등을 포함한다. 내부 고용관리는 교육 및 훈련, 성과관리, 보상관리, 경력관리, 전환배치 및 승진관리, 퇴직관리 등으로 구성된다.

직위중심 피라미드형 조직구조에서 상위관리직으로 승진할 기회가 주어지는 3급사원(기업에 따라 4급 사원)은 대졸이상 학력자에게만 지원할 수 있는 기회를 준다. 이 직급이 바로 상위단층 입직구(port of entry)이다. 4급사원(기업에 따라 5급사원)이하로 입직한 사람은 상위관리직으로의 승진기회가 사실상 제한되며, 이 직급이 바로 중위단층 입직구이다.

단층노동시장에서는 노동수요가 이처럼 학력, 성별, 연령 등 속인적 요소로 이루어져 있기 때문에, 노동공급구조도 이러한 요소들로 구성되어 있다. 학력과 성별 같은 변수는 취업 이후 직무수행 과정에서 변화될 수 없다는 점에서 단층성을 지닌다. 단층성은 하위단층이나 중위단층으로 진입하면 개인의 능력과 노력으로 상위단층으로의 이동이 불가능하다는 것을 의미한다. 학력과 성별은 근속년수나 경력년수가 길어지거나 직업능력이나 직무수행능력이 향상되더라도 변화되지 않는 고정된 변수이다.

한국에서는 모든 조직이 '직위중심 피라미드형 단층구조'로 이루어져 있으며, 단층별로 초임 직급과 호봉이 주어지고, 근속년수와 인사고과 평가에 따라 직위와 직급이 올라가는 연공서열 구조를 갖고 있다.

반면, 서구사회에서는 조직이 피라미드형 구조를 가지고 있더라도 직무중심으로 운영되며, 직무가 세분화되어 있고 임금도 직무급을 기본으로 한다. 즉, 서구사회에서는 직무를 세분화하여 각 직무별로 급수를 부여하지만, 사람에게는 급수를 부여하지 않는다.

서구사회와 달리 한국에서는 학력, 성별, 연령, 근속년수 등 속인적 요소를 중심으로 사람에게 급수를 부여한다. 한국에서는 직무급이 아니므로, 생산직, 기술직, 연구개발, 디자인, 판매직, 사무직 등 직군 별로 크게 나누어져 있지만, 직무는 세분화되어 있지 않고 직무 자체에는 급수가 없다.

서구에서는 동일한 직무를 수행할 경우 학력, 성별, 연령, 근속년수 등 속인적 요소와 관계없이 동일한 직무급을 받으며, 동일한 직무 내에서 성과의 차이에 따라 성과급을 추가로 지급받는다. 이에 비해 한국에서는 직급이 사람에게 부여되기 때문에, 그 사람이 어떤 직무를 수행하든 동일한 급여를 받는 구조를 가지고 있다.

직위중심 피라미드형 조직구조는 일종의 계급사회로 볼 수 있다. 직무중심 조직에서는 직무가 세분화되어 다양한 직무가 존재하기 때문에 조직 외부에서는 직무별 직급을 파악하기 어렵다. 반면, 직위중심 조직에서는 실무자, 대리, 계장, 과장, 부장, 임원 등으로 직위가 단순하게 구성되어 있어 조직 외부에서도 직위를 쉽게 알 수 있다.

이러한 구조에서는 관리직과 실무직으로 크게 구분되며, 상위 관리직으로 올라갈수록 작업적 직무량은 줄어들고 관리적 직무량이 증가하며 권한이 확대된다. 그러나 상위 관리직으로 승진 기회는 단층별 입직 단계에서 사전적으로 제한된다는 의미에서 단층노동시장은 일종의 신분사회로 기능한다고 할 수 있다.

고학력화와 노동공급구조의 역삼각형화

단층노동시장의 구조적 특성상, 노동수요구조는 하위단층에서 시작하여 중위단층을 거쳐 상위단층으로 올라갈수록 일자리 규모가 점진적으로 축소되는 삼각형 모양을 띨 수밖에 없다. 특히, 양질의 일자리가 상위단층에 집중되어 있어, 이러한 노동시장 구조에서는 누구나 상위단층에 진입할 수 있는 자격 요건을 갖추기를 갈망하게 된다.

단층노동시장의 노동수요 및 노동공급, 그리고 고용관리 관행은 학력, 성별, 연령, 근속년수 등 속인적 요소로 이루어져 있어, 속인적 요소별 노동공급량의 변화는 노동공급구조에 직접적인 영향을 미친다.

성비는 비교적 안정적으로 유지되므로, 학력별 노동공급량 변화가 노동공급구조 변화에 결정적인 영향을 미친다. 특히, 상위단층 진입 자격요건이 대학졸업자를 중심으로 설정되어 있어 대졸 노동력의 상대적 크기에 따라 노동공급 구조가 삼각형 형태에서 역삼각형 형태로 전환될 가능성이 있다.

대학 취학률(대학 재학생수/대학 취학 적령(18~21세) 인구)의 변동 추이를 통해 이를 확인할 수 있다. 대학 취학률은 1980년 11.4%, 1990년 23.6%, 2000년 52.5%로 꾸준히 증가했으며, 2005년부터는 66.1%를 상회하고, 2007년부터 70.3%를 넘어섰다.[6]

이러한 대학 취학률의 변동 추이를 보면, 적어도 1990년대까지는 전문대졸 이하 노동력이 대졸 노동력을 크게 상회하여 단층노동시장의 공급구조가 삼각형 형태를 이루고 있었음을 알 수 있다. 이는 대학진학률 자료에서도 확인된다. 1990년대까지는 대졸 남성만이 상위단층 진입이 가능했으며, 당시 고등학교에서의 대학진학률은 33.2%에 불과했다. 대학진학률에는 여학생, 전문대학도 포함되어 있었지만, 상위단층 공급자는 대졸 남성으로 제한되었기 때문에 실제 공급자는 대학진학률보다 적을 수밖에 없었다.

결과적으로, 당시까지 노동수요구조와 노동공급구조는 모두 삼각형 형태를 이루고 있었으며, 단층별 노동 수급 불일치도 큰 문제가 되지 않았다.

그러나 단층노동시장은 점차 고학력화를 불러왔고, 이는 노동시장의 구조적 불균형을 심화시켰다. 상위단층 진입이 평생 안정된 삶의 기회를 제공하는 사회에서, 상위단층 진입을 위한 필요조건이 대학졸업장으로 설정되면서 경제성장 과정에서 대학진학률은 지속적으로 상승할 수밖에 없었다.

대학진학률은 1990년 27.1%에서 2000년 62.0%, 2008년 83.8%로 급격히 증가했으며, 이후 다소 하락했지만 2010년 75.4%, 2020년 72.5%, 2023년 72.8%를 기록했다.[7] 이러한 급속한 고학력화는 2000년대 이후 상위단층 노동공급을 크게 증가시키는 동시에 중위단층 노동공급을 감소시키는 결과를 초래했다.

특히, 2010년대 이후에는 상위단층 노동공급량이 중위단층 노동공급량을 크게 초과하며, 노동공급 구조가 완전한 역삼각형 형태로 변모했다.

구조적 불균형

(그림 11-1)에서 볼 수 있듯이, 노동수요구조는 삼각형인데 노동공급

구조는 역삼각형이면, 노동시장에 심각한 구조적 불균형이 발생하게 된다. 상위단층은 만성적인 초과공급 상태에 놓이게 되고, 중위단층은 만성적인 초과수요 상태에 놓이게 된다. 이러한 불균형은 청년실업이 심각한 상황에서도 중소기업이 지속적으로 인력 부족 문제를 호소하는 주요한 원인으로 작용한다.

(그림 11-1) 단층노동시장의 구조적 불균형

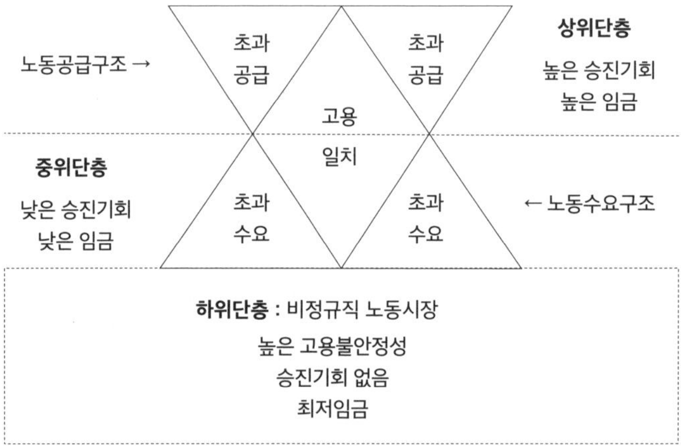

출처: 이효수, 『창조경제』, 매일경제신문사, 2014. p.352.

단층노동시장 공급구조의 역삼각형화로 인한 상위단층의 만성적 초과공급 상태는 한국을 '단선적 초경쟁 사회'로 만들었다. 상위단층에 진입하기 위한 자격을 얻기 위해 학생들은 오로지 대학진학이라는 단 하나의 목표를 향해 단선적 초경쟁을 벌인다. 그러나 상위단층이 만성적 초과공급 상태에 있기 때문에, 대학을 졸업한 후에도 상위단층에 진입하기 위해 다시 '단선적 초경쟁'을 해야 한다. 한국사회의 단선적 초경쟁문화의 발생 원인과 문제점에 대해서는 제12장에서 구체적으로 논의될 것이다.

제1차 단층구조 변동: 성평등과 고학력화로 중위단층 통합

한국 노동시장의 단층구조는 1960년대와 1970년대에 산업화가 본격적으로 진행되면서 형성되었다. 당시 한국의 노동시장은 상위단층, 중상위단층, 중하위단층, 그리고 하위단층 등 4개의 단층으로 구성되어 있었다.

이효수의 '노동시장구조분석론'에 따르면, 노동시장 환경에 본질적인 변화가 발생하면 노동시장 구조 또한 변화하게 된다. 실제로 한국 노동시장은 지난 60년 동안 두 차례의 단층구조 변동을 겪었다.

제1차 단층구조변동은 1980년대와 1990년대에 걸쳐 중상위단층과 중하위단층이 중위단층으로 통합된 것을 의미한다. 중상위단층은 승급은 물론 중간관리층으로의 승격의 기회가 주어지는 단층으로 대졸여자, 전문대졸자, 고졸남자가 이 단층에 속했다. 중하위단층은 정규직 노동시장의 최하위단층으로 호봉 승급 기회는 주어지지만 관리직으로의 승격 기회는 사실상 주어지지 않는 단층으로, 고졸여자, 중졸 이하자들이 이 단층에 속했다.[8]

중상위단층과 중하위단층은 다음 두 가지 중요한 노동시장 환경변화에 의해 중위단층으로 통합되었다.

첫째, 급속한 고학력화이다. 경제성장과 고등교육 대중화로 인해 상급학교 진학율이 급격히 상승하면서 중하위단층의 중심 노동력이었던 중졸 이하 신규 노동력 공급이 고갈되었다.

둘째, 남녀고용평등법의 제정이다. 1987년 12월에 처음 제정된 '남녀고용평등법'은 채용, 승진, 보수에서의 남녀 차별을 금지하였으며, 이 법은 2007년에 '남녀 고용평등과 일·가정 양립 지원에 관한 법률'로 명칭이 변경되었다. 이 법의 시행으로 고졸 여성은 고졸 남성과 동일한 입직구를 통해 노동시장에 진입할 수 있게 되었다.

고학력화로 인해 중졸 이하 신규 노동력 공급이 사라지고, 남녀고용평등법에 따라 고졸 여성이 고졸 남성과 동일한 입직구로 입직하게 되면서, 중상위단층과 중하위단층은 자연스럽게 중위단층으로 통합되었다. 그 결과 중위단층은 대졸여자, 전문대졸 및 고졸 이하자들로 형성되었다.

하지만 남녀 고용평등법이 제정된 후에도 상당기간 동안 많은 기업들이 상위단층 진입 자격을 군필로 제한하여 사실상 대졸여자의 진입을 막아왔다. 그러나 남녀 평등의식이 점차 높아지면서 대졸여자도 상위단층에 진입하게 되었다. 물론 여전히 결혼과 출산 등으로 인한 경력단절과 유리천장으로 인해 승진기회에서 보이지 않는 차별을 받는 경우가 적지 않다는 점은 문제다.

제2차 단층구조 변동:
기업규모별 단층이동과 대·중소기업 이중구조

제2차 단층구조 변동은 기업규모별 단층이동에 따른 대기업 노동시장과 중소기업 노동시장의 분단으로 나타났다. 이는 산업구조 고도화와 대기업 중심의 원·하청구조 심화 과정에서 발생했다.

산업구조와 기술은 매우 중요한 노동시장 환경변수이다. 한국은 1960년대에 섬유, 가발, 신발 등 경공업 중심으로 산업화를 시작했다. 1974년 박정희 대통령의 중화학 공업화 선언과 전략으로 시작된 중화학 공업은 1980년대에 들어서면서 본격적으로 발전하기 시작했다. 그러나 적어도 1980년대까지는 경공업 중심이었고, 동일 단층 내에서 대기업과 중소기업의 임금격차가 크지 않았다.

(그림 11-2)에서 볼 수 있듯이, 1980년에는 대기업과 중소기업의 단

층별 평균 임금수준이 동일 단층에서는 큰 차이가 없었다. 대기업의 상위 단층은 월 평균 43만 6천 원, 중소기업은 40만 원으로, 대기업이 3만 6천 원 더 높았다. 이는 대기업의 상위 관리직 비중이 더 높았기 때문이다. 중상위단층에서는 대기업과 중소기업의 월 평균 임금수준이 각각 21만 3천 원으로 동일했다.

(그림 11-2) 기업규모별 단층이동

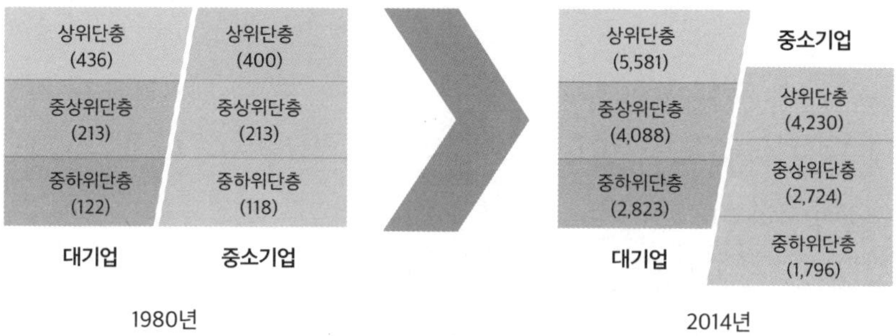

주: ( )는 단층별 평균임금 수준(단위: 1,000원)이고, 대기업은 500인 이상, 중소기업은 30-99인을 나타냄

출처: 이효수, 『인재주의 경제학』, 탑북스, 2015

이처럼 당시에 기업규모간 임금격차가 사실상 존재하지 않았던 이유는 시장원리에 기인한다. 경공업 중심의 산업구조에서는 대기업과 중소기업 간에 기업규모의 차이는 있었지만, 기술수준과 근로자의 숙련도에는 큰 차이가 없었다.

노동자들이 대기업을 선호하는 경향이 강했기 때문에, 대기업은 중소기업과 비슷한 수준의 임금을 지불하면서도 상대적으로 우수한 인재를 고용할 수 있었다. 반면, 중소기업은 숙련된 노동력을 대기업에 빼앗길 위험이 있었기 때문에 대기업과 동일한 수준의 임금을 지불할 수밖에 없었다.

당시에는 대기업과 중소기업 간에 기술격차가 크지 않아 노동이동 또한 활발하게 이루어졌다. 심지어 대기업이 하룻밤 사이에 중소기업의 생산직 근로자 팀원 모두를 일시에 스카우트해 가는 일이 사회적 문제로 대두되기도 했다.

중소기업 노동시장의 단층 하강

그러나 (그림 11-2)에서 보듯이, 2014년의 기업규모별 단층별 임금격차는 1980년과는 완전히 다른 양상을 보여준다. 중소기업의 단층 하강 이동이 뚜렷하게 나타나면서, 중소기업 상위단층의 임금수준이 대기업의 중상위단층 수준으로, 중소기업 중상위단층의 임금수준은 대기업의 중하위단층 수준보다 낮아졌다. 중소기업 단층노동시장이 대기업에 비해 상대적으로 하강 이동하면서, 중소기업에서는 대기업과 같은 수준의 상위단층이 사라졌다.

중소기업 노동시장의 단층 하강 운동은 어떻게 일어났는가? 이는 산업구조의 고도화, 대기업 중심의 원하청구조 심화, 기업별 노조체제와 대기업 노조의 교섭력 강화 등 노동시장 환경변화에 기인한다.

1980년대부터 한국의 산업구조는 경공업 중심에서 자동차, 전자, 조선, 철강, 화학 등 중화학공업과 정보통신산업 중심으로 빠른 속도로 재편되기 시작했다. 중화학공업은 대규모 자본설비를 필요로 하므로 대기업 중심으로 발전할 수밖에 없었다. 또한 자동차 및 전자산업 등은 다양한 종류의 부품을 결합하여 완제품을 만드는 조립산업의 특성상, 부품 공급망 즉 '서플라이 체인'을 구축할 수밖에 없었다.

대기업은 중소기업과 원하청구조를 만들었고, 하청기업들은 1차 밴드, 2차 밴드, 3차 밴드 등으로 다단계의 수직구조로 계열화 되었다. 이러한 완벽한 원하청구조에서 대기업은 수요독점자 지위를 확보하게 된다.

대기업은 수요독점적 지위를 이용하여 마크업 프라이싱(mark-up pricing) 방식을 통해 납품단가를 일방적으로 결정했다. 마크업 프라이싱 방식은 원자재 가격, 인건비, 경비 등에 일정 비율의 이윤을 추가하여 납품단가를 산정하는 방식이다. 이 과정에서 인플레이션, 환율 변동, 기술개발 비용 등이 고려되기도 하지만, 수요독점적 구조에서는 힘의 불균형이 워낙 심하기 때문에 실질적으로 원청기업의 의도대로 결정될 수밖에 없다. 이러한 구조에서 중소기업은 임금인상과 기술개발 능력이 크게 제약받을 수밖에 없었다.

마크업 프라이싱 중심의 원하청구조는 한국의 독특한 '기업별 노조체제'와 맞물리면서, '가치사슬'이 아닌 '먹이사슬'로 기능하는 경우가 많았다. 기업별 노조체제에서는 대기업 노조와 중소기업 노조의 교섭력은 차원을 달리한다. 1987년 노동자 대투쟁 이후 대기업 노조는 강력한 교섭력을 갖게 되었고, 대기업은 파업을 피하기 위해 노조의 높은 임금인상 요구를 수용하는 대신, 이를 납품단가 조정으로 중소기업에 전가하는 전략을 사용했다. 이 과정에서 대기업과 중소기업 간 임금지불 능력과 임금격차는 점차 확대되었다.

산업구조 고도화와 원하청구조의 확대 속에서 중소기업의 단층 하강이 일어나면서 대기업-중소기업 이중노동시장이 형성되었다. 단층노동시장이 여전히 강고한 상황에서 중소기업 노동시장의 단층 하강으로 인해 대기업-중소기업 이중노동시장이 중첩화 되면서 상위단층은 점차 축소되었다. 그 결과 대졸자의 상위단층 진입 확률은 낮아지고, 노동시장의 양극화는 더욱 심화되었다.

제2의 물결

앞서 본 바와 같이 1970년대와 1980년대에는 동일 단층 내에서 기업규모 간 노동이동이 매우 활발하게 이루어졌다. 그러나 1990년대 중화학공업이 빠르게 성장하면서 대기업은 대학 졸업 시기에 맞춰 신입사원을

'정기공채' 방식으로 일괄 채용하기 시작했다.

대기업은 정기 공채로 채용된 신입사원들을 대상으로 연수원에서 집단 교육을 실시하고, 직군별 실무교육을 거쳐 직무에 배치했다. 이후 입직구를 제외한 모든 공석은 승진과 전환 배치를 통해 채워졌다. 이러한 채용 방식으로 인해 정기 공채를 통하지 않고 입사할 수 있는 길이 매우 제한되었으며, 결과적으로 기업규모 간 노동이동은 점차 제한될 수밖에 없었다.

그러나 2011년부터 한국경제가 저성장 단계에 접어들면서 대기업의 성장 속도가 둔화되고, 노동절약적 기술진보가 가속화됨에 따라 대기업의 채용규모도 감소했다. 이에 따라 대기업은 점차 정기공채 방식에서 벗어나, 필요한 인력을 필요한 시기에 필요한 만큼 채용하는 수시채용 및 상시채용 방식으로 전환하기 시작했다.[9] 수시채용 및 상시채용 방식에서는 채용규모가 적어 교육 훈련비가 증가하기 때문에 기업은 자연히 경력직 중심으로 채용하게 되었다.

대기업이 경력직 채용을 확대함에 따라, 중견기업 경력자가 대기업으로, 중소기업 경력자가 중견기업으로 이동하는 현상이 점차 증가하고 있다. 이는 1970년대와 1980년대에 유행했던 동일 단층 내에서의 기업규모 간 노동력 연쇄 이동 현상이 재현되기 시작한 것으로 볼 수 있다. 이러한 현상을 '제2의 물결'이라고 명명하고자 한다.

통계청이 행정자료를 활용하여 2020년부터 매년 작성 발표하는 '일자리 이동 통계'를 분석한 결과,[10] 2022년 대기업 근로자 426만 5천 명 중 75.5%는 계속 근무자였으며, 10.0%인 42만 8천 명이 신규 진입자, 14.5%인 61만 8천 명은 일자리 이동자, 즉 경력직 채용자로 나타났다. 이는 대기업이 신규 인력보다 경력직을 약 1.5배 더 많이 채용했음을 보여준다.

중소기업 이직자 중 대기업으로 이동한 근로자 비율, 즉 상향 이동률도 2020년 10.1%, 2021년 11.1%, 2022년 12.0%로 점차 증가하고 있다.

한국 노동시장에서 중소기업이 차지하는 비중이 88%라는 점을 고려할 때, 중소기업에서 대기업으로의 상향 이동률 12.0%는 결코 적은 규모가 아니다.

2021년에서 2022년 사이에 중소기업에서 대기업으로 이동한 근로자 수는 42만 5천 명으로, 이는 같은 해 대기업 신규 채용자 수와 맞먹는 규모이며, 대기업 경력직 채용자의 68.8%에 달하는 규모이다. 상향이동 규모는 2020년 38만 1천 명, 2021년 40만9천 명, 2022년 42만 5천 명으로 매년 2만 명 이상 증가해 왔으며, 이는 '제2의 물결'이 점차 확산되고 있음을 의미한다.

'제2의 물결'은 긍정적 효과와 부정적 효과를 동시에 가져올 가능성이 잇다. 긍정적 효과는 기업규모간 이중구조를 다소 완화하는 데 기여할 수 있다는 점이다. 과거에는 노동시장 신규 진입자들이 중소기업을 기피하고 대기업 진입을 위해 재수, 삼수를 반복하다가 경력도 쌓지 못하고 결국 하위단층으로 추락하는 경우가 많았다.

그러나 노동시장 신규 진입자들이 점차 '제2의 물결'을 인식하게 되면서, 대기업 취업을 위한 재수보다는 일단 중소기업에 취업하여 경력을 쌓고 이후 대기업으로 이동하는 '단계적 이동' 전략을 선택하는 경향이 증가할 것으로 보인다. 또한, 중소기업이 우수인력을 유지하기 위해 임금을 인상하게 되면서 기업규모간 임금격차가 축소될 가능성도 있다.

부정적 효과는 중소기업의 채용비용과 교육훈련비용이 크게 증가한다는 점이다. 2022년 기준 중소기업 근로자 1,631만 6천 명 중 64.7%는 계속 근무자, 17.1%는 신규 진입자, 18.2%는 경력직 채용자로 나타났다. 2017년 근로자 수를 기준으로 2022년까지 5년간 노동 이동률을 보면, 1년 내 16.5%, 5년 내 32.0%가 이동한 것으로 확인되었다.

중소기업에서 신규 채용한 근로자가 교육훈련을 거쳐 본격적으로 생산성을 발휘할 시점에 대기업으로 이동하게 되면, 중소기업은 다시 신규 인력을 채용하거나 다른 중소기업에서 인력을 스카우트해야 하는 상황에 직면한다. 이러한 반복적인 인력 이동은 중소기업의 채용비용과 교육훈련비용을 지속적으로 증가시키는 요인으로 작용한다.

또 다른 문제점은 이처럼 대기업과 중소기업들이 모두 교육훈련비용을 줄이기 위해 경쟁적으로 경력직을 채용하면서, 노동시장이 '저기술 균형'에 빠질 위험성이 높아진다는 점이다. 이는 노동시장의 장기적인 발전과 기술 수준 향상에 부정적인 영향을 미칠 가능성이 있다.

노동시장 유연화와 하위단층 비대화

1997년 말 국가부도 위기 당시, IMF가 구제 금융 지원 조건으로 노동시장 유연화를 강조하면서 한국 노동시장과 고용관계는 큰 변화를 겪게 되었다. 기업은 시장, 기술 등 환경 변화에 신속히 대응해야 경쟁에서 살아남을 수 있다. 기업이 환경 변화에 유연하게 대응하는 최선의 방법은 지속적 혁신으로 신제품을 개발하고 생산성을 향상시키는 것이다.

그러나 불황 등으로 경영 위기가 심화되면 노동비용을 줄여야 한다. 기업이 노동비용에서 유연성을 확보하는 방법에는 기능 유연성, 임금 유연성, 고용 유연성 등이 있지만, 한국에서는 노사 모두 주로 해고의 자유를 의미하는 고용 유연성에만 집중해 왔다.

한국에서 유연 노동시장이 해고의 자유로 인식되면서, 정규직을 중심으로 한 노동조합은 해고의 위험으로부터 자신들을 보호하기 위해 오히려 고용 안정성을 더욱 강화하는 전략을 구사했다. 이러한 상황에서 사용자들은 노동조합의 비대화를 막고 값싼 노동력을 활용하기 위해 소사장제와 사내하청제도 등을 도입하여 핵심 사업부를 제외한 사업부를 외주(outsourcing)로 전환하고, 비정규직을 확대하는 전략을 사용했다.

노사 모두 고용 유연성에 집착한 결과, 아이러니하게도 고용 경직성이 더욱 강화되고 노동시장의 이중구조는 심화되었다. 사내하청은 대기업(도급사업주)이 특정 업무를 중소기업(수급사업주)에게 맡기고, 수급사업주는 해당 업무를 도급사업주의 사업장에서 수행하는 구조이다. 사내하청 근로자는 수급사업주에 의해 고용되지만, 실제로는 도급사업주의 지휘와 감독 아래에서 일하게 된다.

대기업의 동일한 작업장에서 비슷한 직무를 수행하면서도, 사내하청 근로자는 대기업 근로자에 비해 임금, 근로조건, 고용 안정성에서 상당히 낮은 처우를 받게 된다. 이 과정에서 많은 '괜찮은 일자리들(decent jobs)'이 파괴되면서 고용의 질이 크게 악화되었다.

노동시장이 정규직 노동시장과 비정규직 노동시장으로 이원화되면서, 심각한 내부자-외부자(Insider-outsider) 문제가 발생하고 있다. 정규직 중심의 기업별 노조는 사용자와 함께 외부자(outsider)인 사내하청 근로자, 비정규직, 그리고 노동시장 신규 진입자들을 차별화하는 경향을 보이고 있다.

한국에서는 서구 선진국에 비해 비정규직 노동시장의 비중이 지나치게 큰데, 이는 하위단층의 구조적 특성을 이해해야만 그 원인을 알 수 있다. 하위단층은 '조직부문'과 '비조직부문'으로 구성되어 있다. 조직부문은 정규직과 동일한 직장에서 연속적이고 안정적이며 규칙적인 직무를 수행하지만, 고용관계상 하위단층에 속하는 경우를 말한다. 반면, 비조직부문은 집수리나 농촌 일손 같은 계절노동처럼 불연속적이고 불안정하며 불규칙적인 직무와 이에 종사하는 노동을 의미한다.

하위단층의 비조직부문은 자본주의 시장경제에서 어느 나라에서나 존재하는 불가피한 부분이다. 이는 불연속적인 일자리가 많고, 일시적으로 일하기를 원하는 사람들도 많기 때문이다.

문제는 '하위단층 조직부문'이다. 공공기관, 기업, 대학의 환경미화원처럼 지속적이고 안정적인 직무에 비정규직을 고용하는 경우이다. 정규직 일자리에 비정규직이 고용된다는 것은 정규직이 비정규직으로 대체된다는 것을 의미하며, 이 과정에서 '괜찮은 일자리'가 사라지고 질 낮은 일자리가 증가하면서 노동시장의 양극화가 심화된다.

하위단층 대부분의 직무는 상위단층 및 중위단층 직무와 달리 불연속적이고, 불안정하며, 불규칙적이고, 구조화되어 있지 않은 특징을 갖고 있다. 이러한 차이로 인해 상위단층과 중위단층은 채용 및 승진관리, 임금관리가 과학적이고 체계적으로 이루어지는 반면, 하위단층에서는 채용이 지극히 단순하게 이루어지고 승진관리는 아예 존재하지 않으며, 임금도 시장원리나 흥정에 의해 결정된다. 따라서, 비정규직 노동시장은 고용 안정성이 없고, 임금이 낮으며, 근로조건이 나쁘고, 4대 사회보험에서도 소외되는 경우가 많다.

비정규직 보호의 역설

한국이 독일, 캐나다 등 서구 선진국에 비해 비정규직 비중이 높은 이유 중 하나는 노동시장 유연화 전략의 결과로 볼 수 있다. 노동조합의 해고 조건 강화로 고용 유연화가 어려워진 환경에서 기업이 노동의 외주화나 비정규직 규모를 확대했기 때문이다.

IMF는 1997년 말 한국에 구제금융을 제공하면서 대규모 구조조정과 노동시장 유연화를 강력하게 요구했다. 이 과정에서 1998년 7월에 '파견근로자 보호 등에 관한 법률'이 제정되었는 데, 그 결과 역설적으로 환경미화원 같은 많은 일자리가 파견, 용역 등 비정형 근로로 대체되었다.

2007년에 시행된 '기간제 및 단시간 근로자 보호 등에 관한 법률(기간제법)'은 한 회사에서 기간제 근로자를 2년 이상 고용하지 못하도록 규정했다. 이 법은 기본적으로 정규직 전환을 유도하기 위해, 2년이상 기간제로 고용된 근로자를 정규직으로 인정한다는 취지였다.

그러나 기업은 이 법을 회피하기 위해 2년마다 고용계약을 종료하고 새로운 기간제 근로자를 채용하면서 이 법은 오히려 고용 불안정성을 심화시켰다. 기간제법이 시행되기 전에는 계약 기간이 최대 1년이었지만, 여러 번 갱신이 가능했기 때문에 근로자들이 비교적 안정적으로 일할 수 있었다. 그러나 이 법 시행 이후, 기간제 근로자들은 2년마다 실업과 구직을 반복해야 하는 상황에 놓이게 되었다.

비정규직의 근로형태는 한시적(기간제, 비기간제), 시간제, 비정형(파견, 용역, 특수형태, 일일근로, 가정내 근로)으로 구성되어 있다.[11] 2024년 8월 기준, 전체 임금근로자의 38.2%가 비정규직이며, 이 중 66.5%가 한시적 근로자이다.[12]

통계청이 국제비교 기준으로 조정하여 OECD에 제출한 임시직(Temporary Workers) 비중은 2023년 26.7%이다. 이 수치가 비정규직 비중보다 약 11.5%포인트 낮은 이유는 임시직 산출과정에서 반복 갱신 근로자, 시간제 근로자, 용역 근로자, 특수형태 근로자, 가정내 근로자 등이 제외되었기 때문이다.[13]

OECD에 제출된 임시직 비중을 기준으로 하더라도, 한국은 영국(5.3%), 캐나다(11.6%), 독일(11.9%), 일본(14.9%)에 비해 적게는 약 2배, 많게는 5배 이상 높은 비중을 보이고 있다.[14]

비정규직 함정

유럽에서는 비정규직이 경험을 쌓아 정규직으로 나아갈 수 있는 '디딤돌' 역할을 하지만, 한국에서는 비정규직이 한 번 빠지면 벗어나기 어려운 '함정(trap)'으로 작용하는 것이 더 심각한 문제이다. 비정규직은 정규직 노동시장인 상위 단층이나 중위 단층으로의 진입이 사실상 제한된 하위 단층 노동시장에 머물게 된다.

OECD의 2013년 비정규직 이동성 국가별 비교 연구에 따르면, 비정규직에서 1년 후 정규직으로 전환되는 확률은 OECD 16개국 평균이 35.7%인데, 한국은 11.1%에 불과하다. 3년 후 정규직으로 전환될 확률은 OECD 16개국 평균이 53.8%인데, 한국은 22.4%에 불과하다.[15]

최근 연구보고서에도 비슷한 결과가 나왔다. 한국에서 비정규직 근로자가 1년 후 정규직으로 전환되는 비율은 10.1%에 불과하다.[16] 반면 OECD 및 EU 국가에서는 평균적으로 25-39세 비정규직 가운데 19%가 3개월 만에 정규직으로 전환되는 것으로 조사되었다.[17]

증가하는 프레카리아트

문제는 하위단층이 확대되고 노동시장 양극화가 심화되면서 본인의 의사와 관계없이 '프레카리아트(precariat)의 삶'을 살아가는 인구가 급증하고 있다는 점이다. 프레카리아트(Precariat)는 '불안정한(precarious)'과 '노동자계급(proletariat)'을 결합한 신조어로, 고용안정성과 사회적 보호가 매우 낮은 불안정한 노동계층을 의미한다. 이들은 고용이 불안정할 뿐만 아니라 소득 수준도 낮아, 결혼과 출산에 대한 경제적 부담을 크게 느낄 수밖에 없다.

대표적인 프레카리아트에는 긱 노동자, 배달 라이더, 퀵서비스 기사, 프리랜서, 대리 운전 등이 포함되며, 이들은 특정 기업에 고정적으로 소속되지 않고, 필요에 따라 단기 계약 형태로 일하며, 주로 온라인 플랫폼을 통해 일거리를 찾아 수행한다.

플랫폼 경제의 확산으로 인해 '긱 노동자(Gig Worker)'가 급격히 증가하고 있다. '긱(Gig)'이라는 단어는 재즈 연주자들이 클럽을 옮겨 다니며 단기 계약으로 연주하던 데에서 유래되었다. 그러나 긱 노동자는 근로자성 논란으로 인해 근로자로서의 법적 보호 장치가 매우 취약하다. 이로 인해 최저임금 보장, 사회보험 적용, 노동 3권 행사 등 기본적인 권리를 충분히 누리지 못하는 경우가 많다.

초단시간 근로자의 증가

긱 노동자 못지않게 열악한 근로조건에 처한 하위단층 노동력으로는 '초단시간 근로자'가 있다. '초단시간 근로자'는 주로 1일 4시간 미만, 1주일 15시간 미만으로 근무하는 근로자를 의미하며, 근무시간은 짧지만 일정한 고정된 근무처를 갖고 있다.

2018년 정부는 최저임금을 매년 평균 인상률의 2배가 넘는 16.4%로 인상했다. 이에 충격을 받은 영세 자영업자들이 인건비 절감을 위해 '일자리 쪼개기' 방식으로 초단시간 근로자 고용을 크게 늘렸다. 그 결과 2019년 이후 초단시간 근로자의 수가 급격히 증가하였다.

초단시간 근로자는 긱 노동자와 달리 근로기준법상 '근로자'로 인정되지만, 연차휴가, 주휴수당, 퇴직금 등의 혜택은 적용되지 않는다. 이로 인해 최저임금 인상에 부담을 느낀 영세 자영업자들이 인건비를 절감하기 위해 '초단시간 근로자'를 적극 활용하면서, 이들의 수가 크게 증가하게 되었다. 이들은 주로 편의점 아르바이트생, 카페 파트타이머, 백화점 판매원 등의 직종에서 활동한다.

자영업자와 소상공인은 인건비 절감을 위해 긱 노동자나 초단시간 근로자를 적극적으로 활용하고 있으며, 노동자들 역시 생계, 학업, 육아 등 다양한 이유로 단시간 근로를 선택하거나 안정된 일자리를 구하지 못해 어쩔 수 없이 단시간 근로를 한다.

(그림 11-3)에 나타난 바와 같이, 주당 14시간이하 초단시간 근로자의 수는 2000년 43만 6천명에서 2010년 77만 9천 명, 2018년 109만 5천 명, 2019년 130만 2천 명, 그리고 2024년에는 174만 2천 명으로 급격히 증가했다. 특히 2019년 이후 증가 폭이 더욱 두드러졌다.

(그림 11-3) 초단시간 및 단시간 근로자 변동추이

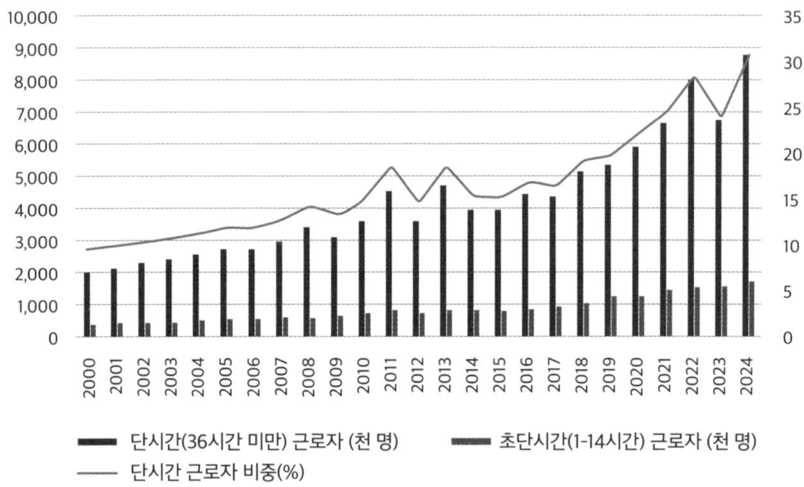

통계자료: KOSIS, '취업시간별 취업자', 2025. 4. 9. 인출 작성

단시간 근로자

저성장 단계로 진입한 2011년 이후, 주당 36시간 미만으로 근무하는 단시간 근로자도 급격히 증가하는 추세를 보였다. 이러한 변화는 고용 형태의 다변화와 유연근무 확산, 그리고 노동시장 구조 변화 등 다양한 요인과 관련되어 있다.

근로기준법 제2조에 따르면, '단시간 근로자'는 1주 동안의 소정 근로시간이 해당 사업장에서 같은 종류의 업무를 수행하는 통상 근로자의 1주

동안의 소정근로시간보다 짧은 근로자로 규정하고 있다. 현재 법정 근로시간은 1일 8시간 1주 40시간으로 규정되어 있으며, 이에 미치지 못하는 주당 36시간 미만의 근로자는 단시간 근로자로 분류된다.

이와 관련된 단시간 근로자의 변동 추이 및 전체 근로자 중 단시간 근로자가 차지하는 비중의 변동 추이가 (그림 11-3)에 나타나 있다.

주당 36시간 미만 취업자는 2000년 204만 6천 명에서 2010년 363만 7천명으로 증가했으며, 2011년 저성장 단계에 진입하면서 457만 5천명으로 급증했다. 이후에도 지속적으로 증가하여 2024년에는 881만 명에 달한 것으로 나타났다.

전체 취업자 중 36시간 미만 취업자가 차지하는 비중 역시 2000년 9.7%에서 2010년 15.1%, 2011년 18.7%로 증가했으며, 2024년에는 30.8%로 크게 증가했다. 이러한 추이는 고용 불안정 취업자 계층이 크게 증가했음을 보여준다.

제18장에서 구체적으로 논의되겠지만, 2011년은 한국경제가 저성장 단계로 진입한 변곡점이다. 한국경제는 고도성장기를 지난 2000년 이후에도 적어도 2010년까지는 연평균 성장률 6% 전후의 중성장기를 유지하며 세계 경제성장률을 앞질렀다.

그러나, 2011년에는 3.7%로 하락하며 처음으로 세계 경제성장률(4.2%)을 밑돌게 되었다. 이는 일시적인 현상이 아니라, 중성장 단계에서 저성장 단계로 진입하는 변곡점으로, 그 이후로도 계속 세계 경제성장률을 밑돌고 있다. 특히, 경제성장의 핵심동력인 생산성이 2011년을 분기점으로 크게 하락하며, 저성장 단계의 고착화를 가속화하고 있다.

지금까지의 논의는 우리에게 두 가지 중요한 교훈을 준다. 첫째, 경제는 생명체처럼 외부 충격에 즉각적으로 반응한다는 점이다. 최저임금 근로자를 위한 급격한 임금인상이 '일자리 쪼개기' 현상을 불러오면서, 결과적으로 고용의 질이 더욱 악화되었다.

둘째, 경제가 침체하거나 저성장 함정에 빠지면 고용의 질이 나빠지고 양극화가 심화된다는 점이다. 경제가 저성장 단계에 진입하면 기업의 수익률과 일자리 창출 능력이 크게 저하되며, 이에 따라 기업은 인건비 절감과 고용 유연성 강화를 위한 전략을 채택하게 된다. 이러한 변화는 고용이 불안정한 단시간 취업자의 비중 증가로 이어지며, 노동시장의 양극화가 심화된다.

높은 담벼락, 좁은 문: 단층노동시장이 만든 경제사회병리현상

단층노동시장은 다양한 경제사회 병리 현상을 유발해 왔다. 특히 하위단층의 비대화, 즉 비정규직 노동시장의 확대는 많은 청년들의 꿈과 희망을 앗아가고 있다. 한국의 비정규직 노동시장은 서구 선진국과 비교했을 때 두 가지 측면에서 심각한 문제를 안고 있다.

첫째, 비정규직 노동시장이 전체 노동시장에서 차지하는 비중이 지나치게 크다는 점이다. 2024년 8월 기준, 한국 노동시장의 38.2%에 달하는 850만 명이 비정규직이며, 비정규직의 38%가 대졸 이상 학력 소지자이다.[18] 이는 서구선진국의 4~8% 수준에 비해 현저히 높은 수준이다.

둘째, 비정규직이 정규직으로 전환되기 매우 어렵다는 점이다. 서구선진국에서는 비정규직이 정규직으로 나아가는 '디딤돌' 역할을 하지만, 한국에서는 비정규직 경험이 오히려 '낙인효과'로 작용하여 정규직 진입을 가로막는 '함정'으로 작용하고 있다.

이는 한국 노동시장이 단순한 이중노동시장이 아니라 하위단층에서 상위단층으로의 이동이 거의 불가능한 단층노동시장이기 때문이다. 즉,

한국의 비정규직 노동시장은 정규직으로 향하는 사다리가 아니라, 넘을 수 없는 벽이 존재하는 끊어진 절벽과 같다.

앞서 본 바와 같이, 한국은 1998년 국가부도 위기에서 IMF 구제금융을 받으면서 다양한 형태의 노동시장 유연화 정책이 추진되었다. 그리고 2011년 한국경제가 저성장 단계로 전환되는 변곡점을 맞으면서 상위단층은 축소되고 하위단층은 확대되는 구조적 변화가 발생했다.

상위단층으로의 진입이 점차 어려워지면서 신규취업 연령층이 높아지고, 하위단층으로 추락하는 청년층이 증가했다. 안정된 직장을 확보하지 못한 청년층이 크게 증가하면서, 결혼을 늦추거나 포기하는 사례가 증가했다. 그 결과 하위단층 비대화 과정에서 출산율은 지속적으로 하락해 왔고, 초저출산의 늪은 확장되었다.

학력병 사회

단층노동시장으로 인해 한국은 세계 어느 나라에서도 찾아보기 어려운 '학력병 사회', '학벌주의 사회'가 되었다. 학력병은 대학졸업장이 없으면 사회에서 성공하거나 인정받기 어렵다는 사회적 인식에 의해 발생하는 각종 병리 현상을 의미한다.

이러한 학력병이 과잉교육을 불러오면서 세계에서 가장 높은 대학진학률을 기록하게 되었다. 그러나 대졸 노동시장의 과잉공급으로 인해 대학을 나와도 상위단층에 진입하기 어려워지면서, 소위 일류대학을 나와야 한다는 '학벌주의 문화'가 확산되었다.

학력병의 가장 큰 문제는 학력(學力)이나 개인의 능력보다 대학졸업장이나 학력(學歷) 즉 간판을 중시한다는 점이다. 학력병 사회의 주요 특징을 보면, 첫째, 명문 대학의 졸업장이 없으면 직업을 구하거나 사회에서 인정받기 어렵다는 인식이 사회에 만연해 있다. 둘째, 개인의 실력과 관계없이 대학 졸업장만으로 개인의 능력이나 가치를 평가하는 경향이 있다. 셋째, 학력이나 대학 졸업장에 따라 실력과 무관하게 취업, 승진, 결혼 등의 기회에서 불평등한 대우를 받는 경우가 발생한다. 넷째, 학벌 경쟁이 심화되면서 사교육 열풍이 확산되고, 공교육이 붕괴되는 현상이 나타난다. 이는 고양육비 사회를 만들어 출산율 저하로 이어진다. 이 문제는 제12장 사교육 열풍과 공교육 붕괴에서 보다 깊이 있게 논의될 것이다.

단선적 경쟁문화

단층노동시장은 또한 단선적 경쟁문화를 확산시키며 한국을 스트레스 사회로 만들었고, 이는 초저출산의 주요한 원인으로 작용하고 있다. 이 문제는 제14장 단선적 초경쟁과 스트레스 사회에서 구체적으로 다루어질 것이다. 한국의 출산율의 급격하고 지속적인 하락은 단층노동시장의 구조변동과 높은 관련성을 갖고 있다.

우리는 제27장 '건강한 노동시장과 가족친화적 고용관계'에서, 이런 단층노동시장의 구조적 문제를 해결하고, 좋은 일자리 창출을 확대하며, 초저출산 문제를 극복하기 위한 구체적인 방안을 제시할 것이다.

단층노동시장은 많은 젊은이들에게 거대한 장벽으로 작용하며, 상위단층에 진입하기 위해 대학을 가지만, 대학을 졸업해도 그 목표를 달성할 수 있는 비율은 30%에 불과하다. 따라서 간판이 아닌 능력과 노력에 상응하는 보상이 공정하게 이루어지는 '건강한 노동시장'으로의 개혁이 절실하다.

또한 제28장 중소기업 르네상스에서는 중소기업의 상위단층 복원 전략을 다룰 예정이다. 중소기업의 좋은 일자리 창출 능력을 강화하면 청년층에게 더 많은 희망과 기회를 제공할 수 있으며, 이는 초저출산 늪에서 벗어나는 데 크게 기여할 수 있다.

12

사교육 열풍과 공교육 붕괴

제11장에서 본 바와 같이, 한국의 노동시장은 세 개의 단층으로 나뉘어져 있으며, 임금수준, 고용안정성, 승진기회, 근로조건 등의 측면에서 단층간 격차가 심하다. 더욱이, 일단 노동시장에 진입하면 개인의 노력만으로 단층 간 이동이 거의 불가능하며, 상위단층으로 진입할 수 있는 자격은 오직 대졸자에게만 주어진다.

이러한 구조 속에서 대학입시는 단순한 학문적 선택을 넘어, 개인의 미래를 결정짓는 중대한 기로로 작용한다. 그 결과 대학교육에 대한 수요가 급격히 증가하여 대학 대중화 시대가 열렸고, 대졸 노동시장은 과잉공급상태에 놓이게 되었다.

이에 기업들은 개인의 능력을 직접 평가하기보다 학벌을 일종의 간접적인 지표로 활용하며 명문대학 출신을 선호하는 경향을 보이게 되었다. 결국, 이러한 흐름 속에서 학벌주의 사회가 점차 형성되었다.

더욱이, 치열한 대학 입시 경쟁 속에서 시험의 공정성과 객관성이 강조되었고, 이에 따라 대학수학능력 시험을 중심으로 한 객관식 평가 시스템이 도입되었다. 이러한 획일적인 대학입학 시험제도는 한국의 모든 대학과 학과를 연구 및 교육역량과 무관하게 수능 점수라는 단일한 기준으로 서열화 하는 결과를 초래했다.

결과적으로, 대학 서열화 현상이 고착되면서 학벌이 개인의 능력과 가치 평가의 중요한 요소로 자리 잡게 되었고, 이는 학벌지상주의 문화가 한국 사회에 깊숙이 뿌리내리는 계기가 되었다.

학벌지상주의는 개인의 역량과 노력보다 출신 대학이라는 배경이 사회적 평가와 기회의 중요한 기준으로 작용하는 사회현상을 의미한다. 즉, 특정 대학 출신 여부가 취업, 승진, 그리고 사회적 인정에 결정적인 영향을 미치며, 이는 개인의 실제 성과나 능력보다 학벌을 우선시하는 경향을 강화한다.

이러한 구조는 개인의 능력과 실질적인 성과를 평가 기준으로 삼는 서구 사회의 능력주의(Meritocracy)와는 뚜렷이 대비된다. 능력주의 사회에서는 출신 학교보다 개인의 실력과 성취가 더욱 중요한 요소로 작용하며, 사회적 기회가 보다 공정한 경쟁을 통해 분배된다. 반면, 학벌지상주의 사회에서는 대학 입학 단계에서 이미 기회의 불평등이 시작되며, 그 영향이 노동시장과 사회 전반에 걸쳐 지속적으로 이어지는 구조가 형성된다.

이러한 학벌지상주의와 치열한 대학 입시성적 서열경쟁은 한국 교육 전반에 걸쳐 획일적인 경쟁 문화를 조성하며, 이에 따라 사교육시장의 비정상적인 확장과 동시에 공교육의 질적 저하를 초래했다.

교육 본래의 목적은 개인의 잠재적 역량개발과 인격 도야에 맞춰져야 하지만, 현실적으로 대입성적 서열경쟁이 교육의 핵심요소로 자리잡으면서 교육의 본질이 흐려지고 있다.

이러한 구조속에서 공교육보다 사교육이 경쟁우위를 갖게 되었으며, 부모들은 자녀에게 더 나은 교육기회를 제공하기 위해 사교육비 지출을 크게 늘리고 있다. 심지어, 미취학 아동조차 유명 학원 입학을 위해 치열한 경쟁을 벌이는 상황이 전개되면서 '4세·7세 고시'라는 말이 회자될 정도로 사교육 시장이 과열되었다. 어린 시절부터 모든 교육이 대입성적 서열경쟁에 초점이 맞춰지면서 학벌지상주의와 과열된 경쟁 문화가 더욱 심화되고 있다.

초등학교, 중학교, 고등학교는 학생들의 연령층의 발달 단계에 맞춰 고유한 교육기능을 수행해야 한다. 특히 저학년일수록 교육의 중점을 체덕지(體德智) 순으로 우선 순위를 두어야 한다.

유아청소년기에는 평생 건강하게 잘 살 수 있는 체력과 체질을 기를 수 있는 생활습관을 익히고, 살아가면서 따뜻한 인간관계를 형성할 수 있는 훌륭한 인성과 덕성을 함양하는 것이 무엇보다 중요하다. 어린 시절부터 형성된 체력과 인성은 평생 지속되는 중요한 요소이며, 이는 개인의 삶의 질을 결정하는 근본적인 기반이 된다.

그리고 청소년기에는 호기심이 많고 개인의 잠재력을 잘 알 수 없는 단계에 있기 때문에, 특히 이 시기의 교육은 학생들의 창의적 사고능력과 다양한 잠재력 개발에 중점을 두어야 한다.

그러나 현재 한국의 초·중·고등학교는 각급 학교수준에 맞는 이러한 고유의 교육 기능을 상실하고 오로지 대학입시를 위한 준비기관으로서 획일화된 교육을 하면서 학생들의 창의적 사고능력과 잠재력 개발을 오히려 어렵게 하고 있다. 이는 한국의 단층노동시장과 대입성적서열 경쟁 체제에서 비롯된 구조적 문제로 볼 수 있다.

대입성적 서열경쟁

교육부가 대학입시에 깊이 개입하면서, 전국의 모든 대학들은 수능시험 점수와 내신성적을 주요 선발기준으로 사용하고 있다. 이런 대학 입시 제도 아래에서 학생, 학부모, 교사를 비롯한 모든 교육 관련자들의 관심은 자연스럽게 수능점수와 내신성적의 서열경쟁에 집중될 수밖에 없다.

더욱이, 유명 사설 학원들은 매년 입시철이 되면 '대입 배치표'를 만들어 발표한다. 이 배치표는 수험생들이 자신의 수능 점수를 기준으로 지원 가능한 대학과 학과를 한눈에 확인할 수 있도록 정리한 자료이다. 이는 결과적으로 전국의 모든 대학과 모든 학과를 수능점수라는 하나의 잣대로 서열화 하는 기능을 하며, 이 과정에서 수험생들도 자연스럽게 점수로 서열화된다.

과도한 점수서열경쟁에서 시험은 학생들의 역량개발의 도구가 아니라, 모든 학생들을 하나의 점수 잣대로 줄을 세우는 것을 핵심 기능으로 한다. 이 경우 시험에서 가장 중요한 것은 공정성 시비로부터 자유로워야 하기 때문에 객관식 중심으로 문제를 출제할 수밖에 없다. 이러한 '대입성적 서열경쟁'이 사교육 열풍을 불러왔고, 사교육 열풍은 여러가지 경제사회 병리현상을 일으키고 있다.

첫째, 사교육 열풍과 공교육 붕괴의 악순환 고리가 형성되어 있다. 사교육 열풍이 공교육을 붕괴시키고, 공교육이 붕괴될수록 사교육 열풍은 더 강해지는 악순환이 일어나고 있다.

둘째, 사교육 열풍은 육아의 경제적 부담과 심리적 부담을 가중시켜 청년들이 결혼과 출산을 할 엄두를 내기 어렵게 만든다. 이것이 망국적 초저출산의 핵심적 원인 중 하나이다.

셋째, 사교육 열풍이 양극화를 심화시키고 사회 역동성을 약화시킨다. 교육은 사회 공평화의 중요한 기제로 작동할 수 있도록 설계되어야 하는데, 사교육 열풍으로 교육이 오히려 '사회계층 세습화'라는 역기능을 하고 있다.

넷째, 대입성적 서열경쟁체제와 사교육 열풍으로 인해 교육 투자의 효과성과 효율성은 매우 낮아지고, 제4차 산업혁명/창조경제 시대가 요구하는 창의성과 혁신역량을 지닌 Y형인재 양성에 실패하고 있다.

사교육 열풍

한국에서 사교육은 단순한 학습보조 기능을 넘어 거대한 산업으로 성장하였으며, 사교육 열풍이 경제사회 전반을 뒤덮고 있다. 유치원생부터 고등학생, 심지어 일부 대학생에 이르기까지 대부분의 학생과 학부모는 물론 전국의 초·중·고교가 사교육 열풍의 영향권 안에 놓여 있다.

사교육 열풍은 시간이 지날수록 더욱 거세지는 추세이다. 2024년, 초·중·고 학생 수는 전년대비 8만 명이나 감소했음에도 불구하고 사교육비는 오히려 2조 1천억원이 증가하여 사교육비 총액은 29조 2000억 원에 달했다. 이는 전년 대비 7.7%가 늘어난 것이고, 관련 조사가 처음 시작된 2007년의 20조 원과 비교해보면, 불과 18년만에 9조 2천억 원, 즉 46%나 증가해 역대 최대치를 기록한 것이다.[1]

이러한 사교육비 총액은 2024년 교육부 전체 예산 95조 7,888억원의 30.5%에 해당하고, 유아 및 초·중등 교육 예산 73조 7천억원의 39.6%에 달하는 엄청난 규모이다.[2] 이는 한국의 교육 시스템에서 사교육이 차지하는 비중이 얼마나 크고 깊이 자리 잡았는지를 여실히 보여주는 통계라 할 수 있다.

2024년, 전국 전체 학생의 80.0%가 사교육에 참여했고, 사교육 참여 학생 기준 1인당 월평균 59만 2천원을 사교육비로 지출했다. 학교급별로 보면, 초등학생은 50만 4천원, 중학생은 62만 8천원, 고등학생은 77만 2

천원을 매월 사교육비로 지출했다. 특히 서울의 1인당 월평균 사교육비는 초등학교 65만 4천원, 중학교 81만 2천원, 고등학교 102만 9천원으로 전국 평균을 크게 웃돌았다.[3]

중학생 1명과 고등학생 1명의 자녀를 둔 가정의 경우, 자녀 사교육비로 매월 전국 평균 140만 6천원, 서울에서는 약 184만 1천원을 지출하고 있는 셈이다. 2024년 4/4분기 가구당 월평균소득이 521만 5천원, 처분가능소득은 420만 7천원인 점을 고려하면,[4] 중학생과 고등학생 1명씩을 둔 가구는 월 처분가능소득의 33.4%를 자녀 사교육비로 지출하는 셈이다.

사교육 열풍과 공교육 붕괴

한국에서 공교육과 사교육은 대입 점수 서열경쟁이라는 공통의 목표를 가지고 있다. 공교육과 사교육이 갖고 있는 실질적인 목적은 대입 점수 서열경쟁에서 높은 서열을 확보하는 것이다. 또한, 공교육과 사교육은 보완관계가 아닌 대체관계에 있다. 이러한 대체관계로 인해 사교육이 발달할수록 공교육은 붕괴되고, 공교육이 붕괴될수록 사교육은 더욱 번성하게 된다.

한국은 후발산업국가로서 선진국의 지식과 기술을 습득한 양질의 우수한 저임노동력과 대량생산체제를 기반으로 선진국을 빠른 속도로 따라잡는 빠른 추격자(fast follower) 전략으로 압축성장을 성공적으로 실현했다.

대량생산체제에서는 기본적으로 직무가 세분화, 표준화되어 있어 표준화된 지식과 기술을 가진 반숙련 노동력(semi-skilled worker)을 필요로 한다. 이런 생산체제에서 생산성을 높일 수 있는 인재는 창의성이나 진취성보다 주어진 표준화된 직무를 성실하게 잘 수행하는 X형인재이다. 이러한 환경에서 한국은 산업화 과정에서 선진국의 표준화된 지식과 기술을 모든 학생에게 동일하게 복사시키는 X(XeroX)형인재 육성 시스템이 발달하게 되었다.

대입성적 서열경쟁 사회에서 수능시험이나 내신시험은 객관성과 공정성을 확보하기 위해 객관식 중심으로 출제될 수밖에 없다. 객관식 한 문제 차이로 자신이 갈 수 있는 대학과 학과가 갈리게 된다. 객관식 문제를 한 문제 더 잘 맞출 수 있는 기능을 익히는 것이 교육의 핵심이 되었다.

객관식 문제 풀이 요령 경쟁에서 공교육은 기본적으로 사교육을 이길 수 없다. 공교육에서는 교사들이 학생들에게 객관식 문제 풀이 요령을 잘 익히도록 하는 데 많은 노력을 기울일 유인이 존재하지 않는다. 그러나 사교육 시장에서는, 소위 '일타강사'가 되면 엄청난 인기와 연봉을 누릴 수 있기 때문에, 강의기법과 객관식 문제 풀이 요령을 개발하기 위한 강력한 유인이 존재한다.

학원은 내신성적과 수능점수를 높이는 전략으로 학교 교육에 앞서 '선행강의'를 한다. 교육부는 수능점수에 의한 전국 입시생의 서열화에 대한 비판이 일자, 그 대안으로 내신성적을 대입 입시의 주요한 선발 기준으로 도입했다. 정시 모집 전에 학생을 선발하는 수시는 수능성적 없이 고등학교 내신성적 및 학교생활기록부의 활동으로 평가하고, 정시는 대학수학능력시험 점수를 기준으로 학생을 선발하도록 이원화한 것이다.

그러나 학원은 '선행 강의'로 내신성적에 강한 영향을 미치고 있다. 학교 교실에는 학원에서 선행강의를 들은 학생과 그렇지 않은 학생들이 공존한다. 이러한 경우 교사는 학생들에게 강의수준을 맞추기 어렵다. 학교 강의는 학원에서 선행강의를 받은 학생에게는 이미 알고 있는 내용이어서 지루한 강의가 되고, 그렇지 못한 학생에게는 어려운 강의가 된다. 학교 강의에 흥미를 잃은 학생들은 수업시간에 잠을 자거나, 산만한 교실

분위기를 만든다. 이른바 '교실파괴 현상'이 일어나는 것이다.

사교육 카르텔과 범죄

사교육 열풍 속에서 '사교육 카르텔'과 같은 범죄 집단까지 출현하고 있다. 최근 감사원은 사교육 광풍과 공교육 붕괴를 더 극명하게 보여주는 '사교육 카르텔' 감사 결과를 발표했다.[5]

대학수학능력시험(수능)과 모의평가 출제, EBS 교재 집필 등에 참여한 고등학교 교사들이 수능과 유사한 유형의 문항을 만들어 사교육업체들에 거액의 뒷돈을 받고 넘겨왔다. 사교육업체와 유명 학원 강사들은 이렇게 사들인 문제로 강의하면서 수능이나 모의평가에서 높은 적중률을 내세워 유명세를 행사하며 학생들을 유인해 왔다. 이는 앞서 본 '선행 강의'와 달리 한국 고등학교 교육의 궁극적 목적이 되어 있는 수능시험과 내신 시험의 공정성을 직접적으로 붕괴시키고 있다는 점에서 충격적이다.

더욱 충격적인 사실은 수년간에 걸쳐 상당히 많은 사람들이 조직적으로 이러한 유형의 범죄에 참여해 왔다는 점이다. 감사원은 사교육 카르텔이 피라미드식으로 조직화되어 있다는 사실을 밝혔다. "수능 문항과 유사한 문항을 만들어 파는 다수의 교사가 있고, 그 위에서 일부 교사가 '중간관리' 역할을 맡아 사교육 업체와의 거래를 알선하고 수수료를 챙겼으며, 정점에는 교사들로부터 문항을 공급받아 '족집게' 행세를 하는 대형 입시학원과 유명 강사들이 있었다."[6]

감사원이 밝힌 일부 사례를 보면 충격적이다.

"수능과 모의평가 문항 검토위원으로 다년간 참여한 교사 A씨는 당시 함께 합숙하면서 알게 된 출제위원, 검토위원, 교사 8명과 2019년 조직을 만들어 수능과 유사한 문제 2000여 개를 만들어 사교육 업체와 유명 학원 강사들에게 총 6억6천만 원을 받고 팔았다.

B씨는 EBS 교재 집필 과정에서 알게 된 교사와 소속 학교 교사 등 35명으로 문항 제작진을 구성하고 문항 판매 사업을 위한 출판업체까지 세워, 2022년까지 사교육 업체와 유명 학원 강사들에게 문항을 팔아 18억 9천만원의 매출을 올렸다.

2015년부터 EBS의 수능 연계 영어 교재 집필진으로 참여한 E씨는 교재 출판 전에 집필진에게 검토용으로 제공된 파일을 이용하여 유사 문항을 2021년까지 7년간 8천여 개를 만들어 유명 학원 강사에게 공급하고 5억 8천만 원을 받았다. 문항 장사 교사들은 사교육 업체에 판 문항 일부를 자기 학교 중간·기말고사 시험문제로 출제하기도 했다."[7]

학원에 다니거나 사교육 업체를 통해 문항을 사들여 공부한 학생들이 '내신 성적'에서 상대적으로 높은 점수를 받을 수밖에 없다.

사교육은 이처럼 공교육과 보완관계가 아닌 대체관계에 있으면서, 오히려 공교육을 붕괴시키고 있다. 문제는 공교육이 사교육과 대체관계에 놓여 있으면서도, 사교육과 차별화되지 못하고, 점수위주 교육에서 사교육에 비해 경쟁력마저 낮다는 점이다. 공교육의 이러한 낮은 경쟁력은 사교육 확장을 부추기고, 사교육의 확장은 다시 공교육을 약화시키는 악순환이 일어나고 있다.

경제적 부담과 심리적 부담

사교육 열풍은 학생과 학부모에게 경제적 부담과 심리적 부담을 가중시킨다. 사교육 열풍으로 가정의 사교육비 부담이 지나치게 높아져 국민들의 삶의 질이 크게 떨어지고 있다.

국가는 국민 세금으로 무상교육을 실시하고 있지만, 공교육이 제기능을 못하면서, 학령기 자녀를 둔 학부모는 매달 소득의 많은 부분을 사교육비로 지출하고 있다. 과도한 사교육비 지출로 인해 노후 준비를 위한 자산형성에 실패하면서 노인 빈곤의 원인이 되기도 한다.

한국의 대부분의 젊은이들은 사교육을 직접 경험했든 아니든, 사교육 열풍으로 인해 심리적 부담을 느끼고 있다. 심지어 일부는 자신의 청소년기 경험과 부모의 힘든 생활을 보면서 결혼과 자녀를 포기할 정도의 트라우마를 갖기도 한다.

대입점수 서열경쟁 사회에서 학업은 새로운 지식과 새로운 세계에 대한 즐거운 탐험이 아니라, 점수에서 친구보다 단 1점이라도 앞서야 하는 치열한 전투로 인식된다.

자신이 하고 싶은 것을 찾아 희망을 설계하고 꿈을 펼쳐야 할 나이에 새벽부터 밤 늦게까지 학교와 학원에서 흥미도 없는 문제 풀이에만 몰두하느라 몸과 마음이 언제나 지쳐 있다. 점수서열경쟁에서 앞서야 한다는 강박관념과 스트레스로 인해 자신의 재능을 찾거나 아름다운 인생을 위한 다양한 경험을 할 시간적 여유를 갖기 어렵다.

부모의 삶은 과연 어떨까? 자녀의 학원비를 마련하기 위해 20년 가까이 경제적부담을 감내하며, 노후를 위한 저축은 엄두조차 내지 못하는 것이 현실이다. 그러다 자녀가 취업하고 결혼할 시기가 오면, 부모는 제대로 된 노후 준비도 없이 은퇴를 맞이하게 된다.

경제적 빈곤만이 문제가 아니라, 시간적 빈곤과 사랑의 빈곤도 문제다. 부모는 직장 생활 외 대부분의 시간을 자녀의 입시 관리와 대입정보 수집 등에 투입하느라 자신의 삶을 돌볼 여유를 갖기 어렵다. 자녀 또한 20년 가까이 잠에서 깨어나 잠들 때까지 학교와 학원을 전전하느라 부모님과 따뜻한 대화와 사랑을 나눌 기회를 별로 갖지 못한다.

학벌 중심 사회와 사교육 열풍이 지속되는 한, 청년들은 결혼과 출산을 통해 자녀가 자신과 같은 치열한 교육 경쟁에 내몰리고, 자신 또한 부모와 같은 경제적 부담을 떠안게 될 것이라는 두려움을 품게 된다. 자신의 삶과 행복을 중시하는 오늘날의 젊은 세대는 이러한 심리적 부담 속에서 결혼과 출산을 주저하게 되며, 이는 초저출산 현상의 주요 원인 중 하나로 작용하고 있다.

양극화 심화와 가난의 세습화

공교육의 중요한 경제사회적 기능 중 하나는 무상교육을 통해 부모의 경제력에 관계없이 모든 국민에게 균등한 교육기회를 제공하고, 이를 통해 사회적 격차를 해소하는 것이다. 그러나 현재 공교육의 위기 속에서 이러한 기능은 위협받고 있다.

역설적이게도 우리 사회의 점수 서열 경쟁 구조는 사교육에 유리하게 작용하고 있다. 이로 인해 부모의 경제적 불평등은 자녀의 교육기회 불평등으로 직결되는 심각한 문제를 야기하고 있다. 부모의 경제력 차이가 자녀의 사교육비 부담 능력에 큰 격차를 만들고, 이는 다시 자녀의 대학입시 경쟁력 나아가 취업 경쟁력에 결정적인 영향을 미치고 있다.

결론적으로, 사교육 열풍 속에서 공교육이 제기능을 다하지 못하면서 부모의 경제력 격차가 자녀의 교육 기회 불평등으로 이어지고 있으며, 이는 결국 '사회계층의 세습화'를 심화시키는 부작용을 낳고 있다.

통계청의 '2024년 사교육비 조사 통계'에 따르면, 가구 소득수준이 높을수록 사교육비 및 사교육 참여율 모두 높게 나타났다. 특히 사교육비 규모는 가구 소득수준에 따라 상당한 격차를 보이고 있다. 가구 월평균 소득이 800만 원 이상인 경우, 학생 1인당 월평균 사교육비는 67만 6천

원으로, 300만 원 미만 가구의 18만 3천 원의 3.7배에 달한다. 사교육 참여율도 부모의 소득수준에 따라 상당한 차이를 보여주고 있다. 초·중·고 전체 사교육 참여율은 80%인데, 월 소득 300만 원 미만 가구는 58.1%, 800만 원 이상 가구는 87.6%였다.[8]

적어도 1980년대까지만 해도 '개천에서 용 난다'는 속담이 자주 회자되며, 어려운 환경 속에서도 자수성가하는 사례가 많았다. 그러나 2000년대에 들어서면서 사교육 열풍 속에서 부모의 경제력이 자녀의 사회적 성공을 결정짓는 중요한 요인이 되는 사회적 구조가 고착화되었다.

사교육 열풍은 또한 중산층 형성을 어렵게 만들고 양극화를 심화시키고 있다. 자녀 2명을 둔 부모는 아이가 태어나 대학에 입학하기까지 매월 처분가능소득의 30% 전후를 자녀 사교육비로 지출하고, 대학을 졸업하고 취업할 때까지 교육비를 지출해야 한다. 그리고 자녀가 결혼 적령기에 이르면 벌써 은퇴를 눈앞에 두고 있는데, 자녀 결혼비용과 신혼부부 거주비도 큰 부담이다.

이런 자녀 양육 환경에서 소득 상위 20% 계층을 제외한 대부분의 소득계층에서는 노후를 대비한 저축과 자산형성이 어렵다. 그래서 한국에서는 자신이 살고 있는 집이 거의 유일한 자산인 은퇴자들이 많다. 한국이 OECD 국가 가운데 노인빈곤율이 가장 높은 이유이다.

이것은 미국의 일반적인 가정의 자녀 양육시스템과 비교해 보면 분명해진다. 미국에도 사교육이 있지만, 한국처럼 대학입시를 위한 사교육이 발달되어 있지 않아, 자녀 사교육비 지출이 많지 않다. 미국은 한국에 비해 대학 등록금이 비싸지만, 장학금 제도와 '학자금 대출 시스템'이 발달되어 있어 부모에게 크게 의존하지 않고 학생 스스로 해결하는 경우가 많다. 미국은 다양한 형태의 모기지 시스템이 발달되어 있어 신혼부부가 자신의 주택을 부모에게 의존하지 않고 스스로 해결하는 경우가 많다.

저효율 교육투자와 인재육성 실패

한국은 세계에서 문맹률이 가장 낮고 고학력화율이 매우 높은 국가이다. 지난 70년간의 산업화, 민주화, 선진화의 핵심동력은 한국의 높은 교육열과 교육수준이다. 이는 적어도 대입 성적서열 경쟁과 사교육열풍이 본격화되기 시작한 1990년대까지 한국의 교육투자는 효과성과 효율성이 매우 높았다는 것을 의미한다.

최근 들어 사교육 열풍과 공교육 붕괴가 가속화되면서, 국가적으로 교육투자에 막대한 자원의 낭비가 일어나고 있다. 인적자원은 국가 경쟁력과 국가의 미래를 결정하는 가장 중요한 요소이므로, 교육투자를 많이 해야 한다. 문제는 투자의 효과성과 효율성이 낮아 투자의 낭비가 심각한 수준에 있다는 것이다.

국가는 공교육에 투자하고 있지만, 교실 파괴 등으로 공교육 투자효율이 대단히 낮기 때문에 그만큼 투자낭비가 발생하고 있다. 국민은 세금을 내어 공교육에 막대한 투자를 하고도, 두 명의 학령 자녀를 둔 평균소득 수준의 학부모는 사교육비로, 그것도 오로지 점수서열 경쟁을 위해 매달 처분가능소득의 30%를 지출한다.

더 심각한 문제는 교육의 효과성이 매우 낮다는 것이다. 교육의 목적은 시대가 요구하고 사회가 필요로 하는 '훌륭한 인재'를 양성하는 것이다. 훌륭한 인재는 정신적, 육체적으로 건강하고, 따뜻한 인간관계를 가질 수 있으며, 학습과 일을 즐기면서 스스로 가치를 창출할 수 있는 인재이다. 이러한 인재는 행복한 삶을 누리면서 동시에 시대와 사회 발전에 기여할 수 있다.

여기서 가치를 창출하는 방식과 역량이 시대와 사회에 따라 크게 다르다는 것이다. 농업경제 시대에는 도구를 사용하여 농산물이라는 가치

물을 생산하고, 생산방법과 생산역량은 부모의 농사일을 도우면서 현장학습(OJT)으로 습득한다.

한국은 후발산업국가로서 지난 70년간 빠른 추격자 전략으로 압축성장을 해 왔다. 이 시기에는 'X형인재'가 유용한 인재였다. X형인재는 정형화되고 표준화된 복사형(XeroX) 인재로서 표준화된 지식을 빠르게 습득하여 성실하고 열심히 노력하는 인재를 말한다.[9]

현재는 제4차 산업혁명이 빠르게 진행되면서 산업경제에서 창조경제로 경제발전단계가 이행하고 있다. 제4차 산업혁명과 창조경제시대는 Y형인재를 요구한다. Y(Yield)형인재는 인성, 창의성, 진취성, 전문성을 겸비하고 스스로 새로운 가치를 창출하는(Yield) 인재, 즉 창의성과 혁신역량이 뛰어난 인재를 말한다.[10]

대입성적 서열경쟁을 최고의 교육목표로 하는 현실에서 공교육과 사교육은 정형화되고 표준화된 X형인재를 양성할 수밖에 없다. 시대와 사회는 Y형인재를 요구하는데, 공교육과 사교육에 투자되는 막대한 교육비는 X형인재 육성에 투입되고 있다. 따라서 교육투자의 효과성과 효율성이 낮을 수밖에 없다.

13

수도권 블랙홀의 덫

생존본능과 생식본능

수도권 블랙홀은 어떤 메커니즘을 통해 '초저출산 늪'을 확장시키고 있을까? 이 질문에 답하기 위해 다음 두 가지 명제를 제시하고자 한다.

첫 번째 명제는, 모든 생명체가 '생존본능'과 '생식본능'을 가지고 있다는 것이다. 생존본능은 생명체가 자신의 생명을 유지하고 보호하려는 본능이며, 반면 '생식본능'은 유전자를 다음 세대로 전달하여 종족을 유지하고 번성시키려는 본능을 뜻한다.

두 번째 명제는, 생존경쟁이 치열해질수록 생존본능이 생식본능을 앞서게 된다는 것이다. 두 본능은 밀접하게 연관되어 있지만, 개체가 생존에 위협을 느끼거나 경쟁이 격화될수록 생존본능이 더욱 강해지면서 출생율이 낮아지는 경향을 보인다.

수도권 집중화 현상은 인간의 '생존본능'과 깊이 연관되어 있다. 사람이라면 누구나 본능적으로 더 나은 환경에서 건강하고 경제적으로 안정된 삶을 누리며 행복을 추구하기 마련이다. 따라서, 양질의 일자리가 풍부하고, 교육, 의료, 문화 환경이 우수한 지역에서 거주하기를 희망하는 것은 지극히 자연스러운 현상이다.

한국의 경우, 대기업 본사가 서울에 집중되어 있어 양질의 일자리 또한 수도권에 편중되어 있다. 뿐만 아니라 경쟁력 있는 대학, 수준 높은 의료기관, 다양한 문화시설 역시 수도권에 밀집되어 있어 개인과 기업 모두에게 폭 넓은 기회를 제공한다. 이러한 구조 속에서 인재들은 더 나은 일자리를 찾아 수도권으로 이동하고, 수도권은 다시 우수한 인재를 바탕으로 경제적 성장과 발전을 지속하는 '인재-일자리 선순환 구조'를 형성하게 된다.

그러나 이러한 선순환 구조의 반대 효과로 인해 지방의 인재와 일자리가 수도권으로 빨려 들어가는 이른바 '수도권 블랙홀 현상'이 나타나게 된다. 이는 지방의 경제적 쇠퇴와 인구 감소를 가속화하며 지역 간 불균형을 심화시키는 요인으로 작용하고 있다.

특히, 수도권 블랙홀 현상은 초저출산 문제를 악화시키는 요인으로 작용한다. 이 메커니즘은 두 번째 명제로 설명할 수 있다. 수도권에 전국의 우수한 인재가 집중될수록 생존경쟁은 더욱 치열해지고, 이에 따라 생존본능이 생식본능을 앞서면서 출생율이 감소하는 현상이 나타난다.

수도권에 양질의 일자리가 집중되지만, '양질의 일자리'는 상대적인 개념이므로 언제나 희소성을 지닌다. 그 결과, 뛰어난 인재들이 모여들수록 경쟁은 더욱 치열해질 수밖에 없다.

뿐만 아니라, 수도권에서는 '과밀비용' 증가로 인해 주거비, 생활비, 자녀교육비 등이 지방보다 상당히 높아 청년들의 경제적 부담이 가중된다. 낮은 임금의 일자리를 얻은 청년은 물론, 비교적 좋은 일자리를 가진 청년들조차 높은 주거비와 생활비 압박 속에서 삶의 여유를 찾기 어려운 현실에 직면하게 된다.

특히, 지방에서 수도권으로 이동한 청년들은 부모가 지방에 거주하고 있어 주거와 자녀교육 등에서 부모의 지원을 받기 어려운 상황에 놓이게 된다. 또한, 성장과정에서 형성된 사회적 네트워크 역시 지방에 집중되어 있어 수도권 출신보다 생존본능을 더욱 강하게 느끼게 된다.

결국, 자신의 소득 수준으로 주거비, 생활비, 자녀교육비를 감당하기 어렵다고 판단한 청년들은 결혼과 출산을 늦추거나 포기하는 경향이 강해진다. 이러한 구조는 저출산 문제를 더욱 심화시키며, 실제 통계에서도 이를 확인할 수 있다.

통계청 자료에 따르면, 결혼과 출산에 가장 큰 영향을 미치는 25-39세 청년층의 유배우자 비중은 서울이 25.0%로, 세종시의 51.4%에 비해 절반에도 미치지 못하는 수준이다. 또한, 수도권 청년층의 유배우자 비중 역시 31.7%로, 비수도권의 36.1%보다 낮아,[1] 결혼과 출산이 더욱 어려운 환경임을 보여준다.

세종시는 행정수도로서 인구밀도가 낮고, 중앙부처 공무원들이 집중되어 있어 가장 안정적인 일자리를 제공하는 지역이다. 이러한 특성 덕분에 세종시 청년층은 서울 등 다른 지역 청년들에 비해 생존 경쟁의 압박이 상대적으로 낮으며, 이에 따라 결혼율과 출생률 저하가 덜 두드러지는 경향을 보인다.

반면, 서울 청년층의 유배우자 비율이 비수도권에 비해 크게 낮은 이유는 치열한 생존경쟁 속에서 생존본능이 강하게 작용하여 결혼을 미루거나 포기하는 경향이 강하기 때문이다.

합계출산율 지역별 통계도 이러한 가설을 강하게 뒷받침한다. 2024년 전국 합계출산율은 075명인데, 서울의 합계출산율은 0.58명에 불과하다.[2] 수도권 과밀비용에 의한 초저출산 문제는 해당 연령 여자인구 1천명당 출생아 수를 나타내는 '모의 연령별 출산율'을 보면 더욱 분명해진다. 2023년, 25-29세 연령층의 모의 연령별 출산율은 전국 21.4명인데 서울은 그 절반도 안 되는 8.5명이다. 30-34세층에서도 전국 평균 66.7명인데, 서울은 47.3명에 불과하다.[3]

수도권 블랙홀 현상은 서울과 지방의 출생률을 동시에 하락시키는 주요 요인으로 작용한다. 지방에서는 청년층 유출로 인해 가임 여성의 수가 감소하면서 출생아 수가 줄어들고, 수도권에서는 높은 생활비와 치열한 경쟁이 청년들의 결혼과 출산을 어렵게 만들어 초저출산 문제는 더욱 악화되고 있다.

지역별 청년층 인구 변동 추이

수도권 블랙홀 현상은 지역별 청년층 인구 변동에서 뚜렷하게 나타난다. 결혼과 출산의 핵심 연령층인 20-39세 청년층은 생산과 소비에 미치는 영향도 크기에 이 연령층 인구가 증가하는 지역은 발전하고, 감소하는 지역은 쇠퇴할 위험성이 높다.

지역별 청년층 인구 변화는 출생아 수에 따른 '자연 증감'과 지역 간 인구이동에 따른 '사회 증감'의 합으로 결정된다. 한국은 1983년에 저출산 단계에 접어들었고, 2005년부터 청년인구절벽이 본격화되면서 2024년 현재 전국적으로 청년층의 자연감소가 빠르게 진행되고 있다. 그러나 순자연감소를 초과하는 순사회증가가 발생하는 지역에서는 청년층 인구가 증가할 수 있다.

(그림 13-1)의 지역별 청년층 인구 변동 추이 분석을 통해, 한국의 청년인구 이동이 2단계로 진행되었음을 확인할 수 있다. 2000년대 초반까

지는 산업화와 도시화가 빠르게 진행되면서 농촌지역에서 지방 대도시 지역으로 '1차 청년인구 이동'이 이루어졌다. 그리고 이후 후기 산업화 단계에서는 수도권 블랙홀 현상이 심화되며 지방에서 수도권으로 '2차 청년 인구 이동'이 가속화되었다.

(그림 13-1) 지역별 청년층(20-39세) 인구 변동 추이

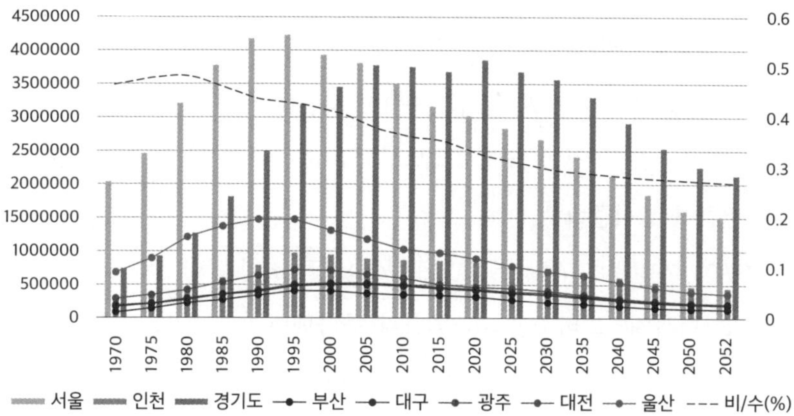

주 : 1) 점선 곡선은 수도권 청년층(20-39세) 인구 대비 비수도권 청년층 인구;
2) 수도권 지역들은 막대 그래프, 비수도권 지역들은 곡선.
통계자료: KOSIS, '성 및 연령별 추계인구(1세별, 5세별)/시도, 1970-2052년', 2024. 5. 28. 인출 작성

1차 청년인구 이동

전국 청년층 인구는 1970년부터 1995년까지 1.9배 증가하여 1995년에 1,700만 명으로 정점을 찍은 후 감소세로 돌아섰다. 이는 1995년부터 청년 인구절벽이 시작되었음을 의미한다.

지역별 청년층 인구 변동을 살펴보면, 부산은 1990년, 서울, 대구, 울산은 1995년, 인천, 광주, 대전은 2005년, 경기도는 2020년에 각각 청년층 인구가 정점에 달한 후 감소세로 돌아섰다.

각 지역의 정점 인구를 1970년 기준으로 비교하면, 서울 2.1배, 부산

2.2배, 대구 2.5배, 광주 2.7배, 대전 3.2배, 인천 3.8배, 경기도 5.2배 증가한 것으로 나타났다. 적어도 1970년부터 1995년까지는 수도권뿐만 아니라 비수도권 광역시에서도 청년층 인구증가율이 전국평균을 상회했다.

이 시기는 농촌과 중소도시의 청년층이 광역경제권의 거점도시로 대거 이동하며 '1차 청년인구 이동'이 활발하게 진행된 시점이었다.

2차 청년인구 이동

'2차 청년인구 이동'은 (그림 13-1)의 점선 곡선을 통해 확인할 수 있으며, 이는 수도권 청년층 인구 대비 비수도권 광역도시의 청년층 인구 비율 변화를 보여준다.

1970년에 비수도권 청년층 인구는 수도권 청년층 인구의 46.3%였으며, 1980년까지 그 비중은 48.1%까지 증가했다. 이 시기는 '1차 청년층 인구이동' 시기로 농촌 및 소도시 지역에서 지역 거점도시인 광역도시로 청년층이 이동하던 시기였다.

그러나 1980년 이후 이 비율은 감소세로 전환되어 1985년 46%, 1995년 42.7%, 2005년 38%로 하락했으며, 2025년 30.9%, 2050년 26.8%로 낮아질 것으로 추정된다. 이는 1980년대 중반부터 비수도권 광역도시에서 수도권으로 '2차 청년층 이동'이 시작되었으며, 2000년대 이후 더욱 가속화되었음을 보여준다.

또한 1995년부터 전국 대부분의 지역이 청년층 인구절벽에 진입했으나, 경기도만 2020년까지 청년층 인구가 큰 폭으로 증가했다. 이는 수도권 블랙홀로 인해 경기도 청년층 인구의 사회적 증가가 크게 늘어났기 때문이다.

이러한 현상은 서울의 인구억제를 위한 강력한 규제 정책이 시행되는 가운데, 일산, 분당 등 신도시 개발로 수도권이 메가시티리전으로 발전하면서 고급서비스 산업이 집중된 데에서 비롯되었다. 또한 산업구조 고도화에 따라 제조업의 R&D 기능이 강화되면서, 기업의 본사 및 연구소 등 고임금 직종이 수도권으로 집중된 영향도 크다.

결국, 1995년부터 지역 거점도시에서 수도권으로 청년층이 대규모로 이동하는 '2차 청년인구 이동'이 지속되었으며, 수도권 블랙홀 현상은 시간이 지날수록 가속화되고 있다.

가파른 청년층 인구절벽

(그림 13-1)은 또한 한국의 미래에 대해 두 가지 충격적인 사실을 시사한다.

첫째, 2025년부터 청년층 인구절벽이 가파르게 진행되면서 국가 경쟁력이 크게 약화될 위험이 높아진다.

20~30대 청년층은 출생, 혁신, 생산역량이 가장 뛰어난 세대로 국가의 미래를 이끌 핵심 계층이다. 따라서 청년층 감소가 가속화되면 초저출산 문제가 심화되고, 국가 성장동력을 상실할 가능성이 더욱 커진다.

둘째, 수도권과 비수도권 간 청년층 인구 양극화가 가속화되면서 비수도권의 쇠퇴 속도가 더욱 빨라질 전망이다. 비수도권 광역도시의 청년층 인구는 자연감소와 사회적 감소가 겹쳐 급격한 축소를 겪을 것으로 보인다.

2052년에는 부산, 대구, 광주, 대전, 울산 등 비수도권 5대 광역시의 전체 청년층인구가 2025년 대비 47.8% 수준인 156만명으로 감소하며, 이는 같은 해 수도권 청년층 인구의 26.6%에 불과한 규모이다.

이처럼 청년층 인구가 급격히 줄어드는 지역에서는 미래 성장산업의 발전이 어렵고, 일자리 감소가 청년층의 유출을 더욱 가속화하는 악순환이 심화될 것이다.

지방 20대 청년의 3단계 이동

지방의 20대 청년들은 대학 진학, 편입학, 취업 등 3단계로 수도권으로 이동한다. 첫 번째 단계에서는 지방 고등학교 졸업생들이 대학 진학 과정에서 수도권 대학으로 가며, 두 번째 단계에서는 지방대학 학생들이 편입학을 통해 수도권 대학으로 이동한다. 마지막으로 지방대학 졸업생이 취업을 통해 수도권으로 유입된다.

이러한 흐름은 한국 노동시장의 단층구조, 수도권 집중화, 그리고 수능점수에 의한 대학의 서열화가 맞물리면서 나타나는 현상이다. 그 결과 지방대학의 경쟁력이 점차 약화되고 있으며, 특히 최근에는 '대학 편입학 도미노 현상'이 심화되면서 지방의 우수한 인재들이 수도권으로 더욱 빠르게 유출되고 있다.

외환위기 이후 고용 안정성이 흔들리면서, 기대소득과 고용안정성이 높은 '의치한약수(의대, 치대, 한의대, 약대, 수의대)'에 대한 선호가 크게 증가했다. 이에 따라 서울대를 포함한 상위권 대학에 입학한 학생들조차 재수나 반수를 통해 '의치한약수'로 이동하는 사례가 늘어나고 있으며, 서울대를 제외한 대부분의 대학은 이러한 변화를 반영해 정원 내 일반편입생을 모집하고 있다.

이 과정에서 대학 간 학생이동이 도미노처럼 확산되면서, 지방대학의 우수한 인재들이 편입학을 통해 수도권 대학으로 대거 이동하는 추세다. 전국 4년제 대학의 편입학 모집 규모를 보면, 2021년 3만 3,600명 수준에서 2023년 약 4만 명으로 증가하며 불과 2년만에 17.8%가 늘어났다.[4] 특히 서울 상위권 대학들의 편입학 모집 규모가 크게 확대되면서 지방 명문대학 학생들의 서울 상위권 대학이동이 가속화되고 있다.

이를 보여주는 대표적인 사례로 2023년 지방 주요 대학의 편입학 모집 정원을 보면, 경북대 851명, 부산대 575명, 영남대 501명에 달한다. 이는 각 대학의 신입생 입학정원의 약 10%에 해당하는 학생들이 학업 중 학교를 떠난다는 것을 의미한다.[5]

좋은 일자리의 수도권 편중

지방의 인재들이 수도권으로 몰리는 가장 큰 이유는 양질의 일자리가 수도권에 집중되어 있기 때문이다. 이를 지역별 월평균 임금총액으로 확인할 수 있다.

2023년 기준 5인 이상 사업체 상용근로자의 월평균 급여 총액(=정액급여+초과급여+특별급여)은 서울이 478만 4000원으로 전국 17개 시·도 중 가장 높았다. 전국 평균(421만 원)보다 높은 지역은 서울과 울산뿐이며, 나머지 15개 광역자체단체는 평균 이하 수준이었다.

울산은 자동차, 조선 등 중화학 공업이 밀집된 고임금 산업 도서로, 이를 제외하면 경기, 세종, 충남 등 서울과 인접한 지역일수록 임금수준이 높은 경향을 보였다. 이는 서울에 가까울수록 양질의 일자리가 많다는 것을 의미하며, 수도권 블랙홀 현상을 잘 보여주고 있다.

부산, 대구, 광주 등 지방의 3대 거점도시와 서울의 월평균 임금을 비교하면, 수도권과 지방 간의 격차가 더욱 두드러진다. 대구의 월평균 임금은 358만 8000원으로 서울보다 120만 원이 낮아 서울 대비 75% 수준에 불과하다. 광주는 373만 1000원, 부산은 377만 2000원으로 대구보다 다소 높지만, 서울(478만 4,000원)과 경기(415만9000원) 등 수도권에 비해 크게 낮은 수준이다.[6]

지역 인재-일자리 선(악)순환 구조

청년들은 정보와 기회가 풍부하고, 자신의 꿈을 실현할 수 있는 지역을 찾아 이동한다. 특히 20대 청년층은 디지털 네이티브로서 제4차 산업혁명과 창조경제 시대의 핵심 경쟁력을 갖춘 세대다.

청년층의 순유입이 많은 지역은 지식 경쟁력, 혁신역량, 생산성이 향상되며 스타트-업 활성화를 통해 지속적인 발전 가능성이 높아진다. 반면, 청년층의 순유출이 많은 지역은 인재 유출과 경제적 역동성 저하로 인해 현재는 물론 미래에는 더욱 침체될 위험이 크다.

지역 단위에서 인재와 일자리는 밀접한 관계를 맺고 있다. 양질의 일자리가 많은 지역에는 전국에서 우수한 인재들이 몰려들고, 이러한 인재들을 고용한 기업은 경쟁력을 강화하며 더 많은 인재를 필요로 한다. 이처럼 인재와 일자리가 선순환 구조를 이루는 지역은 지속적인 성장을 거듭한다.

반면, 좋은 일자리가 부족한 지역에서는 인재 유출이 발생하고, 이로 인해 지역 기업들의 경쟁력이 약화되면서 일자리 감소가 이어지는 악순환이 심화된다.

따라서 수도권에 양질의 일자리가 편중되어 있는 현실 속에서 지방의 인재들이 취업기회와 기대소득이 높은 수도권으로 이동하는 것은 자연스런 흐름이다. 또한, 지역 인재-일자리 선(악)순환 구조 내지 인재-일자리 동조 현상으로 인해 수도권과 비수도권 간 인재 및 일자리 양극화는 더욱 심화될 수밖에 없다.

수도권 집중화는 한편으로 정보와 지식의 집적 및 공유 효과를 강화해 혁신과 생산성을 높이는 반면, 혼잡비용 증가와 경쟁심리 심화로 인해 생활비 부담과 스트레스가 커지는 부작용을 초래한다.

특히, 생활비 상승과 치열한 생존경쟁은 결혼과 출산에 대한 경제적, 심리적 부담을 가중시키면서 출산율 저하로 이어진다. 따라서 초저출산의 늪에서 벗어나기 위해서 반드시 해결해야 할 과제 중 하나가 수도권 블랙홀 현상을 완화하고 국가균형발전을 적극적으로 도모하는 것이다.

국가균형발전 정책의 실패

정부는 2004년부터 지난 20년간 지역균형발전 정책을 지속적으로 추진해왔지만, 역설적으로 '수도권 집중화'와 '수도권 블랙홀 현상'은 오히려 더욱 심화되었다.

가장 대표적인 정책이었던 세종시 행정복합도시 건설과 공공기관 지방이전이 본격적으로 효과를 나타낼 것으로 기대했던 지난 10년간(2013-2022년)의 통계가 이를 명확히 보여준다.

이 기간 동안 20대 청년 약 60만 명이 수도권으로 순이동(전입-전출)했다. 같은 기간, 지역별로 살펴보면 매년 대구 경북권에서는 1만 6천 명, 부산, 울산, 경남에서는 1만 9천 명, 호남권에서는 1만 8천여 명의 20대 청년들이 수도권 등으로 순유출되었다.[7]

이는 국가균형발전 정책이 실효성을 거두지 못하고 있으며, 수도권 블랙홀 현상이 더욱 심화되고 있음을 의미한다. 결국, 정부의 국가균형발전 정책에도 불구하고 지역 양극화와 청년층의 수도권 순이동의 악순환은 오히려 가속화되었다.

2003년 6월, 노무현 대통령은 국가균형발전을 위한 공공기관 지방이전 방침을 발표했으며, 이후 역대 정부는 국가균형발전을 핵심 정책 과제로 추진해 왔다. 그 중에서도 가장 분명한 철학과 강력한 의지를 바탕으로 국가균형발전 정책을 추진한 정부는 노무현 정부였다.

노무현 정부는 2003년 4월 신행정수도 건설추진 기획단·지원단을 발족하고 행정수도 이전을 본격적으로 추진했고, 같은 해 12월 신행정수도 특별조치법이 국회 본회의에서 여야 합의로 가결되었다. 그러나 이 법이 2004년 10월 헌법재판소에서 위헌 결정이 내려지면서, 2012년 7월 행정수도보다 축소된 형태의 정부세종청사와 행정중심복합도시 기능을 수행하는 오늘날의 '세종특별자치시'가 탄생했다.

또한, 2004년 국가균형발전특별법을 제정하여 수도권 소재 공공기관 153개를 2012년 말부터 2019년 말까지 전국 10개 혁신도시(112개), 세종시(9개), 충북 오송, 충남 아산 등 지방 도시(22개)로 이전했다. 이는 노무현 정부의 국가균형발전정책의 핵심이라고 볼 수 있다.

정부의 공공기관 지방이전 계획이 발표된 무렵인 2004년 8월 4일자 매일신문 '이효수 경제칼럼'은 다음과 같이 이 정책의 본질적 한계를 지적하면서 이 정책의 실패 가능성을 예고하고 있다.

> "현재 정부는 10개 내지 20개의 신도시를 건설하고, 이곳에 6개 내지 10개의 공공기관을 분산 배치한다는 것이다. 신도시는 40만 평에서 100만 평 규모로 하고 상주인구는 2만 명 정도로 예상하고 있다. 이러한 도시 규모로는 규모효과와 집적효과가 낮아 수도권 블랙홀에 대응할 수 있는 경제권의 형성이 불가능할 뿐만 아니라 교육, 문화, 의료 등이 어우러진 살기 좋은 정주환경을 만들기도 어려워 ……중략… 미래형 혁신 신도시는 초광역경제권별로 1개씩 전국에 5개 이하로 대형화하여 공공기관을 30개 내지 60개씩 집적시키고 기존의 광역시의 위성도시로 건설함으로써 광역경제권 형성의 구심체로서 기능할 수 있게 설계되어야 한다. 그렇게 되면 시장의 규모효과와 정보의 집적효과가 극대화되면서 기획, 재무, 연구 기능을 가진 연관 민간기업 본사와 연구소 등이 유입되어 고

학력자의 일자리가 광범위하게 형성되고, 지방대학이 크게 발전하며 실질적인 산학협력을 통한 지역혁신 역량의 기반이 구축될 것이다."[8]

노무현 정부의 국가균형발전 정책이 기대한 성과를 거두지 못한 주요 원인은 광역경제권을 강화할 수 있는 중핵도시 건설이라는 명확한 비전과 전략 없이 수도권 중력의 분산에만 초점을 맞추었기 때문이다.

국가균형발전의 핵심 전략은 수도권에 집중된 기업과 일자리를 단순히 지방으로 분산하는 것이 아니라, 수도권 블랙홀 중력에 대응할 수 있는 메가시티-리전을 지방에 구축하는 것이다. 제29장에서 이 문제에 대한 구체적 논의가 이루어질 것이다.

또 다른 예고된 실패

수도권 블랙홀 현상을 완화할 수 있는 또 한 번의 기회가 사라지고 있다. 나는 1989년 영남일보 복간 기념 학술대회에서 영남권 신공항 건설의 필요성을 최초로 제기한 이후[9], 대통령자문위원회, 중앙일보,[10] 영남일보,[11] TV토론, 그리고 이효수 블로그[12] 등을 통해 지속적으로 수도권 일극체제 극복을 위한 영남권 신공항 및 메가시티리전 건설의 필요성을 강조해 왔다.

그 핵심 논리는 다음과 같다. "영남권 주요 도시의 중심인 밀양에 제2관문공항을 건설하고, 이를 중심으로 주요 도시들을 방사형으로 연결함으로써 1,300만 명 규모의 메가시티 리전을 조성하자는 것이다. 이러한 방식은 제29장에서 제시한 메가시티 리전의 4대 성공요건을 충족시킬 수 있으며, 수도권 블랙홀의 중력에 대응할 수 있는 글로벌 수준의 메가시티 리전을 만들 수 있다."

그러나 공항 건설이 경제적 논리보다 정치적 이해관계에 휘말리면서,

결국 부산 가득도 공항과 대구경북 신공항으로 분리 건설이 추진되고 있다. 이는 중복 투자로 인한 국가예산과 자원의 낭비는 물론 영남권 메가시티리전 조성과 국가균형발전의 중요한 기회를 영원히 놓칠 위험을 초래할 수 있다. 대구·경북과 부산·울산·경남이 각각 별도의 국제공항과 메가시티리전을 구축하는 것은 정치권이 밀어붙이면 '실현 가능성'은 있지만 '성공 가능성'은 매우 낮다.

제2관문공항으로 기능하려면 뉴욕, 런던, 파리, 프랑크푸르트 등 글로벌 도시들과 연결될 수 있는 충분한 승객과 항공물류가 있어야 하지만, 영남권에 공항이 두 곳으로 분산될 경우 어느 쪽도 충분한 규모의 수요를 확보하기 어렵다. 특히 울산과 창원은 한국의 대표적인 산업단지이지만 중후장대 산업이 발달한 임해산업단지로, 항공물류보다 선박물류 중심의 구조를 띠고 있다.

그리고 메가시티리전으로 성장하려면 최소 1,000만 명 이상의 인구가 필요하지만, 2024년 현재 영남권(대구, 경북, 부산, 울산, 경남) 전체 인구가 1,256만 7,000명에 불과하며, 이 마저도 인구 절벽으로 인해 앞으로 크게 감소될 전망이다. 따라서 대경권과 부울경 어느 쪽도 국제공항과 메가시티리전의 성공요건인 '규모의 경제'와 '범위의 경제'를 충족하기 어렵다. 결국, 수도권 블랙홀의 영향권에서 벗어나지 못한 가능성이 크다.

정치권의 기대와는 달리, 실효성 있는 메가시티 리전 건설이 좌초될 경우, 지역 인재와 일자리는 더욱 빠르게 수도권으로 유출되어 지역 쇠퇴가 가속화될 위험이 크다. 결국, 경제원리에 반하는 정치논리로 인해 막대한 재정을 투입하고도 국가균형발전의 기회를 놓치는 거대 국가 프로젝트로 전락할 가능성을 배제할 수 없다. 이는 과거 공기업 본사 이전을 통한 국가균형발전 정책이 잘못된 접근방식으로 실패한 사례를 반복하는 결과를 초래할 우려가 크다.

14

단선적 과잉경쟁과 스트레스 사회

단선적 과잉경쟁과 초저출산

한국 사회가 초저출산의 늪에 빠져들게 된 주요 원인 중 하나는 바로 '단선적 과잉경쟁 신드롬'이다. 한국 사회는 단선적 과잉경쟁 구조를 띠고 있으며, 이는 획일화된 경쟁방식과 과도한 경쟁 강박이라는 두 가지 문제를 내포하고 있다.

단선적 경쟁이란 개인의 적성과 개성, 잠재적 역량을 고려하지 않고, 오직 획일적이고 표준화된 하나의 기준으로 평가하고 경쟁하는 구조를 의미한다. 모든 경쟁 참가자는 상대적 비교를 통해 서열화되며, 절대평가가 아닌 상대평가 방식이 적용되므로 승자와 패자가 명확히 구분된다.

이러한 경쟁 체제에서는 개인은 자신의 능력과 관계없이 타인을 이겨야 한다는 강박에 시달리며, 사회구성원들은 끊임없이 비교당하며 필요 이상의 과잉경쟁에 내몰릴 수밖에 없다.

이러한 단선적 과잉경쟁 사회에서는 많은 사람들이 성공에 대한 압박과 실패에 대한 두려움으로 인해 불안, 우울감, 그리고 과도한 스트레스에 시달린다. 이는 이른바 '단선적 과잉경쟁 신드롬'이라 불리며, 한국 사회 전반에 깊숙이 자리 잡고 있는 병리적 현상이다. 이러한 경쟁 구조는 유치원 시기부터 시작되어 대학진학 과정과 노동시장 진입과정에서 절정에 이른다.

단선적 경쟁사회에서는 사교육 열풍으로 인해 육아 및 자녀 교육에 필요 이상의 많은 비용이 소요된다. 이러한 경제적 부담은 대학진학 과정과 노동시장 진입과정에서 겪는 과잉경쟁과 맞물려, 개인이 생존하는 것만으로도 벅찬 사회 환경을 형성한다. 결국, 이러한 환경에서 성장한 많은 청년들이 결혼, 출산, 육아에 대한 자신감을 점차 상실하게 된다.

게다가 자신의 자녀가 동일한 경쟁의 굴레 속에서 살아가야 한다는 인식과, 자신 또한 자녀를 양육하면서 부모가 겪었던 고통을 되풀이할 것이라는 두려움이 맞물려 심리적 부담은 더욱 가중된다. 이러한 심리적 압박감은 결국 결혼을 하더라도 자녀를 갖지 않겠다는 딩크족의 증가로 이어지고 있다. 서구 선진국에서는 자녀가 행복의 원천이자 삶의 주요한 가치로 여겨지는 반면, 한국에서는 자녀가 경제적 부담으로 인식되는 경향이 강하다.[1]

결과적으로 단선적 경쟁사회에서는 결혼율과 출산율이 떨어질 수밖에 없고, 그만큼 초저출산의 늪에 빠질 위험성이 높아진다.

왜 한국은 단선적 과잉경쟁사회가 되었는가?

제11장에서 살펴본 바와 같이, 한국 노동시장은 피라미드형의 단층구조를 띠고 있으며, '좋은 일자리'와 '괜찮은 일자리'는 상위단층에 집중되

어 있다. 일단 노동시장에 진입하면, 단층 간 상향이동은 거의 불가능하고, 상위단층에 진입하기 위해서는 대학졸업장이 필수적이다. 이는 한국사회가 학력으로 은폐된 일종의 신분사회임을 의미한다.

이러한 단층노동시장이 고착화되면서 대학입시 경쟁은 더욱 과열되었고, 고졸자의 70~80%가 대학에 진학하는 고학력 사회가 되었다. 제11장에서 논의했듯이, 1990년대 이후 중소기업 노동시장에서 '단층 하강' 현상이 일어나면서, 중소기업의 상위단층이 사실상 중위단층으로 내려앉았다. 그 결과, 상위단층은 대기업 노동시장으로 축소되었다. 2024년 기준 총취업자 2,857만 6천명 중 300인 이상 대기업에 종사하는 비율은 11.0%에 불과하다.[2] 이는 곧 '11대 89의 사회'가 되었다는 의미이다.

이러한 구조 속에서 상위단층 노동시장은 만성적인 과잉공급 상태에 놓이게 되었고, 그 결과 대학을 졸업해도 상위단층으로 진입할 확률이 크게 낮아지면서 대학 간판의 중요성이 더욱 커지게 되었다.

한국에서는 취업을 앞둔 취업준비생조차 다양한 직업세계를 인식하지 못한 채, 오로지 상위단층에 진입하는 것을 목표로 삼는 경향이 강하다. 상위단층에서 큰 비중을 차지하는 대기업은 기업에 따라 3급 또는 4급 신입사원 모집 등으로 채용 공고를 내지만, 공통된 지원자격은 대학졸업예정자 또는 대학졸업자로 명시되어 있다. 비록 세부 채용 기준은 차이가 있을지라도 대부분의 대기업은 대졸 신입사원을 하나의 입직구(즉, 3급 또는 4급)로 채용한다. 이것이 바로 상위단층 입직구이며, 모든 기업이 비슷한 채용구조를 갖고 있다.

반면, 미국 등 서구사회는 연공급이 아닌 직무급 구조로 되어 있어 직무별로 급수도 다르고 입직구 역시 직무별로 다양하다. 이와 달리, 한국에서는 상위단층이 하나의 입직구로 획일화되어 있다. 이러한 환경 때문에 한국인들은 다양한 직업세계를 인식하기보다는 상위단층에 진입하는 것을 가장 중요하게 생각한다. 자신이 어떤 직무에 종사하게 될지는 잘 알지 못한 채 입사 후 주어진 직무를 수행하는 경향이 있다.

한국 사회에서는 교수, 의사, 변호사, 교사, 공인회계사 등 전문직과 대기업에 취업해야 안정된 삶을 살 수 있다는 인식이 강하다. 이러한 직업들은 모두 대학 졸업장이 있어야 진입이 가능한 상위단층에 속한다.

안정된 삶을 살기 위해 상위단층에 진입하는 것이 필수적이라는 인식이 굳어지고, 대학 졸업장이 상위단층 진입을 위한 필수 요건이 되면서 한국 사회에서는 다음 두 가지 심각한 문제가 발생하게 되었다.

첫째, 중고등학교가 본연의 교육기능을 상실하고 대학 진학을 위한 예비학교로 전락하였다. 학생들은 인격 도야나 자신의 잠재적 역량 개발보다, 오로지 대학 입시 위주의 교육에 매몰될 수밖에 없게 되었다.

둘째, 고학력화로 인해 상위단층 노동시장이 과잉공급 상태에 놓이면서 대학 서열화가 심화되었다. 대졸 노동시장이 만성적인 초과공급 상태에 있다 보니 자연스럽게 대학 졸업장의 차별화가 이루어지게 되었고, 단순히 대학을 나왔느냐가 아니라 어느 대학을 나왔느냐가 중요 해졌다.

정부는 대학입시 과열과 사교육 열풍을 막는다는 명분으로, 대학별 본고사를 불허하고 수학능력시험 성적 중심으로 신입생을 선발하도록 대학에 강제했다. 이에 유명 사설 학원들은 발 빠르게 소위 '수능 배치표'를 제작해, 점수 소수점 단위로 전국의 모든 대학, 학과, 수험생을 수능점수라는 하나의 잣대로 완전히 서열화 했다.

학생, 학부모, 교사들은 이 배치표를 기준으로 지원 대학을 결정하는 관행이 형성되었다. 즉, 수험생들은 자신의 적성과 취미는 물론 각 대학 전공의 연구 및 교육 역량, 교육 프로그램의 우수성 등을 완전히 무시한 채 오로지 수능 배치표를 기준으로 자신의 점수로 최대한 갈 수 있는 대학을 선택하게 되었다. 결과적으로 전국의 모든 수험생, 대학 및 학과들이 하나의 점수 잣대로 서열화되는 현실이 만들어진 것이다.

이러한 과정을 거치면서 한국인들은 학생 시절부터 자연스럽게 다양성보다는 '획일적 경쟁 체제'에 익숙해졌고, 그 결과 한국 사회는 다양한 사회 병리현상을 유발하는 '단선적 과잉경쟁 사회'로 굳어지게 되었다. 단선적인 경쟁에서는 남보다 빠르게 움직이는 것이 곧 생존 전략이 되며, 이것이 바로 한국 사회에 '빨리 빨리' 문화가 깊이 뿌리내리게 된 배경이 되었다.

대학의 유효경쟁체제 붕괴

이런 사회에서는 대학의 유효경쟁체제가 자리 잡을 수 없고, 대학의 인재개발 역량도 차별성이나 경쟁력을 갖기 어렵다. 어느 나라에서나 명문대학은 존재한다. 그러나 선진국에서는 대학마다 선발기준이 다양하고, 명문대학의 기준이 수능점수가 아니라 그 대학 교수의 연구 및 교육 역량에 의해 결정된다.

미국에서는 특정 대학에서 특정 학과를 육성하고 특화하기 위해 그 학과에 세계적인 교수를 유치하여 연구 및 교육 역량을 강화하면, 그 학과에 우수한 학생들이 몰려온다. 한국에서는 학생도 학부모도 진학하고자 하는 학과 교수의 연구 및 교육 역량에 대한 정보에는 관심이 없다. 그러니 대학들도 세계적인 학자를 유치하는 경쟁을 하지 않는다. 대부분의 대학이 연공서열 승진 및 보수체계를 갖고 있어 높은 연봉을 주고 세계적인 학자를 유치할 수도 없다.

이런 현실에서 심지어 기업도 일부 공학, 기술분야를 제외하면, 대학전공을 무시하고 대학간판 위주로 신입사원을 선발하는 관행이 자리잡게 된 것이다.

개인의 전문지식이나 실력보다 출신학교의 사회적 위상, 즉 간판을 중시하는 소위 '학벌주의 사회'가 되었다. 학벌주의 사회의 문제점은 특정 학교 출신자가 실제 능력과 기여에 비해 더 많은 기회, 대우, 혜택을 받거나 심지어 권력을 독점하게 된다는 것이다. 이는 사회적 차별과 불평등을 구조화시켜, 학벌이 일종의 신분제처럼 작동하게 된다.

특히 한국의 '학벌주의'는 대학의 역량에 기초한 것이 아니라, 객관식 위주의 '대입 수능점수 서열'에 기초하고 있다는 데 문제의 심각성이 더하다. 대학의 사회적 위상이나 명문 대학의 순위가 교수의 연구 및 교육 역량, 첨단지식의 생산능력 및 스타트업 창업 능력 등 대학의 내재적 역량이나 실력이 아닌 수능 배치표에 의해 결정된다. 수능 배치표를 작성할 때도 대학의 실질적 실력은 전혀 반영되지 않는다.

인생을 살아가면서 필요한 전문지식이나 직업능력을 습득하고 축적하기 위해 대학에 가지만, 정작 대학의 첨단지식 생산능력이나 교육역량과 관계없이, '대입점수 서열'에 기초하여 명문 대학의 서열이 결정된다. 이러한 과정을 거치면서 한국은 실력보다 간판을 중시하는 '학벌주의 사회', '단선적 경쟁사회'가 되었다.

모든 사람은 저마다 서로 다른 적성, 자질, 잠재적 역량을 갖고 태어난다. 세상에는 수많은 다양한 직업이 존재하고, 각각의 직업들은 서로 다른 직업능력을 요구한다. 대학은 고등학교와 달리 서로 다른 직업능력에 필요한 전문적 지식과 기술을 연마하기 위해 다양한 전공분야가 개설되어 있다. 그러나 단선적 경쟁사회에서는 이 모든 것이 무시된다.

동일한 시험문제, 그것도 객관식 시험으로 개인의 적성과 잠재적 자질을 무시하고 인간의 능력을 획일적으로 평가하여 완전히 서열화 한다. 단선적 경쟁사회에서는 본질적으로 서로 다른 다양한 적성 및 가치관과 잠재적 역량을 가진 인간을 하나의 잣대로 획일화 표준화하여 서열경쟁 내지 우열경쟁을 시킨다. 이는 많은 인재들이 자신이 갖고 있는 적성과 잠재적 역량을 개발하고 발현시킬 기회를 잃게 만든다.

수많은 사람들이 하나의 잣대를 기준으로 경쟁할 수밖에 없는 구조에서 과잉경쟁에 함몰된다. 단선적 경쟁에서는 1등을 제외한 대다수가 패배감, 좌절감, 열등감을 갖게 된다. 단선적 경쟁사회에서는 또한 단일한 목표를 향해 수많은 사람이 경쟁해야 하므로 항상 상대를 의식하고, 비교하는 문화를 갖게 된다. 그 결과 수많은 사람들이 일상적으로 '과도한 스트레스'에 시달리는 '스트레스 과잉사회'가 된다.

스트레스 과잉사회는 개인의 건강, 가족관계에 악영향을 미치고 다양한 사회문제를 일으킨다. 한국은 2003년이후 2021년까지 매년 자살률이 OECD 평균의 두 배를 넘었으며, 이 기간 동안 OECD 회원국 중 자살률 1위 또는 2위를 지속적으로 기록해 왔다. 그리고 매년 남자가 여자에 비해 자살률이 2배가 넘었다.[3] 이는 남자들이 여자들에 비해 상대적으로 단선경쟁에 과도하게 노출되어 있다는 것을 의미한다.

단선경쟁과 실패공포

단선적 경쟁사회에서는 성공의 사회적 평가가 획일화되어 있기 때문에 소수의 사람만 성공을 누리고, 다수의 사람은 스스로 실패했다고 생각하게 된다. 예를 들어, 한국에는 많은 대학에 다양한 전공이 존재하지만, 자신의 적성과 장래 희망에 관계없이 성적에 맞추어 서울대에 진학하기를 원한다. 서울대에서도 이과는 의과대학, 문과는 경제 및 경영학과에 들어가지 못한 학생들은 스스로 경쟁에서 밀렸다고 생각한다.

서울대 대학생활문화원의 실태조사에 따르면,[4] 신입생의 60%가 자신의 전공에 불만을 가지고 있는 것으로 조사되었다. 또한, 신입생의

30~40%는 적성이 아닌 '합격 가능성', '취업 전망', '가족 또는 교사의 권유' 등으로 학과를 선택한 것으로 분석되었다.

전공이나 계열에 불만인 이유는 흥미와 적성에 맞지 않거나, 학업 능력에 부족을 느끼기 때문이며, 전망이 불투명하거나 사회적으로 인정을 받지 못하기 때문이라고 답하고 있다. 전공에 불만족하고 있는 학생의 46.5%가 '그냥 다닌다'고 하였고, '휴학한 뒤 다시 생각해 보겠다'는 학생도 5.2%에 달한다. 이런 현상은 서울대만의 문제가 아니라 전국 대부분의 대학에서 나타나는 현상이다.

자신의 전공에 흥미도 없이 어쩔 수 없이 그냥 다니는 학생들은 학습욕구가 높을 수 없다. 적성에 맞지 않고 학습욕구도 낮은 상태에서 자신의 역량을 개발하기 어렵다. 이처럼 자신의 적성과 직업능력 개발을 무시하고 오로지 수능점수에 맞추어 사회적 평판이 높은 대학을 선호하는 이유는 상위단층 진입기회를 잡기 위해서이다. 단층노동시장에서는 상위단층 진입에 실패하면 인생에 실패한다는 인식이 강하게 자리잡고 있기 때문이다.

제11장에서 본 바와 같이, 상위단층 진입에 실패한 취업준비생은 생계를 위해 하위단층에서 시간제 근로를 하면서 상위단층 취업준비를 한다. 하지만, 한국에서는 서구 사회와 달리 비정규직(하위단층)이 정규직으로 가는 디딤돌이 아니라 한 번 빠지면 벗어나기 어려운 함정이다. 하위단층에서 벗어나기 위해 몸부림치다 경쟁에 지쳐 무기력증에 빠지는 사람이 많다.

취업준비생이나 하위단층에 있는 사람이 상위단층 진입을 위해 끊임없이 노력해도 원하는 결과를 얻지 못하면, 자신의 능력과 노력에 대한 회의를 느끼며 무기력증에 빠지게 된다. 하위단층에 속하는 사람들은 고용불안에 시달리면서 스스로 경쟁력이 약하다고 느끼거나 가족의 기대에 부응하지 못한다는 생각에 불안과 우울감이 심화된다.

과잉경쟁 사회에서는 경쟁에 집중하기 위해 사회적 활동과 다른 사람과의 관계를 줄이며, 스스로 사회적 고립을 자초하는 경우가 많다. 이러한 고립은 개인의 우울감과 불안감을 더욱 심화시킨다. 그 결과로 은둔형 외톨이와 N포 세대가 늘어나고, 심지어 대인관계에서 심한 불안과 공포를 느껴 사회생활에 어려움을 겪는 소셜 포비아(social phobia)도 증가하는 추세에 있다.

과잉경쟁 사회에서는 '내가 먼저 살아남아야 한다'는 강박관념 때문에 현재와 자신만을 생각하는 사람이 늘어나게 된다. 미래와 가족을 생각할 마음의 여유가 없는 것이다.

'단선적 과잉경쟁 신드롬'에서 벗어나지 못하면, 결혼, 출산, 육아 지원을 위한 각종 정책도 효과를 거두기 어렵다. 단선적 과잉경쟁 신드롬은 단층노동시장, 사교육 열풍, 수도권 블랙홀에 의해 생성된 것이다. 단선적 과잉경쟁 신드롬이 제15장에서 보는 나홀로족 문화와 딩크족 문화를 만들어냈다.

단선적 초경쟁과 비교문화

단선적 초경쟁 사회에서는 자연스럽게 비교문화가 자리 잡을 수밖에 없다. 이러한 사회에서 사람들은 경쟁에서 살아남아야 한다는 강박관념을 갖게 되고, 경쟁자, 즉 타인을 이기기 위해 끊임없이 자신을 타인과 비교하게 된다.

한국인들은 하나의 잣대를 놓고 끊임없이 타인과 자신을 비교하는 습관이 있다. 성적, 자녀, 재산, 지위, 심지어 의상까지도 끊임없이 비교의 대상이 된다. 이러한 비교문화는 개인의 개성과 장점을 제대로 인식하지 못하게 하고, 결국 '나다움'을 상실하게 만든다. 타인과의 비교 속에서 자신의 존재를 인식하게 되므로, 열등감, 패배감, 박탈감을 경험하기 쉬워진다. 이는 개인의 정신 건강과 자존감을 지속적으로 위협하는 요인으로 작용하며, 사회 전반에 심리적 불안정성과 경쟁 피로감을 심화시킨다.

비교문화는 또한 존재보다 소유에 집착하게 만든다. 인간은 본질적으로 무한한 욕구를 지닌 존재이기에, 소유에 집착할 경우 아무리 많은 것을 가져도 만족하기 어렵다. 비교문화에 익숙해지면, 삶에 불편이 없을 정도로 풍족하더라도 자신보다 더 많은 것을 가진 사람을 보는 순간 스스로 '상대적 빈곤'을 느끼게 된다.

남과 비교하여 자신이 더 많은 것을 갖고 더 앞서 있다는 생각은 결코 아름다운 생각이 아니다. 남에게 과시하는 데서 만족을 얻는다는 것은 남이 나를 부러워할 때 내가 만족을 느낀다는 것이다. 이는 곧 타인의 아픔이 자신의 기쁨이 되는 것과 다름없으니, 결코 바람직한 사고방식이라고 볼 수 없다.

비교의 덫

단선적 경쟁사회에서는 이처럼 자신을 타인과 끊임없이 비교하는 습관을 갖기 쉽고, 이로 인해 '비교의 덫'에 걸릴 위험성이 높아진다. 비교의 덫에 걸리면, 자존감이 하락하고 스트레스와 불만족이 증가하여 건강한 경쟁 능력을 축적하는 데도 어려움을 겪게 된다.

타인과 비교하면서 자신의 부족함에 집중하게 되어 자연스럽게 자존감이 낮아지고, 경쟁상대를 이겨야 한다는 강박관념으로 인해 불안감과 스트레스에 시달리게 된다. 자신이 가진 것에 대한 만족감보다는 타인의 것을 탐내게 되어 불만족스러운 감정이 커지게 된다.

더 심각한 문제는, 타인과의 비교에 집착하다 보면 진정한 성장을 위한 노력보다는 외부의 기준에만 얽매이게 되어 자신의 강점과 잠재력을 제대로 발휘하지 못할 수 있다는 점이다. 남들과 똑같이 하려는 경향이 강해지면서 독창적인 생각이나 행동이 줄어들어 창의성 발휘가 어려워질 수 있다.

또한 불평등 의식이 필요이상으로 강해지면서 상대적 박탈감과 사회적 갈등이 심화될 수 있고, 서로를 깎아내리거나 시기하는 등 건강하지 못한 경쟁에 익숙해질 위험도 있다.

비교의 덫에서 벗어나기 위해서는 자신의 장점과 잠재적 역량을 찾아내고, 긍정적인 생각을 갖고 그것을 발전시키는 데 집중해야 한다. 타인과의 비교가 아닌, 자신만의 목표를 설정하고 달성하기 위해 노력해야 한다. 타인의 성공을 진심으로 축하하고, 그들의 장점을 배우려는 자세가 중요하다. 단선적 초경쟁과 스트레스 사회를 극복하는 대안으로서, 제24장에서 다원적 경쟁과 포용적 사회로의 이행에 대해 논의할 것이다.

15

나홀로족 문화와 딩크족 문화

나홀로족과 딩크족

초저출산의 늪을 극복하는데 가장 어려운 과제는 나홀로족 문화와 딩크족 문화의 확산을 막는 것이다. 고도성장과 여성의 고학력화로 인해 여성의 경제활동 참여와 자아실현 욕구가 높아지면서 출산과 육아로 인한 경력단절 문제와 일-가정 양립의 어려움이 중요한 사회적 이슈로 떠올랐다.

하지만 일-가정 양립을 위한 고용관계시스템 혁신과 사회문화적 환경 변화가 지나치게 더디게 진행되면서, 결혼을 포기한 나홀로족과 결혼을 했음에도 출산을 선택하지 않는 딩크족이 점차 늘어나기 시작했다. 특히 플랫폼 경제의 발전으로 혼자 살아가는 데 따른 불편함이 크게 감소하면서 이러한 생활방식이 점차 새로운 문화로 자리 잡아 가고 있다.

이제 나홀로족과 딩크족은 단순히 불가피한 선택이 아니라, 하나의 새로운 형태의 가족 문화로 자리잡아가고 있다. 이러한 문화를 선호하고 적극적으로 즐기는 사람들이 증가하면서, 저출산 문제 해결은 더욱 복잡하고 어려운 과제가 되고 있다.

경제사회 문제의 개혁과 혁신에 성공하려면 시스템과 함께 문화를 바꾸어야 한다. 시스템을 바꾸는 것보다 문화를 바꾸는 것이 훨씬 어렵다. 문화는 사람의 생각과 가치관에 큰 영향을 미치고, 생각은 행동을 결정하기 때문이다. 사람의 생각과 행동이 변화하지 않으면 시스템을 개혁하여도 그 실효성을 담보하기 어렵다.

그런데 문화는 여러 사람의 생각과 가치관이 공유된 상태이므로 변화가 매우 어렵다. 문제는 나홀로족 문화와 딩크족 문화의 확산을 막고 이를 극복하지 못하면, 단순한 시스템 혁신이나 출산 인센티브 정책 만으로 초저출산의 늪에서 빠져나올 수 없다는 것이다.

나홀로족 문화와 딩크족 문화가 확산되면서, 결혼, 출산, 육아에 대한 청년들의 의식구조와 문화가 바뀌고 있다. 결혼과 출산은 인생의 필수적 과정이라는 전통적 인식이 붕괴되고, 욜로(YOLO) 문화, 만혼 문화, '비혼 및 나홀로족 문화', '딩크족 문화'가 청소년 사회에 확산되고 있다.

욜로(YOLO)는 'You Only Live Once'의 앞 글자를 딴 것으로, '인생은 한 번뿐이다'라는 뜻을 가지고 있다. 이는 인생을 단 한 번 살기 때문에 후회 없이 이 순간을 즐기자 라는 의미를 담고 있다. 욜로는 2011년 캐나다 가수 드레이크(Drake)의 "The Motto"의 가사에 등장하면서 인기를 끌게 되었고,[1] 한국에서는 저성장, 청년실업 증가, 불확실성이 증가하면서 청소년 사이에 확산되었다.

결혼, 가정 등 미래를 준비하기 보다 세계여행을 떠나거나 자신이 좋아하는 취미생활을 하면서 현재 자신의 행복을 즐기자는 것이다. 물론 욜로는 '후회 없는 삶을 살기 위해 용감하게 도전하고, 자신의 가치관에 따라 살아가자는 긍정적인 메시지를 담고 있기도 하다.

욜로는 만혼 문화에 크게 영향을 미치고 있다. 결혼을 하기전에 나의 삶을 충분히 즐기자는 욜로 문화는 결혼을 늦추는 한 요인이 되고 있다. 안정된 직장을 잡는 연령은 늦어지고 결혼 비용과 내집마련 비용은 증가하면서 결혼 연령도 자연스럽게 늦어지고 있다.

욜로 문화와 만혼 문화가 확산될 수록 비혼 확률은 증가하고 출산확율은 낮아진다. 나이가 많아질수록 남녀 결혼연령 미스매치가 발생하면서 본인이 원하는 배우자를 만날 확률이 낮아지고 결혼을 포기하는 비혼 확률이 높아진다.

비혼 및 나홀로족이 증가하면서 '나홀로족 문화'가 확산되고, 이는 출산과 육아를 삶의 행복이나 기쁨보다 삶의 부담으로 인식하는 문화를 확산시킨다. 이는 또한 결혼을 하고도 자녀는 갖지 않는 '딩크족 문화'를 확산시킨다.

만혼문화와 비혼 문화의 확산은 [표 15-1]에서 통계적으로 확인할 수 있다. 해를 거듭할수록 초혼연령은 높아지고 혼인건수와 조혼인율이 급속하게 감소하고 있다.

[표 15-1] 평균 초혼연령과 혼인건수 추이

년도	2000		2010		2020		2024	
평균초혼연령(세)	남자	여자	남자	여자	남자	여자	남자	여자
	29.28	26.49	31.84	28.91	33.23	30.78	33.86	31.55
혼인건수(건)	332,090		326,104		213,502		222,412	
조혼인율(천명당)	7.0		6.5		4.2		4.4	

주: 1) 조혼인율은 1년간 총 혼인건수를 당해 연도의 주민등록 연앙(7월 1일) 인구로 나눈 수치를 1,000분비로 나타낸 것으로, 인구 1천명당 혼인건수를 의미한다.

통계 자료: KOSIS, '시도별 평균 초혼연령, 1990-2024', 2025. 3. 20.; KOSIS, '혼인건수, 조혼인율, 1970-2024', 2025. 3. 21. 인출 작성

평균 초혼 연령이 2000년에는 남자 29.28세, 여자 26.49세였는데, 2010년에는 남자 31.84세, 여자 28.91세로, 그리고 2024년에는 남자

33.86세, 여자 31.55세로 지속적으로 높아졌다.

초혼 연령이 높아진 것은 여성의 고학력화와 경제활동참가율 증가, 주거비 및 양육비 증가로 인한 결혼 준비기간 증가 등에 기인했으나, 점차 이것이 만혼문화로 자리잡아 가고 있다. 만혼문화는 단순히 경제적 사유 등 불가피한 이유로 결혼을 늦게 하는 것이 아니라, 결혼을 늦게 하는 것을 하나의 자연스러운 새로운 현상으로 받아들이는 것을 의미한다.

만혼 문화는 비혼 확율을 높여 혼인건수가 크게 감소하고 있다.[2] 혼인건수가 2000년에는 332,090건이었는데, 2010년에 326,104건, 2024년에는 222,412건으로 줄어들었다. 이는 2000년 대비 67% 수준으로 크게 감소한 것이다. 인구 1천명당 혼인건수를 나타내는 조혼인율도 2000년 7.0건에서 2010년 6.5건, 2024년 4.4건으로 크게 줄어들었다.[3]

나홀로족 문화

나홀로족 문화는 타인과의 관계에 얽매이지 않고 혼자만의 시간을 즐기며, 개인의 자유와 독립성을 중요시하는 생활방식을 말한다. '혼족'이라고도 불리는 나홀로족은 혼자 있는 시간을 외롭거나 불편하게 여기지 않고 오히려 즐긴다.

이들은 혼자서 식사하고(혼밥), 술을 마시고(혼술), 책을 읽고, 영화를 감상하며(혼영), 음악을 듣고, 놀이를 즐기며(혼놀), 여행을 떠나는(혼행) 등 다양한 활동을 즐긴다. 나홀로족 문화는 개인의 취향과 자유를 존중하는 현대 사회의 흐름을 반영하며, 자기자신과의 시간을 소중히 여기고 온전히 즐기는 태도를 강조하는 라이프 스타일로 자리잡고 있다.

나홀로족은 자신의 삶을 풍요롭게 만들 수 있는 소비에 적극적이다.

여행, 외식, 쇼핑, 취미 활동 등에 돈을 아끼지 않으며, 자신에게 맞는 브랜드나 제품을 소비하는 것을 중시한다. 또한 시간과 노력을 절약할 수 있는 편리한 제품과 서비스를 선호하여, 인스턴트 식품, 온라인 쇼핑, 음식 배달 서비스, 스마트 홈 등을 자주 이용하고, 스마트폰과 같은 디지털 기기를 활용하여 생활의 편의성을 높이고, 최신 트렌드와 기술을 적극적으로 받아들이는 모습을 보인다.

나홀로족은 온라인 커뮤니티를 적극적으로 활용하여 같은 취향을 가진 사람들과 소통하고 정보를 공유하며, 디지털 공간에서 새로운 형태의 관계를 형성한다. 온라인 게임, SNS, 커뮤니티 사이트 등을 통해 다른 사람들과 연결하고, 이를 통해 소속감을 느끼고 사회적 교류를 이어간다.

나홀로족 문화는 긍정적인 측면과 부정적인 측면을 모두 가지고 있다. 긍정적인 측면으로는 개인의 자유와 개성을 존중하고, 다양한 경험을 할 수 있다는 것이다. 반면 부정적인 측면으로는 나홀로족 문화에 젖어 결혼을 하지 않고 독신으로 살면, 나이가 들면서 점차 사회적 고립, 외로움, 우울증 등에 노출될 위험이 크게 높아진다는 것이다.

결국, 나홀로족 문화가 개인에게 미치는 영향은 성격, 가치관, 사회적 환경 등에 따라 다를 수 있지만, 국가사회적으로는 심각한 부작용을 낳는다. 가족이나 '우리'보다 '나'에 대한 지나친 관심은 공동체의 위기를 심화시킬 수 있다. 특히 결혼과 출산을 포기한 나홀로족의 증가는 초저출산의 늪을 확산시키고, 이것은 국가 사회의 지속가능한 발전을 어렵게 만든다.

혼자 사는 삶과 결혼 후 함께 사는 삶은 경제적 측면에서 각기 다른 장단점을 가진다.

혼자 사는 경우, 자신의 소비 패턴을 자유롭게 조정할 수 있으며, 생활 방식에 완전한 자율성을 누릴 수 있다. 그러나 모든 생활비를 혼자 부담해야 하므로 주거비, 식비, 공과금 등에서 상대적으로 높은 비용이 발생할 수 있다. 또한, 직장을 잃거나 예상치 못한 경제적 위기에 직면했을 때 이를 혼자 감당해야 하는 부담이 크다.

반면, 부부가 함께 사는 경우 규모의 경제 효과를 누릴 수 있다. 주택, 가전제품, 식료품 등을 공유함으로써 개별적으로 구매할 때보다 비용을 절감할 수 있으며, 생활비를 분담하면서 경제적 안정성을 높일 수 있다. 또한, 한 사람이 실직하더라도 가정 경제를 유지할 수 있고, 퇴직 후 연금을 공유함으로써 노후 대비가 보다 수월 해진다.

2022년 통계청 자료에 따르면, 청년층(25-39세)의 취업기회, 소득수준, 주택소유 등 경제적 기회에서 유배우자가 무배우자보다 더 높게 나타났다.

남성 청년층의 경우, 유배우자의 등록취업자 비율은 91.1%로, 무배우자 73.5%에 비해 17.6%포인트 높다. 반면, 여성 청년층은 유배우자의 등록 취업자 비율이 61.1%로, 무배우자 71.8%보다 10.7%포인트 낮게 나타났는데,[4] 이는 결혼 여성의 가사노동 비율이 높은 데 기인하는 것으로 보인다.

소득 수준에서도 유배우자가 더 높은 경향을 보였다. 남성 청년층의 상시 임금근로자 연간 중위소득은 유배우자가 5,099만 원으로, 무배우자 3,429만 원보다 49%포인트 더 높았다. 반면, 여성 청년층의 경우 유배우자의 연간 중위소득은 2,811만 원으로, 무배우자 3,013만 원보다 7%포인트 낮았는데,[5] 이는 결혼 여성의 경력단절이나 파트타임 노동 비중이 높은 데 기인하는 것으로 보인다.

특히 주택 소유 비중에서는 배우자 유무에 따른 격차가 더 두드러졌다. 남성 청년층의 경우, 유배우자 주택소유 비율은 42.1%로, 무배우자 10.8%보다 4배 높았다. 여성 청년층 역시 유배우자가 24.1%로, 무배우자 9.5%보다 2.5배 높은 비율을 보였다.[6] 이는 남녀를 불문하고, 유배우자가 무배우자에 비해 주택 등 자산형성에서 유리한 위치에 있음을 의미한다.

이 통계는 두 가지 중요한 시사점을 제공한다.

첫째, 나홀로족 중 상당수가 경제적 자립의 어려움으로 인해 결혼을 하지 못하는 것으로 추론할 수 있다. 이는 단층노동시장으로 인한 청년층의 양극화 문제에 기인하며, 건강한 노동시장으로의 개혁의 필요성을 다시 한번 입증하는 것이다.

둘째, 나홀로족이 유배우자에 비해 경제적 삶의 질이 오히려 낮을 가능성이 크다. 여성 청년층의 경우, 유배우자보다 무배우자가 취업비중이 10.7%포인트, 소득수준이 7%포인트 높지만, 주택소유 비중은 유배우자가 무배우자의 2.5배에 달해 무배우자가 경제적으로 유리한 위치에 있다고 볼 수 없다. 또한 여성 유배우자의 취업 및 소득수준이 무배우자보다 다소 낮은 것은 유배우자가 가정 및 가사노동을 선호한 결과일 가능성이 높다.

따라서 청년기에 경제적 수준이 만족스럽지 않다고 해서 나홀로 삶을 선택하기 보다는, 결혼을 통해 부부가 함께 경제적 삶의 질을 높이는 것이 더 유리할 수 있다. 이는 규모의 경제와 리스크 분담 원리에 따라 부부가 공동으로 자산을 형성하고 경제적 안정성을 확보할 수 있기 때문이다.

딩크족 문화

딩크족(DINKs, Double Income No Kids)은 1980년대 후반 미국을 중심으로 나타난 새로운 가족형태로, 결혼은 했지만 아이를 갖지 않는 맞벌이 부부를 의미한다.

통계청이 2024년 12월에 발표한 '2023년 신혼부부 통계 결과'에 따르면, 최근 한국에서도 딩크족이 확산되고 있음을 확인할 수 있다. 이 통계에 따르면, 2023년 혼인 신고를 한 지 5년이하 초혼 신혼부부 76만 9천67쌍 중 47.5%가 자녀가 없으며, 결혼 5년차 부부 중에서도 26.4%가 자녀

를 두지 않은 것으로 조사되었다.[7]

딩크족 문화는 개인의 가치관과 선택에 따라 긍정적 측면과 부정적 측면을 모두 가지고 있다. 먼저, 딩크족은 자녀 양육에 드는 비용과 시간을 절약하면서 개인의 취미와 여가 생활에 더 많은 시간과 자원을 투자할 수 있다. 아이를 돌보는 책임이 없기 때문에 커리어에 집중할 수 있으며, 전문성을 키우고 경력을 개발하는 데 더 적극적으로 투자할 수 있다. 이를 통해 더 높은 직위와 성과를 달성할 가능성이 높아진다. 또한, 경제적 여유와 시간적 여유를 활용하여 여행, 새로운 취미 시도, 다양한 문화 체험 등을 통해 삶의 풍요로움을 누릴 수 있다.

딩크족은 소셜 미디어를 통해 정보를 얻고, 관계를 유지하며, 자신의 삶을 공유하는 경향이 강하다. 온라인 카페나 커뮤니티에 참여하여 비슷한 관심사를 가진 사람들과 소통하며, 사회적 연결을 유지하는 방식으로 관계를 형성한다.

그러나 이러한 긍정적 측면과 함께 신중하고 깊이 고려해야 할 요소들이 있다.

첫째, 육아를 하면 커리어 관리 및 여가생활의 상당부분을 희생해야 하는 기회비용이 발생하지만, 과연 출산을 포기해야 할 정도의 선택의 문제인가 하는 점이다. 국가가 일과 육아를 양립할 수 있는 워차벨 사회를 만들기 위해 적극적으로 고용관계시스템과 보육환경을 개선하면, 육아의 기회비용은 점차 줄어들 것이다.

둘째, 출산과 육아를 포기하면 사랑과 행복이라는 인생 최고의 투자 기회를 상실할 수 있다. 부모의 자식에 대한 사랑은 보다 원초적이며, 자식이 부모에게 느끼는 사랑과는 다른 차원의 감정을 형성한다. 원초적인 사랑은 희생과 동시에 깊은 행복감을 주며, 아기의 천진난만한 웃음과 재롱, 그리고 아이의 성장과 성취는 부모와 조부모에게 무엇과도 비교할 수 없는 감동과 기쁨을 선사한다.

출산과 육아를 포기하면 자신의 커리어 관리와 자유로운 삶을 추구하는데 도움이 될 수 있지만, 자녀를 키우면서 얻는 대체불가능한 가치를 경험할 기회를 영원히 잃게 된다.

또한, 딩크족은 주변에서 아이를 둔 부부들과 가치관과 생활 방식의 차이로 인해 사회적 고립을 느낄 수 있다. 손주를 바라는 부모 및 가족과의 관계가 소원해질 수 있으며, 나이가 들수록 아이를 갖는 것과 관련된 사회적 역할과 정체감을 상실할 수 있다.

특히 노년기에 접어들수록 마음으로 사랑하고 의지할 자녀가 없다는 사실은 깊은 정서적 공허감을 초래할 수 있다. 노년기에 질병과 장애를 겪을 때, 진정으로 위로해 줄 자녀가 없다는 점은 더욱 큰 고독감을 유발할 수 있다. 특히, 최근 평균수명이 길어지면서 경제활동기와 맞먹는 30년 이상을 노년기로 살아가야 한다는 현실에서 이러한 문제를 깊이 생각해 볼 필요가 있다.

지혜로운 선택

나홀로족과 딩크족은 크게 두 부류로 나눌 수 있다.

첫째, 경제적 어려움 등으로 인해 결혼을 하지 못했거나, 결혼 후에도 생물학적 이유로 아이를 갖기 어려운 경우이다. 이러한 경우, 국가는 이들이 겪는 어려움을 해결하고 지원할 수 있는 경제사회시스템을 반드시 확립해야 한다.

둘째, 결혼과 출산에 별다른 장애 요소가 없음에도 불구하고, 결혼과 출산에 투입하는 시간, 돈, 에너지를 직장, 여행, 여유 등 다른 삶의 가치에 투자하기 위해 나홀로족이나 딩크족의 삶을 선택하는 경우이다. 이는 개인의 의식과 가치관의 문제로, 각자의 삶의 방식에 대한 깊은 고민이 필요하다.

특히, 자기 선택적 나홀로족과 딩크족은 '하버드 성인 발달 연구'에 관심을 가질 필요가 있다. 만약 내가 100년의 인생을 산다면, 행복한 순간을 가장 많이 가질 수 있는 삶의 길은 무엇일까? 미래는 가보지 않은 길이며, 불확실성이 높아 내가 마음먹은 대로 되지 않을 수도 있다.

그렇다면, 우리가 미래를 위해 가장 지혜로운 판단을 할 수 있는 자료나 지침은 무엇일까? 그것은 통계적으로 유의미한 충분한 표본을 바탕으로, 사람들의 생애 전체를 추적 조사하고 과학적으로 분석하여 도출된 행복의 조건일 것이다.

하버드 성인발달 연구에 따르면, 행복한 삶을 결정짓는 가장 중요한 요소는 돈이나 사회적 지위가 아니라 '좋은 인간관계'라는 점과 노년기 최악의 고통은 고독이라는 점이 밝혀졌다.[8] 이 연구는 1938년에 시작하여 현재까지 86년이상 지속되고 있으며, 참가자들의 삶을 장기적으로 추적하며 행복과 건강에 영향을 미치는 요인을 분석했다.

인생 100년 동안 우리는 건강과 질병, 기쁨과 슬픔, 기회와 위기, 성공과 실패, 희망과 실망, 만족과 불만, 사랑과 미움, 동반과 고독 등이 끝없이 교차하는 삶을 살아가게 된다. 이러한 과정에서 질병, 슬픔, 위기, 실패, 고독 등 힘들고 어려운 순간을 함께 극복할 수 있는 가장 확실한 존재는 가족이다.

내가 아플 때 진정으로 나와 함께 아파하고, 나의 아픔을 함께 극복해 줄 수 있는 사람도 부부, 부모, 자식이다. 자식은 부모에 의해 탄생한 독립된 인격체이지만, 부모와 자식의 관계는 인간관계의 가장 기본적이고 일차적 관계로서 삶의 중요한 정서적 기반이 된다.

인생은 유소년기, 청년기, 장년기, 노년기로 이어지는 연속적인 과정이며, 각 단계에서의 선택이 이후 삶에 결정적인 영향을 미친다. 특히 청년기의 결혼과 출산에 대한 결정은 장년기와 노년기의 삶의 질을 좌우하는 중요한 요소가 된다.

청년기에 나홀로족을 선택한 경우, 장년기에 이르러 결혼을 원하더라도 적합한 배우자를 찾기 어려워 평생 독신으로 살아가야 하는 상황에 처할 수 있다. 한편, 딩크족의 길을 선택한 이들도 가임기를 지나 자녀를 원하더라도 현실적으로 임신과 출산이 어려운 상황을 맞이할 수도 있다.

이처럼 개인의 라이프스타일 선택은 특정 시기의 가치와 욕구를 충족시킬 수 있지만, 시간이 흐름에 따라 그 선택이 예기치 못한 제약으로 작용할 가능성도 존재한다.

따라서 우리는 지혜롭고 행복한 삶을 위해 '생애 포트폴리오' 개념을 갖고, 오늘의 의사결정을 신중하게 내릴 필요가 있다. 생애 포트폴리오는 인생의 각 단계에서 필요한 선택을 전 생애적 관점에서 체계적으로 설계하고 관리하는 전략적 접근 방식으로, 미래의 행복을 위한 씨앗을 심는 과정이다. 오늘의 선택이 미래의 삶에 미치는 영향을 고려할 때, 단기적인 만족뿐만 아니라 장기적인 행복과 안정성을 염두에 둔 균형 잡힌 결정이 필요하다.

우리는 앞으로 은퇴후에도 30~40년을 노년기로 살아가야 한다. 이는 인생의 1/3에 해당하는 긴 세월이며, 노년기의 삶의 질이 인생 전체의 행복을 좌우하는 중요한 요소가 된다. 노년기는 청장년기와 달리 정신적·육체적 건강뿐만 아니라 인간관계도 약화되는 시기이다. 따라서 삶의 질이 낮아지면 이를 극복하기 어려워 더욱 큰 고통을 초래할 수 있다.

따라서 청년기의 결혼과 출산에 대한 선택, 장년기의 생애 자산 포트폴리오 관리가 노년기의 삶에 결정적인 영향을 미친다. 즉, '생애 포트폴리오'를 체계적으로 관리하는 것은 행복한 노년을 위한 필수적인 실천 전략이라 할 수 있다.

가족 가치관 르네상스

'하버드 성인 발달 연구'는 삶의 가치와 행복을 결정짓는 가장 중요한 요소로 '따뜻한 인간관계'를 들고 있는데,[9] 그 기초에는 가족이 자리하고 있다.

서구 선진국과 아시아 국가들을 대상으로 한 조사에서, 한국인은 가족보다 '물질적 풍요'에 더 높은 가치를 부여하는 경향을 보였다.[10] 또한, 자녀를 '인생의 기쁨'이 아닌 '경제적 부담'으로 인식하는 유일한 국가였으며, '삶의 만족도'는 가장 낮게 나타났다.[11]

한국은 전통적으로 가족을 매우 중시한 국가였다. 조선 500년의 통치 이념이었고, 현재에도 한국인의 정신세계에 큰 영향을 미치고 있는 유교의 핵심 가치는 충효사상으로 가족과 국가를 중시했다. 그러나 한국은 70년의 압축성장과 급속한 근대화 과정에서 가족 가치관의 올바른 이행에 실패한 것으로 보인다.

따라서 '가족 가치관 르네상스'가 필요하다. 이는 단순히 과거의 가치관으로 회귀하는 것이 아니라, 현대 사회의 요구에 맞춰 가족의 역할과 기능을 새롭게 정의하고 가족 관계를 강화하는 것을 의미한다.

인간은 사회적 동물로 홀로 존재할 수 없다. 인간의 가장 원초적인 사회적 관계는 가족이다. 가족은 무조건적인 사랑과 지지, 소속감과 안정감, 삶의 의미와 목적, 행복과 기쁨을 제공한다. 심각한 불화를 겪는 가족도 있지만, 일반적으로 부모와 형제자매는 다른 어떤 인간관계에 비해 상대적으로 진정한 사랑과 지지를 준다.

가족은 우리에게 소속감과 안정감을 준다. 우리는 가족과 함께 있을 때 외롭지 않고, 우리가 세상에서 가장 중요한 존재임을 알 수 있다. 가족은 우리에게 삶의 가치관을 형성하는데 중요한 역할을 한다. 부모는 우리에게 옳고 그름에 대한 기준을 가르쳐주고, 세상을 어떻게 바라봐야 하는지에 대한 영향을 미친다. 가족의 가치관은 우리의 삶에 큰 영향을 미치며, 우리가 어떤 사람이 되는지 결정하는 데 중요한 역할을 한다. 가족은 우리에게 삶의 의미와 목적을 제공하며, 우리가 행복하고 만족스러운 삶을 살 수 있도록 도와준다.

스위스의 교육학자 요한 하인리히 페스탈로치(Johann Heinrich Pestalozzi, 1746-1827)는 "우리 가정의 기쁨은 지구상에서 가장 즐거운 것이며, 부모가 자녀에게서 느끼는 기쁨은 인류의 가장 성스러운 기쁨이다. 이는 그들의 마음을 순수하고 선하게 만들며, 사람들을 하늘에 계신 아버지께로 인도한다."라고 말했다.[12]

16

저출산 정책은 왜 실패했는가?

정부는 2005년에 「저출산·고령사회기본법」을 제정하였다. 초저출산 단계에 진입하지 4년이나 지난 2006녀부터 이 법에 기초하여 「저출산 고령사회 기본계획」을 5년 단위로 수립하여 추진해 왔다. 저출산 대응 예산으로 2006년에 처음으로 2.1조 원을 투입한 것을 시작으로 점차 증액하여 2022년에는 51.7조 원, 2023년에는 48.2조 원을 투입했다.[1] 정부가 저출산 대응을 위해 2006년부터 2023년까지 지난 17년간 투입한 총 예산은 379.8조 원이었다.[2]

그러나 같은 기간 동안 출생아 수는 약 45만 명에서 약 23만 명으로 절반 수준으로 급감했으며, 합계출산율 역시 1.13명에서 0.72명으로 크게 낮아졌다. 이러한 통계는 정부의 저출산 정책이 기대에 미치지 못하고 참담하게 실패했음을 명확히 보여준다.

초저출산의 늪에서 벗어나기 위해서는 먼저 지난 17년간 상당한 예산을 투입하고도 실패할 수밖에 없었던 근본적인 원인을 면밀히 규명하는 것이 필요하다.

경제사회정책의 성공은 정책 추진 주체의 역량, 당면한 경제사회병리 현상에 대한 정확한 진단, 이 진단에 기반한 적절한 정책개발과 정책수단, 적절한 정책 타이밍, 효율적인 정책전달체계, 그리고 명확한 정책효과 측정 및 피드백 전략 등이 유기적으로 잘 설계되고 추진되어야 비로소 가능하다.

따라서 정부의 저출산 정책 실패 원인을 규명하기 위해서는 이러한 경제사회정책 추진체계의 각 요소를 기준으로 면밀한 검토가 이루어져야 한다. 이를 통해 과거의 오류를 반복하지 않고 실질적인 해결책을 모색할 수 있을 것이다.

모호성과 무능력성

참담한 정책실패의 주요한 원인 중 하나는 '정책추진 주체의 모호성'과 '정책추진 주체의 무능력성'이다. '정책추진 주체의 모호성'은 누가 정책을 추진해야 하는지 명확하지 않은 상태를 의미한다. 지금까지 본 바와 같이 초저출산 문제는 단층노동시장, 가족 친화적 고용관계 관행 형성 실패, 사교육 열풍과 공교육 붕괴, 단선적 초경쟁사회, 주거문제, 나홀로족 문화와 딩크족 문화 등 다양한 경제사회문제가 복합적으로 얽혀 있다. 이는 정부의 어느 한 부처가 단독으로 추진할 수 없다는 것을 의미한다.

보건복지부가 저출산 대책 주무부처로 되어 있지만, 기획재정부, 교육부, 고용노동부, 국토교통부, 여성가족부, 국세청 등 7개 정부 부처와 지방자치단체가 저출산 대책에 참여해 왔다. 이 경우 정책 컨트롤타워가 없으면 정책추진 주체의 모호성 문제가 발생하고, 부처별로 유사한 정책이 산만하게 추진되면서 예산낭비만 심하고 정책 실효성을 확보하기 어렵다.

또한 중앙부처와 지자체 간의 정책전달체계도 매우 비효율적이다. 예산은 중앙정부의 각 부처가 갖고 정책 집행은 지자체를 통해 시행되는 경우가 많다. 이 경우 지자체는 중앙정부 부처별 사업계획에 따라 예산을 집행할 수밖에 없다. 지자체의 특성에 맞게 예산을 통합 재편성하여 집행해야 정책효과를 기대할 수 있지만, 그렇게 할 수 없다. 지자체는 또한 출산장려금 등 중앙정부와 별도로 예산을 집행하기도 하였다.

실효성 있는 정책 컨트롤타워가 없이 중앙정부의 여러 부처와 지방자치단체가 산만하게 정책을 추진하면서, 정책 효과와 정책 중복성 및 유사성 등에 대한 평가와 피드백 시스템이 제대로 작동하지 못하고 있다.

컨트롤 타워와 정책지도

복잡하고 다차원적인 정책을 추진할 경우, 정책 컨트롤 타워를 구축하여 정책 간의 상호 연관성과 상호작용 효과를 극대화할 수 있어야 한다. 이를 위해 '정책 패키징'과 '정책 포트폴리오'를 체계적으로 구성하고, 이를 토대로 전체 정책의 구조와 흐름을 직관적으로 파악할 수 있는 '정책지도(policy map)'를 만들어 정책을 체계적으로 수립하고 관리해야 한다.

특히, 초저출산 문제는 본질적으로 '정책 추진 주체의 모호성' 문제가 발생할 수밖에 없기 때문에 이를 극복하기 위해 강력한 '정책 컨트롤 타워'가 필요하다. 그 동안 대통령직속 저출산고령사회 위원회가 이 역할을 해왔지만, 실질적으로는 '정책추진 주체의 무능력성'으로 인해 실효성 있는 정책들을 효율적으로 추진하지 못했다. 여기서 '정책추진 주체의 무능력성'이란 예산, 인력, 전문성 등의 부족으로 정책을 실행할 만한 충분한 역량을 갖추지 못한 상황을 의미한다.

저출산고령사회위원회의 조직 구성과 권한을 살펴보면, 왜 이 기관이 초저출산과 같은 복잡하고 심각한 문제를 해결할 수 있는 정책 컨트롤타워로서 제 기능을 할 수 없는 지 명확히 드러난다. 사무국 직원은 30여 명에 불과하며, 기획재정부, 보건복지부 등 각 부처에서 파견된 공무원들이 1~2년간 근무한 후 원 소속 부처로 복귀하는 순환 보직 형태를 띄고 있다. 이러한 환경에서는 직원의 전문성과 정책의 연속성을 확보하기 어려워 실효성 있는 정책 추진이 쉽지 않다.

또한, 정책추진 주체가 명확하게 확립되지 못하면서 '저출산 정책 추진체계'가 제대로 구축되지 못했다. 이러한 구조 하에서는 초저출산의 원인을 정확히 진단하고 올바른 정책 처방을 제시하는 것이 사실상 불가능하며, 전문인력이 절대적으로 부족한 상태에서 실효성 있는 정책개발을 기대하기란 더욱 어렵다.

대통령 위원회는 전국적인 정책 실행 조직이 없기 때문에 관련 부처들을 통해 정책을 실행해야 하지만, 실행력을 담보할 수 있는 권한이나 권위를 확보하지 못하고 있다. 즉, 예산권이 없고 부처 간 정책조정 및 집행력이 부족한 상태에서 정책을 개발하더라도 정책을 집행할 수단도 별로 없고 정책전달체계를 확립하기도 어렵다.

정책 컨트롤타워가 제 기능을 수행하려면, 정책 개발 및 추진에 필요한 권한, 책임, 예산, 전문성을 갖추고 있어야 한다. 그러나 정부는 그동안 이러한 정책 추진의 핵심 요소를 갖춘 저출산 정책 컨트롤타워를 마련하지 못했다.

진단과 처방의 문제

제4차 저출산·고령사회 기본계획(2021-2025년)을 보면, 초저출산 문제에 대한 진단과 처방의 한계를 알 수 있다.[3] 기본계획에서는 저출산 대책의 핵심과제로 워라밸, 성평등, 아동 돌봄, 아동기본권 보장, 성·재생산권

보장 등 5개 영역으로 나누어 접근하고 있다. 구체적인 정책으로는 육아 휴직 확대, 결혼과 출산에 따른 불이익 해소, 아동 돌봄의 공공성 및 책임성 강화, 아동수당 확대 및 아동 중심 사회 실현, 생식질환 예방과 안전한 난임 지원 강화 등이 있다. 이러한 정책 접근은 본질적으로 다음과 같은 한계를 갖고 있다.

첫째, 근원진단에 기초한 정책이 없고 현상진단에 기초한 정책만 있다는 점이다. 폐렴을 감기약으로 치료할 수는 없다. 한국의 초저출산 문제는 20년이상 지속되고 있으며, 매년 세계 최저 출산 기록을 갱신할 정도로 심각하다. 이처럼 병이 깊으면 당연히 현상진단과 동시에 근원진단을 하여 현상과 근원을 동시에 다스려야 건강을 회복할 수 있다.

앞서 본 바와 같이, 한국의 초저출산 문제는 복잡한 경제사회 시스템적 결함과 초저출산의 장기화로 인한 청년층의 가족에 대한 가치관 및 문화 변화까지 겹쳐 매우 복잡한 문제로 발전했다. 따라서 현상진단에 따른 대증요법과 동시에 근원진단에 따른 근원처방이 필요하다.

둘째, 문제의 심각성에 비해 정책대응이 너무 약하여 국민들이 정책을 피부로 느낄 수 없다. 저출산 문제는 국민들의 동참 없이는 어떤 정책 효과도 기대할 수 없다. 초저출산의 늪에서 빠져나오려면, 출생과 육아에 대한 청년층의 가치관 변화를 이끌어낼 수 있어야 한다. 이를 위해서는 출생과 육아에 대한 경제적 및 심리적 부담을 해소할 수 있을 정도로 시스템 혁신과 동시에 과감한 지원 정책이 필요하다.

현재 첫만남 이용권[4], 아동수당[5], 양육수당[6], 부모급여(영아수당)[7] 등 다양한 명목으로 소액이 단기간 지급하고 있다. 수당의 종류가 너무 다양하여 출생을 한 부모들도 헷갈릴 정도이며, 명목별 액수도 소액이어서 미혼 청년들은 관심조차 갖지 않게 된다. 이런 방식으로는 출생과 육아에 대한 경제적 부담을 해소할 수 있다는 안도감을 줄 수 없다.

예산 거품과 비효율성

저출생 예산의 거품과 비효율적 운용이 심각한 수준이다. 저출산고령사회 위원회 자료에 따르면, 2023년 저출생 예산은 142개 정책과제에 총 47조 5000억 원이었는데, 이를 크게 분류해 보면, 주거지원 21조 4000억 원(45.1%), 돌봄 교육 13조 1000억 원(27.6%), 양육비 경감 7조 원(14.8%), 일·가정 양립 2조 원(4.1%), 난임 등 건강 지원 500억 원(0.1%), 기타 4조 원(8.4%)이다.[8]

총예산의 절반에 가까운 주거지원 예산은 육아 가구와 일반 가구 구분 없이 지원되고, 저출생 대응에 관한 국제비교 기준인 경제협력개발기구(OECD)의 '가족 지출'에는 포함되지도 않는다. 이는 저출생 예산의 거품이 심각한 수준임을 보여주며, 예산의 투입과 산출 과정에서 중대한 판단 오류를 초래할 수 있다.

OECD의 '가족지출 지표'는 각 국가에서 가족을 지원하기 위해 정부가 지출하는 비용을 측정하는 지표로, 국내총생산(GDP) 대비 가족지출비로 산출된다. 가족지출비에는 자녀 부양수당, 출산 급여, 육아휴직 급여 등 가족에게 직접 지급되는 금전적 지원, 보육 서비스, 교육 서비스 등 가족을 위한 공공 서비스, 자녀 양육 관련 세금 감면, 가족 수에 따른 세액공제 등 세금 감면 혜택 등이 포함된다.

GDP 대비 가족지출비를 살펴보면, 프랑스는 3.4%, 독일은 3.2%, 영국은 2.5% 이다. 반면, 한국은 1.6%로 OECD 평균 2.1%에 크게 못 미치며, 튀르키예, 멕시코, 스페인, 미국과 함께 OECD 국가 가운데 최하위권에 속한다.[9] 그러나 주거지원을 포함한 저출생 대응 예산 총액이 GDP에서 차지하는 비중은 2.12%로 OECD 평균과 동일하다. 이러한 예산 거품 현상으로 인해 실제로는 서구 선진국 수준에 크게 못 미치면서도, 마치 서구 선진국 수준의 저출생 예산을 지출하고 있는 듯한 착각을 불러일으킬 수 있다.

정책 타이밍

정책 타이밍은 정책을 시행하는 가장 적절한 시점을 의미하며, 이는 정책 성공의 핵심 요소이다. 씨앗은 적절한 시기에 심어야만 풍성한 열매를 맺을 수 있듯이, 정책도 경제사회 환경이 충분히 조성된 시점에서 시행할 때 가장 효과적이다.

너무 시대를 앞서가는 정책은 경제사회적 기반이 마련되어 있지 않아 성공하기 어렵다. 반면, 경제·사회 문제가 발생했을 때 조기에 대응하지 않으면 막대한 투자를 하고도 문제 해결이 어려워질 수 있다.

경제·사회 문제는 발생 초기에 신속하게 대응해야만 문제가 더 악화되거나 확산되지 않도록 하여 정책의 효과성과 효율성을 담보할 수 있다. 예를 들어, 마약 문제는 초기 단계에 적극적으로 대응하지 못하면, 마약 중독자가 일정 규모를 넘어서면서 마약 퇴치 비용이 천문학적으로 증가해도 마약을 성공적으로 퇴치하기 어렵다. 인플레이션 대책 등 대부분의 경제정책도 정책 타이밍을 놓치면 정부 지출을 몇 배로 확대해도 정책효과는 별로 나타나지 않는다.

우리나라는 1983년에 대체출산율이 무너지면서 '저출산 단계'에 들어섰고, 1986년에 '준초저출산 단계', 그리고 2002년에 '초저출산 단계'에 진입했다. 저출산 단계에 진입한 1983년부터 대체출산율을 안정적으로 관리하는 정책을 시행했어야 했으며, 늦어도 준초저출산 단계에 진입한 1986년부터는 적극적인 저출산 대책을 추진하여 대체출산율 회복을 위한 노력을 기울였어야 했다.

그러나 놀랍게도 정부는 1990년대까지 '한 명 낳기' 캠페인을 유지하며, 저출산에 대한 문제의식마저 없었다. 이는 '정책 관성의 위험성'을 보여주는 대표적인 사례이다. 정책 관성이란 한 번 수립된 정책이 사회·경제적 환경 변화에도 불구하고 관성적으로 유지되는 현상을 의미한다. 즉, 저출산 단계에 진입하여 장기적인 인구감소가 우려되는 상황에서도 10년 이상 인구억제 정책을 지속한 것이다.

저출산 초기 단계부터 정부는 비가족 친화적인 고용관계 관행을 가족 친화적인 방향으로 전환할 수 있도록 고용관계 법제도를 정비하여, 일-가정 양립 사회를 구축했어야 했다. 그러나 초저출산 단계 진입한 이후에도 이러한 변화가 이루어지지 않으면서 나홀로적 문화와 딩크족 문화가 점차 사회에 뿌리내리기 시작했다.

경제사회 시스템 혁신을 통해 충분히 해결할 수 있었던 문제가 장기적으로 방치되면서, 이제는 결혼과 출산에 대한 청소년들의 가치관마저 변화하여 문제해결이 더욱 어려워졌다. 적절한 정책 타이밍을 놓친 결과, 지금은 몇 배의 예산과 에너지를 투입하더라도 정책효과를 기대하기 어려운 상황이 초래되었다.

마지막 기회

지금이 마지막 정책 타이밍이다. 지금 즉시 실효성 있는 정책을 시행하여 합계출산율을 1.6명으로 회복하면, 연간 출생아 수 약 50만 명을 약 20년 간 유지할 수 있다.

그러나 초저출산 단계 기간에 태어난 현재 20세 미만 연령층이 결혼

적령기에 들어서면, 합계출산율을 1.6명으로 유지하더라도 연간 출생아 수는 30만 명 미만으로 감소할 것이다. 특히 2025년 현재 5세미만 연령층이 결혼적령기에 도달하면, 같은 출산율을 유지하더라도 연간 출생아 수는 20만 명 미만으로 줄어들 전망이다.

초저출산 단계 기간에 태어난 세대가 연간 출생아 수 50만 명을 유지하려면, 합계출산율이 2.7명이 되어야 하지만, 이는 현실적으로 실현 가능성이 매우 낮다.[10]

따라서 실효성 있는 정책 추진이 더 늦어지면, 천문학적인 예산을 투입하더라도 인구 문제 해결이 어려워질 것이다. 우리는 지금 절체절명의 순간에 서 있으며, 더 이상 머뭇거릴 시간이 없다.

제22장 출생 및 육아 패러다임 전환에서 합계출산율 1.6명을 위한 실효성 있는 정책 방향에 대하여 논의하겠다.

17

위험한 선택

최근 인구절벽 문제 해결책으로 '적극적인 이민 정책'의 필요성이 제기되고 있다. 이민자 수 증가와 중소기업의 인력난 심화 등 현실적인 문제를 고려할 때, 이민청 신설을 통한 체계적인 이민관리 시스템 구축은 필요하다. 그러나 초저출산에 따른 인구재앙 쓰나미를 이민정책으로 해결하려는 접근 방식은 두 가지 측면에서 매우 '위험한 선택'이 될 수 있다.

우선, 초저출산 늪에서 벗어나지 못하면 인구절벽이 너무 가파르게 진행되기 때문에 이를 이민으로 해결하려면 대규모 이민자 유입이 불가피하다. 이러한 경우, 노동시장의 양극화 심화, 사회갈등과 불안 증가, 교육 및 의료 서비스 부담 확대, 그리고 문화적 충돌 및 국가 정체성 위기 등 심각한 경제·사회적 문제가 발생할 가능성이 크다.

또한, 이민정책을 통해 인구절벽 문제를 해결할 수 있다는 잘못된 판단은 초저출산 문제 해결을 위한 적극적 대응을 늦추게 만들 수 있다. 이는 결국 초저출산 상황에서 벗어날 수 있는 마지막 기회를 놓치는 결과로 이어질 수 있다. 이미 정책 대응의 타이밍을 놓친 만큼, 초저출산 문제 극복을 위한 시간이 얼마 남지 않았으며, 이를 해결하기 위해서는 과감한 투자와 지속적인 노력이 요구된다.

만약 초저출산 문제를 극복하지 못한다면, 인구재앙 쓰나미로 인해 국민은 심각한 어려움을 겪게 되고, 국가 역시 소멸 위기에 직면할 위험이 있다. 따라서 초저출산 문제를 근본적으로 해결할 수 있는 정책 방향을 적극적으로 모색하는 것이 무엇보다 중요하다.

이주배경인구

통계청의 내·외국인 인구전망에 따르면,[1] 2025년부터 2040년까지 내국인은 169만 명 감소할 것으로 예상된다. 이 기간 동안 외국인과 귀화 내국인, 이민자 2세 내국인 등을 포함한 이주배경인구는 233만 명에서 323만 명으로 증가하여, 총인구에서 차지하는 비중이 4.5%에서 6.4%로 늘어날 전망이다.

주목할 점은 생산연령인구(15-64세) 비중의 변화이다. 같은 기간 내국인 중 생산연령인구 비중은 68.6%에서 55.7%로 크게 감소하는 반면, 이주배경인구 중 생산연령인구 비중은 78.5%에서 75.5%로 상대적으로 완만한 감소세를 보일 것으로 예상된다.

학령인구(6-21세)에서도 유사한 경향이 나타난다. 내국인 학령인구는 680만 명에서 427만 명으로 37% 감소하는 반면, 이주배경인구 학령인구는 39만 명에서 47만 명으로 20% 증가할 것으로 전망된다. 이는 이민이 생산연령인구와 학령인구 감소를 완화하는 데 일정한 효과가 있음을 시사한다.

그러나 이주배경인구의 증가에도 불구하고, 인구 감소 추세는 가속화될 것으로 예측된다. 인구성장률의 장기전망에 따르면, 2025년 -0.13%에서 시작하여 2040년 -0.38%, 2050년 -0.87%, 2060년 -1.23%, 2060년 이후에는 매년 -1.30%의 급격한 감소율을 보일 것으로 예측된다.[2] 이는 현재의 초저출산 문제를 근본적으로 해결하지 않고서는, 이민 정책만으로는 심각한 인구 감소를 막기 어렵다는 점을 명확히 보여준다.

이민 정책이 초저출산 문제나 인구절벽 문제 해결의 대안이 되려면, 이민 규모를 현재보다 대폭 확대해야 한다. 만약 초저출산 문제가 해결되지 않을 경우, 생산연령인구는 2025년 현재 약 3천 6백만 명에서 2050년에는 약 2천 4백만 명으로 감소할 것으로 예상된다.[3] 즉, 불과 25년 만에 약 1천 2백만 명이 줄어들어, 현재 대비 약 3분의 2 수준으로 축소될 것이다.

이를 고려할 때, 2025년 수준의 생산연령인구를 유지하려면 해당 기간 동안 약 1천 2백만 명의 이민자를 받아들여야 한다. 설령 생산연령인구 감소폭을 절반으로 줄이는 것을 목표로 하더라도, 약 6백만 명의 이민자 유치가 필요하다.

이러한 규모의 이민이 이루어질 경우, 전체 생산연령인구에서 이민자가 차지하는 비중은 20%를 넘어설 가능성이 높다. 더욱이 한국인 생산연령인구는 그 이후에도 크게 감소할 것으로 예상되므로, 이민자를 더 많이 유치해야 하며 이로 인해 외국 이민자 비중은 빠른 속도로 증가하게 될 것이다.

이민정책의 딜레마

이민자 규모 확대는 노동력 공급을 증가시켜 경제 성장을 촉진하고, 인구 고령화 속도를 늦추는 데 기여할 수 있다. 특히 노동력 부족이 심각한 중소기업이나 건설업 등 특정 산업 분야에 인력을 공급함으로써 생산 활력을 유지하는 데 도움을 줄 수 있다. 또한, 이민자들은 노인 돌봄 서비스 등 고령사회에서 필수적인 노동력을 제공하여 사회적 부담을 완화하는 데 기여할 수 있다.

뿐만 아니라, 이민은 사회 구성원의 다양성을 증진시켜 사회적 포용성을 높이고, 국제적인 상호 이해를 깊게 하는 긍정적인 역할을 수행한다. 특히 다양한 문화적 배경과 전문성을 갖춘 지식 노동력의 유입은 창의성과 혁신을 촉진하고, 새로운 사업기회를 창출하는 데 중요한 역할을 할 수 있다.

그러나 이민자 비중이 급속히 증가하면 국민경제와 사회에 미치는 부정적 효과 또한 이에 못지않게 크다. 문화적 차이, 언어 장벽, 사회적 편견 등으로 인해 이민자와 기존 주민 간 갈등이 발생하고, 사회통합이 어려워질 가능성이 크다.

선진국의 사례에서 나타나듯, 이민자 밀집 지역에서는 범죄율 증가, 사회 불안 심화, 심지어 분리주의와 같은 심각한 사회 문제가 발생할 수 있다. 이러한 현상을 단적으로 보여주는 용어가 바로 '화이트 플라이트(White flight)' 또는 '화이트 액소더스(White exodus)'이다. 이는 미국과 유럽 선진국에서 도심 백인 주거지역에 흑인, 히스패닉 등이 일자리를 찾아 몰려들면서 백인이 떠나고 저소득층 이민자 주거지역으로 바뀌면서 지자체의 재정이 악화되어 지역이 슬럼화, 게토화 되는 현상을 말한다.

특히 이민자 유입이 단기간에 대규모로 이루어질 경우, 이러한 부작용이 더욱 두드러지게 나타날 가능성이 크다. 소규모의 이민이 장기간에 걸쳐 서서히 진행될 경우, 이민자들은 현지에 적응하기 위해 현지언어와 현지 문화를 적극적으로 배우면서 현지 사회에 동화되거나 융화될 수 있다. 그러나 단기간에 대규모로 유입될 경우, '에스닉 인클레이브(ethnic enclave)' 현상이 강하게 나타나면서, 사회융화와 사회통합이 어려워질 수 있다. 따라서 이민 정책을 신중하게 설계하고, 사회적 통합을 고려한 단계적 접근이 필요하다.

수용한계

이민자는 무한정으로 받아들일 수 있는 존재가 아니라, 국가와 국민이 포용하고 수용 가능한 범위에서 신중하게 받아들여야 한다. 이민자의 규모가 사회 포용 역량을 초과하면, 심각한 민족·인종 갈등과 사회불안이 심화될 가능성이 크다. 또한, 이로 인한 사회비용 증가가 국가경쟁력을 저하시킬 수 있다.

서구 사회의 사례와 현재 한국의 이민자 체류실태를 분석해 보면, 이러한 문제는 한국에서도 충분히 예측 가능한 상황이다.

한국내 이민자 체류실태를 파악할 수 있는 가장 핵심적인 자료는 통계청과 법무부가 2017년부터 매년 5월에 실시하는 '이민자 체류실태 및 고용조사'이다. 이 조사에서 이민자는 15세 이상 상주 외국인과 최근 5년 이내에 한국 국적을 취득한 귀화허가자를 포괄하는 용어이다.

2024년 기준 한국의 이민자 수는 161만 2천 명에 달하며, 이 중 96.8%인 156만 1천 명이 외국인으로 집계되었다. 이는 전년 대비 9.1% 증가한 수치로, 최근 빠르게 증가하는 추세를 보이고 있다.[4]

외국인의 출신 국적별 비중을 살펴보면, 한국계 중국인이 31.6%, 베트남인이 15.0%, 중국인이 8.6%, 기타 아시아인이 35.8%로 아시아 지역 출신이 91.0%를 차지하는 것으로 나타났다.

체류 자격별 비중을 살펴보면, 재외동포가 25.8%로 가장 높은 비율을 차지하고 있으며, 그 뒤를 이어 비전문 취업(19.4%), 기타(15.6%), 유학생(12.8%), 영주(9.1%), 결혼이민(7.8%), 방문 취업(5.3%), 전문인력(4.2%) 순으로 나타났다.

경제활동 현황을 보면, 경제활동인구는 107만 1천 명, 비경제활동인구는 49만 명, 실업자는 6만 1천 명으로 집계되었다. 이에 따른 경제활동 참가율은 68.7%, 고용률은 64.8%, 실업률은 5.7%로 나타났다. 외국인 취업자의 94.6%는 임금근로자로 분류되며, 32.6%는 임시·일용근로자인 것으로 조사되었다. 거주지역별 분포를 보면, 이민자의 59.0%가 수도권에 집중되어 있으며, 자기 주택 소유 비율은 14.3%로 조사되었다.[5]

이러한 실태조사 자료를 바탕으로, 적극적인 이민정책이 초래할 문제점들에 대해 중요한 시사점들을 도출할 수 있다. 현재 이민정책은 중소기업 및 농촌의 인력부족 문제 해소에 상당한 기여를 하고 있지만, 동시에 여러 가지 문제점을 안고 있음을 확인할 수 있다.

그런데 이민정책으로 인구절벽 문제를 완화하려면, 현재 4.5% 수준인 외국인 비율을 20% 이상으로 대폭 확대해야 하며, 이를 위해 5년 미만의 단기 체류자 중심에서 벗어나 중장기 체류와 가족 동반이 가능한 이민자, 그리고 영주권을 가진 이민자 비중을 증가시켜야 한다.

이러한 적극적 이민 정책으로 전환하더라도, 초저출산 문제가 근본적으로 해결되지 않는 한 인구재앙 쓰나미를 실질적으로 막기는 어렵다. 오히려 다음과 같은 여러 부작용만 심화될 위험이 크다.

첫째, 이민자 구성을 살펴보면, 창의성과 혁신을 촉진하고 새로운 산업 발전에 기여할 수 있는 고숙련 지식노동력의 유입 비중이 매우 낮다. 체류 자격별 비중을 보면, 기술혁신과 지속가능한 발전에 도움이 되는 전문인력의 비중은 4.2%로 미미한 수준이다.

미국과 영국 등 서구 선진국은 대학을 통해 외국의 우수한 인재들을 유학생으로 받아들여 전문인력으로 양성하고, 졸업생 가운데 엔지니어 등 우수한 인재들에게 시민권이나 영주권을 부여하여 산업발전에 적극적으로 활용하고 있다. 한국의 대학들 역시 외국인 유학생을 늘리고 있지만, 대학원 교육 수준이 미국 등에 크게 미치지 못하여 우수한 인재를 확보하고 그들을 산업발전을 위한 인재로 활용하는 데는 한계가 있다.

둘째, 외국인 비경제활동인구와 실업자 비중이 높아지면서, 외국인 유입으로 인한 교육, 의료, 복지 등 사회적 비용이 크게 증가할 가능성이 있다.

특히 이민자 실업자는 생활기반이 취약하여 범죄에 노출될 위험성이 높아, 사회안전성을 심각하게 위협할 수 있다. 한국은 현재 세계에서 가장 안전한 국가 가운데 하나이다. 뉴욕, 파리, 로마 등 서구 선진국 대도시를 여행해 본 사람들은 한국이 얼마나 치안이 안전한 나라인지 실감할 수 있을 것이다.

그러나 적극적 이민 정책으로 이민자를 대규모로 받아들이면 자연히 이민자 실업자 및 불법 취업자가 증가할 가능성이 크며, 그 수가 일정 수준을 넘어서면 한국의 대도시들도 서구 선진국의 대도시처럼 치안이 불안해질 위험이 크다.

셋째, 이민자들이 수도권에 집중되면서 수도권의 혼잡비용이 증가할 가능성이 있다. 지방으로 유입된 이민자들도 불법취업 등의 방법으로 수도권으로 이동하는 경향이 강하며, 이로 인해 수도권 내 교통, 주거, 생활 인프라 부담이 가중될 수 있다.

이러한 수도권 집중 현상은 일자리 기회 감소로 인해 내국인 저소득층의 삶을 더욱 어렵게 만들고, 내국인과 이민자 간 사회적 갈등을 심화시킬 위험이 있다.

넷째, 외국인의 과도한 유입은 문화적 차이, 가치관 충돌, 인종차별, 민족차별 등으로 심각한 사회적 갈등을 일으킬 수 있으며, 사회적 비용을 크게 증가시킬 수 있다.

외국인 노동력의 과도한 유입은 국내 노동자들의 일자리 위협으로 인식되면서 고용시장 불안, 사회적 불안정을 야기할 수 있다. 또한 국민의 문화적 동질성 약화와 국가 정체성 위기 등 심각한 문제가 발생할 수 있다.

다섯째, 재외동포 사례를 통해 장기체류 및 가족동반 이민자 비중이 크게 증가했을 때 발생할 수 있는 문제를 예측해 볼 수 있다.

법무부는 러시아, 우즈베키스탄, 카자흐스탄, 우크라이나 등 구 소련 지역에 거주하는 고려인과, 조선족으로 불리는 한국계 중국 동포 등에게 '재외동포' 자격을 부여해 2014년부터 가족 동반 입국을 허용했다.

그 결과 최근 10년 사이 고려인과 조선족의 국내이주가 크게 증가했으며, 2024년 기준으로 국내 거주 외국인 중 재외동포가 25.8%로 가장 높은 비중을 차지하고 있다.

재외동포는 다른 체류 자격을 가진 외국인들에 비해 중장기 체류와 가족동반이 가능하다는 특징이 있어, 이들의 증가가 국내 사회·경제적 환경에 중요한 영향을 미칠 수 있다.

에스닉 인클레이브와 둔포의 교훈

가족동반 재외동포 이주 사례를 통해 적극적 이민정책이 초래할 문제를 미리 볼 수 있다. 둔포초등학교 사례는 이민자 비중이 높지 않은 현재에도 '화이트 플라이트' 현상과 '에스닉 인클레이브' 현상이 나타나면서 이민자들의 사회통합이 쉽지 않다는 것을 잘 보여준다.

'에스닉 인클레이브'란 특정 민족이나 인종 집단이 집중적으로 거주하며, 그들만의 경제적, 사회적, 문화적 활동을 형성하는 지역을 의미한다. 같은 민족이나 인종의 사람들이 모여 살면서 서로 도움을 주고받기 쉬운 환경이 조성되기 때문에, 이주자들은 자연스럽게 같은 민족이나 같은 언어를 사용하는 이주자들이 많이 거주하는 지역으로 모여들게 된다.

에스닉 인클레이브 내에서는 이주자 네트워크가 발달해 있어 고용 기회, 저렴한 주택, 정부 지원 프로그램, 각종 사회연결망에 대한 정보를 공유할 수 있다. 이에 따라 새로 유입되는 이주자들은 낮은 정착 비용으로 보다 편리하고 신속하게 정착할 수 있는 환경을 갖추게 된다.

그러나 에스닉 인클레이브는 특정 집단 내 경제·사회적 공동체를 강화하는 동시에 호스트 국가의 경제사회 구조와 단절되는 문제를 초래할 수 있다. 이로 인해 사회적 통합이 저해되고, 집단 간 사회갈등이 심화될 가능성이 크다.

BBC 뉴스 코리아가 심층 취재한 아산 둔포초등학교의 사례를 통해 이러한 문제들을 확인할 수 있다.[6]

국내 고려인 수는 지난 10년 동안 4배 이상 증가하여 2023년 기준 10만 명을 넘어섰다. 고려인들은 대규모 공장이 밀집해 있고, 주택가격이 비교적 저렴한 지역을 선호하는 경향을 보이면서, 안산, 아산, 천안, 광주, 인천 등지에 고려인 집단 거주지가 생겨났다.

이러한 이주 흐름속에서 아산에 둔포초등학교의 다문화 학생 비율은 2018년 26.6%에서 불과 6년 만인 2024년 79.2%로 급격히 증가했다. 다문화 학생들은 한국어 수업을 이해하는 데 어려움을 겪으며, 교실 밖에서는 주로 러시아어로 소통한다.

5학년 고려인 4세 김야나 양은 "제가 러시아어로 통역을 안 해주면 애들이 수업을 하나도 못 알아들어요. 저는 2017년 부모님을 따라 한국에 와서 어린이집에서부터 한국인 친구들과 어울려 한국말을 자연스레 배웠지만, 학교엔 한국말을 못하는 아이들이 훨씬 더 많아요."라고 말했다.

이처럼 언어 장벽으로 인해 한국 학생과 다문화 학생 간의 소통이 원활하지 않아, 자연스럽게 같은 언어를 사용하는 학생들끼리 어울리는 경향이 강해지고, 이 과정에서 충돌도 자주 발생한다. 이러한 교육 환경에서 한국인 가정은 점차 다른 지역으로 이주하고, 그 자리를 고려인들이 채우면서, 자연스럽게 고려인 집단 거주지가 형성되고 있다.

둔포초등학교 사례에서 우리는 몇 가지 중요한 교훈을 얻을 수 있다. 이주자 규모가 커지면 집단 거주지를 형성하면서 나타나는 '에스닉 인클레이브' 현상과 미국 등 선진국에서 일어나고 있는 '화이트 플라이트' 현상이 한국에서도 나타날 수 있다는 점이다.

둔포초등학교 사례는 외국인이지만, 한국인의 피를 이어받은 동포들에 관한 사례이다. 한민족의 혈통을 이어받은 해외동포들도 이주 규모가 커지면서 '집단 거주지'를 형성하고, 원래 그 곳에 살았던 한국인 주민은 그 곳을 떠나게 된다는 사실이다. 다른 민족이나 인종의 장기 이주자가 대규모로 증가하면, '에스닉 인클레이브'와 '화이트 플라이트' 현상이 더욱 두드러질 것이라는 것은 불을 보듯 뻔하다.

이민자들은 이주국가인 한국과 다른 언어를 사용하며, 다른 문화적 배경을 갖고 있어 관습과 가치관이 다를 수 있다. 이러한 차이로 인해 '에스닉 인클레이브 현상'이 심화될 가능성이 있으며, 이는 단기적으로 이민자의 정착에 도움이 될 수 있지만, 장기적으로 이민자들의 취업 및 교육 기회를 제한하고, 경제적, 사회적 진출을 어렵게 만들 수 있다. 결국 이민자들의 사회적 고립이 심화되면서 사회통합이 저해되고, 다양한 문제들이 발생할 우려가 있다.

이러한 과정에서 차별과 편견이 더욱 부각되어 사회갈등과 사회불안이 크게 증가할 위험이 있다. 따라서 이민 정책을 설계할 때, 이러한 문제를 충분히 고려하여 신중한 접근이 필요하다. 이민자들의 안정적인 정착과 사회 통합을 동시에 달성할 수 있도록 균형 잡힌 정책적 접근이 반드시 필요하다.

제4부 또 다른 대협곡

Part 4

The Perilous Crossroads of Economy, Politics, and National Security

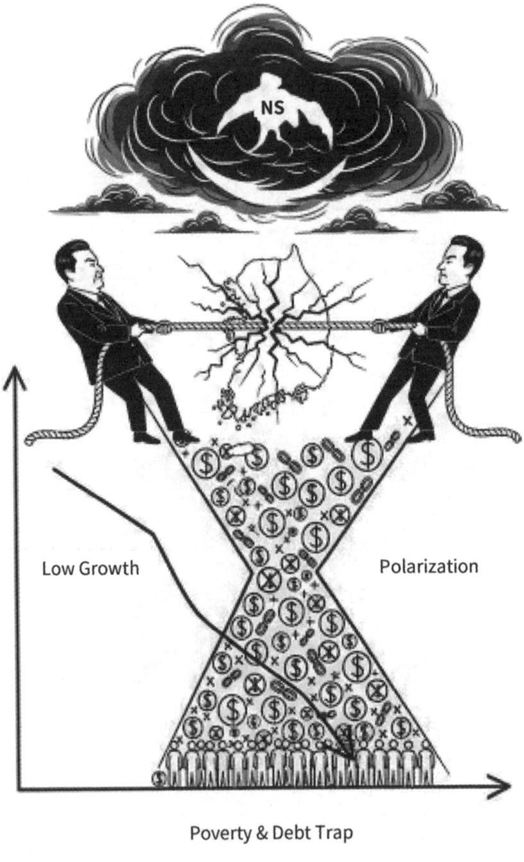

※생성형 AI(Gemini)를 활용하여 제작한 이미지 임

18

침몰하는 한국경제: 저성장 함정의 공포

저성장 함정과 양극화 심화

한국의 미래를 위협하는 것은 '초저출산 문제'만이 아니다. 지속가능한 발전을 통해 선진경제강국으로 나아가기 위해서는 '초저출산 문제'와 더불어 반드시 극복해야 할 국가적 과제들이 있다.

현재 한국에서는 저성장 단계가 장기화되고 있으며, 초고령사회로 이행하면서 노인빈곤율이 높아져 양극화가 심화되고 있다. 저성장과 양극화 문제를 해결하지 못하면, '저성장 함정'이라는 '경제적 대협곡'에 빠져들 위험성이 크다.

경제적 대협곡, 즉 저성장 함정은 단순한 일시적 불황이나 경기침체가 아닌, 장기간 지속되는 심각한 경제 위기이며, 이는 국민들의 삶의 질을 급격히 저하시킨다. 일본의 잃어버린 30년 사례에서 보듯이, 경제 성장의 동력이 약화되면서 지속적인 경기 침체와 구조적 문제가 심화될 위험이 크다.

저성장 함정이 왜 발생하며, 얼마나 위험한지, 그리고 이를 어떻게 극복할 수 있는지를 논의하기 위해서는 경제발전단계설과 경제성장단계설에 대한 이해가 필요하다. 경제발전단계설은 프리드리히 리스트(Georg Friedrich List, 1789-1846) 등 저명한 경제학자들에 의해 다양하게 전개되었다.[1] 여기서는 이효수의 경제발전단계설과 경제성장단계설을 바탕으로 논의를 전개한다.[2]

이효수는 저서 『창조경제』에서 <창조적 진화론>, <산업혁명론>, <경제패러다임 이행론>을 전개하고, 이에 기초하여 새로운 경제발전단계설을 제시하고 있다. 그는 '범용기술의 창조적 진화'와 '나비효과'에 의해 '산업혁명'이 일어나고, 이로 인해 기존의 경제 패러다임이 붕괴되고 새로운 경제 패러다임이 나타나면서 경제발전단계가 이행된다고 설명한다. 그는 이 이론적 기초 위에서 경제발전단계를 수렵경제-농업경제-산업경제-(지식경제)-창조경제로 구분한다.[3] 이효수의 경제발전단계설의 가장 큰 특징은 '경제발전단계를 산업혁명에 의한 경제패러다임의 이행'으로 설명하고 있다는 점이다.

이효수 교수는 2014년 출간한 저서 『창조경제』에서, 세계경제포럼 회장인 클라우스 슈밥(Klaous Schwab)보다 2년 앞서 제4차 산업혁명의 도래를 규명하고, 이로 인한 산업경제에서 창조경제로의 경제발전단계 이행을 밝히고 있다.[4]

이 이론에 따르면, 한국경제의 지속가능한 발전을 위해서는 제4차 산업혁명을 통해 산업경제에서 창의성과 기술혁신 중심의 창조경제로 경제패러다임을 성공적으로 전환해야 한다.

S자 경제성장가설

이 문제를 보다 명확하게 이해하기 위해서는 경제의 발전단계뿐만 아니라 성장단계에 대한 이해가 필요하다. 경제성장단계란 특정 경제발전단계 내에서 경제성장률의 추세 변화를 설명하는 개념이다.

미국의 경제학자 로스토우(Walt Whitman Rostow, 1916~2003)는 서구사회의 역사적 경험을 바탕으로, 경제성장 단계를 전통사회, 도약 준비 단계, 도약 단계, 성숙 단계, 대량소비 단계 등 5단계로 구분했다.[5] 하지만, 이 이론은 대량소비 단계 이후의 경로를 예측하는 데 한계가 있다.

이러한 한계를 보완하고자, 이 책에서는 새로운 경제성장단계설인 'S자 경제성장가설'을 제시하고자 한다. 'S자 경제성장가설'은 기본적으로 이효수의 '경제발전단계설'의 연장선에 있다고 볼 수 있다.

즉 산업경제 시기의 경제성장단계를 구분하고, 산업경제의 마지막 성장단계에 이르면 지속가능한 성장을 위해 경제 패러다임의 전환을 통해 창조경제로 이행해야 한다는 점을 보여주고자 한다.

경제성장이란 한 국가의 생산능력이 향상됨에 따라 국내총생산(GDP)이 확대되는 현상을 의미한다. 그리고 'S자 경제성장가설'의 핵심은 이러한 경제성장률의 변동 추세가 'S자 형태'를 따른다는 것이다.

(그림 18-1)에서 볼 수 있듯이, 경제성장률 곡선은 초기에 완만한 기울기로 시작하여 점차 가파르게 상승한 후, 변곡점을 지나면서 다시 낮아지는 과정을 거친다. 즉, 경제성장률은 시간의 흐름에 따라 'S자 곡선' 형태로 움직인다는 것이다.

생산함수 $Y=tf(L,K)$ (여기서 Y: 실질 총생산, t: 기술 수준, L: 노동량, K: 자본량)을 고려하면, 'S자 커버'의 형태는 노동과 자본 같은 생산요소 투입량의 변화율과 기술진보율에 의해 결정됨을 알 수 있다. 기술진보율과 생산요소 투입량의 변화율은 국가마다 다르기 때문에, 'S자 커버'의 구체적인 형태 또한 국가별로 상이하게 나타난다.

'S자 경제성장가설'은, (그림 18-1)에서 보는 바와 같이, 경제성장단계를 ① 산업화 준비단계, ② 산업화 초기단계, ③ 고도성장단계, ④ 성숙 단계, ⑤ 저성장 단계 등 5단계로 구분한다.

제1단계인 '산업화 준비단계(Early Stage of Industrialization)'는 생산 활동의 대부분이 여전히 농업에 의존하는 '농업경제 단계'이지만, 산업화의 기초적 기반을 마련하는 시기이다. 이 단계에서는 간단한 소비재 생산이 이루어지고, 수공업이 점차 기계생산 방식으로 전환되기 시작하는 단계이다.

제2단계인 '산업화 초기단계(Takeoff Stage)'는 산업 경제가 본격적으로 시작되는 시기로, 저임금을 기반으로 한 경공업에 대한 투자가 확대되면서 경제성장이 가속화된다.

제3단계인 '고도성장단계(High-Growth Stage, Turnpike)'에서는 국민소득 증가로 내수시장이 확대되고 중화학공업에 대한 대규모 투자가 이루어지면서 경제는 '고속도로(turnpike)'에 진입하여 높은 성장률을 기록하게 된다.

제4단계인 '성숙 단계(Mature Stage)'에서는 투자의 한계효율이 점차 하락하며, 경제성장률은 산업화 초기단계 수준 이하로 낮아진다.

제5단계인 '저성장 단계(Low-Growth Stage)'는 후기 산업사회로 진입한 상태로, 잠재성장률이 3% 미만으로 낮아지는 시기이다. 여기서 '잠재성장률'이란 물가 상승을 유발하지 않는 범위 내에서, 한 국가의 경제가 달성할 수 있는 최대 실질성장률을 의미한다. 즉, 노동, 자본, 토지 등 모든 생산요소를 충분히 활용하고, 기술 발전 효과가 극대화될 때 달성가능한 성장률이다.

(그림 18-1) S자 경제성장 가설

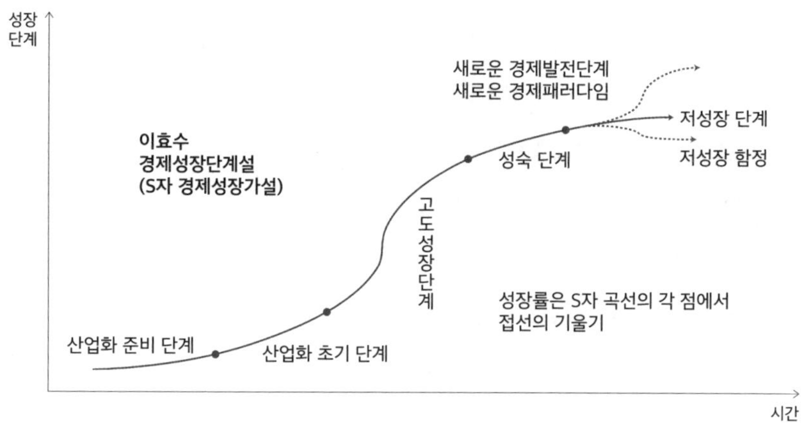

저성장 단계의 세 가지 경로

(그림 18-1)은 국민경제가 저성장 단계에 진입하면 세 가지 서로 다른 경로가 나타난다는 점을 보여준다.

첫 번째 경로는 가장 성공적인 방식으로, 새로운 산업혁명을 통해 새로운 경제발전단계로 이행하는 것이다. 이 경로는 (그림 18-1)의 우측 상단에 점선으로 나타나 있다. '경제발전단계 이행'이란 기존의 경제 패러다임을 대체할 새로운 경제 패러다임이 형성되는 것을 의미하며, 이에 따라 국민 경제는 새로운 S자 커브를 따라 성장하게 된다.

두 번째 경로는 3% 미만의 안정적인 저성장을 지속하는 방식으로, 이는 국민소득 4만 달러 이상의 선진국이 선택할 수 있는 길이다. 예를 들어, 1인당 국민소득이 4만 달러인 국가에서 2.5% 성장이 이루어질 경우, 1인당 국민소득은 약 1,000달러 증가한다. 반면 1인당 국민소득이 2만 달러인 중진국이 동일한 2.5% 성장을 기록하더라도 소득 증가는 500달러에 그쳐 선진국 진입은 요원하게 된다. 따라서 1인당 국민소득이 3만 달러에 미치지 못하는 국가가 저성장 단계에 진입할 경우, 안정적인 저성장을 유지하기 어렵고, '저성장 함정'에 빠질 가능성이 높다.

세 번째 경로는 (그림 18-1)의 우측 상단 아래쪽 점선으로 표시된 길로, 제로성장 또는 역성장이 지속되어 '저성장 함정(low-growth trap)'에 빠지는 경우이다.

저성장 함정에 빠지면 성장 동력이 상실되어 생산, 소비, 투자 등 경제활동이 전반적으로 위축되어 1인당 국민소득이 오히려 감소하게 된다. 이로 인해 기업활동이 활력을 잃고 실업률이 증가하며, 국민의 소득과 생활수준이 저하된다. 이러한 경제적 어려움이 가중되면서 사회적 불안과 갈등이 야기될 수 있다.

지속가능한 성장의 길

'S자 경제성장가설'은 국가의 경제성장단계가 'S자 형태'로 변화하며, 그 형태는 국가별로 다르게 나타난다는 점을 강조한다. 특히, 고도성장단계와 성숙단계가 얼마나 오래 지속될 수 있는지는 각 국가의 혁신역량에 따라 달라진다. 끊임없는 혁신을 통해 새로운 성장 동력을 꾸준히 발굴할 경우, 고도성장단계와 성숙단계의 기간은 길어지지만, 그렇지 못할 경우 그 기간은 짧아질 수 있다.

S자 경제성장가설은 개발도상국이 선진국으로 성장하기 위한 경로를 제시한다. 만약 고도성장단계와 성숙단계가 충분히 지속되지 못하면 선진국 진입은 어려워지고, 국가 경제는 저성장 함정에 빠져 선진국으로의 도약에 실패할 가능성이 높다. 따라서 지속적인 혁신을 통해 새로운 성장 동력을 끊임없이 확보해야만 고도성장단계와 성숙단계를 장기간 유지하고 선진국 진입을 앞당길 수 있다.

결국, 'S자 경제성장가설'은 모든 국가가 선진국에 진입할 수 있는 것은 아니라는 점을 시사한다. 따라서 경제성장단계가 저성장 단계에 진입하면, 해당 국가는 새로운 경제 패러다임으로 이행해야 한다.

현재 한국은 저성장 단계에 진입한 상태이다. 저성장 함정에 빠지지 않고 지속 가능한 성장을 이루기 위해서는 4차 산업혁명을 통해 산업경제에서 창조경제로 경제발전단계를 이행해야 한다.

한국경제의 성장단계

한국은 산업화를 통해 불과 70년 만에 세계 최빈국에서 세계 10위권의 경제대국으로 성장했다. 이러한 한국의 압축성장은 세계경제사에서 그 유례를 찾아보기 어렵다.

특히 한국은 무려 35년간 일제 식민치하를 겪었고, 1945년 독립과 동시에 강대국에 의해 국토가 분단되었다. 1948년 대한민국 정부가 수립되었지만 좌우익 충돌이 심각했으며, 1950년 6월 25일 북한의 남침으로 시작된 3년에 걸친 한국전쟁으로 국가는 초토화되었다.

천연자원마저 부족했던 세계 최빈국인 한국이 어떻게 이러한 위기의 대협곡을 넘어 압축성장의 기적을 만들 수 있었을까? [표 18-1]은 한국전쟁 직후인 1954년부터 2024년까지 70년간의 한국 경제성장 단계를 요약적으로 보여준다.

산업화 준비단계

산업화 준비단계(1954-1961년)는 이승만 정부 시기이다. 이 시기를 산업화 준비단계로 보는 이유는 농지개혁, 교육개혁, 수입대체산업 육성으로 산업화를 위한 인적, 물적 자원의 토대를 만들었고, 특히 자유민주주의 시장경제체제와 한미상호방위조약으로 자본주의 시장경제의 안정적 발전을 위한 체제를 구축했기 때문이다.

[표 18-1] 한국의 경제성장단계

경제성장단계	시기	평균 경제 성장률(%)	1인당 국민 소득(US$)	특징
산업화 준비단계	1954-1961	5.5	69.7-85.1	농업경제, 농지개혁, 교육개혁, 수입대체산업
산업화 초기단계	1962-1966	8.3	131.9	산업기반조성, 경공업 발전
고도성장단계	1967-2000	9.9	12,632.2	경공업 성숙단계, 중화학공업
성숙 단계	2001-2011	4.6	26333.5	중화학공업 성숙단계
저성장단계	2012-2024	2.6	36,624.1	후기 산업사회, 디지털 경제

주: 1인당 국민총소득은 각 경제성장단계의 마지막 년도의 1인당 국민소득이고, 단 69.7달러는 1954년의 1인당 국민소득임

통계자료: KOSIS, '주요지표(연간지표), 1953-2024년', 2025. 5. 25. 인출 작성

이승만 대통령은 1948년 대한민국 정부 수립 직후인 1950년에 농지개혁을 단행했다. 당시 한국은 농업경제 시대였고, 전체 농지의 65%가 소작지였으며 가혹한 소작료로 인해 소작자에 대한 수탈이 심했던 소작농 중심 경제체제였다.

농지개혁은, 농지소유 상한선을 3정보로 하고, 대지주의 농지를 정부가 지가증권을 발행해 구입하고, 이를 낮은 가격으로 소작농 및 소농들에게 매각하는 유상몰수-유상분배 방식으로 이루어졌다.

유상분배 방식은 1년 소출의 1.5배를 매각지가로 산정하여, 매년 소출의 30%씩 5년간 균등 상환하도록 하였다.[6] 이는 한편으로 분배구조의 개선에 크게 기여했고, 다른 한편으로 농업자본의 산업자본으로의 전환을 촉진하여 산업화 및 시장경제의 발전에도 이바지했다.

또한 1954년에는 초등학교를 중심으로 의무교육제도를 도입하고 교

육과 문화에 재정의 8% 이상을 투입할 정도로 교육을 장려하였다. 의무교육을 중심으로 한 교육개혁은 산업화의 필수적 요소인 인적자원의 축적 구조를 형성하였다.

그리고 1953년 종전 이후 수입대체산업을 육성하기 시작했는데, 이것이 한국 산업화의 시작이라고 볼 수 있다. 당시 주로 수입에 의존하던 중요한 생필품인 설탕, 밀가루, 면방직 등 이른바 3백산업과 시멘트, 다이너마이트, 라디오 등 주요 공산품을 국산화하는 전략을 추진하였다.

물론 1961년에도 1인당 국민소득은 85달러로 여전히 최빈국에 속했지만, 이 시기에 한국은 산업화의 매우 중요한 요소인 시장경제체제와 인적자원 및 물적자원 축적의 기본적 토대를 만들었다고 볼 수 있다.

산업화 초기단계

산업화 초기 단계(1962~1966년)는 농업경제에서 산업 경제로 경제 패러다임이 이행하기 시작한 시기이다. 박정희 대통령은 경제개발 5개년 계획과 수출주도형 성장전략으로 정부주도의 산업화를 본격적으로 추진했다.

이는 정부주도 산업화이지만, 국유화에 기초한 사회주의체제의 계획경제와는 근본적으로 다른 전략이다. 정부는 민간경제와 시장경제의 활성화를 위해 법제도를 정비하고, 고속도로, 항만, 산업단지 조성 등 경제사회 인프라와 산업육성 정책을 적극적으로 추진하는 방식을 택했다.

이 기간에 공업부문에 대한 투자가 본격적으로 이루어지면서 연평균 8.3%의 성장률을 기록했다. 그 결과 1966년 1인당 국민소득은 132달러로 증가했지만, 여전히 빈국에서 벗어나지 못했다.

고도성장단계

산업화와 수출주도형 성장전략이 성공하여, 노동과 자본 등 생산요소 투입과 국내총생산이 빠른 속도로 증가하면서, 한국경제는 고도성장단계(1967-2000년) 즉 턴파이크(turnpike)에 진입하게 되었다.

산업화가 본격화되면서 농업부문에서 상대적으로 생산성이 높은 공업부문으로 양질의 저임금 노동력이 무제한적으로 공급되었다. 그리고 수출주도형 성장전략으로 협소한 내수시장의 한계를 타개하고 생산을 최대한 확대할 수 있었다. 이것이 바로 고도성장단계로의 성공적 진입 요인이다. 고도성장단계(1967-2000년)에서는 두 번의 쇼크를 제외하면 34년간 연평균 9.9%의 높은 성장률을 기록했다.

첫 번째 쇼크는 1979년 10월 26일 박정희 대통령 시해 사건으로 인한 국가 리더십 붕괴에 의해 발생했다. 경제성장률은 1979년 8.3%에서 1980년 -1.7%로 급락했다가 이듬해인 1981년에 7.2%로 회복되었다.

두 번째 쇼크는 1997년 말에 발생한 외화 유동성 위기로 인해 IMF 구제금융을 받은 1998년에 발생했다. 당시 경제성장률은 1997년 5.9%에서 1998년 -5.5%로 급락했다가 그 다음 해인 1999년에 곧바로 11.3%로 회복되었다.

고도성장기에는 강한 '성장 동력'과 '경제 회복 탄력성(economic resilience)'을 갖고 있었기 때문에, 두 번의 쇼크 모두 1년 만에 V자 회복을 기록했다. 1973년 오일쇼크에서도 경제성장률은 크게 떨어지지 않을 정도로 당시 한국경제는 강한 성장동력을 갖고 있었다.

'고도성장(turnpike) 단계'를 거치면서 1인당 국민소득도 1966년 131달러에서 2000년에는 12,632달러로 증가하여 중진국 대열에 합류했다.

성숙단계

한국경제는 2000년대에 들어오면서, 중화학공업에서 '투자의 한계효율'이 떨어지고, 임금이 상승하면서 성숙단계(mature stage, 2001-2011년)로 진입하게 되었다.

임금 상승으로 노동집약적 산업에 종사하는 기업들은 중국 등 저임금 국가로 이동하고, 철강, 조선, 자동차 등도 해외시장 개척을 위해 국내보다 해외투자를 확대하면서 고도성장단계를 지나 성숙단계로 진입하게 되었다. 이 단계에서 연평균 경제성장률은 4.6%이었다.

한국경제는 성숙단계를 거치면서 2005년에는 1인당 국민소득이 20,026달러를 달성하면서 역사상 처음으로 2만 달러 시대를 열었다. 그리고 9년 후인 2014년에 30,798달러로 3만 달러 시대에 진입했다. 문제는 2만 달러에서 3만 달러를 돌파하는 데 일본(1987 → 1992년)과 독일(1990 → 1995년)은 각각 5년이 걸렸는데, 한국은 무려 10년이나 걸렸다.[7]

저성장단계

왜 이런 일이 발생했을까? 한국경제는 2만 달러 수준에서 이미 성숙단계에 진입했기 때문이다. 더 심각한 문제는 '성숙단계가 너무 짧았고, 1인당 국민소득 3만 달러에 도달하기 전인 2011년에 이미 저성장 단계에 접어들었다는 점이다.

이는 경제환경 변화에 따른 개혁과 혁신이 부족하여 고비용 저효율의 경제사회구조가 형성되었기 때문이다. 그 결과 기업의 해외 유출(off-shoring)이 증가하고, 중산층이 축소되며 내수시장이 침체되는 등 경제체질이 약화되었다.

이런 상황에서 2008년 세계금융위기를 맞으면서 해외의존도가 높은 한국의 경제성장률은 2009년 0.8%로 떨어졌고 2010년에는 기저효과로 6.8%로 회복했다. 그러나 이미 경제성장동력과 경제회복탄력성이 떨어진 상태였기 때문에 2011년부터 본격적으로 저성장 단계에 진입했다.

저성장 단계는 이처럼 구조적 문제에 의한 성장률 저하로, 일시적 경기후퇴와는 근본적으로 다르다. 그런데 정부는 그동안 구조개혁과 혁신을 통한 구조적 문제의 해결보다는 케인스식 경기 부양책으로 저성장 문제를 해결하려 했기 때문에 '저성장 단계'에서 벗어날 수 없었다.

기로에 선 한국경제

한국경제는 현재 12년 넘게 '저성장 단계(2012-2024년)'에 머물고 있다. (그림 18-1)에서 보는 바와 같이, 한 나라의 국민경제가 일단 저성장 단계에 이르면 세 가지 경로 가운데 어느 하나의 경로를 따르게 된다.

첫째, 안정적인 저성장 단계를 유지하거나, 둘째, 새로운 경제 패러다임으로 이행하여 새로운 경제성장단계로 진입하거나, 셋째, 국민 총생산이 정체되거나 오히려 감소하는 '저성장 함정(low-growth trap)'에 빠지게 된다.

한국경제는 현재 어디로 가고 있을까? 경제성장은 노동 및 자본 투입량, 기술적 효율성에 의해 결정되는데, 이 세 가지 요소가 모두 떨어지고 있다는 데 문제의 심각성이 있다.

즉, 한국경제의 공급구조에 심각한 문제가 있다는 것이다. 생산연령인구가 총인구에서 차지하는 비중이 2016년 73.4%를 정점으로 빠른 속도로 감소하고 있다. 그 비중은 불과 13년 후인 2037년에는 58.3%까지 낮아질 것이다.[8]

우리가 저출산 대책에 성공하여 초저출산 함정에서 벗어나도, 이미 2002년부터 출생아 수가 50만명 미만으로 떨어졌기 때문에 생산연령인구 감소 추세를 막을 수 없다. 1970년 출생아 수, 약 1백만 명의 절반 미만으로 감소한 것이다. 이는 국민경제에서 생산능력을 높여줄 인구 비중은 크게 줄어들고, 반대로 고령화로 부양인구 비중은 크게 증가하면서 경제의 성장잠재력이 크게 떨어지고 있다는 것을 의미한다.

한국의 국내총투자율과 기술진보율은 여전히 OECD 평균에 비해 높지만, 최근에 뚜렷한 감소 추세를 보이고 있다.[9] 국내총투자율은 국내총생산(GDP) 대비 총고정자본형성액 비율을 의미한다. 국내 총투자율은 국내수요, 수출경쟁력, 정부규제 등의 영향을 강하게 받는다.

초고령사회로 이행하면서 국내수요가 축소될 위험성이 높아지고 있다. 또한, 미중 패권전쟁으로 세계 무역질서가 자유무역에서 보호무역으로 이동하면서 세계시장이 축소되고 있어 무역의존도가 높은 한국경제가 어려움에 직면할 가능성이 그만큼 높아지고 있다. 이처럼 내수시장과 해외시장이 축소될수록, 국내총투자율이 떨어질 위험성은 그만큼 높아진다.

또한 제26장 '인재주의 시대 대학 패러다임'에서 보듯이, 한국의 대부분의 대학들은 여전히 선진국의 지식과 기술을 전달하고 표준화된 'X형인재'를 양성하는 산업경제 시대의 대학 패러다임에서 벗어나지 못하고 있다.

한국은 이미 선진국 문턱에 진입했기 때문에 선진국 기술을 따라잡는 빠른 추격자에서 벗어나 첨단기술 개발을 선도해야 지속가능한 발전을 할 수 있다. 이를 위해서는 지식을 전달하는 대학에서 지식을 생산하는 대학으로, 'X형인재'에서 스스로 가치를 창출할 수 있는 'Y형인재'를 양성하는 대학으로 대학 패러다임을 바꾸어야 한다. 대학 패러다임을 전환하지 못하면서 기술경쟁에서 미국은 물론 중국에도 밀리는 처지에 놓이게 되었다.

이처럼 현재의 장기 저성장 단계는 단순한 경기침체가 아니라 성장동력의 약화로 인해 발생한 것이다. 따라서 저성장 함정에 빠질 위험이 매우 높다. 저성장 함정은 인구구조 변동이나 기술적 한계와 같은 구조적 문제에 기인하기 때문에, 경제 패러다임의 대전환 없이 단순히 재정금융

팽창정책으로 벗어날 수 없다.

타산지석, 일본

우리는 이 시점에서 일본의 사례를 타산지석으로 삼아야 한다. 일본은 1980년대 초 미국의 자동차 산업 및 전자 산업을 위협할 정도로 제조업 분야에서 세계 최고 수준의 경쟁력을 자랑하며, 세계 제2 경제대국의 위상을 누리고 있었다.

당시 일본에서는 높은 수출경쟁력으로 막대한 부를 벌어들이면서, 부동산과 주식시장이 과열되기 시작했다. 미국은 엄청난 규모로 증대하는 대일 무역적자를 해소하기 위해 '1985년 플라자 합의'로 엔화의 급격한 평가절상을 유도했다.

엔화 강세로 일본의 수출 경쟁력이 약화되자, 일본 정부는 내수진작을 위한 저금리정책을 시행했다. 기업과 개인은 쉽게 대출을 받을 수 있었고, 그 자금은 주식과 부동산 투자로 몰리며 자산 가격이 폭등했다. 이로 인해 거품경제가 형성되었다.

일본 정부는 과열된 자산시장을 억제하기 위해, 이번에는 금리를 급격하게 인상했고, 그 결과 1990년대 초반에 거품이 꺼지기 시작했다. 문제는 거품경제의 붕괴가 디지털 경제로의 전환시점 및 인구 고령화와 맞물리면서 일본 경제는 '대협곡'에 빠졌고, 이후 30년 이상 저성장 함정에서 벗어나지 못하고 있다는 점이다.

그 결과, 2024년에는 1인당 GDP와 수출규모 모두에서 역사상 처음으로 일본이 한국에 추월당하게 되었다. IMF 자료에 따르면, 1980년 일본의 1인당 GDP는 9,659달러로 한국의 1,715달러의 5.6배에 달했다. 2012

년에는 49,175달러로 5만 달러를 목전에 두고 있었지만, 2023년에는 2012년에 비해 무려 31%나 감소한 33,849달러로, 한국의 35,563달러를 하회했다.[10]

수출 규모에서도 변화가 두드러진다. 2012년까지만 해도 일본은 7,985억 달러로 한국의 5,479억달러의 1.5배에 달했지만,[11] 2024년에는 6,858억 달러로 감소하면서 한국의 6,838억 달러와 같은 수준이 되었고, 곧 한국에 추월 당할 상황이다.[12]

일본의 교훈

우리는 일본의 사례에서 무엇을 배워야 하는가?

첫째, 세계 최고수준의 국가경쟁력을 자랑하던 국가도 저성장 함정에 빠질 수 있으며, 일단 저성장 함정에 빠지면 국가경쟁력을 빠른 속도로 잃게 된다는 점이다. 1980년대는 물론이고 불과 12년전인 2012년만 해도 한국인은 물론 일본인 중 어느 누구도 1인당 GDP와 수출규모에서 일본이 한국에 추월당할 것으로 예상하지 못했을 것이다.

둘째, 경제 패러다임 전환기에 패러다임 전환에 실패하면 저성장 함정에 빠질 위험이 높아진다는 점이다. 일본의 '잃어버린 30년'은 단순히 거품경제 붕괴만이 아니라, 아날로그 경제에서 디지털 경제로의 패러다임 전환 타이밍을 놓치면서 전자산업 등 주요 산업에서 국제경쟁력을 상실했기 때문이다.

셋째, 1인당 GDP와 수출규모의 감소는 단순한 거시경제 지표의 변화에 그치지 않고 국민 삶의 질적 저하를 반영한다는 점에서 문제의 심각성이 있다. 저성장 함정은 청년들에게는 희망 없는 미래를, 노인들에게는 불안한 노후를 안겨주고, 모두를 점점 더 가난하게 만든다. 저성장 함정은 오늘을 갉아먹고, 내일을 잠식한다.

한국이 일본보다 더 위험한 이유

한국이 1인당 GDP와 수출 규모에서 일본을 막 추월하기 시작한 현 시점에서, 우리가 한국에 대해 깊은 우려를 갖는 이유는 무엇일까? 향후 10년 내에 초저출산의 함정에서 벗어나지 못하고 경제 패러다임의 전환에도 실패할 경우, 한국은 일본보다 더 심각한 저성장 함정에 빠질 위험성이 높기 때문이다.

실제로 한국은 2012년부터 무려 13년간 저성장 단계에 머물고 있다. 현재 한국의 출산율은 일본의 절반 수준에 불과하며, 고령화 속도 또한 일본보다 훨씬 빠르게 진행되고 있다. 이는 한국이 저성장 함정에 빠질 위험성이 매우 높고, 일단 저성장 함정에 빠지면 일본에 비해 그곳에서 벗어나기 훨씬 더 어렵다는 것을 의미한다.

이처럼 저성장 함정에 빠질 위험성이 매우 높은 상황에서, 한국이 지속가능한 발전을 이루기 위해서는 초저출산 함정에서 벗어나고, 제4차 산업혁명 시대를 선도할 수 있는 새로운 경제 패러다임을 구축해야 한다.

우리는 제5부의 제21장부터 제29장에 걸쳐 초저출산 늪에서 벗어나기 위한 시스템 혁신과 문화 창출에 대해 논의할 것이다. 또한, 자본주의 산업경제에서 인재주의 창조경제로의 경제 패러다임 이행을 위한 전략적 선택에 대해서도 깊이 있게 다룰 예정이다. 즉, 한국경제의 패러다임 대전환의 방향과 방법을 제시할 것이다.

19
깊어지는 양극화, 빈곤과 부채의 덫

양극화

한국경제의 앞날을 위협하는 또 다른 위기적 요소는 바로 양극화 문제이다. 양극화는 경제, 정치, 사회, 문화 등 다양한 분야에서 발생할 수 있다.

경제적 양극화는 소득, 자산, 기회, 소비 등 경제적 지표에서 상위계층과 하위계층 간의 격차가 심화되는 현상이다. 정치적 양극화는 이념, 정치적 가치관 및 정치적 입장 등에서 사회 구성원들이 극명하게 대립하고 분열되는 현상을 말한다. 사회적 양극화는 계층, 계급, 세대, 성별, 인종, 종교 등 사회적 집단 간의 갈등과 분열이 심화되는 현상이다. 문화적 양극화는 가치관, 생활방식, 예술, 언어 등 문화적 요소에서의 양극적인 대립이 심화는 현상을 말한다.

한국에서 국가발전에 가장 부정적인 영향을 미치는 양극화는 경제적 양극화와 정치적 양극화이다. 물론 MZ 세대는 부모 세대와는 다른 가치관과 생활방식을 보이며, 세대 간 갈등도 심화되고 있다.[1] 그러나 서구 선진국들과 달리, 한국에서는 사회적 양극화나 문화적 양극화는 그렇게 심각한 수준은 아니다.

최근 한국에서 양대 정당이 만들어내는 정치적 양극화는 민주주의의 가치를 약화시키고 정치 불신을 심화시킬 뿐만 아니라, 국민과 국론을 분열시키는 심각한 수준이다. 퇴행적 정치에 의한 정치적 양극화 문제는 제20장 정치·안보적 대협곡에서 다루고, 여기서는 경제적 양극화를 중심으로 논의하고자 한다.

경제적 양극화는 사회 구성원 간의 소득, 자산, 기회 등 경제적 수준 격차가 심화되고 있는 현상이다. 기회의 양극화에 대해서는 제11장 단층 노동시장과 차별적 고용관행에서 이미 다루었다. 따라서 여기서는 소득 양극화와 자산 양극화를 다루되, 특히 소득 양극화에 주력하고자 한다.

소득 양극화

소득 불평등과 소득 양극화는 서로 밀접하게 관련되어 있지만, 개념적으로는 차이가 있다. 소득 블평등은 사회 구성원들의 소득 수준 차이가 얼마나 심한지를 보여주는 개념으로, 소득 분포의 불균형 정도를 나타낸다. 이는 주로 지니계수(Gini coefficient), 소득분위수비율 등으로 측정한다.

반면, 소득 양극화는 소득 분포의 양극화 현상을 나타낸다. 즉, 상위소득계층과 하위소득계층 간의 소득격차가 심화되고, 사회구성원들이 두 개의 극으로 갈라지는 현상을 의미한다. 소득양극화는 소득 상위 10% (또는 1%) 계층의 분배분과 하위 50% 계층의 분배분을 비교하여 측정한다.

(그림 19-1)은 소득불평등연구소(WIL)의 데이터 베이스를 활용하여,[2]

지난 43년간(1980-2023) 한국의 소득양극화 추이를 도출한 것이다. 이 그림에서 한국의 소득양극화는 매우 뚜렷한 '가위형 추세'를 보여주고 있다.

그림에는 상위 10% 계층의 소득분배분(전체 소득에서 상위 10% 계층이 차지하는 비중)을 나타내는 추세선과 하위 50% 계층의 소득분배분을 나타내는 추세선이 나타나 있다. 이 두 곡선은 1993년에 1차 교차, 1998년에 2차 교차를 하면서 마치 '가위 모양'을 형성하고 있다.

이 그림을 통해 한국은 외환위기를 맞은 1997년을 전후하여 '소득 양극화 축소기'와 '소득 양극화 확대기'로 구분된다는 것을 알 수 있다.

(그림 19-1) 한국 소득양극화 추이, 1980-2023

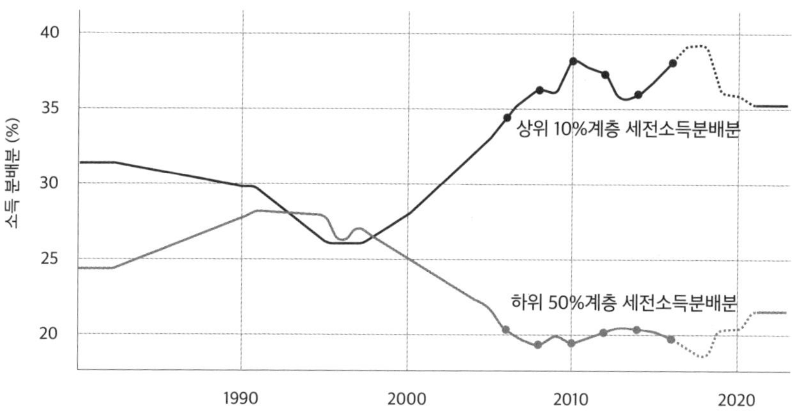

통계 자료: World Inequality Lab, 2025. 5. 9. 인출 작성

소득양극화 축소기

소득 양극화 축소기(1980-1997년)는 소득불평등이 지속적으로 축소된 시기이다. 1980년 기준으로 상위 10% 계층의 분배분은 31.4%, 하위 50% 계층의 분배분은 24.4%였다. 이후 소득격차가 점차 줄어들어, 1987년에는 상위 10% 계층의 분배분이 30.6%, 하위 50% 계층의 분배분이

26.4%가 되었다. 이에 따라 상·하위 계층 간 분배분 격차는 1980년의 7.0%포인트에서 1987년에는 4.2%포인트로 축소되었다.

이 기간은 전두환 정권 시절로, 정치적으로는 권위주의적 통치가 이루어졌지만, 경제적으로는 고도성장이 지속된 시기였다. 당시 노동통제로 인해 노동조합 결성과 노조의 교섭력은 매우 취약했으나, 고도성장에 따른 일자리 창출과 노동수요 증가로 분배구조는 개선되었다. 이는 분배구조 개선에 있어 경제성장과 일자리 창출능력의 중요성을 잘 보여주는 실증적 사례이다.

지난 43년 동안 소득불평등이 가장 적었던 시기는 노동자 대투쟁이 일어났던 1987년 7·8·9월 이후부터 1997년 외환위기까지의 10년간이다. 특히 1993년에는 상·하위 계층의 분배분이 각각 28.0%와 28.1%로 거의 같아졌고, 1995년에는 상위계층 26.2%, 하위계층 28.0%로 하위계층이 오히려 1.8% 포인트 더 많았다. 이는 경제성장기에 노동자의 교섭력이 강화되면 분배구조가 빠르게 개선될 수 있음을 보여준다.

소득양극화 확대기

한국의 소득양극화는 1998년 외환위기 이후 확대기에 접어들었으며, 2008년 세계 금융위기를 겪으면서 2010년에는 최악의 상태에 빠졌다. 1998년에는 상위계층의 분배분이 26.7%로 하위계층의 분배분 26.4%를 다시 앞서기 시작했고, 이후 소득양극화는 지속적으로 확대되었다. 세계 금융위기 직후인 2010년에는 상위계층의 분배분이 38.4%, 하위계층의 분배분은 19.5%로 나타나, 상위계층의 분배분이 하위계층보다 무려 19.5%포인트 더 많았다.

이후 2013년까지는 격차가 15.2%포인트까지 다소 축소되었지만, 다시 확대되기 시작하여 2018년에는 상위계층의 분배분이 39.3%, 하위계층의 분배분이 18.5%로 격차가 20.8%포인트에 달했다.

최근에는 격차가 다소 줄어들었으나, 2023년 기준으로 상위계층의 분배분은 35.3%, 하위계층 분배분은 21.5%를 기록하며 여전히 13.8%포인트의 큰 격차를 유지하고 있다. 이는 한국 사회의 소득 양극화 문제가 여전히 심각한 수준임을 보여준다.

소득불평등 추세를 종합적으로 살펴보면, 고도성장이 소득불평등을 축소하는 데 결정적인 기여를 하고, 경제위기가 소득불평등을 심화시키는 가장 중요한 요인이라는 것을 알 수 있다. 또한, 고도성장기에 노동자의 교섭력 역시 소득불평등 개선에 중요한 역할을 한다는 것을 알 수 있다.

특히 1997년 외환위기와 2008년 세계 금융위기가 소득불평등 심화에 결정적 악영향을 미쳤다. IMF 구제금융을 받으면서 대규모 구조조정과 노동시장 유연화 정책이 강도 높게 진행되었다. 이 과정에서 비정규직 노동시장이 확대되면서 근로소득 불평등이 심화되었다. 또한 경제위기에서 벗어나는 과정에서 부동산 가격이 폭등하면서 자산 소득 격차도 확대되었다.

경제성장과 소득불평등의 관계

경제성장과 소득불평등의 관계는 경제학계의 오랜 논쟁거리이다. 이 문제는 단순히 학문적 논쟁을 넘어 사회 전체의 안정과 발전을 좌우하는 핵심적인 과제이다. 그림 19-1은 이 중요한 논쟁에 '경기침체기 양극화 심화 가설'이라는 새로운 시각을 제시한다.

그림 19-1은 경제성장과 양극화의 관계를 명확하게 보여준다. 경제성장기에는 새로운 일자리가 창출되고 노동수요가 증가하면서 노동자의 교

섭력이 강화되어 임금수준이 향상되고 분배가 개선되어 양극화가 완화되는 경향을 보인다. 분배구조가 개선되면 내수시장이 확대되어 투자기회가 증대되고 경제성장을 촉진하는 선순환이 일어난다.

반면, 경제침체기에는 일자리 붕괴로 실업이 증가하고 노동자의 교섭력이 약화되어 소득불평등과 양극화가 심화된다. 양극화가 심화될수록 내수시장이 축소되어 성장잠재력이 떨어지고, 경제가 축소지향의 악순환에 빠질 위험성이 있다.

소득불평등이 경제성장기에 완화되고 경제침체기에 악화되는 이러한 현상을 우리는 '경기침체기 양극화 심화 가설'로 규정하고자 한다. 이 가설은 경제성장과 분배가 상호 보완적인 관계에 있음을 강조하며, 성장과 분배의 균형을 이루는 것이 중요하다고 주장한다.

즉, 경제성장은 분배의 개선을 보다 용이하게 하고, 분배 개선은 경제성장의 동력을 강화하는 상호작용을 통해 사회전체의 발전을 이끌 수 있다는 것이다. 이 가설에 따르면, 성장과 분배는 선택의 문제가 아니라 조화의 문제이다. 이는 선성장 후분배의 논리를 비판하며, 경제정책 수립에 매우 중요한 시사점을 제공한다.

예를 들어, 경제침체 시기에는 취약계층에 대한 지원을 강화하고 일자리 창출을 위한 적극적인 정책을 추진하여 소득 불평등 심화를 완화해야 한다. 또한, 장기적인 관점에서 경제체질을 개선하고 혁신성장을 통해 지속 가능한 성장을 추구함으로써 양질의 일자리를 창출하고 소득분배구조를 개선해야 한다.

경제성장과 소득불평등의 관계를 설명하는 대표적인 이론으로 쿠즈네츠 곡선(Kuznets Curve)이 있다. 이는 경제학자 사이먼 쿠즈네츠(Simon Kuznets)가 제시한 가설로, 역U자형 곡선처럼 경제발전 초기에는 소득불평등이 증가하지만, 일정 수준에 도달하면 소득불평등이 감소한다는 것이다. 그러나 '경기침체기 양극화 심화 가설'에 따르면 경제가 선진국에 도달한 후에도 경제가 장기침체의 늪에 빠지거나 심각한 경제위기에 직면하면 양극화가 확대될 수 있다는 것이다.

경제성장과 소득분배의 관계를 설명하는 두 가지 상반된 이론으로 낙수효과와 분수효과가 있다. 낙수효과(Trickle-down effect)는 물이 높은 곳에서 넘쳐 낮은 곳으로 흐르듯, 대기업의 이윤과 부유층 소득이 늘어나면 중소기업과 중산층, 저소득층으로 돈이 흘러간다는 이론이다. 반면, 분수효과(Fountain effect)는 분수처럼 저소득층에 대한 복지를 강화하고 임금을 올리면 내수시장이 확대되어 경제성장이 촉진된다는 이론이다.

감세정책은 낙수효과를 기대하는 정책이며, 문재인 정부의 소득주도형 성장정책은 분수효과에 이론적 기초를 두고 있다. 그러나 감세정책이 투자수요 확대로 이어지지 못하면 낙수효과가 나타나기 어렵고, 소득주도형 성장정책처럼 과도한 인위적 임금인상은 기업의 투자를 위축시켜 오히려 경제성장을 저해하고 분배구조를 악화시킨다.

따라서 '경기침체기 양극화 심화 가설'에서 확인했듯이, 경제성장과 분배의 조화가 중요하다. 경제성장을 통해 분배재원을 마련하고, 분배개선을 통해 소비를 확대하여 경제성장을 촉진하는 선순환 구조를 구축하는 것이 중요하다.

분배는 사후적으로 이루어지는 것이 아니라 생산과 동시에 이루어진다. 따라서 선성장 후분배 논리는 엄밀한 의미에서 성립하지 않으며 선성장 후재분배가 가능하다고 보는 것이 타당하다. 성장과정에서 분배가 동시에 결정되므로, 성장정책을 수립할 때 분배시스템을 함께 고려하고 확립해야 한다.

양극화의 위기

소득 양극화가 심화되면 빈곤층이 확대되어 기초생활보조금 등으로 생활하는 사람이 증가하게 된다. 이는 근로의욕과 직업능력을 상실한 사람들의 증가로 이어져 국가 생산역량을 약화시킨다. 또한, 내수시장이 축소되어 성장잠재력이 떨어지고, 기초수급생활자를 위한 재정 부담이 증가하면서 조세부담이 늘어나 취업자의 경제의욕마저 저하시킨다. 경제성장 잠재력이 떨어지면 분배구조가 악화되어 양극화는 더욱 심화되는 악순환에 빠질 위험성이 높아진다.

소득 양극화 심화는 단순히 경제적 불평등을 넘어 사회 전체를 위협하는 심각한 문제이다. 양극화는 사회적 불안정을 높이고, 포퓰리즘을 확산기키며, 민주주의를 약화시키는 악순환을 초래할 수 있다.

양극화가 심화될수록 저소득층의 불만과 좌절감, 상대적 박탈감과 사회 불신이 커지며, 이는 사회적 갈등과 범죄율 증가로 이어져 사회적 불안정이 야기될 수 있다. 경제적 불평등에 대한 불만이 커지면, 정치인들은 이러한 불만을 이용해 포퓰리즘 정책을 남발할 수 있고, 이는 경제적 비효율성과 사회적 갈등을 초래할 수 있다.

양극화 사회에서는 경제력을 가진 소수가 정치적 영향력을 행사하고, 이는 민주적인 의사 결정을 왜곡시킬 수 있다. 또한, 포퓰리즘에 중독된 양극화 사회에서는 유권자들이 합리적인 판단을 내리기 어려워져 민주주의의 질을 저하시킬 수 있다.

소득양극화 심화는 사회적 불안정, 포퓰리즘 확산, 민주주의 약화와 상호작용하여 악순환의 고리를 형성한다. 소득양극화에 의한 사회적 불안정은 포퓰리즘을 확산시키고, 포퓰리즘은 민주주의의를 약화시키며, 약화된 민주주의의는 소득 양극화 심화를 더욱 부추키는 악순환이 반복되는 것이다.

빈곤율

빈곤율(poverty rate)은 특정 기간 동안 비곤선 이하의 소득을 가진 사람들의 비율을 나타낸다. 빈곤선은 전체 인구의 중위 가처분 소득의 절반으로 설정된다. 빈곤율은 0%에서 100%까지의 값을 가지며, 빈곤율이 높을수록 더 많은 사람들이 빈곤 상태에 처해 있다는 것을 의미한다.

빈곤율은 특정 지역이나 국가 단위로 측정할 수도 있고, 연령대별로 측정할 수도 있다. (그림 19-2)에는 OECD 국가별로 전체 인구 빈곤율 뿐만 아니라 유소년(18세 미만), 생산인구(18-65세), 노인(65세 이상) 등 연령대별 빈곤율도 나타나 있다.[3]

(그림 19-2) OECD 국가별 연령별 빈곤율

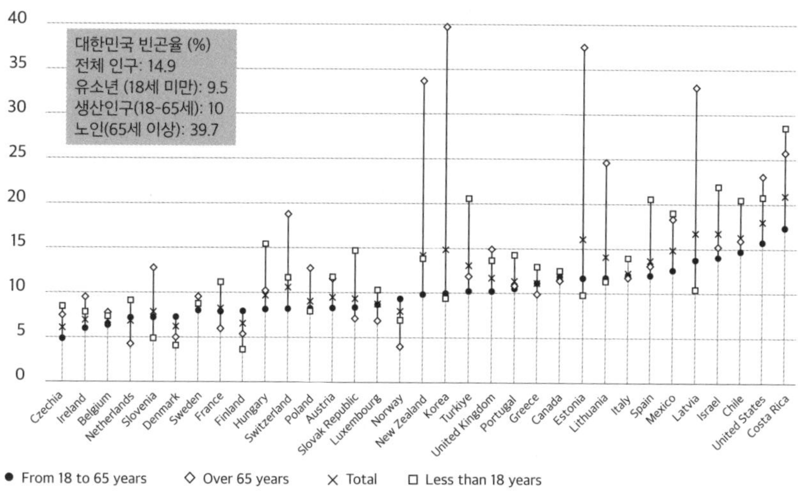

자료: OECD Data, 2025. 9. 21. 인출 작성

여기서 빈곤율은 절대 빈곤율이 아닌 상대 빈곤율로, 주어진 집단내의 상대적 빈곤을 나타내기 때문에,[4] 빈곤율이 같은 두 나라라도 가난한 사람들의 상대적 소득수준은 다를 수 있다.

2022년 한국의 빈곤율은 14.9%로, 미국(18.1%)과 멕시코(15.0%)보다 낮지만, OECD 평균(11.1%)을 크게 웃돈다. 특히 프랑스(8.3%), 캐나다(11.9%), 독일(11.8%, 2021), 영국(11.8%) 등 주요 서구 선진국에 비해 상당히 높으며, 서구 주요국 중 빈곤율이 높은 이탈리아(12.2%), 스페인(13.7%), 튀르키예(13.2%)보다도 높다.

한국의 빈곤율이 이렇게 높은 이유는 65세 이상 노인 빈곤율이 다른 국가들에 비해 압도적으로 높기 때문이다.

한국의 노인빈곤율은 39.7%로, 서구 선진국 중 노인 빈곤율이 가장 높은 미국(23.1%)보다도 무려 16.6% 포인트 더 높다. 한국의 노인빈곤율을 서구 주요 선진국인 프랑스(6.1%), 독일(12.6%, 2021), 영국(14.9%), 캐나다(11.6%)와 비교하면 2.7배에서 6.8배 더 높다.

경제활동의 중심 연령층인 18-65세의 빈곤율을 보면, 한국은 10.0%로, 미국(15.8%)보다 낮고, 프랑스(8.0%), 캐나다(11.7%), 영국(10.2%), 독일(11.7%, 2021) 등과 비슷한 수준을 보여준다.

또한 유소년층인 18세 미만의 빈곤율을 보면, 한국은 9.5%로 미국(20.8%), 영국(13.6%), 프랑스(11.2%) 등 서구 선진국들에 비해 낮게 나타난다.

지니계수로 본 한국의 소득불평등

지니계수(Gini coefficient)는 소득분배의 불평등 정도를 나타내는 지표로, 0에서 1 사이의 값을 가진다. 0에 가까울수록 소득분배가 평등하고, 1에 가까울수록 불평등이 심하다는 것을 의미한다.

세계불평등연구소(WIL) 데이터를 이용하여 작성한 지난 43년(1980-2023년) 간 한국 지니계수의 변동 추이가 (그림 19-3)에 나타나 있다.

(그림 19-3) 한국의 지니계수 추이, 1980-2023

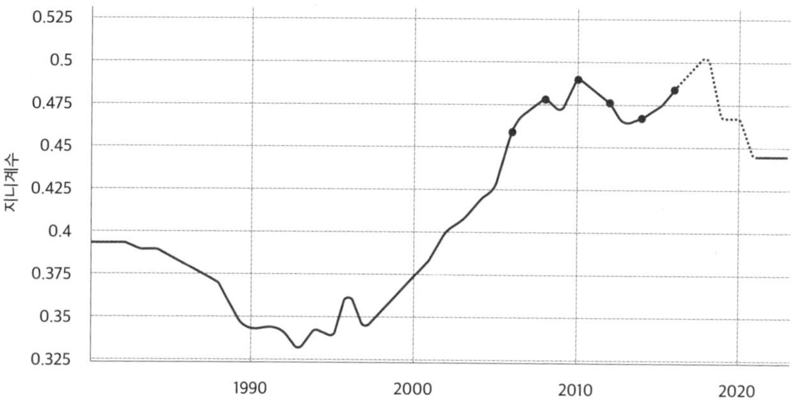

통계 자료: World Inequality Lab, Gini coefficient, 2025. 9. 21. 인출 작성

1980년 한국의 지니계수는 0.39이었으며 1993년에는 0.33까지 낮아졌다. 그러나 1997년 외환위기 이후 소득불평등이 지속적으로 심화되었고, 2008년 세계 금융위기를 겪으면서 지니계수는 2010년 0.49까지 높아졌다. 이후 2013년에는 0.46으로 낮아졌다가, 2018년에는 0.50까지 높아졌다. 2023년 현재 지니계수는 0.44를 기록하고 있다. 지니계수의 이러한 변동 추이는 (그림 19-1)의 소득 양극화 변동 추이와 일치한다.

한국의 소득불평등을 선진 주요국들과 비교하기 위해 OECD 데이터를 사용하여 [표 19-1]를 작성했다. 국제비교 대상국은 아시아 2개국(한국, 일본), 북미 2개국(미국, 캐나다), 유럽 4개국(스웨덴, 영국, 독일, 프랑스) 등 8개국이다. OECD는 '세전 지니계수'와 '세후 지니계수'를 동시에 발표한다.

'세전 지니계수'는 세전 시장 소득을 기준으로 계산되며, 경제활동을 통한 소득분배의 불평등 정도를 반영하는 지표이다. 반면 '세후 지니계수'는 세금 및 이전소득을 포함한 가처분소득을 기준으로 측정되므로, 정부의 재분배정책이 얼마나 소득불평등을 완화하는지를 평가하는 데 유용하다.

[표 19-1] 소득불평등 국제비교

	세전 Gini	세후 Gini	세후 Gini(65+)
한국(2022)	0.396	0.324	0.383
일본(2021)	0.513	0.338	0.337
미국(2023)	0.506	0.394	0.419
캐나다(2022)	0.427	0.300	0.287
스웨덴(2022)	0.439	0.290	0.299
영국(2021)	0.512	0.365	0.324
독일(2020)	0.496	0.303	0.303
프랑스(2022)	0.524	0.297	0.272

주: 세후 Gini(65+)는 65세 이상 고령층의 세후 Gini 계수

통계자료: OECD. Stat., Income Distribution Database, 2025. 3. 17. 인출 작성

국제비교를 통해 몇 가지 중요한 사실을 확인했다.

첫째, 한국은 조사 대상국 가운데 '세전 지니계수'가 가장 낮은 것으로 나타났다. 이는 한국이 소득분배의 불평등이 가장 낮은 국가임을 의미한다. 그러나, 세금 및 이전지출을 반영한 처분가능소득 기준으로 보면, 한국의 소득불평등은 서구 선진국보다 높다는 점에 주목할 필요가 있다.

둘째, 세후 지니계수는 한국이 미국, 영국, 일본을 제외한 다른 서구 선진국에 비해 상대적으로 높은 수준을 보였다. 이는 한국이 서구선진국에 비해 '소득 재분배' 기능이 상대적으로 약하다는 점을 시사한다.

셋째, 한국과 미국은 노인 소득불평등이 다른 선진국에 비해 매우 심한 것으로 나타났다. 한국과 미국은 다른 조사대상 국가들과 달리 65세이상 고령자의 소득불평등이 전체 인구의 소득불평등보다 더욱 심각한 수준을 보였다.

반면, 다른 서구 선진국에서는 65세 이상 고령자의 소득불평등이 전체 인구의 소득불평등보다 낮게 나타났다. 이는 한국과 미국이 노후 준비가 부족하며, 노인복지 제도가 서구 선진국에 비해 발달되어 있지 않다는

것을 의미한다.

결론적으로, 한국은 '소득분배제도'가 서구 선진국에 비해 비교적 발달되어 있으나, '소득 재분배 제도'는 상대적으로 미흡한 편이다. 특히 노인복지제도가 잘 발달되어 있지 않아 노인 소득불평등 수준이 미국 다음으로 가장 심각한 국가로 나타났다.

미국은 조사대상국 중 1인당 국민소득이 가장 높은 국가이지만, 소득분배 및 재분배 기능이 취약하여 불평등 수준이 가장 심각한 국가이다. 영국 역시 미국 다음으로 소득분배 및 재분배 기능이 부족하여 소득불평등 수준이 높지만, 노인층의 소득 불평등은 한국에 비해 상당히 낮게 나타나고 있다.

이러한 분석 결과는 한국이 소득재분배 기능을 강화할 필요가 있고, 특히 노인층의 소득불평등을 완화할 수 있는 적극적인 정책 도입의 필요성을 시사한다.

소득재분배와 국민부담률

소득불평등과 빈곤율을 줄이기 위해 정부는 조세정책, 사회보장 기부금, 복지제도 등을 통해 소득을 재분배하는 정책을 시행한다. 국민들은 이를 위해 조세와 사회보장 부담금을 납부해야 한다. 국민들이 중앙정부에 납부하는 국세와 지방자치단체에 납부하는 지방세를 합산한 금액이 GDP에서 차지하는 비율을 '조세부담률'이라 한다.

또한, 국민들이 납부하는 연금, 건강보험, 고용보험, 산재보험 등 각종 사회보장 관련 부담금을 합산한 금액이 GDP에서 차지하는 비율을 '사회보장부담률'이라 한다. 조세부담률과 사회보장부담률을 합한 것을 '국민부담률'이라 한다.

국민부담률과 지니계수의 관계

국민부담률 증가는 소득 불평등 및 빈곤 감소로 이어질까? 이 중요한 질문에 답하기 위해, 국민부담률과 소득 불평등 정도를 나타내는 지니계수의 상관관계를 중심으로 국가들을 네 가지 유형으로 분류하고, 각 유형의 특징과 시사점을 살펴보겠다.

첫째, 국민부담률과 지니계수가 모두 높은 국가이다. 이는 '고부담-고불평등 국가'로, 높은 세금과 사회보장 기여금에도 불구하고 소득불평등이 심각하다는 것을 의미한다. 높은 국민부담이 경제활동을 저해하고, 소득 불평등은 사회적 불안정과 갈등을 초래할 수 있다. 정부가 무능력하거나 부정부패가 심하여 분배시스템이 발달되어 있지 않고 재정운용 및 재분배 정책의 효율성이 매우 낮은 나라이다. 일부 개발도상국가나 독재국가에서 볼 수 있다.

둘째, 국민부담률과 지니계수가 모두 낮은 국가이다. 이는 '저부담-저불평등 국가'로, 세금과 사회보장 기여금이 낮고, 소득불평등도 상대적으로 적다는 것을 의미한다.

국민부담이 낮아 경제활동이 활발하고, 소득 불평등이 적어 사회적 안정성이 높다. 이러한 국가는 천연자원이 풍부하거나, 정부가 유능하고 부정부패가 적어 세금 징수 및 재정지출의 효율성이 높고, 분배 및 재분배 시스템이 발달되어 있는 국가로, 포용적 시장경제를 추구한다.

포용적 시장경제는 기본적으로 성장과 분배의 조화를 통해 경제성장과 사회적 안정을 동시에 추구하며, 모든 사람이 경제 성장의 혜택을 공평하게 누릴 수 있도록 하는 것을 목표로 한다. 이를 통해 사회 전체의 발전과 번영을 이루고자 한다. 앞서 '경기침체기 양극화 심화 가설'에서도 성장과 분배를 선택의 문제가 아닌 조화의 문제로 접근하는 것이 지속 가능한 발전을 위해 바람직하다는 점을 지적하였다.

셋째, 국민부담률은 높지만 지니계수가 낮은 국가이다. 이는 '고부담-저불평등 국가'로 높은 세금과 사회보장 기여금을 통해 소득 불평등을 효과적으로 완화하고 있다는 것을 의미한다. 일반적으로 정부의 재분배 정책이 적극적일수록 국민부담률은 높아지고 불평등지수(지니계수)는 낮아진다. 높은 세금 부담이 경제활동을 저해할 수 있지만, 소득 불평등이 낮아 사회적 안정성은 높을 수 있다. 스웨덴, 덴마크 등 북유럽 복지 국가에서 볼 수 있다.

넷째, 국민부담률은 낮지만 지니계수가 높은 국가이다. 이는 '저부담-고불평등 국가'로 세금 및 사회보장 기여금은 낮지만, 소득불평등이 심화되어 사회적 불안정과 갈등이 초래될 수 있다. 일부 개발도상국가나 신자유주의 경제정책을 추구하는 국가에서 일어날 수 있다.

한국은 어느 유형에 속하는가?

국제비교를 통해 한국이 앞서 제시한 네가지 유형 중 어디에 속하는지 명확히 파악할 수 있다. [표 19-2]에는 한국 및 서구 주요국의 조세부담률, 사회보장부담률, 국민부담률이 제시되어 있으며, 이를 앞서 살펴본 [표 19-1]의 주요국의 지니계수와 함께 비교해 보면, 한국의 유형을 알 수 있다.

한국의 조세부담률, 사회보장부담률, 국민부담률은 모두 OECD 평균보다 약간 낮은 수준이다. 국민부담률이 한국보다 높은 프랑스, 독일, 캐나다 등은 세후 지니계수, 즉 불평등 지수가 한국보다 낮다.

영국은 한국보다 국민부담률이 약간 높으면서도 전체 국민의 세후 지니계수는 약간 높지만, 65세 이상 세후 지니계수는 한국보다 상당히 낮다. 반면, 국민부담률이 한국보다 낮은 미국은 불평등지수가 한국보다 높다.

이러한 국제비교를 통해 유럽 선진국들은 '고부담-저불평등 국가' 유형에 속하며, 미국은 '저부담-고불평등 국가' 유형에 해당한다는 것을 알 수 있다. 한국은 OECD 국가 중에서 네 번째 유형, 즉 '저부담-고불평등 국가' 유형에 속한다고 볼 수 있다.

[표 19-2] 국민부담률 (2022년)

	한국	프랑스	독일	캐나다	미국	영국	OECD 평균
조세부담률	23.9	31.1	24.7	28.5	21.7	28.2	25.0
사회보장부담률	8.18	14.99	14.62	4.75	6.05	7.08	9.02
국민부담률	32.0	46.1	39.3	33.2	27.7	35.3	34.0

통계자료: OECD Data, 2025. 7. 16. 인출 작성

앞서 [표 19-1]에서 본 바와 같이, 한국의 소득불평등이 서구 선진국에 비해 심한 주된 이유는 65세 이상 고령자 계층의 높은 빈곤율과 심각한 양극화에 기인한다. 이 문제를 해결하려면 재분배정책을 개선해야 한다. 고령자를 위한 핵심적인 재분배정책은 기초연금과 국민연금이다.

기초연금은 소득 하위 70%에 해당하는 만 65세 이상의 노인에게 지급된다. 이는 국민연금의 사각지대에 있는 노인들에게 최소한의 소득을 보장하기 위한 것으로 무상복지의 성격을 지니며, 수급자의 이전 납부액이나 기여도와 관계없이 지급된다.

반면, 국민연금은 사회보장연금으로서 가입자가 납부한 보험료를 기반으로 하여, 가입기간이 10년 이상이고 만 60세 이상이 되었을 때 수령

할 수 있는 연금이다.

한국은 노인빈곤 문제가 심각하며, 현재 초고령사회로 진입하고 있어 국민부담률 증가 압력이 더욱 가중되고 있다. 기초연금을 늘리면 조세부담률이 증가하고, 국민연금을 개선하려면 사회보장부담률을 높여야 한다. 그러나 소득세를 높이면 근로의욕이 감퇴되고, 법인세를 높이면 투자의욕이 줄어든다. 또한 부가가치세 등 소비세를 증가시키면 물가 상승 압력이 가중된다. 이러한 이유로 지속가능한 연금제도의 개혁이 절실하다.

부채의 덫과 부채 도미노

지금까지 살펴본 '양극화'와 제18장에서 논의된 '저성장 함정' 외에도, 과도한 부채가 한국경제를 심각한 위기에 빠뜨릴 수 있는 또 다른 위험요소로 떠오르고 있다. 부채는 경제상황, 부채규모, 상환능력, 부채의 종류에 따라 약이 될 수도 있고, 독이 될 수도 있다.

부채규모가 상환능력 범위 내에 있다면 큰 문제가 되지 않는다. 성장 경제에서는 가계 부채가 개인의 자산 증식과 소비 진작에 기여하며, 가계 소득이 증가함에 따라 부채 상환 능력 또한 높아진다. 기업 부채 역시 새로운 기술개발과 시설투자를 촉진하여 기업 성장에 큰 도움이 될 수 있다.

그러나 저성장 경제에서는 가계 소득과 기업 이윤이 정체되거나 감소할 수 있기 때문에 부채상환 능력이 약화될 수밖에 없다. 이런 상황에서 과도한 부채를 가진 가계와 기업은 이자 증가로 부채가 눈덩이처럼 불어나는, 이른바 '부채의 덫'에 걸려들 위험성이 높아진다.

'부채의 덫'에 걸리게 되면 소득이나 수입을 얻을 수 있는 새로운 투자를 할 수 없게 되고, 부채는 자동적으로 계속 증가하기 때문에 개인은 신용불량자가 되고 기업은 도산할 위험성이 높아진다.

또한 저성장 경제에서는 경기부양, 저소득층 보호 등 재정 수요는 증대하는 데 세수는 오히려 감소하므로, 정부도 '부채의 덫'에 걸릴 위험성이 높아진다.

문제는 한국 경제가 현재 저성장 함정에 빠져들고 있는데, 가계, 기업, 정부 등 3대 경제주체의 부채가 상환능력을 초과할 정도로 지나치게 높아, '부채의 덫'에 걸려들 위험성이 크게 높아지고 있다는 것이다.

민간부채

국제결제은행(BIS)에 따르면, 2023년 4/4분기 한국의 GDP 대비 가계부채비율은 100.5%, GDP 대비 기업부채비율은 122.3%, 민간신용비율 즉 GDP 대비 민간부채비율은 222.7%에 달한다.[5] 이는 세계금융위기 시점인 2009년의 가계부채비율 72%, 기업부채비율 99%, 민간부문 부채비율 172%를 크게 상회하는 것이다.

부채는 상환능력을 초과하면 문제가 발생한다. 개인이나 기업이 일정 기간 동안 벌어들인 소득 중에서 부채를 상환하는 데 사용되는 금액의 비율을 총부채 원리금상환비율(Debt Service Ratio, DSR) 즉 '부채상환비율'이라 한다.

국제결제은행은 부채상환비율(DSR)을 분기별로 발표하고 있는 데, 2023년 4/4분기 한국의 가계 부채상환비율은 14.1%였다. 가계 소득의 14.1%가 부채상환에 지출된 것이다. 같은 시기에 비금융 기업은 수입의 43.5%를 부채상환에 지출했다.[6]

문제는 가계와 기업 모두 부채상환비율이 2009년 금융위기 때보다 더 높다는 것이다. 특히 가계부채 상환비율은 2004년 8.3% 수준에서 지속적으로 높아져 왔다. 부채상환비율, 즉 부채상환부담이 이처럼 지속적으로 높아지고 있는 것은 앞에서 본 GDP 대비 부채비율 증가의 당연한 결과이다.

부채상환비율은 민간부문의 재정건전성과 금융부문과 실물부문의 상호작용에 대한 중요한 정보를 제공한다. 경제가 저성장 함정에 빠져들고 있는 상황에서 가계 및 기업의 부채상환 비율이 이렇게 높으면, '부채의 덫'에 빠질 위험성이 크다.

'부채의 덫'에 걸리면, 가계는 소비지출을 크게 줄일 수밖에 없기 때문에 내수시장은 축소된다. 기업도 적자가 누적되어 구조조정을 하거나 부도위기에 몰리게 된다. 그 결과, 소비수요와 투자수요가 동시에 감소하면서 내수시장은 구조적 침체에 빠지고, 경제는 장기 침체의 늪으로 더 깊숙이 빠져들게 된다. 이 과정에서 금융부문의 부실이 증가하게 된다.

정부부채

국제통화기금(IMF)의 '재정점검보고서(Fiscal Monitor)'에 따르면, 한국의 국내총생산(GDP) 대비 정부부채 비율(국가채무+비영리공공기관 부채, D2)은 2015년 40.8%에서 2021년에 51.3%로 50%를 넘어섰고, 최근에는 빠른 속도로 높아져 2023년에는 55.2%로 증가했다. 그리고 2029년에는 59.4%로 60%에 육박할 것으로 전망된다.[7]

그리고, 중앙정부 및 지방정부의 채무만을 포함하는 국가채무(D1)는 저출산, 고령화, 저성장 등 구조적 요인으로 인해 빠르게 증가할 것으로 전망된다. 기획재정부의 '2025~2065 장기 재정 전망'에 따르면, 국내총생산(GDP) 대비 국가채무비율은 중위추계 기준으로 2025년 49.1%에서 2035년 71.5%, 2045년 97.4%, 2055년 126.3%, 그리고 2065년에는 156.3%까지 상승할 것으로 예상된다.[8]

즉, 향후 10년 내에 국가채무비율은 비기축통화국의 재정건전성 임계

선인 60%를 초과하고, 40년 내에 국가채무가 GDP의 1.5배를 넘어설 것으로 보인다. 이러한 흐름 속에서 원화가치는 하락하고, 국채금리는 상승하며, 국가신용도는 급격히 저하되어 통제 불가능한 재정위기로 이어질 가능성이 크다.

경제가 저성장 함정에 빠져 있으면, 재정수입은 증가하지 않는데 경기활성화 및 저소득층을 위한 재정지출 수요는 더 크게 증가하기 때문에 정부도 '부채의 덫'에 걸려들 위험성이 그만큼 높아진다.

정부가 부채의 덫에 걸리면 재정 운용에 어려움이 가중된다. 이자 지출 증가는 교육, 복지, 과학 기술, 국방 등 필수 분야에 대한 투자 감소를 초래할 수 있다. 과도한 국가 부채는 국가 신용등급 하락을 야기하여 해외 차입 비용을 증가시키고, 이는 부채 부담을 더욱 심화시키는 악순환으로 이어진다.

부채 해결을 위한 정부의 과도한 통화 발행은 인플레이션을 유발하여 경제 불안정을 심화시킬수 있다. 또한, 부채 상환에 집중하는 과정에서 미래 투자를 위한 재원 확보가 어려워져 장기적인 경제성장을 저해할 수 있다.

부채의 덫은 사회적, 정치적으로도 심각한 문제를 야기한다. 복지 예산 축소는 사회취약계층의 어려움을 가중시키고, 미래 세대는 현재 세대의 부채 부담을 떠안게 되어 세대간 갈등이 심화될 수 있다.

뿐만 아니라, 정부가 부채 문제에 효과적으로 대처하지 못하면 국민들의 신뢰를 잃어 국정운영에 어려움을 겪게 된다. 부채 문제 해결을 위한 고통스러운 정책 결정은 정치적 부담으로 작용하여 정부가 인기영합적인 포퓰리즘 정책에 의존하게 만들고, 이는 장기적인 국가발전을 어렵게 만든다.

삼각 악순환 고리와 경제적 대협곡

지금까지 살펴본 '저성장 함정', '양극화', '부채의 덫'은 서로 맞물려 '삼각 악순환 고리'를 형성하며, 한국경제를 대협곡에 빠뜨릴 위험이 커지고 있다. 마치 삼각형의 세 변이 서로 지탱하며 균형을 이루듯, 이 세 가지 요소는 상호작용을 통해 악순환을 심화시키고 있다.

저성장 함정은 양극화를 심화시키고 부채 증가를 부추긴다. 기업은 이윤감소로 인해 구조조정을 단행하거나 투자를 줄이게 되며, 이로 인해 고용이 불안정해지고 일자리가 감소한다. 이 과정에서 고용안정성이 낮은 하위 계층이 고용안정성이 높은 상위 계층보다 일자리를 잃을 가능성이 높아지면서 양극화는 심화된다.

또한 성장이 멈추면 사회 이동성이 낮아지고, 부모의 사회경제적 지위가 자녀에게 대물림되는 사회계층 세습화가 강화되는 경향이 있다. 저성장으로 인해 정부 재정 여건이 악화되면서 공공서비스에 대한 투자가 줄어들고 저소득층에 대한 지원이 감소하여 양극화는 더욱 심화되는 악순환이 반복된다.

소득 불평등 심화는 사회 전체의 소비 능력을 약화시키고, 이는 투자 감소와 경제 성장 둔화로 이어진다. 투자가 감소하면 일자리가 줄어들어 가계 소득이 감소하고 이로 인해 가계 부채 상환 능력이 악화되고, 기업은 수익 감소로 인해 부채가 늘어난다. 과도한 부채는 가계와 기업의 부담을 가중시켜 소비와 투자를 위축시키고, 이는 결국 경제 성장을 저해한다.

저성장, 양극화, 그리고 부채는 이처럼 서로 맞물려 경제를 더욱 깊은 수렁으로 몰아넣는다. 저성장 함정이 양극화와 부채 도미노를 확산시키고, 이렇게 확산된 양극화와 부채 도미노는 다시 저성장 함정을 심화시키는 악순환이 반복되는 것이다.

특히, 저성장 단계에서 가장 위험한 것은 가계와 기업이 '부채의 덫'에서 벗어나지 못하고, 부채 도미노가 금융부문으로 전이되는 것이다. 특히 한국의 가계부채는 부동산 담보대출 비중이 높다는 데 문제의 심각성이 있다.

제7장 흔들리는 경제에서 본 바와 같이, 2024년에서 2040년까지 불과 16년 내에 핵심노동력 인구(25-54세)가 2024년 현재 서울시 전체인구의 절반에 해당하는 450만 명이 감소한다. 핵심노동력은 신규 핵심 주택 수요자이다. 주택수요자가 크게 감소하면, 만성적 초과수요가 있는 강남 등 핫스팟을 제외하면, 주택가격이 크게 하락할 가능성이 높다.

주택가격의 급격한 하락은 영끌족과 주택이 유일한 자산인 은퇴고령자의 삶에 심각한 타격을 줄 수 있다. 전세를 끼고 부동산 담보대출로 집을 구매했는데 집값이 전세가격보다 하락하면 은행대출 상환이 불가능한 상태에 놓이게 된다. 금융기관의 부실대출 규모가 커지면 실물경제와 금융경제가 모두 위기에 직면하면서, 경제는 대협곡에 빠져들게 된다.

20

정치·안보 대협곡: 분열과 위기의 시대

인구 대협곡, 경제 대협곡과 더불어 한국을 심각한 위기로 몰아넣을 수 있는 제3의 대협곡은 '정치적 대협곡'이다. 정치적 대협곡은 정치 집단이 이념 대립과 권력 장악, 집단 이익을 위해 언론의 편향보도를 유도하고 국민을 극단적으로 분열시켜 경제발전과 사회 통합을 저해하며 국가안보에 심각한 위기를 초래하는 상태를 의미한다.

정치적 대협곡에 빠지면 정치는 경세제민, 국리민복보다 정치집단의 권익보호에 함몰된다. 이로 인한 정치적 대립과 갈등으로 정책의 일관성이 떨어지고, 정부의 정책 집행이 지연되거나 중단되어 경제 불확실성이 증가한다. 이는 기업의 투자 의욕을 저하시키고 소비자들의 소비심리를 위축시켜 경제활동을 둔화시키고 경제성장을 저해한다.

정치적 대협곡에 빠지면 정치집단은 지지세력 확보를 위해 선전 선동을 강화하고 언론의 편향보도를 유도한다. 이로 인해 정치는 물론 사회전반에 걸쳐 신뢰가 무너지고, 정의, 상식, 공정과 같은 사회질서를 유지하는 사회자본이 붕괴된다.

거짓 선전과 선동, 분열과 증오의 정치는 유권자에게 잘못된 정보를 제공하고 특정 정치 세력에게 유리한 방향으로 여론을 조작하여 유권자의 합리적 판단을 어렵게 만든다. 이는 민주주의의 근간인 선거의 공정성을 심각하게 훼손하며, 선거가 올바른 대표자를 선출하고 견제하는 기능을 상실하면서 자유 민주주의는 내면적으로 붕괴된다.

비상계엄 선포와 대통령 탄핵은 한국이 정치적 대협곡에 빠져들고 있는 심각한 징후이다. 윤석열 대통령은 2024년 12월 3일 밤 10시 28분에 비상계엄을 선포했다. 국회는 이로부터 153분 만에 '비상계엄 해제 요구 결의안'을 가결했고, 대통령은 이를 받아들여 계엄 선포 6시간 만에 계엄을 해제했다. 이 사건은 정치지도자의 리더십 부족과 정치 시스템 결함이 겹쳐서 일어난 충격적 사건이며, 대통령 권력과 절대다수 야당 권력이 충돌하여 폭발한 사건이다.

대통령은 비상계엄 선포 이유로 "국민의 삶은 안중에도 없고, 오로지 탄핵과 특검, 예산 삭감, 야당 대표의 방탄으로 국정이 마비 상태에 있어, 반국가 세력들을 척결하고 자유 헌정 질서를 지키기 위한 것"이라고 밝혔다.

이 사건은 야당이 절대다수의 의석을 차지하면, 행정기관장에 대한 탄핵과 특검의 남발, 예산 삭감, 입법폭주, 국가시스템 개편 등의 방법으로 국정을 무력화할 수 있을 정도의 막강한 힘을 행사할 수 있다는 것을 보여주었다. 이는 정치 지도자의 자질과 리더십에 문제가 있을 때 국가를 극단적인 위기에 빠뜨릴 수 있는 정치 시스템적 결함이 있음을 의미한다.

국민분열과 포퓰리즘 중독

초저출산으로 인한 인구재앙 쓰나미, 저성장 함정과 양극화에 의한 경제적 대협곡과 더불어 한국의 앞날을 위협하는 제3의 대협곡은 정치적 후진성에 의한 국민분열과 포퓰리즘 중독이다. 국가적 난제들을 해결하기 위해서는 관련 법을 정비하고 시스템을 혁신해야 하는데, 이것은 국회 및 정치의 영역이다.

정치가 바로 서야 국민이 살고 나라가 흥한다. 정치는 사람이 살아가는 환경과 사람들 사이에 존재하는 권력 및 이해관계의 기본적 룰을 만들고 관리한다. 정치는 이처럼 국민들의 삶과 나라의 운명에 지대한 영향을 미친다. 그런데 한국 정치는 오히려 다음 세 가지 측면에서 매우 퇴행적이다.

적대적 공생관계와 분열의 정치

첫째, 여야 양대 정당이 적대적 공생관계를 형성하여 국민 분열을 심화시키고 있다. 희망의 정치가 아닌 분열의 정치가 고착화되었다. 여야는 국가와 국민을 위한 비전과 정책으로 선의의 경쟁을 하는 희망의 정치를 해야 한다.

그러나 국민에게 희망을 주는 정치가 아니라, 상대방의 약점을 집중적으로 공격하여 자신이 상대적으로 덜 나쁘다는 것을 국민들에게 각인시키는 차악경쟁을 하고 있다. 국가와 국민을 위한 비전과 정책 대결보다 팬덤과 여론전으로 편을 갈라 상대를 공격하는 '분열의 정치'를 하고 있다.

분열의 정치는 적대적 공생관계에 기초하며, 적대적 공생관계는 분열의 정치를 강화한다. 정치집단 간의 적대적 공생관계는 서로를 비난하고 공격하면서도, 상대방의 존재를 통해 자신의 지지세력을 결집하고 입지를 강화하는 관계이다.

이로 인해 분열의 정치는 장기적인 국가발전이나 국민 삶의 질 향상보다 국회의원 개인이나 정치집단의 단기적 이익 추구에 함몰된다. 분열의 정치는 사회적 갈등을 심화시키고, 국정 운영을 마비시키며, 미래에 대한 불안을 확산시키고, 정치혐오와 국민 무관심을 불러온다.

여야 정치인들의 극단적 대립은 매일 각종 언론매체를 통해 국민들 사이의 갈등과 사회적 분열을 심화시킨다. 분열의 정치에서는 집권여당과 정부가 실패해야 야당에 집권의 기회가 온다고 생각하므로, 국리민복을 위한 여야 협력이 어렵다. 여야 협력이 불가능해지면, 여소야대 구조에서는 각종 입법과 예산이 확보되지 않아 정부 정책이 원활하게 이루어지지 못하여 국가 발전이 저해된다.

분열의 정치는 선전 선동 전략이 중요하므로, 객관적 사실, 이성적 판단과 논리보다는 단순하고 강한 메시지로 감정과 편견에 호소하고 상대방을 공격하고 배척하는 전사가 필요하다. 그래서 상식, 공정, 법치에 심각하게 반하는 행위를 한 사람이 국회의원에 당선되고, 그들이 불채포 특권 등 각종 특권을 누리면서 입법과 예산 편성에 참여한다.

국리민복과 경세제민보다 권력탐익에 몰입된 정치인들에 의해 정치가 주도되고, 유권무죄가 일상화되면서 국가 사회를 유지하는 가장 기본적 질서인 공정, 상식, 법치가 무너진다. 이러한 사실들이 각종 언론매체들을 통해 반복적으로 국민들에게 노출되면서, 정치에 대한 국민들의 불만과 무력감이 증폭되고, 공정, 상식, 법치 의식에 마비현상이 나타난다. 이 과정에서 개인의 윤리적 가치, 그리고 공정, 상식, 법치와 같은 사회적 가치에 대한 존중이 심각하게 손상된다.

분열의 정치는 막말, 혐오, 분노로 가득 찬 거친 언어들을 매일같이 공개적으로 주고받으며, 국민들이 이에 익숙해지면서 사회가 점점 거칠어진다. 분열의 정치는 공격성이 생명력이므로 팬덤정치를 만들고, 팬덤이 적대적 정치를 확대 심화시킨다. 이 과정에서 국민 갈등과 국민분열은 나라의 앞날을 위협할 정도로 심화된다.

포퓰리즘 경쟁과 포퓰리즘 중독

둘째, 한국 정치의 또 다른 퇴행성은 포퓰리즘 경쟁이다. 포퓰리즘 정책은 지속 가능하지 않은 인기 영합주의 정책을 의미한다. 정치는 국민들의 인기에 영합해야 하지만, 그것은 국리민복에 부합하고 지속 가능해야 한다.

포퓰리즘 정책은 단기적인 지지 확보에만 집중하고, 장기적인 국가 발전이나 국민 복지 향상을 위한 비전과 전략이 없을 뿐만 아니라 오히려 국가의 성장 잠재력과 미래 국민의 삶의 질을 심각하게 훼손할 수 있다. 양대 정당 구조에서 한 정당이 포퓰리즘 정치를 하면, 집권 경쟁에서 다른 정당도 포퓰리즘 경쟁에 뛰어들게 된다.

정치권이 권력을 잡기위해 포퓰리즘 정책을 남발하면, 국민들은 포퓰리즘에 중독될 위험성이 크게 높아진다. 왜 그럴까? 대부분의 사람들은 "내 손안의 한 마리 새가 숲 속의 수십 마리의 새보다 가치가 있다"고 생각하기 때문이다. 사람들은 불확실한 미래의 100만 원보다 현재 나에게 주어지는 10만 원을 선호한다.

'세상에 공짜는 없다.' 이것은 중요한 경제원리 중 하나이다. 어떤 것을 선택하면 다른 것을 포기해야 한다. 우리의 모든 선택과 행동에는 기회비용이 발생한다. 포퓰리즘 정치는 단기적으로 국민들의 지지를 얻고 정치적 성공을 거둘 수 있지만, 장기적으로 국가와 국민은 반드시 그 대가를 치러야 한다.

포퓰리즘 정책은 단기와 장기, 미시와 거시가 극도로 모순되는 정책이다. 포플리즘 정책은 단기적으로 개인에게 도움이 되는 것 같지만, 결국 장기적으로 국가는 물론 국민 개개인에게 경제적 고통을 가중시킨다. 포퓰리즘 정책은 재정적자를 누적시키고, 통화팽창을 가져와 인플레이션을 유발하며, 경제효율과 국제경쟁력을 떨어뜨려 기업과 좋은 일자리를 붕괴시킨다. 기업과 일자리가 무너지면 세수가 감소하여 복지비 지출도 유지하기 어려워져 국민들의 삶의 질이 떨어질 수밖에 없다.

특히 포퓰리즘에 중독된 사람은 정부 지원금에 의존한 삶에 익숙해지면서 직업능력 개발과 적극적 구직활동을 하지 않아 자신도 모르게 자립능력을 상실하고 좀비가 되어 일생 불행한 삶을 살게 된다. 포퓰리즘 중독자가 증가하면 개인의 불행을 넘어 국가가 성장동력을 상실하게 된다.

포퓰리즘 중독에서 벗어나려면, 국가는 긴축정책과 대규모 구조조정을 해야 한다. 이 과정에서 국민적 고통이 가중되기 때문에 포퓰리즘에 중독된 국민이 이 금단현상을 극복하기가 어렵다. 국가를 포퓰리즘 위기에서 구하고자 하는 정당은 집권하기 어렵고, 집권하더라도 계속되는 국민적 저항으로 인해 실효성 있는 정책을 추진하기 어렵다.

고비용 저효율 구조

셋째, 한국 정치는 고비용 저효율 구조를 갖고 있다. 한국 국회의원은 1인당 GDP 기준으로 세계 최고 수준의 세비를 받고 있으며, 세비 인상도 본인들이 결정한다. 전 세계에서 연방정부 체제를 두고 있는 미국 다음으로 많은 국회의원 보좌관을 두고 있다. 한국 국회의원은 7명의 보좌관에 2명의 인턴을 지원받고 차량유지비를 포함한 100가지가 넘는 특권을 누리고 있다. 일본은 3명의 보좌관을 두고 있으며, 대부분 유럽 국가에서는 운전기사를 지원하지 않고 보좌관 없이 공동 연구관을 활용한다. 인구 대비 국회의원 수를 비교해 보면, 한국은 세비와 특권이 적은 유럽에 비해 적지만, 미국에 비해 4.5배나 많다.[1]

국민 76%가 국회 불신

국민의 76%가 국회를 불신하고 있다. 한국행정연구원의 '사회통합 실태조사'에 따르면, 국회는 중앙정부, 지방자치단체, 법원, 검찰, 경찰, 군대 등 다른 국가 기관에 비해 비정상적으로 신뢰도가 낮은 것으로 나타났다. 이러한 현상은 10년간 일관되게 나타나고 있다. 교육 수준별 조사에서도 국회에 대한 신뢰도는 모든 학력에서 일관되게 매우 낮게 나타나고 있다.[2]

국회는 국민의 직접선거에 의해 선출된 국회의원으로 구성된 국민의 대의기관이다. 국회는 입법기관으로서 법률 제정권, 국가예산 심의권, 국정감사권 등 막강한 권한을 갖고 국민들의 삶에 직접적인 영향을 미친다. 국회는 교육, 국민 경제활동, 국민복지, 국가안보 등 국민의 먹고사는 문제에 크게 영향을 미친다.

이러한 국회가 주권자인 국민으로부터 높은 불신을 받고 있다는 것은 실로 심각한 문제가 아닐 수 없다. 국회가 바로 서야 나라가 바로 선다. 국회가 바로 서려면, 정치가 바로 서야 한다. 정치개혁이 긴요한 국가적 과제인 이유이다.

존재의 미스터리

국회에 대한 국민들의 불신이 이렇게 높은데도 어떻게 퇴행적 정치행태가 계속될 수 있을까? 이는 독점적 하향식 공천제도, 정치적 지역주의와 교조적 이념주의에 기초한 한국 정치 지배구조의 특성 때문이다.

첫째, 한국 정치는 거대 양대 정당이 지배하는 복점 구조이다. 둘째,

중앙당이 국회의원 후보 공천권을 갖고 있고, 지역 국회의원은 지자체장이나 지방의회 의원 후보 공천권을 실질적으로 행사한다. 이러한 수직적 하향식 공천제도가 권력의 먹이사슬을 형성하고 있다.

독점적 하향식 공천제도

독점적 하향식 공천제도가 '정치적 지역주의'와 '교조적 이념주의'와 맞물리면서, 특정 지역에서 특정 정당의 공천은 곧 당선으로 이어진다. 이러한 정치 환경에서는 국회의원에 대한 국민의 선택권과 심판권이 본질적으로 제한될 수밖에 없기 때문에 인격과 능력에 문제가 많아도 정당의 공천만 받으면 국회의원이 될 수 있다.[3] 이러한 정치 시스템에서 정치인은 국리민복을 위해 경쟁하기보다는 공천권자를 위한 충성 경쟁에 몰입하게 된다. 이는 정치의 유효경쟁체제가 붕괴되어 있다는 것을 의미한다.

정치적 지역주의

정당이나 정치인들이 자신들의 정치적 이익을 위해 지역주의를 악용하면서 형성된 오도된 지역주의를 '정치적 지역주의(political regionalism)'로 규정하고자 한다.

지역주의는 긍정적 측면과 부정적 측면을 동시에 내포하고 있다. 지역주의는 지역에 대한 자긍심과 애향심에 기초하여 지역의 문화, 경제, 정치 발전을 도모하는 것이다. 그러나 정치적 지역주의는 정치인들이 이러한 순수한 지역주의를 악용하여, '지역감정', '지역패권', 지역분할' 의식을 자극하여 자신들의 정치적 이익을 도모하는 가운데서 형성된 것이다.

교조적 이념주의

이념 또는 이데올로기(Ideologie, ideology)는 일반적으로 인간, 자연,

사회에 대한 현실적이면서도 이념적인 의식의 형태를 말한다. 이는 사람들이 세상을 이해하고 해석하는 방식에 영향을 미치는 신념 체계나 가치관을 포함한다. 이념은 정치, 경제, 사회, 문화 등 다양한 분야에서 중요한 역할을 하며, 개인이나 집단의 행동과 결정을 이끄는 중요한 요소이다.

그러나 시대에 뒤떨어진 낡은 이념이나 합리성이 현저하게 결여된 이념을 맹목적으로 추종하는 사람들이 있다. 이러한 의식 형태를 '교조적 이념주의(dogmatic ideology)'로 규정하고자 한다. 교조적 이념주의에 함몰되면 자신들과 같은 생각을 하는 것은 '절대 선'이고, 자신들과 다른 생각을 하는 것은 '절대 악'이라는 생각을 갖게 된다. 예를 들어, 한일 관계에서 다른 의견을 가진 국민을 토착왜구로 공격하며 국민을 선동하거나, 인권의 중요성을 강조하면서도 인권을 심각하게 침해하는 김정은 체제를 지지하기도 한다. 이처럼 교조적 이념주의는 실사구시를 어렵게 하고, 자기모순에 빠질 가능성이 매우 높다.

유효경쟁체제의 붕괴

정치적 지역주의는 민주주의를 심각하게 훼손하고, 교조적 이념주의는 의회주의를 심각하게 위협한다. 민주주의와 대의정치의 핵심은 선거를 통해 훌륭한 지도자를 선택하는 것이다. 정치적 지역주의와 정당의 공천 독점권이 지배하는 사회에서는 공천이 곧 당선을 의미한다.

이러한 사회에서 당권자는 국가와 국민을 위한 훌륭한 인재를 공천하기보다는 자기 정파에 충성도가 높은 사람을 공천한다. 특정 지역에서는 특정 정당이 공천한 후보가 함량 미달이라도 당선된다. 이는 국민의 선택권이 원천적으로 제약을 받고 있음을 의미하며, 민주주의의 심각한 훼손을 초래한다.

교조적 이념주의는 다양한 의견, 토론과 타협의 분위기를 저해하여 당내 민주주의의 싹을 자르고 의회주의의 가치를 심각하게 훼손한다. 교조적 이념주의가 지배하는 정당에서는 소수에 의해 당론이 결정되고, 이에 반하는 언행을 허용하지 않는다. 당내는 물론 여야 관계에서도 선명성 경쟁을 해야 하므로 여야는 적대적 경쟁관계에 놓이게 된다.

정치실패

정치실패는 정치 시스템이 국민의 요구와 기대에 부응하지 못하고 사회 문제를 해결하지 못하는 상황을 의미한다. 시장실패가 독과점체제에서 발생하듯이, 정치실패도 권력의 독과점 구조에서 발생한다. 정치의 생명력은 다양한 이해관계를 합리적으로 조정하는 데 있다. 정치 권력이 독과점 구조에 놓이게 되면 견제와 균형의 기능이 상실되고, 이해관계를 조정하기 보다는 일방적으로 의사결정을 하게 된다. 독과점 구조가 시장실패나 정치실패를 가져오는 것은 '유효경쟁체제'가 붕괴되기 때문이다.

현재 한국의 정치체제는 1987년 6월 항쟁을 통해 탄생한 직선제 개헌을 기반으로 한 정치 체제로, 흔히 '87 체제'로 불린다. 87체제에서 양대 정치 권력 구조는 대통령과 국회이다. 대통령은 직선제로 선출하며 5년 단임제로 되어 있다. 대통령에게 많은 권한이 집중되어 있어 대통령의 결정이 국가의 중요한 정책 방향을 좌우하고 권력남용의 위험이 높다. 또한 5년 단임제로 재선이 불가능하여 장기적인 정책을 추진하기 어렵다.

한편, 하향식 독점적 공천제도, 정치적 지역주의, 교조적 이념주의에 의해 왜곡된 정치 지배구조로 인해 국회권력도 왜곡되어 있다. 국회는 입법기관으로서 법률 제정권, 국가예산 심의권, 국정감사권 등 다양한 권한을 갖고 국민의 삶에 직접적인 영향을 미친다. 다수당의 지도자가 왜곡된 정치 지배구조를 이용해 국리민복보다 당리당략을 위해 국회권력을 악용하면 정치실패가 발생하게 된다.

정치개혁의 길

현재 한국이 직면한 정치적 대협곡 문제를 해결하기 위해 제왕적 대통령제의 개선과 퇴행적 국회 권력구조의 혁신이 필요하다. 대통령에게 과도하게 집중된 권력을 분산시키기 위해서는 의원내각제, 이원집정부제, 권력분산형 4년 중임 대통령 중심제 등이 있다.

의원내각제는 권력의 중심을 국회로 가져가는 방식이다. 그러나 여야가 복점구조로 적대적 공생관계를 형성하여 퇴행적 정치에 함몰되어 있고, 국민 절대다수가 국회와 국회의원을 불신하는 현실에서 의원내각제를 도입하기는 어렵다.

따라서 권력분산형 4년 중임 대통령 중심제를 도입할 필요가 있다. 대통령과 중앙정부의 권한을 분산시키기 위해 책임총리제를 도입하고, 광역자치단체를 초광역자치단체로 개편하여 중앙정부의 권한을 지방정부로 대폭 이양하여 지방분권을 강화할 필요가 있다.

대통령은 4년 중임 직선제로 선출되며, 명실상부한 책임총리제를 도입한다. 대통령이 총리를 임명하지만, 총리는 국회의 신임을 받아야 한다. 대통령은 총리의 추천을 받아 각 부처의 장관을 임명하며, 국방, 외교, 안보 등의 분야에 집중한다. 내치는 총리가 담당한다. 국회는 내각에 대한 불신임권을 갖고, 대통령은 국회 해산권을 가지되 총선에 패배하면 대통령직에서 물러난다. 이를 통해 권력의 견제와 균형을 유지한다.

이 제도는 대통령에게 집중된 권한을 분산시켜 권력 남용의 위험을 줄이고, 총리가 국정 운영에 책임을 지므로 정책 실패에 대한 책임소재를 명확히 할 수 있다. 대통령은 국민의 지지를 받으면 4년 중임을 할 수 있어 정책의 일관성을 유지할 수 있다.

대통령 선출 방식 개혁과 더불어 국회의원 선출 방식을 개혁해야 한다. 독점적 하향식 공천제도, 정치적 지역주의와 교조적 이념주의, 그리고 고비용 저효율 구조를 극복할 수 있는 방향으로 정치개혁을 단행해야 한다. 한국 정치의 이러한 구조적 문제들을 해결하기 위해서는 정치에 유효 경쟁체제가 확립될 수 있도록 선거구제와 공천 제도를 혁신해야 한다.

현행 소선거구제를 중·대선거구제로 전환할 필요가 있다. 인구 50만 명을 기준으로 한 선거구에서 2명을 선출하는 중·대선거구제를 도입하고, 지역 국회의원 수를 200명으로 조정하며, 권역별 비례대표제를 도입할 필요가 있다.

고비용 저효율 구조를 타파하기 위해서 국회의원 수와 보좌관 수, 불체포 특권 등 각종 특권을 과감하게 줄이고, 회기를 늘려 심의를 거치지 않은 법안 처리를 제도적으로 막아야 한다.

불체포 특권은 독재국가에서 권력 비판에 대한 탄압으로부터 국회의원을 보호하기 위한 제도이다. 그러나 최근에는 이 제도가 방탄국회라는 말이 상징하듯이, 국회의원의 개인적 범죄행위에 대한 정당한 법 집행을 막는데 악용되는 사례가 많다. 자유민주주의가 확립된 국가에서 모든 국민은 법 앞에 평등해야 한다. 국회의원은 스스로 국가와 국민을 위해 봉사하겠다고 하면서 국민의 선택을 받은 사람들이다.

국회의원 활동에 필요한 최소한의 권한과 지원을 제외한 모든 특권은 내려놓아야 한다. 국회의원의 권위는 특권으로 지켜지는 것이 아니라, 주어진 권한을 바르게 행사하고, 주어진 책무를 성실하게 수행하는 가운데 자연스럽게 확립되는 것이다. 한국 정치개혁의 본질적 한계는 개혁의 대상이 개혁의 주체라는 점이다.

제4 대협곡

한국이 직면한 제4 대협곡은 미국과 중국의 패권전쟁과 북핵 위협으로 인한 국가 안보위기이다. 이러한 위협들은 한국의 정치, 경제, 사회 전반에 걸쳐 부정적 영향을 미칠 수 있으며, 심각한 경우 국가 안보 위기를 초래할 수도 있다. 미중 패권전쟁으로 양대 지각판이 불안정한 상태에서 북한이 비대칭 전략무기인 핵무기를 보유하고 있다는 것은 전쟁의 위험이 상존하고 있다는 것을 의미한다. 전쟁은 한 순간에 가공스러운 대협곡을 만들 수 있다.

미중 패권전쟁은 진행 양태에 따라 한국 경제에 큰 타격을 줄 수 있다. 미국과 중국은 세계 최대 시장이자 한국의 제1, 2위 무역 파트너이기 때문에, 미중 경제전쟁이 심화될수록 한국경제는 타격을 입을 수밖에 없다.

미중 패권전쟁은 또한 한국의 외교적 입장을 매우 어렵게 만들고 있다. 이미 한국 정치권에서는 친미와 친중 세력 간에 외교적 입장 차이를 보이고 있어, 한국 외교와 한국 정치의 불안정성이 동시에 높아지고 있다. 여야의 미중 외교에 대한 입장 차이가 커질수록 정권교체기마다 한국의 미중 외교노선에 차이가 나타나게 되고, 이는 한미, 한중 외교의 신뢰성에 심각한 타격을 줄 수 있다.

한국 안보는 한미동맹에 의존하고 있기 때문에 안보위협이 높아질수록 한미동맹을 더욱 공고하게 할 수밖에 없는 데, 이는 북·중·러 결속을 더욱 강화시키는 반작용을 가져올 수 있다. 미중 패권전쟁이 한반도에 엄청난 위기의 대협곡을 만들 촉매가 바로 중국의 대만 흡수 통일 정책과 북한의 핵위협이다. 중국이 대만을 침공하는 순간, 중국의 전략이든 북한 당국의 오판이든 북한의 대남 도발 가능성은 높아지게 된다.

북한의 3대 세습 독재체제는 불안정성을 지니고 있으며, 체제 내부 갈등이나 붕괴 가능성이 존재한다. 특히 북한의 MZ세대는 장마당과 SNS 등을 통해 점차 외부 정보에 노출될 가능성이 높아지고 있다.

그 결과, 기존체제에 대한 불만이 증대되면서 체제 불안정성이 높아질 수 있다. 이런 상황에서 체제유지를 위한 대남 도발 위험성이 높아지고, 체제위기 속에서 북한의 핵무기가 잘 관리될 수 있을지도 우려된다.

한국이 제4 대협곡을 예방할 수 있는 길은 스스로 자국을 보호할 수 있는 강력한 국방력을 확보하는 것이다. 한미동맹은 한국 안보에 매우 중요하지만, 국가의 안보를 한미동맹에만 의존하는 것은 매우 위험하다.

이는 우리가 단순히 트럼프의 자국우선주의를 비판할 것이 아니라, 세계사를 보면 강대국은 항상 자국우선주의와 자국이익을 위해 자국의 군사력을 행사해 왔다는 사실을 명심해야 한다.

우리는 이러한 역사적 교훈에 기초하여 강력한 방위력 구축, 한미동맹 강화, 다각적 안보 강화 노력과 동시에 북한 비핵화 실패에 따른 비대칭 군사력 문제 해결에 적극적으로 나서야 할 것이다.

제 5 부

대협곡을 넘어

인재주의 국가로의 대전환

Part 5
The Economic Paradigm Shift for the Age of Talentism

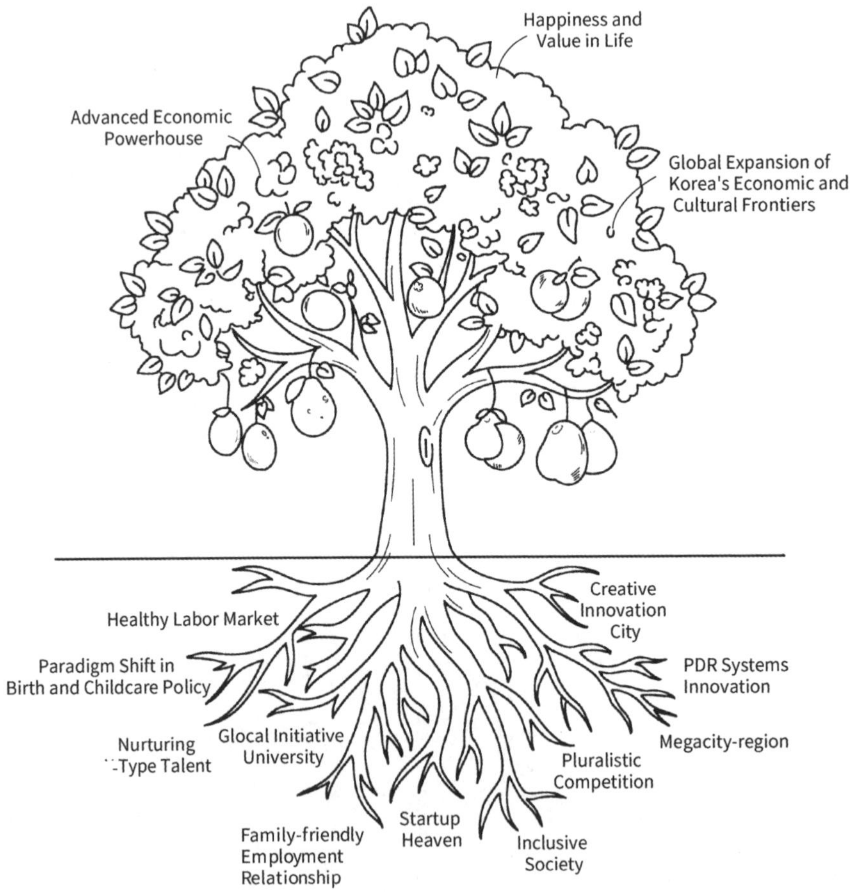

※생성형 AI(Gemini)를 활용하여 제작한 이미지 임

21

인재주의 시대: 빛과 길

한국은 현재 '선진경제강국'으로 도약할 것인지, 아니면 '쇠락의 길'로 접어들 것인지의 중대한 기로에 서 있다. 한국은 '쇠락의 길'로 이어질 수 있는 네 가지 심각한 도전 과제, 즉 '4대 대협곡'에 직면해 있다. 동시에, 초일류 선진국으로 도약할 수 있는 3대 기회와 잠재적 역량을 지니고 있다.

만약 네 가지 심각한 도전 과제에 제대로 대처하지 못한다면, 우리에게 주어진 3대 기회를 놓치고 쇠락의 길로 접어들게 될 것이다. 특히 '인구 대협곡'은 이러한 쇠락의 속도를 더욱 가속화할 것이다.

그러나 4대 대협곡에서 벗어나 3대 기회와 잠재적 역량을 극대화한다면, 한국은 역사상 처음으로 세계적인 선진 경제강국으로 거듭날 수 있을 것이다.

지금까지 제1부에서 제4부에 걸쳐, 한국이 직면한 '4대 대협곡'에 대해 논의했다. 초저출산 함정과 인구재앙 쓰나미로 인한 인구 대협곡, 저성장 함정과 양극화 심화로 인한 경제 대협곡, 정치적 후진성으로 인한 국민 분열과 포퓰리즘 중독의 위험성이 가져온 정치 대협곡, 그리고 국제정세 변화와 비대칭 전력 문제로 발생한 안보 대협곡이 그것이다.

정치적 대협곡과 안보적 대협곡의 극복 방안에 대해서는 이미 제20장에서 간략하게 다룬 바 있다. 지금부터는 인구 대협곡과 경제 대협곡의 극복 방안에 대해서 논의하고자 한다.

특히, 인구 대협곡과 경제 대협곡, 그리고 이 장에서 본격적으로 다룰 3대 기회와 '잠재적 역량'을 관통하는 공통의 키워드는 바로 '인재'이다. 따라서 한국이 '인구 대협곡'과 '경제 대협곡'의 위기를 극복하고 '3대 기회'를 성공적으로 포착하는 길은 '인재주의 국가'로 거듭나는 것이다.

제21장부터 제29장에서는 인재주의 국가로 나아가는 길을 모색할 것이다. 이는 3대 기회와 인재주의 시대의 도래, 그리고 인재주의 경제 패러다임에 대한 논의로부터 시작될 것이다. 이제 논의의 중심은 인재를 중심에 둔 국가 전략을 통해, 한국이 어떻게 새로운 질적 도약의 길로 나아갈 수 있을지를 탐색하는 데 초점을 맞출 것이다.

3대 기회 및 잠재력

한국이 초일류 국가로 성장할 수 있는 3대 기회 및 잠재력은 '제4차 산업혁명과 창조경제로의 경제발전단계의 이행', '인재와 기업의 글로벌 경쟁력', '세계적인 한류 열풍과 한국 문화의 세계화'이다.

첫 번째 기회 요인은 제4차 산업혁명으로 인해 경제발전단계가 산업경제에서 창조경제로 이행하고 있다는 점이다. 산업경제에서는 자본력과 값싼 노동력이 경쟁우위를 결정했다면, 창조경제에서는 창의성과 혁신역량을 지닌 인재, 즉 창조계급이 경쟁우위를 결정한다. 이는 자본주의에서 인재주의로의 이행을 의미한다.

두 번째 기회 요인은 한국이 인재주의 시대를 선도할 수 있는 잠재적 역량을 갖고 있다는 점이다. 한국은 이미 다양한 분야에서 상당한 수준의 지식과 기술을 축적해 왔으며, 한국의 인재와 기업은 높은 수준의 글로벌 경쟁력을 자랑한다. 반도체, 자동차, 조선, 방위산업, 원자력, 바이오, 화장품, 농수산 등 광범위한 분야에서의 수출 경쟁력이 이를 입증한다. 2024년에는 역사상 최대 규모인 6,836억 달러를 수출하여 세계 6위의 수출대국이 되었다.[1]

여기서 '잠재적 역량'이라는 표현에 주목해야 한다. 한국은 후발 산업국가로서 '빠른 추격자 전략'으로 선진국에 진입했을 정도로 선진국의 표준화된 지식과 기술을 빠르게 습득하여 활용할 수 있는 우수한 'X형인재'를 갖고 있다. 그렇지만 제4차 산업혁명/창조경제 시대를 선도할 수 있는 창의성과 혁신역량이 뛰어난 'Y형인재'의 양성 및 활용 수준은 미국과 같은 선진경제강국에 비해 낮은 수준에 있다.

제4차 산업혁명/창조경제 시대에는 생성형 인공지능과 같은 제4차 산업혁명 범용기술이 창조경제의 경쟁질서를 주도한다. 이러한 범용기술은 기술변화 속도가 매우 빠르고, 플랫폼 경제의 네트워크 효과를 통해 단시간에 세계시장을 지배하는 승자독식 경향이 강한 특징을 지니고 있다.

따라서 이러한 시대를 선도하기 위해서는 획일화된 지식과 기술을 연마한 'X형인재'가 아닌 창의성과 혁신역량이 뛰어난 'Y형인재'가 필수적이다. 인재주의 시대 도래로 한국은 분명 선진강국으로 거듭날 수 있는 역사상 절호의 기회를 맞이했다. 그러나 이 기회를 잡기 위해서는 대학 패러다임과 인재육성 패러다임을 신속하게 전환하여 첨단지식 생산능력과 Y형인재 육성 역량을 확보해야 한다.

세 번째 기회 요인은 바로 '세계적인 한류 열풍과 한국 문화의 세계화'이다. 문화는 단순히 예술이나 생활 방식을 넘어 국가와 사회의 정체성을 형성하고, 국가 브랜드 가치를 높이며, 세계를 하나로 연결하는 강력한 힘을 지니고 있다. K-팝, K-드라마에서 시작된 한류는 다양한 영역에서 세계적 위상을 확보하며, 전 세계인의 사랑을 받으면서 '한류 열풍'을 일으키고 있다.

한류 열풍

K-팝은 세계 MZ 세대를 사로잡으며 글로벌 음악 차트 상위권을 꾸준히 차지하고 있다. 영화 '기생충'은 미국 아카데미 시상식에서 작품상, 감독상, 국제영화상, 각본상 등 4관왕을 차지하며 아카데미 역사상 최초로 외국어 영화가 작품상을 받는 쾌거를 이뤘다.[2] 오징어 게임 등 한국 드라마는 넷플릭스와 같은 글로벌 스트리밍 플랫폼을 통해 전 세계에 방영되며 수많은 시청자를 매료시키고 있다. 일본, 베트남, 태국, 인도네시아, 말레이시아 등 아시아 국가들의 넷플릭스 시청률 10위권 차트에는 한국 드라마가 7~8편씩 오르고 있다.[3]

K-뷰티는 2010년대 중국 시장에서 1차 전성기를 맞이한 데 이어 2020년대에는 미국, 일본을 비롯한 주요 선진국에서 2차 전성기를 맞이하고 있다. 2024년에는 미국 수입 화장품 시장에서 점유율 22%를 차지하며 프랑스와 캐나다를 큰 차이로 제치고 사상 처음으로 1위에 올랐다.[4]

1차 전성기가 대기업 중심이었다면, 2차 전성기는 중소기업의 독립적인 '인디 브랜드(Indie Brand)'가 주도하고 있다. 이는 중소기업이 대기업이나 대형자본에 의존하지 않고 독창적인 아이디어로 유연하고 빠르게 시장 변화에 대응하면서 국제경쟁력을 확보하고 있음을 의미한다.

K-푸드는 이제 세계인의 입맛을 사로잡고 있다. 김치, 불고기, 비빔밥, 칼국수, 삼계탕, 라면, 떡볶이, 김, 김밥, 식혜, 고추장 등 한국 전통 음식을

찾는 세계인이 크게 늘었다.[5] 세계의 경제수도로 불리는 미국 뉴욕 도심 한복판에는 '동남사거리 원조 기사식당', '백반 전문, 소문난 기사식당'이라는 한글 간판을 단 한국식 기사식당이 성업 중이다.[6] 이는 단순한 식당을 넘어 한국의 음식 문화를 즐기려는 뉴욕시민들이 많다는 것을 의미한다.

한국어와 한국 문화에 대한 관심도 크게 높아지고 있다. 2021년 9월에는 K드라마(K-drama), 한류(hallyu), 먹방(mukbang) 등 26개의 한국어 단어가 옥스퍼드 영어사전에 신규 단어로 등재되었고, 2024년 12월에는 찌개(jjigae), 형(hyung) 등 7개의 한국어 단어가 추가되었다.[7] 이는 영어권 사람들이 한국어 단어를 많이 접하고 사용하게 되었음을 의미한다.

이런 흐름속에서 한글, 한국어, 한국문화를 강의하는 학과를 개설하는 대학들이 세계적으로 빠르게 증가하고 있으며, 한국어 학과의 지원 경쟁율은 상당히 높게 나타나고 있다.[8]

한국문화의 세계성

넷플릭스 애니메이션 영화 '「케이팝 데몬 헌터스(K-POP Demon Hunters, 이하 케데헌)」'의 세계적 성공은 한국문화와 한국민속 세계관의 보편성과 영향력을 강력하게 입증한 사례이다. 「케데헌」은 K팝의 성공 공식을 넘어 'K 콘텐츠 융합의 혁신적 모델'을 제시하며 '한류의 새로운 진화'를 이끌었고, 동시에 한류를 문화적 충격과 글로벌 팬덤의 중심축으로 끌어올렸다.

이 영화는 미국 소니 픽처스 애니메이션에서 제작되었으며, 2025년 6월 20일부터 넷플릭스를 통해 전 세계에 공개되었다. 공개 3개월도 되지 않아 영화와 TV장르를 통틀어 넷플릭스 역사상 누적 시청수 1위라는 대기록을 세웠다. 오리지널 사운드 트랙(OST) 골든(Golden)은 미국과 영국 팝시장을 동시에 석권하며 전 세계적으로 '케데헌 열풍'을 일으켰다.[9] 케데헌 OST 앨범에는 총 12곡이 수록되어 있으며, 이 가운데 8곡이 미국 빌보드 메인 차트 '핫100'에 진입하며 꾸준한 인기를 이어가고 있다.

「케데헌」은 K-팝 걸그룹 '헌트릭스'가 악령을 사냥하며 자신들의 정체성과 내면의 상처를 극복해가는 뮤지컬 판타지 애니메이션이다. 퇴마사이자 K팝 아이돌인 주인공들이 저승사자 보이 그룹으로부터 팬들을 지켜내는 이야기를 중심으로, 신묘한 힘을 지닌 헌터의 노래가 사람들의 영혼을 공명시키고, 그 영혼을 엮어 만든 혼문(魂門)을 통해 악령의 침입을 막고, 세상을 구하는 것으로 설정되어 있다.[10]

이 영화는 무당과 굿, 갓, 오방색,[11] 사인검,[12] 일월오봉도,[13] 까치호랑이(작호도)[14] 등 한국 민속 문화를 적극적으로 차용하여, 한국 문화의 세계관과 스토리텔링의 깊이를 더하였다. 또한 김밥, 라면 등 한국 음식과 한의원, 낙산공원 성곽 길, 북촌한옥마을, 청담대교, 잠실올림픽주경기장, 한강, 명동거리, 남산타워 등 전통과 현대를 아우르는 문화적 요소들을 풍부하게 담았다. 이를 통해 한국 문화의 '소프트웨어'(정서, 상징, 이야기)와 '하드웨어'(음식, 건축, 도시풍경)가 유기적으로 결합된, 한국 고유의 세계관을 시각적으로 구현했다.

특히 한국 민속의 핵심 가치인 '공동체주의', '자연과의 조화', '선과 악의 대립(권선징악)'은 국경을 초월해 누구나 공감할 수 있는 보편적 가치들이다. 지나친 개인주의로 치닫는 현대사회에서 공동체주의의 회복은 절실하며, 환경파괴와 지구온난화로 인한 대재앙이 예고된 현실 속에서 인간과 자연과의 조화는 시대적 요구로 떠오르고 있다. 또한, 선과 악의 대립은 거짓과 사기, 범죄와 폭력이 난무하는 현실 세계에서 인간이 나아가야 할 방향성을 제시한다.

「케데헌」은 이러한 보편적 가치들을 한국 고유의 문화적 맥락 속에서 재해석함으로써, 서로 다른 문화적 배경을 가진 사람들과 국가에서도 깊은 공감대를 형성할 수 있었다. 이는 한국 민속이 과거의 유산에 머물지 않고, 현대적 감각과 결합하여 전 세계를 매료시킬 수 있는 무한한 잠재력을 지녔음을 보여주는 강력한 사례다.

「케데헌」의 세계적 성공은 '가장 한국적인 것이 가장 세계적이다'라는 말을 실증적으로 입증했다. 한국 민속은 단순한 전통이 아니라, 고유성과 보편성을 동시에 지닌 '살아있는 세계관'이라는 사실이 확인된 것이다.

우리가 이 영화에 주목해야 하는 이유는 한류가 단순히 일부 장르에서의 일시적 유행을 넘어, 독창성과 보편성을 동시에 갖춘 세계적 콘텐츠로 자리매김할 수 있음을 보여주는 결정적인 사례이기 때문이다. 이는 한류가 세계인의 감성과 상상력을 사로잡고, 미래 세계문화의 주류로 진화할 수 있는 실질적 역량과 구조적 기반을 갖추었음을 의미한다.

케데헌 효과로 인해 한국의 전통 문화를 직접 관람하려는 국내외 관광객이 급증하며 국립중앙박물관의 방문객 수가 크게 증가했다. 특히 케데헌에 등장하는 장소를 따라가는 '케데헌 성지 순례 코스'가 여러 유투브 채널에서 소개되면서, 한국을 찾는 관광객 수는 전례 없는 수준으로 확대되었다.

미국과 영국의 스타디움, 독일과 프랑스의 공연장, 아르헨티나의 광장까지, 수만 명의 관객들이 한국어 가사를 떼창하며, 마치 하나의 거대한 합창단처럼 호흡을 맞춘다. 케이팝은 지금, 지구촌의 심장을 두드리는 리듬이 되었고, 아이돌의 목소리는 국경을 넘고, 언어를 초월해 감정의 공명을 만들어낸다.

SNS에는 가정, 학교, 직장 등 일상 공간에서 펼쳐지는 케이팝 챌린지 영상이 넘쳐나며, 케이팝은 세계인의 일상이자 축제로 자리매김했다. 한국의 전통과 현대, 디지털과 감성이 절묘하게 융합된 콘텐츠는 세계인의 감성을 사로잡고 있으며, 그들은 이제 한국어로 감정을 표현하고, 한국의 문화로 자신을 연결하고 있다.

한국 문화의 세계성은 이제 가능성이 아니라 현실이 되었다. 이는 단순한 유행을 넘어 국가 브랜드 가치의 상승과 함께, 한국의 경제영토와 문화영토를 동시에 확장시킬 수 있는 절호의 기회를 의미한다. 이는 21세기형 국가경쟁력의 핵심이며, 문화가 곧 경제가 되는 시대의 전형적인 모델이라 할 수 있다. 이러한 기회를 잘 활용하면 한국은 선진경제강국으로 도약할 수 있는 결정적 계기를 만들 수 있다.

성공의 비밀

한류열풍과 한국문화 세계화의 성공 요인은 무엇일까? 한국은 수천 년에 걸쳐 농축된 고유의 전통 문화를 지닌 나라로, 한국인들은 '흥'과 '열정'이라는 독특한 정서를 바탕으로 강한 문화적 에너지를 발산해 왔다. 이러한 정서는 한국 문화의 생동감과 매력을 더욱 돋보이게 하며, 세계인의 관심을 끌어들이는 원동력이 되고 있다.

불과 70년이 채 되지 않는 짧은 시간 동안, 한국은 식민 해방과 독립, 국토 분단, 6.25 전쟁, 산업화, 민주화 등 격동의 현대사를 경험했다. 이러한 드라마틱한 역사적 전환 속에서 한국은 세계사에서 보기 드문 압축성장을 이루며, 세계 최빈국에서 선진국으로 도약한 역동성과 회복력을 보여주었다. 이는 세계의 주목을 받는 중요한 배경이 되었다.

또한 한국은 정보통신기술과 디지털 기술의 생활화에 있어 세계적인 경쟁력을 갖추고 있다. 풍부한 전통 문화와 드라마틱한 현대사는 다채로운 한류 콘텐츠의 원천이 되며, 한류의 정체성을 분명하게 해준다. 한국의 전통문화, 한국인의 흥과 열정, 역동적인 현대사, 그리고 축적된 기술력이 결합되어 독창성과 품질이 높은 한류 콘텐츠들이 끊임없이 생산되고 있다.

이러한 한류 콘텐츠는 유튜브, 넷플릭스, SNS 등 디지털 플랫폼을 통해 전 세계로 빠르게 확산되고 있다. 한류는 이제 단순한 문화 콘텐츠를 넘어 삶의 다양한 영역에 깊숙이 스며들며, 서로 시너지를 창출하고 그 확산에 가속도를 붙이고 있다.

예를 들어, 삼성 갤럭시 폰이나 LG TV로 한국 드라마를 시청하고, K팝과 댄스를 즐기며, 콘텐츠를 통해 한국어를 배우는 모습은 세계 곳곳에서 흔히 볼 수 있는 풍경이 되었다. 한국 배우나 아이돌의 패션과 뷰티를 따라하고, 그들이 먹는 한국 음식을 맛보며, 현대자동차를 타고 출퇴근하는 모습은 더 이상 낯설지 않다.

이처럼 한류는 삶의 여러 분야에 걸쳐 상호 영향을 주고받으며, 더욱 강력한 문화적 영향력을 발휘하고 있다. 한국 문화의 세계화는 단순한 유행을 넘어, 지속가능한 문화적 흐름으로 자리 잡고 있는 것이다.

문화대국

미국 US 뉴스와 와튼스쿨이 매년 발표하는 '글로벌 문화적 영향력 랭킹'은 한국 문화의 국제적 파급력을 여실히 보여준다. 2017년 80개국 중 31위였던 한국은 2022년에는 85개국 중 7위로 5년간 무려 24단계나 급상승했다. 이는 이탈리아, 프랑스, 미국, 스페인, 일본, 영국에 이어 세계 7위에 해당하는 놀라운 성과이다.[15] 다양한 종류의 한류가 시너지 효과를 내기 시작하면서 그 확산속도가 더욱 빨라지고 있으며, 한국은 명실상부한 문화강국으로 자리매김하고 있다.

한류는 한국의 미래에 어떤 기회를 가져다 줄 수 있을까? 한류는 단순한 문화 콘텐츠 수출을 넘어, 한국 기업과 상품에 대한 이미지 제고, 한국과 한국인에 대한 호감도 증진, 그리고 국가 브랜드 가치 상승에 크게 기여하고 있다. 브랜드 가치는 그 자체로 높은 부가가치를 창출하며, 이는 기업의 이윤증대와 근로자의 임금 상승을 동시에 이끄는 원동력이 된다.

한국은 이미 상당한 기술 경쟁력을 갖추고 있다. 여기에 문화 경쟁력까지 더해진다면 국가 브랜드 가치 상승 속도와 경제영토 확장 속도는 더욱 가속화될 것이다. 이는 한국이 선진 경제강국과 문화대국의 위상을 동시에 확보하여 초일류 국가로 거듭날 수 있는 절호의 기회를 맞이했음을 의미한다.

경제강국과 문화대국을 관통하는 핵심 키워드는 바로 '인재'이다. 초일류 국가로 거듭나는 길은 인재주의 국가를 건설하는 데 있다. 인재주의는 번영과 쇠락의 갈림길에 선 한국의 빛이자 길이 될 것이다.

인재주의 시대의 개막

인재주의 시대는 인재의 창의성과 혁신역량이 개인, 대학, 기업, 지역, 나아가 국가의 경쟁우위를 결정하는 시대를 의미한다. 4차 산업혁명으로 인해, 자본이 경쟁질서를 지배하던 자본주의 산업경제 시대에서 창의적 혁신역량을 지닌 Y형인재가 새로운 경쟁질서를 만들어가는 인재주의 창조경제 시대로 이행하고 있다.

자본주의 산업경제에서는 자본이 경제성장의 핵심 동력이었다. 기업은 자본력을 기반으로 첨단 생산설비와 표준화된 값싼 노동력(반숙련 노동력)으로 이윤극대화를 추구했다.

반면, 인재주의 창조경제에서는 Y형인재가 경제성장의 핵심 동력이다. 기업은 Y형인재의 창의성과 혁신역량을 기반으로 끊임없는 '창조적 변화'와 '창조적 진화'를 통해 경쟁우위를 유지하며 기업가치를 실현한다.

자본주의와 인재주의는 생산수단의 사적 소유를 기반으로 시장경제를 통해 자원을 효율적으로 배분하며, 자유 경쟁을 통해 개인은 효용극대화, 기업은 이윤극대화를 추구한다는 점에서 본질적인 구조는 유사하다. 그러나 가치창출과 경쟁우위, 성장동력을 결정하는 핵심요소가 자본주의 시대에는 '자본'이었던 반면, 인재주의 시대에는 '인재'라는 점에서 분명한 차이가 존재한다.

인재주의는 인간의 지식, 창의성, 능력, 자질, 그리고 마인드셋을 가장 중요한 가치로 여긴다. 인간중심의 경제시스템을 구축하고, 개인의 잠재력을 개발하여 공동체의 발전을 도모한다. 따라서 인재주의 국가에서는 인적자원 개발, 스타트업 생태계, 지식기반 사회를 중시한다.

자본주의 사회에서 기업의 경쟁우위는 자본력에 의해 결정되며, 노동은 단순히 생산요소 및 노동비용의 관점에서 다루어졌다. 산업경제 시대에는 대규모 설비투자와 대량생산체제를 통한 규모의 경제를 바탕으로 비용 절감과 시장 확대를 추구했기 때문에 자본력이 절대적인 중요성을 가졌다.

특히 산업경제 대량생산체제에서는 직무를 세분화하고 표준화하여 컨베이어 벨트를 이용한 기술적 통제를 통해 생산성을 높이는 전략을 구사했다. 기업은 이윤극대화를 위해 노동절약적 기술을 도입하거나 노동강도를 높여 노동비용을 최소화하는 전략을 사용했다. 대량생산체제에서는 대부분의 직무가 표준화되어 있었기 때문에 개인의 창의와 혁신으로 품질 개선이나 생산성을 높일 여지가 제한적이었다.

제4차 산업혁명/창조경제 시대를 상징하는 빅테크 기업들의 탄생과 경쟁우위 전략을 살펴보면, 자본주의에서 인재주의로의 이행과 자본주의와 인재주의의 전략적 차이를 분명하게 알 수 있다. 빅테크 기업은 ICT, 생성형 인공지능, 빅데이터, 블록체인 등 4차 산업혁명 범용기술을 기반으로 한 애플, 마이크로소프트, 구글, 아마존, 메타 등을 말한다. 이러한 기업들은 창업자들의 창의적 아이디어를 바탕으로 한 '스타트-업'으로 출발하여 플랫폼을 구축하고 네트워크 효과를 극대화하는 전략을 구사한다.

이런 기업들은 대규모 설비투자에 의한 규모의 경제를 핵심 경쟁전략으로 삼았던 전통적인 자동차, 철강, 조선, 석유화학 산업 등과는 확연히 다르다. 하이테크 기업은 지속적 혁신을 생존 및 경쟁 전략으로 보고, 그 주체를 자본이 아닌 인재로 보는 인재주의에 입각하고 있다.

인재주의 경제패러다임

인재주의 경제에서는 근로자를 단순히 노동비용의 관점에서 접근하지 않는다. 오히려 창의와 혁신의 주체로 보고, 그들의 창의와 지속적 혁신이 기업의 경쟁우위를 결정한다고 본다. 4차 산업혁명/창조경제 시대에 국가의 핵심 전략은 인재주의 경제 패러다임을 구축하는 것이다. 이는 한국이 저성장 함정에서 벗어나기 위한 핵심 전략이기도 하다.

인재주의 경제 패러다임은 무엇인가? 인재(人材)는 단순히 천재나 수재를 의미하는 것이 아니다. 어떤 일을 수행할 수 있는 능력, 즉 직업능력을 가진 사람을 말한다. 새로운 기술의 등장, 산업구조 및 생산방식의 변화, 사회적 가치관 변화 등으로 인해, 시대가 변화함에 따라 사회가 필요로 하는 '인재상' 또한 끊임없이 변화한다.

산업경제 대량생산체제에서는 직무가 세분화되고 표준화되어 있었기 때문에 표준화된 지식과 기술을 습득하여 주어진 직무를 성실하게 잘 수행하는 X(XeroX)형 인재를 요구했다. 그러나 제4차 산업혁명과 창조경제 시대에는 기술변화 속도가 빠르기 때문에 변화에 대한 적응력이 뛰어나고, 변화와 혁신을 선도할 수 있는 창의성과 혁신역량을 지닌 Y(Yields)형 인재를 요구한다.

Y형인재

Y형인재는 단순히 주어진 작업을 수행하는 노동력을 넘어, 조직의 혁신과 성장을 이끌어내는 핵심 자원이라는 점에서 X형인재나 반숙련 노동력과 크게 구분된다. Y형인재는 창의성, 혁신역량, 융합능력, 자기주도성을 바탕으로 새로운 가치를 창출하고, 조직의 발전에 기여한다.

"모든 사람은 Y형인재가 아니지만, 모든 사람은 Y형인재가 될 수 있다."[16] 이것은 단순히 한 개인의 가능성을 강조하는 것을 넘어, 현대 사회가 추구하는 인재상과 교육의 방향을 제시하는 매우 중요한 명제이다.

개인은 스스로 Y형인재가 될 수 있도록, 인성, 창의성, 진취성, 전문성을 끊임없이 연마해야 하고, 국가는 Y형인재를 양성할 수 있도록 교육 시스템과 사회적 환경을 조성해야 한다. 이것이 개인의 행복과 사회 발전이라는 두 가지 목표를 동시에 실현할 수 있는 길이다. 따라서 대학을 포함한 모든 교육기관은 X형인재가 아닌 Y형인재를 육성할 수 있도록 인재육성 패러다임을 바꾸어야 한다.

인재주의 경제에서는 Y형인재의 안정적인 공급이 매우 중요하다. 오늘날 세계적인 하이테크 기업들의 인재쟁탈전과 주요 선진국의 인재전쟁이 이를 입증하고 있다.[17]

창조적 변화와 창조적 진화

인재를 활용하여 경제적 가치를 창출하는 생산의 주체는 기업이다. 따라서 글로벌 인재전쟁에서 밀리지 않으려면 기업의 고용관계 시스템을 혁신해야 한다. 많은 경영자들은 여전히 종업원을 단순히 노동비용의 관점에서 접근하고, 주어진 직무를 성실하게 수행하면 된다는 생각을 갖고 있다.

그래서 많은 기업들이 여전히 산업경제 시대에 구축된 X형인재를 전제로 한 고용관계 시스템을 유지하고 있다. 학력 및 연공서열에 기초한 고용관리 관행 등이 대표적인 예이다. 이런 기업이나 조직에서 창조적 변화나 창조적 진화를 기대하기는 어렵다.

4차 산업혁명/창조경제 시대에 경영자들은 종업원을 노동비용의 관점에서 바라보는 것이 아니라, 혁신과 가치창출의 주체로 인식해야 한다. Y형인재들을 확보하고 그들의 마인드셋, 즉 학습, 창조, 협력 마인드를 극대화할 수 있도록 고용관계 시스템을 혁신해야 한다. 이런 기업만이 창조적 변화와 창조적 진화를 통해 경쟁우위를 유지할 수 있다.

스마트폰 시장을 보면 기업이 살아남기 위해서는 생산성 향상, 품질관리, 비용절감과 같은 전통적인 기업 전략을 넘어 끊임없이 창조적 변화와 창조적 진화를 추구해야 한다는 것을 알 수 있다. 삼성, 애플 등은 매년 새로운 기술과 기능을 탑재한 새로운 모델의 스마트 폰을 거의 6개월에서 1년 단위로 시장에 출시하고 있다. 창조적 변화에 실패하면 곧바로 경쟁력을 잃을 수 있기 때문이다.

인재주의 창조경제 시대에는 정부의 역할과 기능 또한 산업경제 시대와 달라야 한다. 4차 산업혁명과 창조경제 시대에는 Y형인재 육성 패러다임이 구축될 수 있도록 교육개혁을 하고, 건강한 노동시장 구축과 기업의 고용관계 시스템 혁신을 지원할 수 있도록 노동 관련 법 제도를 정비해야 한다.

4차 산업혁명을 위한 기초기술과 첨단기술 개발에 투자를 확대하고, '디지털 전환(DX)'을 지원할 수 있도록 디지털 인프라를 지속적으로 확충해야 한다. 스타트업, 혁신 클러스터, 창조도시 등이 번창할 수 있도록 '혁신 생태계'를 구축해야 한다.

4차 산업혁명/창조경제 시대에는 새로운 첨단기술이 끊임없이 개발되고, 새로운 기술의 국제표준이 새로운 경쟁질서를 만든다. 따라서 정부는 글로벌 표준 선도와 글로벌 가치 사슬 형성을 위한 기업 지원과 국제 협력을 위한 경제외교를 강화해야 한다. 인재주의 창조경제 시대에는 첨단기술 개발능력과 기술격차 유지가 경쟁우위를 결정하므로 불법 기술유출 단속 또한 강화해야 한다.

인재주의와 선진경제강국의 길

선진경제강국으로 나아가는 길은 크게 세 가지 방향에서 추진되어야 한다. 첫째, 초저출산 함정에서 벗어나는 것이다. 둘째, 인재주의 경제 패러다임을 구축하여 저성장 단계에서 벗어나 새로운 S자 경제성장 곡선에 진입하는 것이다. 셋째, 제20장에서 논의한 바와 같이 정치위기와 안보위기를 극복하여 경제의 지속가능한 발전을 담보할 수 있는 정치·안보적 환경을 조성하는 것이다.

제3부와 제4부에서는 초저출산 함정과 저성장 함정에 빠지게 된 근원을 분석했다. 그 결과, 출생 및 육아 정책 패러다임 전환 실패와 가족 가치관 변화, 단층노동시장과 연공서열 고용관리 관행, 사교육 열풍과 공교육 붕괴, 수도권 블랙홀의 덫 등이 주요 원인임을 확인했다.

제5부에서는 제3부와 제4부에서 분석한 이러한 근원적인 문제들을 인재주의 패러다임으로 치유할 수 있음을 보여줄 것이다.

선진경제강국으로 나아가기 위한 가장 중요한 요건은 국가의 지속가능한 발전을 유지할 수 있는 안정적인 출산율을 확보하는 것이다. 이를 위해서는 출산과 양육에 대한 기존의 가치관, 태도, 제도, 행동양식 등이 근본적으로 변화해야 한다.

이를 위해 제22장에서는 '출생·육아 정책 패러다임의 대전환'을, 제23

장에서는 '삶의 가치와 행복의 조건'을, 제24장에서는 '다원적 경쟁과 포용 사회'라는 주제를 다루며 초저출산의 늪에서 벗어나는 길을 제시할 것이다.

또한, 인재주의 시대 핵심 경쟁력인 Y형인재의 안정적인 공급체계를 구축하기 위해 제25장에서는 'Y형인재와 공교육 이니셔티브'를, 제26장에서는 '인재주의 시대의 대학 패러다임'을 다룬다.

초저출산 및 저성장의 원인 중 하나인 단층노동시장 문제 해결과 Y형인재 활용 역량 증진을 위해 제27장에서는 '건강한 노동시장과 가족친화적 고용관계'를, 제28장에서는 '인재중심 혁신성장과 중소기업 르네상스'를 다룬다.

마지막으로 제29장에서는 수도권 블랙홀 문제와 지방 소멸 문제를 완화하기 위한 '인재주의 시대의 지역발전 패러다임'에 대해 논의할 것이다.

22

출생·육아 정책 패러다임의 대전환

한국의 초저출산 문제는 구조적 문제와 문화적 변화가 복합적으로 맞물린 매우 어려운 과제이다. 제3부에서 살펴본 바와 같이, 일과 가정을 양립하기 어려운 경제사회 시스템, 높은 양육비 부담, 그리고 '나홀로족 문화' 확산이 결합되면서 매우 복잡하고 어려운 과제가 되었다.

결혼과 육아를 어렵게 만드는 경제사회 시스템이 고착화되면서, 자연스럽게 결혼과 육아를 기피하는 문화가 형성되었다. 그 결과, 한국 사회에서는 세계 역사에서 유례를 찾기 어려운 초저출산 현상이 나타나고 있다.

이러한 문제를 해결하기 위해서는 시스템 개혁과 문화혁명을 함께 추진해야 한다. 특히 '나홀로족 문화'와 '딩크족 문화'가 상징하듯, 청소년층에서 출산과 육아에 대한 부정적인 생각과 인식이 확산되며, 이것이 하나의 새로운 문화로 자리잡아가고 있다는 점이 문제의 심각성을 더하고 있다.

이는 단순히 정부의 시스템 혁신이나 정책 추진만으로는 해결할 수 없는 과제이다. 초저출산 문제의 근본적 해소를 위해서는 국민 개개인의 의식 전환과 행동 변화가 반드시 필요하며, 이는 사회 전반의 가치체계와 방향성 재정립을 요구하는 중대한 과제이다.

한국이 초저출산 늪에서 벗어나기 위해서는 무엇보다 먼저 '인구재앙 쓰나미'가 국민 개개인에게 심각한 피해를 줄 수 있다는 국민적 각성이 절실히 요구된다. 제2부에서 살펴본 것처럼, 초저출산은 나와는 상관없는 일이 아니라 개인의 삶 전반에 다양한 방식으로 직·간접적인 영향을 미치는 현상이라는 점을 국민 모두가 인식해야 한다. 이러한 인식 전환이 이루어져야만 모든 국민이 초저출산 문제 해결에 적극적으로 동참할 수 있다.

난제 해결의 길

이런 복잡하고 어려운 경제사회적 난제를 해결하기 위해서는 다음과 같은 노력들이 필요하다.

첫째, 정책 컨트롤 타워를 구축해야 한다. 초저출산 문제는 다양한 정책주체와 복잡한 정책들이 얽혀 있는 만큼, 이를 효과적이고 효율적으로 관리 조정할 수 있는 중앙 정책조정 기구가 필요하다.

둘째, 국민 공감대 형성과 동참을 유도해야 한다. 모든 국민이 초저출산 문제의 심각성을 인식하고 공유할 수 있도록 정책목표를 명확히 제시하고, 대국민 홍보를 강화해야 한다. 이는 정책의 사회적 수용성을 높이는 핵심 요건이다.

셋째, 근본적 구조 문제에 대한 진단과 이해가 선행되어야 한다. 제3부에서 살펴본 바와 같이, 한국의 초저출의 늪을 만든 다양한 문제들의 근저에는 단층노동시장이 있다. 이러한 뿌리 깊은 문제들에 대한 정확한 분석과 인식 없이는 실질적인 문제해결이 어렵다.

넷째, 맞춤형 정책 수단을 개발하고, 정책 실효성을 확보해야 한다. 이를 위해 각 문제의 성격에 따라 적절한 정책수단을 설계하고, 정책별로 투자 임계치와 정책 타이밍을 면밀하게 관리할 필요가 있다.

다섯째, 정교한 정책체계를 구축하고, 정책 당국과 국민이 쉽게 이해할 수 있는 '정책지도'를 만들 필요가 있다.

컨트롤 타워와 정책추진 체계

초저출산 문제를 해결하기 위해서는 결혼, 출산, 육아를 어렵게 만드는 다양한 경제사회적 문제들을 해결하고, 가족 행복 문화를 확산시켜야 한다. 이를 위해서는 정부의 거의 모든 부처와 지방정부가 관여해야 할 정도로 다양하고 복잡한 미시적 정책들이 필요하다.

중앙정부 각 부처, 지방정부, 민간이 참여해야 하는 다양하고 복잡한 정책들을 집행하는 경우, 정책의 중복, 충돌, 정책 누락, 정책전달체계의 문제가 발생할 수밖에 없다. 이러한 문제들을 해결하기 위해서는 다양한 정책 주체와 복잡한 정책들을 통합적으로 지휘할 수 있는 컨트롤 타워가 필요하다.

초저출산 늪에서 벗어나기 위해서는 실효성 있는 정책들을 효율적으로 추진해야 한다. 이를 위해서는 정확한 진단과 유효한 정책개발은 물론, 정책추진 체계를 과학적이고 체계적으로 정립해야 한다. 정책추진 체계는 정책추진 주체, 문제의 원인 진단, 정책개발, 정책추진 수단, 정책전달체계, 정책효과 진단 및 피드백, 정책타이밍 등을 의미한다.

정책지도

한국의 초저출산 문제는 매우 복잡한 원인을 내포하고 있어, 섬세한 시스템 혁신과 출산 및 육아에 대한 생각과 문화를 바꾸는 다양한 정책들이 요구된다. 이처럼 다양한 정책들을 동시에 추진해야 하는 경우에는 정책의 중복을 피하고 정책의 연관효과를 극대화하기 위해 '정책 패키징'과 '정책 포트폴리오'가 필요하다.

또한 정책전달체계를 명확히 확립해 중앙정부 각 부처와 지방정부의 정책 책임 소재를 분명히 해야 한다. 나아가 정책의 목적, 목표, 전략, 과제, 프로그램, 예산 등과 정책 패키징, 정책 포트폴리오, 정책전달체계를 한눈에 파악할 수 있는 '정책지도(Policy Map)'를 작성해야 한다.

정책 패키징은 특정 문제를 해결하기 위해 상호 관련된 여러 정책들을 하나의 패키지로 묶어 추진하는 방식이다. 여러 정책들을 하나의 패키지로 묶어서 추진함으로써 정책 추진 비용을 절감하고 정책 효율성을 높일 수 있다. 서로 다른 여러 정책들이 보완적이고 조화롭게 작용하여 예상보다 큰 정책 시너지 효과를 창출할 수 있다. 정책 패키징은 이처럼 여러 정책들이 서로 연관되어 하나의 목표를 달성하도록 정책의 체계성을 확보하여, 정책의 효율성, 효과성, 지속 가능성을 높이는데 도움이 된다.

예를 들어, 일과 가정 양립 지원 정책, 출산 및 육아 지원 정책, 아이 키우기 좋은 사회 환경조성 정책 등은 그 내부에 이러한 큰 정책 목표를 달성하기 위한 다양한 정책들이 존재할 수 있기 때문에, 이를 효과적으로 패키징하여 추진해야 정책 중복을 방지하고 정책효과를 극대화할 수 있다.

정책 포트폴리오는 다양한 정책들을 투자 포트폴리오처럼 구성하여 관리하는 것을 의미한다. 이는 특정 정책에 대한 의존도를 낮추고, 다양한 정책을 통해 문제 해결 가능성을 높임으로써 '정책 위험 분산 효과'를 기대할 수 있다. 또한 각 정책의 효과성을 평가하고, 효과가 낮은 정책을 개선하거나 새로운 정책으로 교체할 수 있다. 정책 포트폴리오를 작성할 때 시차 개념을 도입하면, 단기적 효과를 기대하는 정책과 중·장기적 관점에서 문제를 해결해야 할 정책들을 조화롭게 배치할 수 있다.

정책 패키징 및 정책 포트폴리오를 성공적으로 수행하기 위해서는 정책 간의 상호 연관성을 명확하게 분석하고, 정책추진 과정을 효율적으로 관리해야 한다. 이를 위해서는 모든 정책과 정책 간의 상호 연관성, 정책추진 주체, 정책추진 타임 테이블 등을 한 눈에 볼 수 있는 '정책지도(policy map)'를 작성하여 정책 공급자와 정책 소비자가 공유할 필요가 있다.

정책지도는 정책 공급자와 정책 소비자를 구분하여 작성할 필요가 있다. 정책공급자용 정책지도는 모든 정책 참여자들이 정책전달체계와 정책추진 현황을 실시간으로 공유할 수 있도록 작성되어야 한다.

정책소비자용 정책지도는 중앙정부 및 지방정부가 실시하고 있는 결혼, 출산, 육아와 관련된 각종 현금지원 및 서비스지원 정책을 모든 정책 수요자 및 정책소비자들이 한눈에 파악하고, 원-스톱 서비스를 받을 수 있도록 작성할 필요가 있다.

지속가능 최저출산율 1.6명

경제사회문제들은 시장 메커니즘이나 윤리, 도덕, 상식과 같은 사회적 규범 등에 의해 자연스럽게 해결되는 경우가 많다. 그러나 시장실패나 사회적 불평등과 같이 경제 및 사회 원리에 의해 해결이 불가능한 문제들은 정부가 적극적으로 개입하여 해결해야 한다.

정부가 문제 해결을 위해 정책을 수립 시행할 때는 정책 목표를 분명히 설정해야 한다. 정책 목표가 뚜렷해야만, 정책 효과를 담보할 수 있는 적절한 정책 수단과 정책 전달 체계를 제대로 확립할 수 있으며, 국민의 참여와 협력을 효과적으로 이끌어낼 수 있다.

정책 목표는 실효성과 실현 가능성을 동시에 고려해야 한다. 국가 역량을 현저하게 초과하는 정책 목표를 설정하면 목표 달성이 어렵게 된다. 반대로 정책 목표를 지나치게 낮게 설정하면 목표 달성은 쉽지만 정책 실효성을 기대할 수 없다.

초저출산 늪에서 벗어나기 위한 정책 목표는 명확하다. 바로 '지속가능 최저출산율 1.6명'을 확보하는 것이다. 제2장에서 우리는 저출산 단계를 세 단계로 구분했다. 합계출산율 2.1명 미만에서 1.6명 이상을 저출산 단계, 1.6명 미만에서 1.3명 이상을 준초저출산 단계, 그리고 1.3명 미만을 초저출산 단계로 분류했다.

그리고 저출산 단계의 최저수준인 합계출산율 1.6명을 국가가 지속가능한 발전을 할 수 있는 최저 출산율, 즉 '지속가능 최저출산율'이라고 정의했다. 합계출산율 1.6명은 대체출산율 2.1명에는 미치지 못하여 인구감소를 막을 수는 없지만, 사회 구성원의 세대 교체를 보장하고, 경제 성장, 사회 안정, 국방력 유지 등에 필요한 필수적인 인력자원을 확보하는 데 필요한 최소한의 출산율이다.

1.6명이 마지노선

윤석열 대통령은 2024년 6월 19일 '인구 국가 비상사태'를 선언하고, 2030년까지 합계 출산율 1.0명 달성을 목표치로 제시했다.[1] 그러나 합계출산율 1.0명으로는 인구재앙을 극복할 수 없기 때문에 이는 잘못된 정책 목표이다.

합계출산율 1.0명은 한 세대마다 세대별 인구가 반으로 감소하는 '인구 반감 출산율'로, 세대가 거듭되면서 인구는 기하급수적으로 감소한다. 예를 들어 합계출산율 1.0명이 3세대 동안 유지되면, 부모 세대 100명의 인구는 증손자 세대에서는 약 12명으로 줄어들게 된다. 이러한 급격한 인구감소는 지속 가능한 발전은 고사하고 경제 사회 기능 유지에 심각한 어려움을 초래하며, 다양한 인구재앙 쓰나미로 국민들은 고통을 겪게 될 것이다.

그리고 가임 여성(15-49세) 인구가 이미 인구절벽에 진입한 현실을 고려하면 문제는 더욱 심각하다. 2030년 가임 여성 인구는 2023년 대비 100만 명 이상 감소할 것으로 예상된다. 이러한 가임 여성 인구 감소는 시간이 지남에 따라 더욱 심화되어 2040년에는 2023년 대비 24.4% 감소할 것이다.[2]

가임 여성 인구절벽으로 인해, 정부의 정책 목표대로 2030년까지 합계출산율을 1.0명으로 끌어올린다 하더라도, 출생아 수는 2023년 23만명에서 2030년에는 33만명 증가하는데 그칠 것이다. 더욱 심각한 문제는 2030년 이후이다. 합계출산율 1.0명으로 유지된다고 가정하더라도 가임 여성 인구 감소가 가속화되면서 2040년 출생아 수는 23만 9천 명으로 2023년 수준으로 감소하고, 그 이후에는 20만 명 미만으로 줄어들 전망이다.

또 다른 문제는 합계출산율을 0.75명에서 1.0명으로 회복하더라도 그 변화가 미미하여 국민들, 특히 청년층이 그 변화를 체감하기 어렵다는 점이다. 출산율과 출산 및 육아에 대한 사회적 가치 인식은 서로 높은 상호작용 관계를 갖고 있다. 낮은 출산율은 출산과 육아에 대한 사회적 가치 인식 저하를 초래하고, 이는 다시 더 낮은 출산율로 이어지는 악순환이 반복된다는 것이다.

초저출산의 늪에서 벗어나기 위해서는 결혼, 출산, 육아가 인생의 자연스럽고 매우 가치 있는 과정이라는 국민적 인식의 회복이 중요하다. 하지만 현재와 같은 저출산 상황에서는 나홀로족 문화와 딩크족 문화의 확산을 막기 어렵다. 변화를 일으키거나 효과를 기대하기 위해서는 '임계치'를 넘어서야 한다. 물이 끓기 위해서는 온도가 임계치를 넘어야 하고, 약이 질병을 치료하기 위해서는 '최적 용량'을 섭취해야 한다. 너무 적으면

효과가 없고, 너무 많으면 부작용이 발생할 수 있다. 마찬가지로 정책효과를 기대하기 위해서는 적정 투자가 필요하다. 임계치에 미치지 못하면 투자를 하고도 투자 효과가 없어 예산 낭비만 하게 된다.

합계출산율이 0.75명까지 떨어진 상황에서 나홀로족 문화와 딩크족 문화가 새로운 문화로 자리 잡은 현실을 고려할 때, 합계출산율 1.6명 확보는 매우 어려운 과제임이 분명하다.

합계출산율 1.6명은 현시점에서 실현 가능성이 없어 보이지만, 국가가 지속가능한 발전을 위한 최저 수준의 출산율, 즉 '지속가능 최저 출산율'이라는 점에서 포기할 수 없는 정책 목표이다. 이는 인구재앙 쓰나미를 막기 위한 '임계치'라는 인식이 필요하다.

우리가 제2부에서 본 바와 같이, 빠른 시간 안에 초저출산 늪에서 빠져나오지 못하면, 우리는 지금까지 경험하지 못한 인구재앙 쓰나미로 고통을 받게 될 것이다. 국가 존립이 위협받을 수 있는 국가 비상 사태라면, 국가의 모든 역량을 총동원하여 '지속가능 최저출산율' 1.6명을 확보해야 한다. 실현 가능성이 없어 보이는 목표를 실현하기 위해서는 강한 국가적 의지와 '전략형 룬샷'이 필요하다.

전략형 룬샷

초저출산 늪은 너무 깊고 넓게 확산되어 있어 통상적인 정책 대응으로는 이미 빠져나오기 어렵다. 따라서 정책 소비자에게 충격을 줄 수 있는 '전략형 룬샷'이 필요하다. 물론 다양한 시스템 혁신과 동시에 출산과 육아에 대한 생각과 문화를 바꾸는 섬세한 정책들이 병행되어야 한다. 그렇지만 이러한 정책만으로 '지속가능 최저출산율 1.6명' 확보를 기대하기 어렵다.

'지속가능 최저출산율' 1.6명 확보는 지금이 마지막 기회다. 가임여성 인구절벽이 매년 가파르게 진행되는 현실에서 실현 가능성을 내세워 정책 목표를 낮게 설정하여 단계적으로 접근하면, 초저출산의 늪은 더 깊고 넓게 확산될 것이다. 이는 단계적 전략이 성공할 수 없는 이유이다. 깊은 늪에 빠져들고 있을 때는 밧줄 등 특별한 도구를 이용하여 빠르게 탈출해야지, 한 발짝씩 단계적으로 빠져나오려 하면 더 깊이 빠져들게 된다.

초저출산의 늪에서 벗어나기 위해서는 전략형 룬샷이 필요하다. 룬샷이란, 얼핏 보기에 미친 아이디어처럼 보이지만 성공하면 세상을 바꿀 수 있는 혁신적인 프로젝트를 의미한다. 전략형 룬샷은 기존의 제품이나 서비스를 새로운 방식으로 활용하거나, 새로운 전략을 통해 시장에서 경쟁우위를 확보하는 전략을 말한다. 룬샷은 기존의 사고방식과 제약을 깨고 새로운 변화를 촉진하는 역할을 한다.

따라서 '지속가능 최저출산율' 1.6명을 저출산 정책의 목표로 설정하고, 이를 실현할 수 있도록 출산과 육아는 개인의 책임이라는 관념에서 벗어나, '출산은 개인의 선택이지만 육아는 국가의 책임'이라는 강력한 국가실행 메시지가 필요하다.

제3부에서 살펴본 것처럼, 한국의 초저출산은 다양한 경제·사회·문화적 요인들과 함께 나홀로족, 딩크족 문화와 같은 '출생에 대한 부정적 인식 흐름'이 복합적으로 작용한 결과이다. 초저출산에서 벗어나기 위해서는 출산과 육아에 대한 철학과 패러다임을 근본적으로 바꿔야 한다. 모든 패러다임 전환이 그렇듯, 출산과 육아 패러다임 전환 역시 기존 시스템과 문화를 함께 변화시켜야 성공할 수 있다. 지속 가능한 변화를 위해서는 새로운 패러다임에 맞는 시스템과 문화를 구축하고, 국민들의 가치관과 행동 양식을 변화시키기 위한 노력이 필요하다.

가장 근본적인 대책은 물론 경제사회 시스템 혁신을 통해 결혼, 출산, 육아에 유리한 환경을 조성하는 것이다. 하지만 이러한 정책만으로 문제를 해결하기 어렵다. 현재는 고양육비에 대한 두려움과 '나홀로족 문화' 확산이 상호작용하며 세계적으로 유례없는 '초저출산 늪'에 깊이 빠져 있는 상황이다. 경제사회시스템 혁신에는 시간이 걸리고, 특히 청년들이 그 효과를 체감하는 데까지는 더 많은 시간이 걸린다. 그러는 동안 사태는 점점 더욱 악화되어 정책 타이밍을 놓칠 수 있다. 특히 '나홀로족 문화'가 크게 확산되어 있기 때문에, 이 문화를 바꾸지 않고서는 저출산 문제해결을 위한 경제사회 시스템 혁신 효과도 크게 기대하기 어렵다.

문화를 바꾸기 위해서는 충격 요법이 필요하다. 문화는 사람들의 생각, 행동, 가치관을 포함하는 살아있는 유기체이기 때문에, 문화를 바꾸려면 기존의 사고방식을 깨뜨리는 강력한 자극이 필요하다. 따라서 일단 단기적 효과를 볼 수 있고, 육아는 아이의 부모와 국가 공동책임이라는 정부 정책의지를 국민들이 체감할 수 있는 '전략형 룬샷'이 필요하다.

국가 육아수당

가장 효과적인 전략형 룬샷은 자녀 1인당 매월 100만 원씩 만 7세까지 지급하는 '국가 육아 수당'이다. 이 전략형 룬샷은 결혼과 육아를 기피하는 '나홀로족 문화'와 '딩크족 문화'에 충격을 줄 수 있다.

이 정책의 기대 효과는 크게 세 가지로 나눌 수 있다. 첫째, 육아는 더 이상 개인의 책임이 아닌 국가가 함께 책임진다는 국가 공동책임 메시지가 모든 국민에게 명확하게 전달된다. 둘째, 자녀 1인당 매월 100만 원의 현금이 지급되므로 고양육비에 대한 두려움을 줄여 결혼과 출산을 망설이는 청년들에게 희망을 줄 수 있다. 셋째, 매월 현금이 직접 양육비로 지급되기 때문에 육아 지원 정책을 피부로 바로 느낄 수 있어, 육아 지원 정책 체감도가 향상된다.

국가 육아수당은 매달 현금으로 지급되므로 유동성이 매우 크다. 가정마다 육아 방식이 다르기 때문에 육아 과정에서 지출 항목이 다르고 항목별 지출 규모도 다르다. 현금은 유동성이 가장 큰 재화이므로, 정책 소비자들이 가장 효용가치가 높은 곳에 지출할 수 있어 정책 만족도도 가장 높을 수 있다. 정책 소비자의 정책 만족도가 높을수록 정책 효과도 높게 나타난다.

현재 중앙정부와 지방자치단체에서 다양한 명목으로 지급하는 소액 현금 지원금은 정책 소비자의 소비 선택권을 제한하여 정책효과가 낮을 수밖에 없다. 이러한 항목별 소액 지원금을 '국가 육아수당'으로 통합하여 현금으로 지급하면 정책효과를 크게 높일 수 있다.

소요예산 규모

만약 이 전략형 룬샷으로 '지속가능 최저출산율' 1.6명을 달성한다면, 매년 예산이 얼마나 필요할까? 합계출산율 1.6명이 유지된다면, 2026년부터 매년 신생아 50만명이 태어나고, 육아수당은 만 7세까지 지급되므로 7년후인 2033년에 국가 육아수당은 최고치에 이르게 된다. 이 시점부터 매년 350만 명에게 총 42조 원의 '국가 육아수당'이 지급된다. 그러나 불과 2년후인 2035년부터 가임 여성 인구감소로 '지속가능 최저출산율' 1.6명을 유지해도 신생아 수는 40만명대로 줄어든다. 이 경우 매년 '국가 육아수당'은 35조 원 전후로 줄어든다.

예산 확보가 가능한가? 제16장에서 보았듯이, 저출산 예산 국제비교 통계로 이용되는 OECD의 'GDP 대비 가족지출 비중' 통계에 따르면, 한국의 가족지출 비중은 1.6%로 프랑스(3.4%)나 독일(3.2%)의 절반 수준에도 미치지 못한다.[3] 이는 한국의 저출산 문제 해결을 위한 예산 투입이 매우 부족하다는 것을 의미한다.

2023년 정부 발표에 따르면, 저출생 예산 총액은 47조 원이며, 그중 직접적 저출생 예산은 23.5조 원이다.[4] 하지만 GDP 대비 가족지출 비중을 독일 수준인 3.2%로 높인다면, 2023년 GDP 기준으로 72조 원의 예산 확보가 가능하다. 이는 현재 추진 중인 저출산 정책을 축소하지 않고도 국가 육아수당으로 34조 원을 확보할 수 있다는 것을 의미한다.

효율성 예산

뿐만 아니라, 현재 보건복지부가 지원하는 아동수당, 부모급여, 자녀양육수당 등 다양한 명목의 현금성 육아지원 예산과 지방자치단체의 임신·출산 축하금 등 양육 관련 현금성 지원금을 모두 '국가 육아수당'으로 통합해야 한다.

현재 지자체별로 경쟁적으로 지급되는 출산·양육 지원금은 일시적인 효과만 있을 뿐, 지자체 간 제로섬 효과를 가져와 중장기적으로는 효과가 없는 것으로 나타났다.[5] 따라서 육아수당은 중앙정부에서 '국가 육아수당'으로 만 7세이하의 자녀를 둔 전국의 모든 부모에게 동일하게 지급하고, 지자체는 육아 환경 조성에 투자하는 것이 바람직하다.

저출산 정책은 크게 현금성 지원과 돌봄 지원과 같은 각종 양육 서비스 지원으로 나눌 수 있다. 지자체는 현금성 지원 대신 양육 서비스 지원에 집중하여 지역별 특성에 맞는 다양한 프로그램을 개발하고 운영함으로써 실질적인 육아 환경 개선에 기여해야 한다.

매월 지급방식의 이유

왜 국가 육아수당은 매월 지급하는 방식을 택해야 할까? 헝가리식으로 신혼부부에게 약 4000만 원을 대출해 주고, 첫째 아이를 낳으면 원금 절반, 셋째를 낳으면 전액 탕감하는 방식이 제시되기도 했다.[6] 국민권익위원회가 1억 원을 출생 양육 지원금으로 직접 지원하는 데 대한 대국민 설문조사를 시행한 바도 있다.[7]

이중근 부영그룹 회장이 2024년 2월 시무식에서 2021년 이후 태어난 자녀를 둔 직원들에게 자녀 1명당 현금 1억 원씩 지급하는 출산 장려책을 발표하면서 큰 사회적 반향을 불러일으키기도 했다.[8] 모두 일시불로 지급하는 방식이다.

하지만 국가 육아수당은 반드시 매월 지급 방식을 택해야 한다. 가장 중요한 이유는 국가가 양육과 미래 세대 육성에 대한 책임을 공유한다는 철학을 실현하기에는 매월 양육비를 지급하는 것이 가장 바람직하기 때문이다.

일시불로 지급되면 주택 매입이나 주식 투자 등 자녀 양육 외 다른 용도로 사용될 가능성이 높고, 이는 자녀 양육에 어려움을 겪는 가정을 여전히 양산할 수 있다. 아이가 초등학교에 입학할 때까지 매월 장기간 지급하면, 육아에 따른 경제적 안정감을 제공하여 지속적인 출산 의지 증가를 기대할 수 있다.

특히 비정규직 등 고용 불안정 계층 비중이 높은데, 그들에게는 매월 양육비의 안정적 확보가 매우 절실하다. 저소득층의 경우 부모 소득의 절반에 달하는 국가 육아수당을 매월 안정적으로 지급받으면, 육아에 대한 경제적 부담을 크게 줄이고, 미래에 대한 안정감을 확보할 수 있어 출산 의지가 증가할 수 있다.

또한 국가 예산은 매년 편성하여 집행되므로, 7년에 걸쳐 매월 나누어 지급될 금액을 일시불로 지급하면 재정 운용에 문제가 발생할 수도 있다. 국가 재정 운용의 안정성을 위해서도 매월 지급 방식이 바람직하다.

국가 육아수당은 생산적 투자

국가 육아수당은 단순한 소모성 비용이 아니라 장기적으로 높은 수익률을 가져오는 투자이다. 국가는 어린이 한 명당 매월 100만 원씩 7년 동안 8,400만 원을 투자하지만, 이들은 10년 내지 20년 후 경제활동에 참여하면서 연평균 4,000만 원 (2023년 1인당 국민총소득 4,724만 원)씩 약 30년간 12억 원 정도의 소득을 올리며, 자기 임금의 몇 배에 달하는 부가가치를 창출한다.

국가 육아수당은 또한 장기간 꾸준한 소득 보장을 통해 지속적인 소비 증가를 유도하여 내수시장 활성화에도 기여한다. 더불어 모든 소득계층, 특히 저소득계층의 육아 부담 완화 및 양질의 육아 환경 조성에 도움을 줌으로써 양육 평등 사회 실현에도 기여할 수 있다.

출생·육아 패러다임 전환

담대한 '국가 육아수당'만으로는 초저출산 문제를 해결할 수 없다. 아이를 낳고 기르는 데 어려움이 없고, 가정이 행복의 원천이라는 국민적 인식이 확산될 수 있도록 경제사회 시스템과 문화가 재구조화 되어야 한다.

초저출산의 늪에서 벗어나기 위해서는 출생 및 육아 패러다임을 바꾸어야 한다. 이는 부분적인 출생 장려 정책으로는 문제를 해결할 수 없음을 의미한다. 패러다임을 바꾸어야 한다는 것은 철학과 관점, 시스템과 문화를 함께 바꾸어야 함을 의미한다.

개인의 선택과 사회적 책임의 조화

'개인의 선택과 사회적 책임'은 출생과 육아에 대한 핵심 철학이자 관점이 되어야 한다. 출산은 개인의 선택인 동시에 사회적 책임이라는 것이다. 출산에 대한 의사결정과 실행은 누구도 강요할 수 없고 강요되어서도 안 되는 개인 선택의 문제이다. 문제는 '사회적 책임'이다. 여기서 '사회적 책임'은 출생과 육아에 대한 개인의 책임과 사회 및 국가의 책임을 동시에 의미하는 양면성을 지닌다.

첫째, 출산은 개인의 사회에 대한 책임이다. 이는 기본적으로 사람은 사회적 동물이며, 혼자 힘으로 살 수 없다는 사실에 기초한다. 우리는 부모로부터 이 세상에 왔고, 의식하든 의식하지 못하든 수많은 사람의 '보이는 손'과 '보이지 않는 손'에 의해 현재의 삶을 살아가고 있다. 나의 탄생은 부모의 선택이었지만, 결과적으로 나는 선조들의 유전인자(DNA)를 갖고 태어났고, 수많은 조상의 선택으로 이 세상에 왔다. 생명과 탄생이 축복이라면, 조상과 부모에 대해 감사해야 한다.

우리는 태어나는 순간부터 수많은 사람들과 상호 작용하며 살아간다. 출생을 도와준 의료진부터 내가 먹고, 입고, 생활하는 곳을 돌아보면 나 혼자의 힘으로 한 것은 삶의 극히 일부라는 것을 금방 알 수 있다.

물론 우리가 공급받는 모든 재화와 서비스는 대가를 지불하고 얻은 것이지만, 이러한 재화와 서비스를 생산 공급하는 사람이 없다면 우리는 원시인과 다름없는 삶을 살 수밖에 없다. 우리가 매일같이 이용하는 도로, 상수도, 무상교육 등 사회간접자본 시설 역시 수많은 사람들의 세금으로 건설된 것이다.

우리가 사회로부터 재화와 서비스를 공급받지 못하면 생명과 삶을 유지하기 어렵다. 이것이 바로 우리가 사회의 일원으로서 사회적 책임 의식을 가져야 하는 이유이다. 나의 탄생과 삶의 토대인 부모와 사회에 대한 중요한 책무 중 하나는 출산을 통해 지속가능한 사회를 만드는 것이다. 이처럼 출산은 전적으로 개인 선택의 문제이면서 동시에 사회적 책임의 문제이다.

둘째, 출산은 개인의 선택이지만, 양육에 대해서는 국가와 사회가 '사회적 책임'을 다해야 한다. 우리는 국방, 교육을 비롯한 수많은 사회간접자본에 대한 투자를 국가의 가장 중요한 책무라고 여기지만, 육아에 대한 국가의 책무 의식은 약하다. 국가와 사회의 존립 기반은 사람이다. 사람이 없으면 국방과 사회간접자본의 유지는 물론 국가와 사회 자체의 존립도 불가능하다. 따라서 양육이 단순히 부모의 책임을 넘어 국가와 사회가 함께 책임져야 하는 '사회적 책임'인 이유가 바로 여기에 있다.

국가는 개인이 출생과 양육에 불안과 고통을 느끼지 않도록 경제 사회 시스템을 구축해야 한다. 경제사회 시스템이 변화하면, 출생과 육아 환경도 변화하게 된다. 한국 경제는 지난 70년의 짧은 시간에 농업경제에서 산업경제를 거쳐 제4차 산업혁명과 창조경제로 빠르게 이행해 왔다.[9] 이 과정에서 경제사회도 농경사회에서 산업사회를 거쳐 디지털 사회로 발전해 왔다.

패러다임 전환 실패의 교훈

농경사회에서 출생과 육아는 전적으로 개인의 선택과 책임으로 인식되었다. 개인 역시 출생과 육아를 자연의 순리로 받아들였다. 맬더스의 인구론이 작동하던 시기이다. '아이는 자기 먹을 것을 갖고 태어난다.' 이 한마디에 농경사회의 출생과 육아에 대한 철학과 기본적 가치관이 함축되어 있다.

농경사회에서는 어린아이도 논에서 벼 이삭을 줍고 밭에서 무를 뽑는 일을 했다. 아이들은 형제들 속에서 자연스럽게 자랐다. 나이 어린 누나가 더 어린 동생을 등에 업고 잠을 재우면서 돌보았다. 육아는 가족공동체 속에서 자연스럽게 이루어졌다.

한국은 이승만 대통령의 토지개혁, 교육개혁 및 수입대체산업 육성정책을 기반으로 박정희 대통령의 조국 근대화 및 적극적인 산업화 정책에 힘입어 1960년대에 들어오면서 농경사회에서 산업사회로 빠르게 전환되었다.

산업화 초기, 한국의 초고속 산업화의 출발점이 되었던 신발, 가발, 섬유 등 경공업 공장의 주역들은 어린 여성 근로자들이었다. 그들은 저임금 장시간 노동에 시달리면서도 근검절약하여 남동생 교육비를 지원하여 가정을 일으키는 것을 사명으로 여겼다. 이러한 헌신적인 노력은 우리나라가 경공업에서 중화학공업으로 이행하는 시기에 양질의 풍부한 노동력 공급을 가능하게 했던 사회적 메커니즘의 중요한 부분을 차지했다.

당시 여성 근로자는 결혼과 동시에 직장을 그만두고 출산, 육아, 가사노동에 전념하는 결혼 후 퇴직 관행이 일반적이었다. 이러한 여성 노동력의 결혼 후 퇴직 관행은 산업화 초기뿐만 아니라 1980년대 중반까지도 지속되었다. 출생과 육아는 전적으로 개인의 선택이자 개인의 책임으로 여겨졌으며, 국가와 사회는 육아에 대한 공동 책임 의식을 인식하지 못하고 있었다.

문제는 한국이 1980년대 중반, 후기 산업사회에 진입하면서 시작되었다. 민주화가 본격화되고 여성의 사회적 권리 의식이 크게 성장하기 시작했다. 도시화가 급진전되어 생활비가 높아지고, 여성의 권리 의식과 자아실현 욕구가 높아지면서 맞벌이 부부가 크게 늘어났다.

그러나 출산, 육아, 가사노동은 여전히 여성의 책임이라는 사회적 인식은 변하지 않았다. 이러한 환경 속에서 많은 결혼 여성들은 시장노동과 가사노동의 이중고에 시달리게 되었다.

출생은 개인의 선택이지만, 육아는 부부 공동 분담은 물론 국가 사회의 공동책임이라는 인식에 기반한 출생과 육아에 대한 패러다임의 대전환이 필요한 시점이었다. 이는 출생과 육아에 대한 사회적 책임을 위한 새로운 시스템과 문화를 구축해야 함을 의미한다. 출생과 육아에 대한 사회적 모순이 이처럼 심각한 수준에 도달했음에도 불구하고, 출생과 육아에 대한 패러다임은 여전히 개인의 책임으로 돌리는 산업사회의 패러다임에서 벗어나지 못하고 있었다.

이런 모순은 결국 결혼과 출산을 기피하는 새로운 사회적 흐름을 만들었다. 경제사회가 발전하고 여성들의 자기실현 욕구가 높아질수록 결혼을 늦추거나 아예 포기하는 여성들이 증가하기 시작했다. 결혼한 여성들도 시장노동과 가사노동의 이중고에 대한 부담으로 임신을 미루거나 아예 아이를 낳지 않는 여성이 늘어났다. 그 결과 자연스럽게 출산율이 떨어졌다.

이처럼 경제사회 환경변화에도 불구하고 새로운 환경에 부합하는 육아 패러다임 전환에 실패하면서 초저출산의 늪이 확대되었다. 임신과 출생은 개인의 선택이지만, 육아는 가족과 국가의 공동 책임이라는 새로운 인식과 육아 패러다임의 대전환이 필요한 이유이다.

일-가정 양립사회 실현

일-가정 양립 사회를 만들어야 한다. 이는 일과 가정을 모두 중요한 가치로 인식하고, 개인의 삶의 질 향상과 사회발전에 기여하는 삶을 동시에 추구하는 사회이다.

남성과 마찬가지로 여성 또한 일을 통해 자기 가치를 실현하고 행복을 추구한다. 결혼, 출산, 육아, 가정을 이유로 여성들이 노동시장에서 어떤 차별도 받지 않는 경제사회 시스템을 만들어야 한다.

이는 단순히 여성 권익 차원의 문제가 아니라, 국가 인적자원의 효율적 관리의 측면에서도 필요하다. 경력단절이 일어나면 직업능력의 축적 구조가 무너지기 때문에, 여성이 출산 육아를 이유로 경력단절이 일어나는 사회에서는 개인은 물론 국가적으로 인적자원의 손실이 크게 발생한다. 또한, 경력단절을 원하지 않는 여성들이 결혼과 출산을 포기하는 비중이 점차 증가하면서 초저출산의 늪은 더욱 깊어지고 있다.

일-가정 양립 사회는 초저출산 문제 해결과 여성 인적자원의 활용을 위해 반드시 필요하다. 이를 실현하기 위한 가장 기본적 전략은 가사노동과 시장노동에서 부부의 역할 분담 논리나 여성 차별적 요소들을 제거하는 것이다. 시장노동과 가사노동에서 성역할 평등은 아기를 가진 여성의 경제활동 참여와 남성의 육아 및 가사노동 참여를 당연시하는 사회문화에서 실현될 수 있다.

일-가정 양립 사회를 만들기 위해서는 첫째, 가사분담의 공평화, 둘째, 실효성 있는 출산휴가 및 육아휴직 제도, 셋째, 육아기 근로시간 단축제도, 넷째, 안정적이고 신뢰할 수 있는 돌봄 지원 제도를 잘 확립해야 한다. 이를 통해 결혼과 육아에 대한 여성의 심리적 부담이 적은 사회를 만들어야 한다.

통계청의 「2024년 사회조사 결과」에 따르면,[10] 지난 10년(2014-2024년) 동안 부부가 가사를 공평하게 분단해야 한다고 생각하는 사람의 비중은 47.5%에서 68.9%로 크게 증가했지만, 실제로 가사를 공평하게 분담한다고 응답한 아내는 16.0%에서 23.3%로 소폭 증가하는 데 그쳤다. 그러나 2024년 조사에서 20대 아내의 55.2%, 30대 아내의 36.8%는 가사를 공평하게 분담하고 있다고 응답했다.

이는 가사분담이 새로운 흐름으로 확산되고 있으며, 특히 젊은 세대일수록 가사를 공평하게 분담하는 비중이 높다는 것을 보여준다. 가사 공평분담이 가사노동의 새로운 패러다임으로 자리 잡으면, 여성의 가사노동과 시장노동의 이중고에 대한 심리적 부담은 점차 해소될 것이다.

육아휴직 실태

현재 육아휴직은 만 8세 또는 초등학교 2학년 이하 자녀가 있는 근로자가 유급으로 최대 1년 휴직하는 제도이다. 엄마와 아빠 각각 1년씩 사용할 수 있다. 지난 10년 (2013~2022년) 동안 출생아 수는 2013년 43만 6천 명에서 2022년 24만 9천 명으로 40%이상 감소했지만,[11] 육아휴직자수는 오히려 11만 1천 명에서 20만 명으로 1.8배 증가했다. 특히 남성 육아휴직자는 같은 기간에 4천 5백 명에서 5만 4천 명으로 11.5배나 증가했다.[12] 육아휴직이 지난 10년 사이에 큰 폭으로 증가했다는 사실은 육아휴직 제도가 점차 일반화되고 있음을 보여준다.

그러나 육아휴직이 여전히 성별, 기업규모별로 심각한 편중 현상을 보이고 있다는 문제가 있다. 통계청에 따르면, 2022년 전체 육아휴직자 약 20만 명 중 남성은 27.1%, 여성은 72.9%를 차지했다.[13] 남성 육아휴직자의 기업규모별 비중을 보면, 300인 이상 대기업이 70.1%, 50~299명 기업이 14.7%, 49명 미만 기업이 14.6%이다.[14]

전체 근로자의 83.3%가 300인 미만 중소기업에 종사하고 있지만, 남성 육아휴직자 가운데 중소기업 종사자는 30%에도 미치지 못한다. 이는 중소기업 남성 근로자들이 육아휴직을 현실적으로 활용하지 못하고 있음을 의미한다.

결혼 및 출산 연령이 늦어지면서 육아휴직 대상이 중하위 관리자 지위에 있게 된다. 중소기업에서는 이 지위에 대체인력 확보가 어려워 육아휴직 활용이 쉽지 않다. 이 문제를 해결하기 위해 육아기 유연근무제를 적극적으로 활용할 필요가 있다. 단기 육아휴직제와 육아기 주 10시간 이내 근로시간 단축제를 도입할 필요가 있다. 육아기 방학 등에 부모가 각각 연 2회 2주 범위 내에서 아이를 돌 볼 수 있는 '단기 육아휴직제'를 만들어야 한다. 또한 아이가 병원에 긴급하게 가야 하는 경우 근무시간 단축을 할 수 있게 해야 한다.

육아휴직 기간 생활 안정을 위해 육아휴직 급여를 현실화할 필요가 있다. 정부 계획에 따르면, 2025년부터 휴직 첫 3개월은 250만 원 상한으로 통상임금 100%, 다음 3개월은 200만 원 상한으로 통상임금 100%, 나머지 6개월은 월 160만 원 상한으로 통상임금 80%를 지급한다. 1년 육아휴직 시 급여 상한액은 연 2,310만 원이 된다.[15]

국가는 또한 '근로시간 단축제' 및 '단기 육아휴직제'를 활용하는 근로자 및 해당기업에 대해서도 임금 손실 부분을 지원해야 할 것이다. 그리고 기업들은 육아휴직 제도 활용자에 대해 인사고과 및 승진에 차별적 불이익이 없도록 해야 한다. 기업들도 초저출산 문제를 해결하지 못하면 치명적 타격을 입을 수 있다는 인식을 갖고 일-가정 양립 사회 확립에 능동적이고 적극적으로 협력해야 한다.

동행 돌봄

육아 기간 동안 아이를 안심하고 맡길 수 있는 돌봄 지원 제도를 확립하는 것이 중요하다. 특히 '영유아 동행 돌봄 지원 제도'는 출근길에 아이를 맡기고 퇴근길에 아이를 찾을 수 있는 어린이집 운영제도로, '베이비시터'를 따로 두지 않아도 되도록 설계하는 것이 중요하다. 이 제도는 육아기 자녀를 둔 모든 가정이 활용할 수 있도록 직장 어린이집과 지역 어린이집으로 촘촘하게 구축해야 한다.

직장 어린이집은 설치 및 운영 주체에 따라 공공 어린이집, 대기업 어린이집, 중소기업 어린이집으로 나눌 수 있다. 근로복지공단에 따르면, 직장 어린이집은 2017년 1053개에서 2023년 12월말 기준 1308개로 증가했다. 그중 국가, 지자체, 학교 등이 운영하는 공공 어린이집이 547개, 대기업 어린이집이 610개, 중소기업 어린이집이 151개이다. 근로복지공단은 단독으로 어린이집을 설치하기 어려운 중소기업들이 공동으로 어린이집을 설치하면, 운영비와 보육교사 인건비를 일부 지원한다. 그러나 직장 어린이집이 여전히 크게 부족한 상황이다.[16]

대기업, 중견기업 등 규모가 큰 기업들은 기업 내에 직장 어린이집을 만들도록 해야 한다. 중소기업들은 여러 기업들이 공동으로 운영하는 공동 직장 어린이집을 설립하는 것이 효과적인 방안이다.

서울 성수동 소셜벤처밸리에 위치한 '모두의 숲 어린이집'이 좋은 본보기이다. 19개 기업 직원들이 함께 이용하는 이 어린이집은 오전 7시 30분부터 오후 9시까지 어린이를 돌봐 부모들의 편의를 높이고 있다.

만 5세 아들을 둔 김영준(42)씨는 "어린이집이 생기기 전에는 월 200만 원 정도를 주고 베이비시터를 따로 썼다"며 "경제적 부담을 덜었을 뿐 아니라, 직장과 가까워 아이를 등원시키고 바로 출근하기 편하고 아이가 아파도 바로 올 수 있어서 마음이 놓인다"고 말했다. 전업주부 서지원(38)씨는 "두 아이를 모두 남편 직장 어린이집인 '모두의 숲 어린이집'에 보냈다. 전에 살던 동네에서는 어린이집 자리를 구하기 어려워 이곳으로 이사를 왔는데, 직장 어린이집을 이용하게 된 뒤론 셋째를 가질 생각도 든다"고 밝혔다.[17]

'모두의 숲 어린이집' 사례는 많은 시사점을 준다. '동행 돌봄 어린이집'이 발달되어 있으면, 아이와 출퇴근 동행이 가능하고 근무시간에 온전히 아이를 맡길 수 있어 베이비시터를 두지 않아도 되어 경제적으로 도움이 된다. 또한 아이가 아파도 바로 올 수 있어 부모와 아이 모두 심리적 안정감을 가질 수 있다.

기초 자치단체는 일회성 출산장려금 지급보다 지역 중소기업들과 협력하여 '모두의 숲 어린이 집'과 같이 아이를 안심하고 편하게 맡길 수 있는 인프라를 구축하는 것이 출산율을 실질적으로 높일 수 있는 실효성 있는 정책이 될 수 있다.

직장 어린이집을 활용할 수 없는 가정을 위해 지방자치단체는 접근성을 고려하여 지역 최적의 위치에 '지역 어린이집'을 설치할 필요가 있다. 지방자치단체에서 공간과 시설을 제공하고, 교육청에서 보육교사를 지원하는 협력체제를 구축하여 운영 효율성을 높이는 것이 바람직하다.

지역 어린이집은 하루 프로그램을 아침 돌봄(아침 7시-9시), 교육과정(아침 9시-오후 2시), 방과 후 돌봄(오후 2시-7시), 저녁 돌봄(오후 7시-9시) 등 4단계로 나누어 수요자의 필요에 따라 선택할 수 있도록 운용할 필요가 있다. 특히 아침 돌봄과 방과 후 돌봄 프로그램은 학부모의 직장 출퇴근으로 인한 돌봄 공백을 해결하는 데 매우 중요하다.

돌봄 프로그램은 놀이, 또래 및 체험 활동, 휴식 등으로 구성하여 아이들의 전인적 발달을 도모해야 한다. 교육과정 외의 돌봄 프로그램을 위한 전담 인력과 보조 인력을 채용하여 돌봄 프로그램의 질을 높게 유지할 필요가 있다. 또한 공휴일을 제외하고 연중 무휴로 운영하여 돌봄에 대한 불안감을 해소하는 것이 중요하다.

위와 같은 돌봄 시스템 구축과 더불어 일·가정 양립 사회를 위해서는 육아 친화적인 문화와 공동 육아 패러다임을 구축할 필요가 있다. 공동 육아는 부부 및 가족 공동 육아, 육아친화적 기업문화, 정부의 육아지원 시스템 등 다차원적으로 이루어져야 한다. 기업과 사회가 양육의 사회 공동 책임 의식을 바르게 인식할 수 있도록 교육과 홍보를 강화해야 한다.

초등돌봄 서비스

일·가정 양립 사회를 만들기 위해서는 '영유아 동행 돌봄 제도'와 더불어 '초등 방과후 돌봄 시스템'을 사각지대 없이 촘촘하게 구축해야 한다. 영유아뿐만 아니라, 초등학생도 부모가 퇴근하는 시간까지 돌봄이 필요하기 때문이다.

어린 시절의 경험과 삶의 방식은 학습 태도, 인간관계 형성, 심리적 안정감, 가치관 형성에 크게 영향을 미칠 수 있다. 초등 학생이 적절한 돌봄을 받지 못하면 유해 환경에 노출되어 잘못된 길에 빠져들 수도 있다.

현재 초등돌봄 서비스 및 지원체계를 보면, 교육부의 '초등 돌봄교실', 보건복지부의 '다함께 돌봄센터', '학교 돌봄터', '지역아동센터', 여성가족부의 '청소년 방과 후 아카데미' 등 5대 사업으로 추진되고 있다.[18]

'초등 돌봄교실'은 학교에서 전용 또는 겸용 교실 등 별도의 공간에서 돌봄이 필요한 학생들을 대상으로 정규수업 외의 돌봄 활동을 하는 것을 말한다. 일부 학교에서는 아침 돌봄(06:30-09:00), 오후 돌봄(방과후-17:00), 저녁 돌봄(17:00-22:00)으로 세분화되어 운영되고 있다. '다함께 돌봄센터'는 지역 내 공공시설 공간(도서관, 주민센터 등)을 활용하여 지자체와 지역사회의 참여와 협력을 통해 지역 돌봄 수요에 대응한다.

정부는 2018년부터 이들 5대 사업을 '온종일 돌봄사업'으로 추진하여 지속적으로 확대해 왔다. 이용 아동 기준으로 보면, 초등 돌봄교실, 지역아동센터, 청소년 방과 후 센터, 청소년 방과 후 아카데미, 다함께 돌봄센터, 학교 돌봄터 순으로 이용율이 높다.[19]

모든 초등돌봄 수요를 충족할 수 있도록 초등돌봄교실과 방학 중 돌봄교실을 확대할 필요가 있다. 또한, 사교육 수요를 돌봄 교실로 흡수할 수 있도록 돌봄 교실의 다양화와 내실화를 적극적으로 추진해야 한다.

난임 지원

제15장에서 언급했듯이, 만혼이 사회문화로 자리 잡으면서 2023년 초혼 평균 연령은 남편 33.97세, 아내 31.45세로 높아졌다. 이에 따라 같은 해 산모의 평균 출산연령도 33.64세로 상승했다.[20] 35세 이상 고령 산모의 비중은 2013년 20.2%에서 2023년 36.3%로 지난 10년 사이 16.1%포인트나 증가했다.[21]

결혼 및 출산 연령이 크게 높아지면서 불임 및 난임 진단을 받는 사람들이 늘어나고 있다. 2022년 불임 및 난임 진단을 받은 사람이 37만 9000명에 달했으며, 같은 해 출생아 열 명 중 한 명(9.3%)은 난임 시술로 태어났다.[22]

난임시술에 대한 건강보험을 확대하고, 난임부부 치료 비용과 난임시술 비용에 대한 국가 지원을 늘릴 필요가 있다. 난임치료 병원과 난임 전문 인력을 양성하여, 난임치료의 종류와 방법을 다양화하고 난임부부 개개인에게 맞춤형 치료가 가능하도록 난임치료 인프라를 확충해야 한다. 난임부부들이 쉽게 포기하지 않고 용기를 가질 수 있도록, 난임치료에 대한 사회적 인식을 개선하고, 난임치료 접근성을 높여야 한다.

비혼출생

초저출산 문제 해결의 한 방법으로 비혼출생을 차별 없이 받아들이는 법제도적 정비가 필요한 시점이다. OECD의 정의에 따르면, 혼외출산(비혼출생)은 출생 당시 법적 혼인상태가 '기혼'이 아닌 여성에 의한 출생을 의미한다. 여기에는 미혼, 비혼 동거, 이혼 또는 사별한 여성, 그리고 '사실혼' 또는 '사실상의 혼인' 관계에 있지만 출산 당시 법적 혼인 상태가 '기혼'이 아닌 여성 등에 의한 출생이 포함된다.

한국, 일본, 호주 등은 출생 당시 부모가 서로 법적으로 결혼 등록되어 있지 않은 경우를 비혼 출생으로 간주한다. 비혼출생 비율은 출생 당시 법적 혼인 상태가 '기혼'이 아닌 여성에 의한 출생 수를 해당 연도의 전체 출생 수로 나눈 값이다.[23]

OECD 국가의 2020년 기준 평균 비혼출생 비율은 42%에 달한다. 칠레, 멕시코 등은 70%를 넘고, 프랑스는 62%, 덴마크, 스웨덴 등 북유럽 국가들은 50%를 상회한다. 영국은 49%, 미국은 41%, 캐나다는 33%에 이른다. 이에 비해 한국은 4.7%(2023년 기준), 튀르키예와 일본은 2~3%로 OECD 국가 중 가장 낮은 수준이다.[24]

이러한 차이가 단순히 문화적 차이에서 비롯된 것일까? 서구 선진국에서도 적어도 1970년대까지는 비혼출생은 예외적이었다. OECD 30개국의 평균 비혼출생 비율은 1970년에는 7%에서 1995년 23%, 2020년 40%로 점차 크게 높아졌다.[25] 이는 경제사회 구조의 변화 속에서 비혼동거 및 비혼출생을 선호하는 청년들이 증가하고, 국가가 이를 법제도적으로 수용하면서 나타난 현상으로 해석할 수 있다.

통계청에 따르면, 2023년 한국의 법적 혼인상태별 출생 비중은 혼인 중 출생아가 95.3%, 혼인 외 출생아가 4.7%였다. 혼인 외 출생아 비중은 2013년 2.1%에서 지난 10년 사이에 두 배 이상 증가한 것이다. 그러나 출생률 저하로 인해 혼인 외 출생아 수는 2013년 9,300명에서 2023년 10,900명으로 약 1,600명 증가하는 데 그쳤다.[26]

한국 사회에는 혼전동거와 혼외자에 대한 부정적인 편견이 여전히 존재하지만, 청년세대(19-34세)의 결혼 및 가족 형태에 대한 인식은 빠르게 변화하고 있다. 통계청 자료에 따르면, 청년들의 결혼과 비혼동거에 대한 의식은 지난 10년(2012-2022년) 사이 전통적 관행과 반대 방향으로 큰 폭으로 변화했다.

같은 기간 동안 결혼에 대해 긍정적으로 생각하는 청년의 비중은 56.5%에서 36.4%로 20.1%포인트 감소했다. 반면, 비혼동거 즉 결혼하지 않고도 함께 살 수 있다고 생각하는 청년의 비중은 61.8%에서 80.9%로 19.1%포인트 증가했다. 또한 비혼출생, 즉 결혼을 하지 않고도 자녀를 가질 수 있다고 생각하는 청년의 비중도 같은 기간에 29.8%에서 39.6%로 증가했다.[27]

청년 세대가 결혼보다 비혼 동거를 선호하는 비율이 압도적으로 높은 이유가 무엇일까? 그리고 지난 10년 동안 이런 추세가 크게 강화된 이유는 무엇일까? 이는 2012년부터 한국경제가 저성장 단계에 진입하면서 고용 불안정층이 증가하고 양극화가 심화된 결과, 결혼에 어려움을 느끼는 청년들이 크게 증가했기 때문이다.

통계청 조사자료에 따르면, 결혼하지 않는 사람들이 결혼을 하지 않는 주된 이유로, 결혼 자금 부족(33.7%), 결혼 필요성을 못 느낌(17.3%), 출산·양육 부담(11.0%), 고용상태 불안정(10.2%), 결혼 상대 못 만남(9.7%) 등을 꼽았다.[28]

결혼과 출생에 대한 청년들의 의식 변화는 이미 새로운 문화로 자리잡을 정도의 수준이다. 비혼 동거와 비혼 출생을 전통적 관념과 편견으로 배척하고 법제도적으로 인정하지 않는다면, 비혼 동거는 증가하고 비혼 출생은 기피하면서 초저출산의 늪은 더욱 확대될 수 있다.

경제적 사회적 이유로 비혼 동거를 선택한 상황에서 비혼 출생에 대해 차별을 받게 되면 육아 비용 부담이 커져 자연스럽게 출생을 기피하게 된다. 따라서 한국 사회에서도 비혼 출생을 새로운 시대적 흐름으로 받아들이고, 모든 출생·육아 지원정책은 혼인 외 출생아도 혼인 중 출생아와 동일한 혜택을 받을 수 있도록 법과 제도를 정비할 필요가 있다.

23

삶의 가치와 행복의 조건

삶의 가치와 행복의 조건

사람은 누구나 삶의 가치와 행복을 추구한다. 그러나 그 조건은 개인에 따라 다를 뿐만 아니라, 시대와 환경에 따라 변화하기도 한다. 특히 다수의 사람들이 공유하는 가치와 행복의 조건 변화는 새로운 사회적 조류를 형성하며, 이는 추상적인 변화를 넘어 구체적인 제도의 변화까지 이끌어내는 강력한 힘을 지닌다.

결혼, 출산, 육아에 대한 가치관 변화는 현대 사회에서 두드러지는 사회적 조류의 한 예시이다. 과거에는 결혼과 출산이 당연한 삶의 과정으로 여겨졌지만, 오늘날에는 개인의 자유와 행복을 중시하는 가치관이 확산되면서 결혼과 출생을 선택의 문제로 인식하는 사람들이 늘어났다.

삶의 가치는 쉽게 정의하기 어렵지만, 우리가 삶에서 중요하게 생각하는 것들을 의미한다. 이는 우리가 어떤 삶을 살고 싶은지, 무엇을 추구하며 살아가는지를 나타내는 나침판과 같다. 건강, 사랑, 행복, 가족, 돈,

명예, 권력, 자유, 성공 등 다양한 가치들이 있지만, 그 중요도와 진정한 삶의 가치는 개인마다 다르다.

가치관은 이러한 삶의 가치를 바탕으로 형성된 신념체계나 원칙을 의미하며, 개인의 행동과 선택에 큰 영향을 미친다. 이는 개인이 어떤 상황에서 어떻게 행동해야 하는지, 무엇이 옳고 그른 지에 대한 판단 기준을 제공한다. 가치관은 개인의 성격, 경험, 교육, 문화적 배경 등에 의해 형성되며, 새로운 지식 및 정보의 축적과 사건을 경험하면서 변화되기도 한다.

행복은 개인이 삶에서 느끼는 만족감, 기쁨, 그리고 전반적인 웰빙 상태를 의미한다. 이는 주관적 감정으로, 각 개인이 중요하게 여기는 가치에 따라 다르게 느낄 수 있다. 행복은 모든 사람이 추구하는 인간 본성에 내재된 가치이며, 개인의 가치관과 높은 상관관계를 갖고 있다. 행복은 매우 주관적인 개념으로 객관적 기준으로 측정하거나 비교하기는 어렵지만, 사람은 저마다의 가치관에 따라 행복을 추구하는 것은 분명하다.

개인의 가치관과 삶의 방식이 조화롭게 어우러질 때, 우리는 진정한 행복을 경험한다. 예를 들어, 가족을 중요하게 여기는 사람은 가족과 함께 시간을 보낼 때 큰 행복을 느끼고, 봉사를 중요하게 생각하는 사람은 다른 사람을 도울 때 행복을 느낄 수 있다. 행복은 자신의 가치관과 욕망이 충족되어 만족과 즐거움을 느끼거나, 희망과 목표를 추구하는 과정에서 즐거움과 성취감을 느끼거나, 자연 속에서 평온, 여유, 아름다움을 즐기는 상태에서도 찾아온다.

모든 사람은 행복을 추구하고 그 기준과 방식은 자신의 가치관에 따라 다르지만, 지속가능한 행복 추구는 '올바른 가치관'에 기초해야 한다. 여기서 '올바른 가치관'은 개인의 행동과 판단을 인도하는 기준이자 사회 구성원으로서 바람직한 방향을 제시하는 나침반과 같지만, 시대와 사회에 따라 변화하며 다양한 해석이 가능하다. 그러나 '올바른 가치관'은 사회적 공감에 기반해야 하므로, 자신의 선택과 행동에 대한 책임, 타인에 대한 존중과 연민, 정직과 공정성, 용기와 겸손 등의 덕목을 갖추어야 한다.

행복 추구가 올바른 가치관에 기반하지 않고 일시적인 욕구와 욕망 충족에 함몰되면, 오히려 불행을 초래할 수 있다. 특히 물질적 행복에 대한 맹목적인 집착은 개인의 가치관을 왜곡시키고, 끝없는 욕구불만, 과시적 소비와 같은 함정에 빠지게 할 수 있다. 이러한 과정에서 과도한 기대, 비교 의식, 강박적인 감정에 사로잡혀 정신적인 고통을 겪을 수 있다. 물질적인 풍요 속에서도 충족되지 않는 욕망으로 인해 각종 범죄의 유혹에 빠지거나, '풍요 속 빈곤'을 경험할 수 있다.

물론 물질은 행복의 중요한 요건 중 하나이지만, 물질적 행복 추구는 올바른 가치관과 정신적 행복 추구와 균형을 이루어야 참되고 지속 가능한 행복을 누릴 수 있다. 법정 스님의 '무소유'는 비움으로써 더 많은 것을 채울 수 있다는 지혜를 보여준다.[1] 진정한 행복은 물질적 가치가 아닌 정신적 가치에 있다는 것을 강조한다.

행복의 조건: 따뜻한 인간관계

우리가 사는 동안 무엇이 우리를 건강하고 행복하게 만들까? 여러분은 최선의 미래를 위해 어디에 투자하고 싶은가? 2007년, 미국 밀레니얼 세대(1980년대~2000년대 출생)를 대상으로 실시된 '가장 중요한 삶의 목표'에 대한 설문조사에 따르면, 응답자의 76%가 '부자가 되는 것'을 가장 중요한 목표로 꼽았으며, 그중 50%는 '유명해지는 것'을 차 순위 목표로 꼽았다.[2] 이는 오늘날 청년들이 좋은 삶을 위해 부와 명예를 추구하는 경향이 짙으며, 이를 달성하기 위해 시간과 노력을 아끼지 않는다는 사실을 시사한다.

부와 명예가 삶의 질과 행복을 진정으로 보장해 줄까? 삶의 질과 행복을 진정으로 보장해 주는 요소는 무엇일까? 이것을 과학적으로 규명하고 검증하는 것은 현실적으로 매우 어려운 과제이다. 개인의 유년기부터 노년기에 이르기까지 전 생애에 걸친 추적 조사가 필요하며, 통계적으로 의미 있는 결과를 도출할 수 있을 만큼 충분한 표본 규모를 확보해야 하기 때문이다.

이러한 흥미롭고 어려운 연구가 하버드 대학교에서 1938년에 시작하여 2024년 현재까지 무려 86년간 진행되고 있다. 삶의 질과 행복의 조건에 대한 심층적 탐구를 목표로 하는 '하버드 성인 발달 연구'는 세계 최장기 연구 프로젝트로서, 조사 연구 내용이 방대하고 심층적이다. 이 연구는 1939년부터 1944년까지 하버드에서 공부한 268명의 남자 졸업생 그룹(그랜트 연구)과 보스턴 도심 빈민지역에서 자란 456명의 남성그룹(Glueck 연구) 등 총 724명의 인생을 평생 추적조사한 종단 연구이다.[3]

연구팀은 의료 정보에 기반한 설문지와 개인 인터뷰를 통해 2년마다 연구 대상자들의 정신적, 육체적 건강, 가정생활, 직업적 즐거움, 은퇴 경험 및 결혼 생활의 질 등 인간 삶의 질과 행복 조건에 대한 다양한 정보를 수집, 축적, 분석해 왔다. 심지어 주치의 기록은 물론 피검사, 뇌 검사 등 검진도 진행했다.

그들은 인생 초기의 심리사회적 변수와 생물학적 과정이 노년기의 건강과 웰빙에 미치는 영향, 유년기 및 성인 경험이 노년기의 삶의 질에 미치는 영향 등을 분석하여 건강한 노화, 삶의 질과 행복에 미치는 변수를 찾는데 주력해 왔다. 현재는 이 연구 원래 참가자들의 자녀 1,305명을 대상으로 '하버드 제2세대 연구'도 시작한 상태이다.[4]

이 연구 결과는 여러 권의 연구보고서 및 책으로 발표되었다. 특히 이 연구팀을 30년 넘게 이끌어 왔던 조지 배일런트(George Vaillant) 교수의 『경험의 승리』와 제4대 연구책임자 로버트 왈딩거(Robert Waldinger)의 『세상에서 가장 긴 행복 탐구 보고서』와 그의 TED 강연이 유명하다.[5] 그들은 이 종단연구를 통해 삶의 질과 행복의 조건에 대해 다음과 같은 매우 중요한 결론을 도출하고 있다.

첫째, '좋은 인간관계'가 사람을 건강하고 행복하게 만든다는 것이다. 여기서 '좋은 인간관계'는 '힘들 때 손을 잡아줄 수 있는 사람'이 있는 경우를 의미한다. 좋은 인간관계는 유익하고 고독은 해롭다는 것이다. 좋은 인간관계를 유지하고 있는 사람은 더 행복하고, 신체적으로도 건강하고, 더 오래 산다는 것이다. 고립되어 있고 고독을 느끼는 사람은 행복감을 덜 느끼고, 중년기에 건강이 더 빨리 악화되고, 뇌 기능이 일찍 저하되며, 외롭지 않은 사람들보다 수명이 짧다는 것이다.[6]

둘째, 친구의 수나 결혼과 같이 안정적이고 공인된 관계가 아니라 '관계의 질'이 중요하다는 것이다. 바람직하고 친밀한 관계는 노화를 지연시켜주고, 부부관계가 좋은 사람은 심지어 몸은 아픈 가운데서도 마음은 행복하다고 답했다. 결혼을 하거나 친구가 많아도 고독할 수 있고, 갈등 관계는 건강에 오히려 나쁠 수 있다. 불행한 관계를 맺고 있던 사람들은 신체적 고통이 심한 날에는 그 고통이 정신적 고통에 의해 더 심하게 나타난다는 것이다.

셋째, 좋은 인간관계는 육체적 건강은 물론 뇌도 보호해 준다는 것이다. 사랑과 애착이 강하고 서로 의지가 되어줄 수 있는 사람이 주변에 있다고 믿고 있는 80대는 그렇지 않은 사람에 비해 기억력이 더 선명하고 오래 간다는 것이다.

많은 사람들은 부, 명예, 높은 성취를 추구해야만 좋은 삶을 살 수 있으리라 믿고 있지만, 하버드의 생애연구가 보여준 교훈은 의지할 수 있는

가족, 친구, 공동체와 좋은 인간관계를 유지했던 사람들이 가장 행복한 삶을 살았다는 것이다.[7]

넷째, 경제적 성공도 단순히 지능지수에 의해 결정되는 것이 아니라 '따뜻한 인간관계'에서 비롯된다는 것이다. 높은 수준의 따뜻한 인간관계를 맺은 사람은 인생 최고 연봉을 받는 시기(보통 55세에서 60세 사이)에 연평균 141,000달러를 더 벌었지만, 지능지수(IQ)가 110~115 범위의 남성과 150 이상의 남성과의 최대 소득에는 큰 차이가 없었다.

특히 어린 시절 어머니와의 따뜻한 인관관계는 성인이 되어서도 큰 영향을 미친다. 어린 시절 어머니와 '따뜻한 인간관계'를 유지한 사람은 그렇지 않은 사람에 비해 직장에서도 효율성이 높았고, 연간 평균 87,000달러를 더 벌었다. 반면 어린 시절 어머니와의 관계가 좋지 않았던 남성은 늙어가면서 치매에 걸릴 확률이 훨씬 더 높았다.

또한, 어린 시절 아버지와 따뜻한 관계를 유지했던 남성은 그렇지 않은 남성보다 75세에 '삶의 만족도'가 더 높게 나타났다. 결론적으로 삶 전반에 걸친 '따뜻한 인간관계'가 삶의 만족도에 가장 큰 영향을 미친다는 것이다. 즉, 행복은 사랑이다.[8]

하버드 성인 발달 연구의 결론은 분명하다. 인생을 행복하게 살고, 삶의 질을 높이는데 가장 중요한 요인은 '따뜻한 인간관계'이다. 부모, 가족, 친구, 공동체와의 따뜻한 인간관계는 건강, 행복, 장수에 긍정적인 영향을 미친다. 특히 어린 시절 부모와의 따뜻한 인간관계는 삶의 질에 필수적인 '정신적 건강'과 '육체적 건강'에 큰 영향을 미친다.

정신적 건강은 긍정적 사고방식, 낙관적 태도, 스트레스 관리 능력에 의해 크게 영향을 받으며, 육체적 건강은 균형 잡힌 식단, 규칙적인 운동, 건강한 생활습관에 의해 크게 영향을 받는다. 이러한 생활습관들은 또한 부모와의 '따뜻한 인간관계'에서 잘 형성된다는 것을 쉽게 알 수 있다.

꿈과 희망, 삶의 의미와 목적을 갖고 이를 위해 노력하는 것은 삶의 질을 높이는 데 매우 중요한데, 이 또한 부모와의 '따뜻한 인간관계'에 크게 영향을 받는다. 물론 사회경제적 성공이나 사회적 지위도 삶의 질에 영향을 미치지만, '따뜻한 인간관계' 만큼 중요하지 않을 뿐만 아니라, 사회경제적 성공 또한 지능지수보다 '따뜻한 인간관계'에 의해 더 큰 영향을 받는다는 것이다.

삶의 의미: 가족

하버드 성인발달 연구는 80년이 넘는 생애 추적 조사를 통해, 행복의 가장 중요한 조건은 '따뜻한 인간관계'라는 결론을 내렸다. 따뜻한 인간관계의 기초는 부모와 자식과의 관계이다. 가족은 인간관계와 삶의 질에서 가장 중요한 의미를 갖는다.

미국 여론조사기관 퓨서치센터가 2021년 선진 17개국 17,000명의 성인을 대상으로 '삶의 의미'에 대한 의식조사 결과를 발표했다.[9] 조사 대상 17개 선진국 중 한국, 스페인, 대만을 제외한 14개 국가에서는 가족을 삶의 의미의 1순위에 두고 있다. 그들은 삶에서 부모, 형제자매, 자녀, 손주들과의 관계를 매우 중시한다. 그들은 가족 친척들과 함께 보낸 양질의 시간, 가족 및 친척들의 성취로부터 얻은 자부심, 그리고 자손들에게 더 나은 세상을 남겨주는 삶을 살고자 하는 열망 등에 높은 삶의 가치를 부여하고 있다.

삶에서 가족에 가장 높은 의미를 부여한 14개국 사람들이 삶에서 그 다음으로 중시하는 것은 무엇일까? 미국과 영국은 친구를, 독일, 프랑스, 캐나다, 이탈리아, 그리스, 스웨덴, 뉴질랜드, 호주, 싱가포르는 직업을, 일본, 벨기에, 네델란드는 물질적 풍요를 두번째로 중시하는 것으로 나타났다.

그런데 한국은 17개국 가운데 유일하게 삶의 의미에서 '물질적 풍요(Material well-being)'에 가장 높은 가치를 부여하였다. 한국에서 가족은 건강 다음으로 세번째로 의미를 부여하였다. 스페인에서는 건강, 대만에서는 사회에 각각 가장 높은 가치를 부여하였다.

이 조사만으로 한국이 다른 나라에 비해 '물질적 풍요'만을 중시한다고 단정적으로 말하는 데는 주의가 필요하다. 이 조사는 개방형 질문에 대한 답을 14개 범주로 분류하는 방식을 취했는데, 한국 사람들은 62%가 한 가지 답을 하였는데 비해, 서양 국가들은 복수의 답을 한 사람들이 더 많았다. 그래서 한국의 '물질적 풍요'에 대한 답이 상대적으로 과대평가되었을 가능성이 있다. 그렇지만 한국 사람들은 가족을 세번째로 의미를 부여하고 있다는 점에서 선진 14국에 비해 상대적으로 가족에 대한 의미를 낮게 부여하고 있는 것은 분명해 보인다.[10]

최근 한국의 10대들을 대상으로 실시한 조사에서도 연령이 높아질수록 그들의 '가족 의식'이 낮은 것으로 나왔다. 서울시교육청 교육연구정보원은 2023년 서울시 초5~고2 학생 1만2739명을 대상으로 한 '서울 학생 가치관 조사 연구' 결과를 발표했다.[11]

행복의 조건에 대한 설문에서 조사 대상자의 26.7%가 건강, 26.6%가 가족을 각각 1, 2위로 들었다. 그런데 학교급별로 보면, 초등학교는 가족(34.7%), 건강(25.8%)을, 중학교는 가족(26.3%), 건강(25.3%)를 각각 1, 2위로 들었는데, 고등학생은 건강(29.9%)을 1순위로 그 다음으로 가족(20.4%)과 돈(19.1%)이 비슷한 순위를 차지했다. 우리는 여기서 한국의 10대들의 행복 조건에 대한 의식이 고학년으로 올라갈수록 가족에서 돈으로 바뀌고 있음을 알 수 있다.

자녀: 인생의 기쁨인가, 경제적 부담인가?

한국이 다른 선진국에 비해 상대적으로 가족에 낮은 가치를 부여하고 있다는 또 다른 연구 결과가 있다. 서울대 아시아연구소와 한국리서치가 '아시아인의 가족과 행복'을 주제로 서울, 도쿄, 베이징, 타이베이 등 아시아 12개 도시와 뉴욕, 파리, 런던 등 서구 3개 도시를 포함한 15개국 대도시에 거주하는 시민 1만 500명(도시별 700명)을 대상으로 2022년 말 설문조사를 하였다.[12]

한국인만 부담으로 인식

조사 결과, 서울 시민들은 자녀를 '경제적 부담'으로 인식하는 비율이 81.0%로 '인생의 기쁨'으로 인식하는 비율인 68.1%보다 12.9%포인트 더 높은 것으로 나타났다. 특히 20대에서는 기쁨(54.6%)보다 부담(83.2%)으로 인식하는 비율이 28.6%포인트 더 높았다. 도쿄에서도 기쁨(60.1%)보다 부담(65%)으로 인식하는 비율이 4.9%포인트 더 높았지만, 서울보다는 크게 낮았다. 이는 다른 주요 도시 시민들과는 대조적인 결과로, 자녀를 '경제적 부담'으로 인식하는 비율이 높은 도시는 서울과 도쿄뿐이었다.

파리 시민들은 85%가 자녀를 '인생의 가장 큰 기쁨'으로 생각하는 반면, 자녀를 경제적 부담으로 생각하는 사람의 비중은 46.4%에 불과하다. 뉴욕, 런던, 베이징 등 대부분의 도시에서도 자녀를 '부담'보다 '기쁨'으로 느끼는 사람의 비중이 압도적으로 높았다. '부담'보다 '기쁨'으로 느끼는 비율은 뉴욕에서 27%포인트, 런던에서 23.3%포인트, 싱가포르에서 21%포인트, 베이징에서 47.4%포인트, 자카르타에서 71%포인트 더 높았다. 서구 선진국은 물론 아시아권 국가에서도 모두 자녀를 '경제적 부담'이 아닌 '인생의 기쁨'으로 인식하고 있다.

자녀의 존재 의미

자녀는 어떤 존재인가? 자녀는 부모에게 무한한 기쁨과 행복을 선사하며, 삶을 더욱 풍요롭고 의미 있게 만들어주는 소중한 존재이다. 자녀는 부모의 사랑의 결실이며, 세상에 새로운 숨결을 불어넣는 존재이다. 자녀는 단순한 핏줄을 넘어, 부모에게 미래에 대한 희망과 기대를 안겨준다. 부모는 자녀를 통해 자신의 꿈과 염원을 이어가고, 더 나은 세상을 만들어갈 원동력을 얻는다. 자녀는 또한 가족 구성원 간의 유대감을 강화하고, 가족을 더욱 화목하게 만드는 구심점 역할을 한다. 부모는 자녀를 양육하는 과정에서 인내심, 책임감, 사랑 등 다양한 가치를 배우며 더욱 성숙한 사람이 되고, 자녀를 통해 삶의 새로운 의미를 발견한다.

자녀는 부모에게 조건 없는 순수한 사랑을 선물하며, 이는 부모에게 큰 기쁨과 행복을 가져다준다. 자녀가 성장하고 발전하는 모습을 보는 것은 부모에게 큰 성취감을 안겨주며, 삶의 만족도를 높여준다. 자녀는 부모에게 삶의 의미와 가치를 부여하며, 삶의 목표를 찾도록 도와준다. 또한, 자녀는 부모를 다른 세대와 연결해주며, 삶의 연속성을 느끼게 해준다.

특히 어린 자녀는 세상을 순수하고 긍정적인 시각으로 바라보며, 그들의 순수함과 천진난만함은 부모에게 큰 위안과 기쁨을 준다. 자녀의 웃음과 즐거움은 부모의 삶에 활력과 에너지를 불어넣어주며, 함께 놀면서 부모는 스트레스를 해소하고 동심을 되찾을 수 있다. 자녀의 성장과정에서 일어나는 다양한 사건들은 부모에게 감동과 기쁨을 선사하며, 손주들의 해맑은 웃음과 재롱은 조부모에게 무엇과도 비교할 수 없는 큰 행복을 가져다준다. 이처럼 자녀는 부모에게 다양한 방식으로 행복을 선물하며, 삶의 중요한 조건이 된다.

뒤틀린 자녀관의 원인

그렇다면 왜 한국에서는 자녀를 '인생의 기쁨'보다 '경제적 부담'으로 인식하는 사람들이 많고, 심지어 결혼과 출산을 포기하는 사람들이 많은가? 이는 제10장에서 언급된 '아이 키우기 힘든 사회'와 제14장에서 언급된 '단선적 초경쟁 사회와 비교문화'에 기인한다. 이런 사회에서는 자녀 양육이 부모에게 '과도한 스트레스'와 '높은 육아비용'을 초래하여, '가족 의식'을 낮추고 자녀를 경제적 부담으로 인식하게 만든다.

대치동 학원가의 '초등 의대반'은 이러한 현상을 상징적으로 보여준다.[13] '초등 의대반' 현상을 통해 한국인들의 물질적 풍요에 대한 욕구와 자녀를 경제적 부담으로 인식하는 병리적 현상을 이해할 수 있다. 이는 우리 사회가 안고 있는 여러 가지 병리적 현상을 함축적으로 보여준다.

한국은 1997년 외환위기로 국가부도에 직면하여 IMF 구제금융을 받았고, IMF의 요구에 따라 3년에 걸쳐 대규모 구조조정을 단행했다. 그 이후 국민들은 고용 불안의 공포에 시달리게 되면서 고용 안정성이 높은 직업에 대한 선호가 크게 높아졌다. 최근에는 소득이 높으면서 평생 직업을 유지할 수 있는 의사에 대한 선호도가 크게 높아졌다. 이런 사회인식 변화 속에서 '초등 의대반' 현상이 나타난 것이다. 이처럼 초등 교육에서부터 사교육에 의존하며 과도한 경쟁을 해야 하는 사회에서는 부모가 자녀를 '인생의 기쁨'보다 '경제적 부담'으로 인식할 수밖에 없다.

풍요 속 빈곤

대부분의 선진 국가에서는 가족을 삶의 의미에서 1순위에 두고 있고, 자녀를 '경제적 부담'이 아니라 '인생의 기쁨'으로 여기는 시민들의 비율이 압도적으로 높다.

반면, 한국인들은 '가족'보다 '물질적 풍요'에 더 높은 가치를 부여하고, 자녀를 '인생의 기쁨'으로 여기기보다 '경제적 부담'으로 인식한다. 이는 위에서 언급한 두 조사연구 보고서의 공통된 충격적 결론이다.

물질적 행복의 역설

행복의 조건으로 물질적 풍요를 추구하면, 불만은 더 쌓이고 행복은 더 멀어진다. 물질을 많이 소유할수록 행복을 얻을 수 있다는 것은 착각이고 '소유의 환상'이다. 행복은 '따뜻한 인간관계'와 사랑, 정신적 가치와 마음에서 나오는 것이다. 물질적 욕망은 무한하기 때문에 정신적 가치로 통제되지 않으면, 물질적 욕망을 추구할수록 불만은 더 쌓이고 행복은 더 멀어진다. 이것이 바로 '물질적 행복의 역설'이다. 물질은 풍요한데 마음은 빈곤해지면 '풍요 속 빈곤'의 늪에 빠져 스스로 불만과 불행에서 벗어나기 어렵게 된다.

위의 '아시아인의 가족과 행복' 조사 보고서에 의하면, 서울 시민들은 다른 조사대상국 도시 시민들에 비해 '삶에 대한 만족도'는 현저하게 낮은 것으로 나타났다. 자신의 삶에 대해 만족하는 시민의 비율은 베이징 84.9%, 뉴델리 80.3%, 뉴욕 73.7%인데, 서울은 42.3%에 불과하다.

현 경제상황에 대한 불만족 시민 비율은 서울이 54.4%로 15개국 조사 대상 도시 가운데 압도적 1위로 나타났다. 사회가 불공정하다고 답한 사람의 비중도 서울이 60.9%로 조사대상국 가운데 압도적 1위이다. 서울 시민의 21.9%는 '현재 가족 생활에 대하여 불만족' 하고, 38.3%는 '현재 직업에 불만족' 한다고 답하였는데, 이 모두 15개 도시 가운데 불만족율이 가장 높은 것이다.

한국은 세계 10대 경제대국이다. 그러나 한국인은 서구 선진국은 물론 한국보다 경제력이 낮은 아시아 국가들의 시민들에 비해서도 '가족보다 물질적 풍요에 더 높은 가치를 부여하지만, 삶에 대한 만족도는 가장 낮게 나타나고 있다. 이는 '풍요 속 빈곤', '물질적 행복의 역설'을 잘 보여주는 것이다. 물질적 풍요에 더 높은 가치를 부여할수록, 삶의 만족도는 낮아질 수밖에 없다.

인간이 추구하는 최고의 가치는 시대와 문화, 개인마다 다양하게 정의될 수 있지만, 일반적으로 행복, 사랑, 건강, 삶의 의미 등을 들 수 있다. 행복은 인간의 가장 기본적인 욕구이며, 삶의 목표라고 할 수 있다. 행복은 건강, 사랑, 성공, 만족감 등 다양한 요소의 영향을 받지만, 궁극적으로는 개인이 자신의 삶에서 의미와 가치를 발견할 때 비로소 느낄 수 있는 감정이다.

사랑은 인간관계의 근본이며, 우리 삶에 큰 영향을 미친다. 가족, 친구, 연인과의 사랑은 우리에게 위로, 지지, 기쁨을 가져다준다. 사랑은 우리를 더 나은 사람으로 성장시키고 세상과의 연대감을 느끼게 해준다. 인간은 본질적으로 행복과 사랑을 추구하며, 행복과 사랑의 원초적 관계는 가족과 자녀이다. 따라서 행복의 조건으로 가족과 자녀보다 '물질적 풍요'에 더 높은 가치를 부여하면, 행복을 추구할수록 행복에서 멀어지는 '물질적 행복의 역설'에 빠지게 된다.

한국에서 이런 현상이 일어나고 있는 것은 제14장에서 본 '단선적 초경쟁과 스트레스 사회'에 기인한다. 한국은 단층노동시장으로 인해 '단선적 초경쟁 사회'가 형성되었다. 단선적 초경쟁 사회에서는 자신의 개성과 특성보다 남과 비교하는 '비교문화'가 자리 잡기 쉽다. 비교문화가 지배하는 사회에서는 자녀, 성적, 재산, 지위 등 나의 삶의 모든 것을 남과 비교하게 된다. 엄친아(엄마 친구 아들)가 브랜드 옷을 입고 있는 것을 보는 순간, 엄마와 자녀가 모두 열등감과 상대적 박탈감을 느끼게 된다. 내가 삶을 즐길 수 있을 정도로 충분히 갖고 있어도, 남과 비교하여 부족하다고 느끼는 순간 나는 현실의 삶에 대해 만족하지 못하게 된다.

가족행복 문화

인생의 가장 중요한 가치는 행복 추구이며, 결혼과 육아가 행복을 추구하는 데 매우 중요하다는 사회적 인식을 확산시키기 위해 '가족행복 문화'를 확산시킬 필요가 있다. 가족행복 문화는 가족 구성원이 서로 사랑하고 존중하며, 함께 행복을 추구하는 문화를 의미한다.

가족행복 문화는 첫째, 가족 구성원 간의 사랑과 존중을 바탕으로 하고, 둘째, 가족 구성원 간의 소통과 협력을 중시하고, 셋째, 가족 구성원 간의 다양한 개인적 가치를 존중한다.

가족행복 문화는 가족 구성원의 다양한 개인적 가치를 존중한다는 점에서 한국의 전통적인 '가족 중심 문화'와 구분된다. 가족행복 문화를 실현하기 위해, 정부, 학교, 기업, 시민단체, 언론기관이 협력하여 가족행복 문화에 대한 교육과 홍보를 강화해야 한다.

24

다원적 경쟁과 포용적 사회

한국 사회가 초저출산의 늪에서 벗어나 지속가능한 발전을 이루기 위해서는 '다원적 경쟁사회'와 '포용적 사회'로의 전환이 반드시 필요하다. 제14장에서 논의된 바와 같이, 현재 한국 사회는 단선적 경쟁사회의 특징을 보이고 있으며, 이는 초저출산의 주요 원인 중 하나로 작용하고 있다.

단선적 경쟁사회는 개인의 다양한 재능과 개성이 존중받기 어려운 사회를 의미한다. 획일화된 기준으로 개인의 능력과 가치를 평가받기에 모두가 치열한 경쟁에 내몰릴 수밖에 없다. 이러한 구조는 개인에게 과도한 심리적 압박과 스트레스를 유발하며, 삶의 만족도를 떨어뜨리고 미래에 대한 불안감을 증폭시켜 결혼과 출산을 망설이게 만든다.

우리는 무엇을 위해 경쟁하는가? 궁극적 목표는 아마도 '행복한 삶'을 추구하는 것일 것이다. 그러나 단선적 경쟁사회에서는 행복한 삶을 보장받기 위한 경쟁의 과정에서 오히려 심각한 스트레스를 겪으며 불행을 경험하게 되는 경우가 많다. 더욱이 단선경쟁은 대다수가 실패할 수밖에 없는 구조이므로, 경쟁의 결과 또한 불행으로 이어질 위험성이 매우 높다는 데 문제의 심각성이 있다.

따라서 한국 사회는 이러한 단선적인 경쟁 구도에서 벗어나 다양한 가치와 기준이 존중받는 다원적 경쟁사회로 나아가야 한다. 이제는 개인의 잠재력을 최대한 발휘할 수 있는 건강한 경쟁을 통해, 모두가 행복을 추구할 수 있는 사회적 기반을 마련하는 것이 중요하다.

다원적 경쟁사회

다원적 경쟁사회는 창의성, 전문성 등 다양한 기준을 바탕으로 경쟁이 이루어지고, 개인의 다양한 잠재력이 발휘될 수 있는 사회를 의미한다. 사람은 저마다 서로 다른 개성과 취향, 잠재적 역량을 갖고 태어나며, 세상에는 서로 다른 직업능력을 요구하는 수많은 다양한 일자리가 존재한다.[1]

다양한 사람의 다양한 지식과 잠재적 역량이 결합하여 창의와 혁신이 일어나고, 이를 통해 지식 및 기술 발전이 이루어진다. 지식 및 기술의 발전과 축적에 따라 일자리 파괴(job destruction)와 일자리 창출(job creation)이 끊임없이 일어난다.[2]

사람은 기본적으로 획일화되거나 표준화될 수 없는 존재이다. 사람은 개성과 취향이 서로 다르기 때문에 행복한 삶과 삶의 가치에 대한 주관적 판단이 다르다. 또한, 잠재적 역량이 다르기 때문에 그것을 실현할 수 있는 능력과 방법도 사람마다 다르다. 그래서 사람은 본인이 즐길 수 있고, 잘할 수 있는 일을 할 수 있을 때 행복감을 느낄 수 있다.

경제사회의 지속가능한 발전은 변화와 혁신에 있으며, 변화와 혁신은 개인의 창의성과 다양성에서 나온다. 획일화된 객관식 시험점수나 학벌을 놓고 경쟁하는 것이 아니라, 개인의 창의성과 다양성을 놓고 경쟁하는

'다원적 경쟁사회'로 가야 하는 이유이다.

단선적 경쟁과 다원적 경쟁은 경쟁의 양식이나 방법에서도 차이가 있다. 단선경쟁은 획일화된 잣대를 기준으로 경쟁하기 때문에, 첫째, 기본적으로 개인의 개성과 취향, 잠재적 역량이 발현될 수 있는 기회가 원천적으로 차단된다. 둘째, 경쟁의 결과 우열이 분명하여, 승자와 패자가 선명하게 갈린다. 셋째, 본인이 원하지 않거나 잘 할 수 없는 일을 놓고 경쟁을 해야 하는 경우가 많아 스트레스가 많을 수밖에 없다.

이에 비해, 다원적 경쟁사회에서는 개인의 창의성과 다양성을 놓고 경쟁하기 때문에, 첫째, 개인의 개성 및 취향, 잠재적 역량을 발휘할 수 있는 다양한 기회가 주어진다. 둘째, 경쟁 방식이 상대를 이기는 우열 경쟁이 아니라, 다양성을 결합하여 창의와 혁신을 이끌어내야 하므로 파트너를 찾아 협력하여 함께 성장하는 길을 모색해야 한다. 셋째, 개인의 개성과 취향, 잠재적 역량에 맞는 일을 함으로써 즐기면서 일에 몰입할 수 있다. 이것이 '다원적 경쟁사회'로 가야 하는 또 다른 이유이다.

다원적 경쟁사회로 가는 길

다원적 경쟁사회로 갈 수 있는 길은 무엇인가? 이를 위해서 교육 패러다임 전환, 노동시장 개혁, 그리고 사회적 인식의 변화가 필요하다. 제25장과 제26장에서는 X형인재에서 Y형인재로의 인재육성 패러다임 대전환의 필요성과 그 방향에 대해 논의할 것이다. Y형인재 육성 패러다임은 기본적으로 다양성과 창의성을 바탕으로 하므로,[3] 다원적 경쟁을 할 수밖에 없다.

또한, 제27장에서는 학력 중심의 단층노동시장에서 능력 중심의 건강한 노동시장으로, 연공서열 임금체계에서 직무급/능력급 임금체계로의 전환 필요성과 그 방향을 제시할 것이다. 이러한 노동시장 개혁이 이루어지면, 일자리 세계의 경쟁 패러다임도 단선적 경쟁에서 다원적 경쟁으로 바뀌게 될 것이다.

다원적 경쟁사회로 이행하기 위해서는 또한 사회적 인식의 변화가 필요하다. 우리는 왜 경쟁하는가? 인생에 성공하기 위해서다. 그렇다면 인생을 성공적으로 사는 길은 무엇일까? 산업경제시대의 단선경쟁사회에서는 학벌, 사회적 지위, 부의 축적 등이 성공의 측도로 여겨졌다. 그러나 학벌, 사회적 지위, 부 등은 개인의 행복과 삶의 가치를 실현하기 위한 수단일 뿐, 그 자체가 행복을 보장해 주지는 않는다.

학벌과 사회적 지위가 높고 부를 축적했음에도 불구하고 심각한 가정불화를 겪거나, 부정부패로 처벌을 받고 사회적 지탄의 대상이 되는 인물도 많다. 본인이 원하는 사회적 지위나 부를 얻었지만, 그것을 실현하는 과정에서 과도한 경쟁과 스트레스로 몸과 마음에 깊은 상처를 입는 사람도 많다. 과연 그들의 인생은 성공한 것일까? 그리고 그들은 진정으로 행복할까?

인생을 성공적으로 살아가는 길은 학벌이나 사회적 지위가 아니라 개인의 행복과 삶의 가치를 바르게 실현하는 데 있다. 행복과 삶의 가치에 대한 기준은 개인의 가치관에 따라 다르므로 본질적으로 다양할 수밖에 없다.

따라서 인생의 성공 기준을 개인의 행복과 삶의 가치에 둔다면, 성공의 기준 역시 다양할 수밖에 없다. 그리고 이러한 다양한 기준이 존재하는 사회에서는 자연스럽게 다양한 목표를 향해 경쟁하게 된다. 이것이 바로 '다원적 경쟁사회'이다.

'다원적 경쟁사회'란 개인의 개성과 가치관, 다양성을 존중하며, 궁극적으로 개인의 행복과 삶의 질을 추구하는 사회를 말한다. 이때 행복과 삶의 질은 불가분의 관계에 있다. 행복은 '삶의 질'이라는 토양에서 피어나는 아름다운 꽃과 같다.

여기서 삶의 질이란 단순한 물질적 풍요를 넘어, 삶에서 느끼는 내적인 만족감과 행복, 그리고 삶의 의미와 가치를 포괄하는 개념이다. 결국, 삶의 질을 향상시키는 과정이 행복을 실현하는 과정이다.

삶의 질

삶의 질을 결정하는 요소들은 무엇일까? 정신적·신체적 건강, 원만한 사회적 관계, 끊임없는 자기개발과 지적 성장, 안정된 경제력, 그리고 쾌적한 환경 등 다양한 요소들이 조화롭게 어우러질 때, 진정으로 높은 삶의 질을 누릴 수 있다.

이 중 가장 중요한 첫 번째 요소는 정신적·신체적 건강이다. "건강을 잃으면 모든 것을 잃는다"는 말처럼, 건강 없이는 어떤 성취도 의미를 잃는다. 단선적 경쟁사회에서 과잉경쟁에 몰두하다 보면 과도한 스트레스와 불규칙한 생활로 인해 정신적·신체적 건강을 해칠 위험이 크다. 건강을 해치면서까지 얻고자 하는 것이 무엇인지, 진지하게 고민해 볼 필요가 있다.

두 번째로, 중요한 것은 가족, 친구, 동료와의 따뜻한 인간관계이다. 고독은 고통이다. 평생 고독하지 않는 삶을 살기 위해서는 평소에 '따뜻한 인간관계'를 형성하는 것이 매우 중요하다. 고독은 우울증, 불안, 스트레스 등의 정신적 건강 문제를 유발할 수 있으며, 심혈관 질환, 면역력 저하 등 신체적 건강에도 부정적 영향을 미치는 것으로 알려져 있다.

인간은 본질적으로 사회적 존재이므로, 타인과의 관계에서 정서적 안정과 행복을 찾는다. 그러나 단선경쟁 사회에서는 불필요한 비교와 경쟁, 시기와 질투로 인해 인간관계가 훼손되기도 한다. 가족, 친구, 동료와의 소중한 관계마저 무너뜨려 스스로 소외되는 삶의 길로 접어드는 경우가 많다. 이것이 얼마나 어리석고 불행한 삶인가?

세 번째로, 인생을 행복하고 성공적으로 살아가기 위해 중요한 요소는 자기개발과 지적성장이다. 인간은 본능적으로 명예, 권력, 부 등에 대한 욕구를 갖고 있으며, 이러한 욕구가 충족될 때 행복감을 느끼기도 한다.

문제는 이러한 욕구를 실현하기 위해서는 능력과 노력이 필요하고, 그에 더해 기회가 주어져야 한다는 점이다. 능력과 노력이 뒷받침되지 않으면, 기회조차 잡기 어렵다. 이러한 역량과 의지를 키워가는 과정이 바로 자기개발이며, 이 과정에서 자연스럽게 지적성장이 이루어진다.

"세상은 아는 것만큼 보인다"는 말이 있듯이, 능력의 향상과 지적성장은 더 넓은 시야와 더 깊은 통찰을 가능하게 한다. 풍부한 지식과 경험은 우리가 세상을 바라보는 방식에 영향을 주며, 더 많은 것을 이해하고 받아들이는 기반이 된다.

그 결과, 다양한 삶의 경험을 통해 우리의 세계는 확장되고 삶은 더욱 풍요로워진다. 이는 단순한 성취를 넘어서 진정한 행복감을 느끼게 하는 원천이 되며, 성공적인 인생으로 나아가는 중요한 동력이 된다.

네 번째로, 행복한 삶을 유지하는 데 있어 '안정된 경제력'은 필수적이다. 삶의 질을 유지하려면 의식주가 안정적으로 해결되어야 하며, 이에 필요한 일정 수준의 경제력이 확보되어야 한다.

그렇다면, 어느 정도의 경제력이 필요할까? 여기에는 가족의 의식주를 위한 기본적인 생활비뿐만 아니라, 교육, 여가, 취미, 여행 등 자기계발 및 문화생활 비용, 그리고 노후생활 대비를 위한 저축 등이 포함될 것이다. 이처럼 경제력에 대한 인간 욕구는 무한하며, 안정된 삶을 위한 경제력의 기준은 사람마다 다를 수밖에 없다.

문제는 이러한 경제력을 축적하는 과정에서 앞서 논의한 정신적 신체적 건강, 사회적 관계, 자기계발과 지적 성장 등의 삶의 질의 요소들과 균형을 이루는 것이 중요하다는 점이다. 경제적 풍요가 삶의 질을 높이는 데 기여할 수 있지만, 그것이 다른 중요한 가치들을 해쳐서는 안 된다.

다섯 번째로, 환경 역시 삶의 질에 깊은 영향을 미친다. 깨끗하고 쾌적한 환경에서 생활하고, 아름다운 자연 속에서 시간을 보낼 수 있다면 정신적, 신체적 건강은 한층 증진될 것이다. 특히 자연환경은 정서적 안정과 휴식, 심리적 치유의 기반이 되며, 삶의 만족도와 행복감 역시 크게 향상될 수 있다.

다원적 경쟁사회와 삶의 질

지금까지 살펴본 '행복의 조건'과 '삶의 질'은 단선경쟁 사회가 아닌 다원적 경쟁사회에서 보다 잘 실현될 수 있다. 사회적 평판을 좇고 남의 눈치를 보며, 남을 의식하고 비교하는 단선경쟁 사회에서는 이러한 삶을 살기 어렵다. 반면, 다양성과 개인의 개성이 존중되는 다원적 경쟁사회에서는 대부분의 사람들이 자신이 즐기고 잘 할 수 있는 삶을 추구하게 된다. 그 결과, 더 많은 사람들이 진정한 행복을 누릴 수 있다.

다원적 경쟁사회가 되기 위해서는 경쟁에 대한 사회적 인식의 변화가 필요하다. 이를 위해 교육과 캠페인이 중요하다. 학교 교육과정에 다원적 경쟁의 중요성을 포함시키고, 대중 매체를 통해 다양한 성공 사례를 홍보하는 캠페인을 전개하여 경쟁, 성공, 행복에 대한 사람들의 인식을 변화시킬 필요가 있다.

정부와 기업은 다양한 경쟁을 촉진하기 위한 정책적 지원을 해야 한다. 현재 하고 있는 창업 지원, 문화예술 지원, 사회적기업 지원 등을 더욱 확대하여, 경쟁과 성공의 다양한 사례를 만들어 나가야 한다. 지역사회에서도 다양한 커뮤니티 프로그램을 통해 다양한 사람들의 다양한 재능을 공유하고 상호작용하는 기회를 확대하여, 다양성을 존중하는 사회적 자본을 축적해 나가야 한다.

포용적 사회

다양성과 창의성이 존중되는 다원적 경쟁사회로 가기 위해서는 '포용적 사회'가 되어야 한다. 포용적 사회란 모든 사람들이 서로 다른 신념, 인종, 성별, 출신, 사회적 지위, 경제력 등의 다양한 차이를 존중하고 포용하는 사회를 말한다. 이는 개인적 특성의 차이에 관계없이, 동등한 기회를 누리고 차별받지 않는 사회를 의미한다.

왜 포용적 사회로 가야 하는가? 사회통합과 성장 잠재력을 확대하여 삶의 질을 높이고 미래 사회 변화에 능동적으로 대응하기 위해서는 포용적 사회로 가야 한다. 다양한 배경과 생각을 가진 사람들이 서로 존중하고 협력해야 사회통합이 가능하고 사회갈등을 줄일 수 있다.

다양성이 존중되어야 모든 구성원들의 역량이 최대한 발휘되어 국가 경쟁력을 높이고, 지속 가능한 성장을 이룰 수 있다. 모든 사람들이 차별받지 않고 기본적 욕구를 충족하며 행복한 삶을 추구할 수 있어야 사회적 불안을 최소화할 수 있다. 다양성과 포용성은 '신뢰'라는 사회적 자본을 튼튼하게 하여 급변하는 미래 사회에 능동적이고 성공적으로 대응할 수 있다.

그러나 최근 한국에서는 팬덤정치가 유행하면서 자신과 생각이 다른 사람을 적대시하는 문화가 확산되면서 사회적 분열이 심화되고 있다. 국가체제의 안정을 위협하거나 범죄를 조장하는 행위는 모두의 안녕을 위해 엄격하게 처벌되어야 한다. 그러나 정치적 성향이 서로 다르다고 하여 상대를 극우, 극좌로 규정하고 서로를 적대시하는 분열의 문화가 확산되면, 포용적 사회가 자리잡기 어렵고, 반대로 배타적 사회가 될 위험성이 높아진다. 특히 초저출산과 인구절벽으로 외국인 이주자가 크게 증가하고 있는 현실에서 배타적 문화가 확산되면, 사회적 갈등과 사회 불안이 증폭될 위험성이 있다.

세대 간 소통

포용적 사회 문화는 세대간 가치관 격차와 갈등을 해소하기 위해서도 매우 중요하다. 제4차 산업혁명으로 인해 아날로그 사회에서 디지털 사회로 이행하면서 사회발전에 단층화가 진행되어 MZ 세대와 기성세대 사이에 가치관 차이가 매우 크다.

MZ 세대는 디지털 원주민으로, 스마트폰, 소셜 미디어, 인공지능 등 최신 기술에 익숙하여 정보를 빠르게 습득하고, 소통하며, 문제를 해결한다. 반면, 아날로그 세대인 기성세대는 상대적으로 디지털 기술의 활용능력과 정보 접근성이 떨어진다. MZ 세대는 디지털 환경에서 개인주의, 자기표현, 유연성을 중시하는 문화 속에서 성장했지만, 기성세대는 아날로그 환경에서 공동체 의식, 안정성, 위계질서를 중시하는 가치관 속에서 성장했다.

세대별로 성장과정에서 경험한 경제적 환경이 매우 다르고, 이는 각 세대의 가치관에도 크게 영향을 미쳤다. 한국의 기성세대는 압축적인 고도성장기를 직접 경험한 세대로, 이들은 열심히 일하면 성공할 수 있다는 믿음 아래 비교적 안정적인 경제적 환경에서 자산을 형성하고 사회적 지위를 구축할 수 있었다. '내 집 마련'은 달성 가능한 목표였고, 미래에 대한 낙관적인 전망이 지배적이었다.

반면 MZ 세대는 부모세대보다 부유한 환경에서 태어났지만, 저성장 기조 속에서 취업절벽과 고용불안, 천정부지로 치솟는 주택 가격 등으로 미래에 대한 불안감, 그리고 학자금 대출이라는 무거운 빚을 안고 사회생활을 시작하는 경우가 많다.

그래서 이들은 '노력만으로 성공하기 어렵다'는 좌절감속에서 소위 영혼까지 끌어 모아 투자한다는 영끌 재태크나, 개인의 삶의 질을 중시하는 워라밸 등 새로운 가치를 추구하는 경향이 있다.

MZ 세대는 이처럼 개인주의와 워라벨 등을 중시하면서, 결혼, 출산, 육아에 대해서도 기성세대와 상당히 다른 가치관을 갖게 되었다. 아날로그 세대가 결혼, 출산, 육아를 인생의 필수적 과정으로 인식했다면, 디지털 세대는 결혼, 출산, 육아를 선택으로 인식하고 있다. 자기실현과 워라밸에 장애가 된다면, 오히려 결혼, 출산, 육아를 포기하겠다는 MZ 세대가 크게 증가하고 있다. 세대 간 소통이 어느 때보다 중요한 이유이다.

가족관 진화

우리는 '가족관 진화'의 관점에서 초저출산 문제의 본질을 진단하고 해법을 찾아야 한다. MZ세대는 기성세대와 상당히 다른 가족관을 가지고 있다. 결혼과 출산, 가족 구조, 가족 역할, 가족 가치 등 전반적인 가족관에서 뚜렷한 차이를 보인다.

먼저 결혼과 출산에 대해, 기성세대는 이를 인생의 필수적 과정으로 인식하지만, MZ세대는 개인의 선택으로 인식한다. 가족 구성에 있어서도, 기성세대는 결혼에 기초한 핵가족 또는 대가족 중심으로 부모와 자녀가 함께 사는 형태를 중시하지만, MZ세대는 비혼, 1인가구, 비혼 동거, 비혼 출생 등 다양한 가족 형태를 수용한다.

가족 역할에서도 차이가 있다. 전통적 가족관에서는 남성이 경제적 책임을 지고, 여성이 가사와 육아를 담당하는 역할 분담이 일반적이지만, MZ세대는 성별에 관계없이 경제적 책임, 가사, 육아의 평등한 분담을 추구한다. 가족 가치에 있어서도, 전통적인 가족관은 가족의 유대감, 자애와 효를 강조하지만, MZ세대는 개인의 행복과 자유를 중시하며, 가족 구성원 간의 평등한 관계를 추구한다.

통계청의 「2024년 사회조사결과」에 따르면, MZ 세대는 전통적 가족관에서 크게 벗어나고 있다. 20대의 39.7%, 30대의 43.9%만이 결혼을 해야 한다고 생각하며, 이는 부모 세대인 50대(52.3%)와 60세 이상 세대(72.3%)와 뚜렷한 차이를 보인다. 또한 20대의 51.3%, 30대의 58%만이 결혼을 하면 자녀를 가져야 한다고 동의했으며, 이는 부모 세대인 50대(73.6%)와 60세 이상(86.5%) 세대와 큰 차이를 보인다.[4]

이러한 통계는 현재 진행되고 있는 가족관의 변화가 결혼과 출산에 대해 매우 부정적인 방향으로, 그것도 빠른 속도로 변화하고 있음을 보여준다. 이는 단절과 소멸의 길로 가는 것이다.

우리는 더 늦기 전에 지속가능한 발전을 담보할 수 있는 방향으로 가족관이 진화할 수 있도록 세대 간 소통과 협력을 강화하고, 경제사회 시스템을 혁신해야 한다. 희망적인 점은 결혼에 대한 긍정적 비중은 크게 낮아졌지만, 20대의 50.4%, 30대의 48.4%%가 '결혼을 해도 좋고 하지 않아도 좋다'는 중립적 입장을 갖고 있다는 것이다.[5]

MZ 세대의 가족관에 주목하면 지속가능한 발전을 담보할 수 있는 가족관의 진화 방향을 찾을 수 있다. MZ 세대는 결혼을 전제로 한 전통적 가족관에서 벗어나, 비혼동거, 비혼 출생 등 다양한 형태의 가족에 대해 개방적이다. 20~30대의 80%이상이 남녀가 결혼을 하지 않더라도 함께 살 수 있다는 데 동의하였고, 20~30대의 41%이상이 결혼하지 않고도 자녀를 가질 수 있다는 데 동의했다.[6] 또한 개인의 행복과 자유를 중시하며, 가족 구성원 간의 평등한 관계를 추구한다. MZ세대의 이러한 가족관을 수용할 수 있도록 비혼동거, 비혼 출산 등에 대해서도 차별 없는 지원이 가능한 포용적 가족관이 필요하다.

행복 가족관

더 중요한 과제는 '포용적 가족관'을 넘어 '행복 가족관'으로 진화할 수 있도록, 새로운 가족문화를 창출하는 것이다. 행복 가족관이란 '가족이 부담이나 속박이 아니라, 행복의 원천이자 삶의 가치'라는 인식을 의미한다.

이러한 '행복 가족관'이 새로운 가족문화로 자리잡기 위해서는 가족 친화적인 경제사회 시스템을 정비하고, 육아비용의 경감과 가족을 위한 정책적 지원을 강화해야 한다. 이는 이미 제22장에서 논의되었다. 이와 더불어 교육, 캠페인, 대중매체를 통해 '행복 가족관'을 적극적 홍보함으로써 사회적 인식 변화를 이끌어내는 것도 중요하다.

전통적 가족관에서는 가족을 의무와 책임 중심의 공동체로 여겼다. 그러나 MZ세대는 이러한 의무와 책임을 부담이나 속박으로 받아들이는 경향이 있다. 반면, 행복 가족관은 가족을 개인의 행복과 성장을 위한 공동체로 바라본다.

가족이 개인의 행복과 성장의 원천이 되기 위해서는 각 구성원의 개성과 자유가 존중되어야 한다. 바로 이러한 존중과 자유의 기반 위에서 가족은 행복을 공유하고, 삶을 더욱 풍요롭게 만드는 중요한 토대가 될 수 있다.

25

Y형인재와 공교육 이니셔티브

제12장에서 사교육 열풍과 공교육 붕괴의 생성 메커니즘과 그 문제의 심각성에 대해 논의한 바 있다. 이는 초저출산 문제의 주요 원인 중 하나일 뿐만 아니라, 교육 실패, 스트레스 사회, 사회계층 세습화와 양극화 심화, 노인빈곤, 삶의 질 저하 등 복잡한 문제를 생성하고 있다는 점도 지적하였다.

이 문제를 어떻게 해결할 수 있을까? 해법은 공교육 정상화에 있다. 학교 교과목을 위한 사교육이 필요 없는 사회를 어떻게 만들 수 있을까? 사교육과 공교육이 대체관계에 있고, 사교육이 경쟁우위를 갖고 있는 현실에서, 어떻게 공교육을 정상화할 수 있을까?

사교육 열풍과 공교육 붕괴는 초중고교가 고유의 교육기능을 상실하고 대학입시를 위한 예비학교로 전락했기 때문이다. 이는 단층노동시장에 의한 학벌주의 사회에서 비롯된 것으로, 이 문제를 근원적으로 해결하기 위해서는 학벌주의에서 능력주의 사회로 이행할 수 있도록 단층노동시장을 건강한 노동시장으로 개혁해야 한다. 이 문제는 제27장에서 다룰 예정이다.

노동시장 개혁과 동시에 교육개혁도 필요하다. 교육개혁의 핵심은 Y현인재 육성 패러다임을 구축하고 대학진학 시스템과 문화를 혁신하는 것이다. 이에 앞서 교육의 목적과 가치에 대해 성찰해 볼 필요가 있다.

교육의 목적과 가치

교육의 필요성과 존재 가치는 무엇일까? 우리는 왜 교육을 받아야 하는가? 단순히 학력을 높이고 사회진출에 도움이 되기 때문일까?

오늘날 교육 시스템의 문제점을 논할 때, 우리는 종종 교육의 본질적인 의미와 가치에 대한 근본적인 질문을 간과한다. 이는 단순히 현상적인 문제해결에만 집중함으로써 오히려 시간을 낭비하는 결과를 낳을 수 있다.

현재 교육이 심각한 문제를 안고 있다면, 이러한 기본적이고 본질적인 질문에 대한 성찰이 선행되어야 한다. 교육의 근본 가치를 회복할 수 있도록 교육 시스템과 문화를 혁신해야만 지금 당면한 교육 문제의 해답을 찾을 수 있다.

교육의 목적은 인간이 도덕적이고 창의적인 인격체로 성장하여 자신의 잠재력을 최대한 발휘하고, 행복한 삶을 살아갈 수 있도록 돕는 데 있다. 이를 위해 교육은 첫째, 인격 도야를 통해 올바른 가치관을 형성하고, 둘째, 개인의 잠재력을 계발하여 다양한 가능성을 열어주며, 셋째, 행복한 삶을 위한 기반을 마련하는 데 도움이 되어야 한다.

첫째, 인간은 고유한 인격체로 존재하며, 교육은 이러한 인격을 도야하는 데 중점을 두어야 한다. 인간의 존엄성과 가치를 올바르게 인식하고, 도덕적 판단과 정신적 성장을 통해 책임감 있는 사회 구성원으로 성장하도록 돕는 것이 교육의 근본적인 목적이다.

도덕적 존재로서 타인과 공동체를 존중하고 배려하며, 정신적 존재로서 자기 성찰과 가치관 형성을 통해 진정한 행복과 가치 있는 삶을 추구할 수 있도록 교육해야 한다.

인격 도야는 가치관이 형성되는 유소년 및 청소년 시기에 특히 중요하다. 유치원, 초등학교, 중학교, 고등학교는 학생들이 올바른 인격을 형성할 수 있도록 체계적인 교육 환경을 조성해야 한다. 가정과 학교는 서로 협력하여 학생들이 건강한 가치관을 확립하고 도덕적인 판단 능력을 키울 수 있도록 지원해야 한다.

둘째, 교육은 단순히 지식을 전달하는 것을 넘어 개인의 잠재된 역량을 개발하고 성장시키는 데 중요한 역할을 한다. 모든 사람은 저마다 다른 재능과 흥미를 가지고 태어나며, 교육은 이러한 개별성을 존중하고 각자의 잠재력을 최대한 발휘할 수 있도록 지원해야 한다.

하나의 잣대로 우열을 가려 줄을 세우려 해서는 안 된다. 모든 사람이 같은 틀에 맞춰져야 한다고 생각하는 것은 잘못된 것이다. 개인의 강점을 발견하고 키워나가는 맞춤형 교육이 필요한 이유이다.

또한, 교육은 단순히 지식을 주입하는 것이 아니라, 학습자가 스스로 깨닫고 성장하는 과정이다. '말을 물가에 끌고 갈 수 있어도 물을 먹일 수는 없다'는 말처럼, 교육은 학습자의 내면적인 변화를 이끌어내는 데 초점을 맞춰야 한다. 즉, 학습자가 주도적으로 학습에 참여하고 자신의 능력을 개발할 수 있도록 지원하는 자기주도 학습이 중요하다.

셋째, 교육은 개인의 행복한 삶을 위한 기반을 다지는 데 중요한 역할을 한다. 교육은 개인의 능력과 지식을 향상시켜 자기 효능감을 높이고 자신감을 북돋아 준다. 또한, 다양한 분야의 지식과 경험을 제공하여 개인의 흥미와 적성을 발견하고, 이를 바탕으로 삶의 방향성을 설정할 수 있도록 도와주어야 한다.

더 나아가, 교육은 사회 구성원으로서 필요한 소통 능력과 협업 능력을 함양하여 건강한 사회관계를 형성하도록 지원한다. 뿐만 아니라, 문제해결 능력을 키워 삶의 어려움을 슬기롭게 헤쳐 나갈 수 있도록 돕는다.

이처럼 교육은 단순한 지식의 주입이나 습득을 넘어, 개인의 성장과 사회 참여를 촉진하고 문제해결 능력을 높혀 궁극적으로 행복한 삶을 위한 토대를 마련할 수 있어야 한다.

우리 교육 시스템은 대학수학능력 시험과 내신성적이라는 단일한 기준에 갇혀 교육 본연의 가치를 잃어버렸다. 학생, 학부모, 교사 모두 입시 경쟁에 매몰되어 인격 성장, 개인의 잠재력 개발, 그리고 행복한 삶을 위한 교육의 기회를 놓치고 있다. 획일화된 교육 환경에서는 다양한 개성과 재능을 꽃피우고, 스스로 생각하고 판단하는 능력을 함양하기 어렵다.

Y형인재의 시대

교육의 본질적 가치를 실현하고 공교육 정상화를 이루기 위해서는, X형인재에서 Y형인재로의 인재육성 패러다임을 전환하는 교육 혁명이 필요하다. 제4차 산업혁명과 창조경제 시대는 단순 지식 암기형 인재인 X형인재가 아닌, 인성, 창의성, 진취성, 전문성을 겸비한 창의적 혁신역량을 갖춘 'Y형인재'를 요구한다.

교육의 궁극적인 목적은 시대가 요구하는 인재를 양성하는 데 있다. 인재상은 사회적 조건과 시대적 흐름에 따라 달라질 수밖에 없다. 한국은 후발산업국가로 출발했지만, 세계 경제사에서 유례를 찾기 어려운 압축성장을 통해 현재는 선진국으로 진입한 국가이다. 이는 오늘날 한국이 요구하는 인재상이 후발산업국가 시기에 필요했던 인재와는 본질적으로 다르다는 점을 시사한다.

후발산업국가는 산업경제적 구조와 후발성이라는 두 가지 특징을 동시에 지닌다. 산업경제 대량생산체제는 기본적으로 직무의 세분화, 표준화를 기반으로 하며, 컨베이어 벨트에 의한 기술적 통제와 피라미드 조직에 의한 관료적 통제를 통해 생산성 경쟁을 하는 특성을 지니고 있다.

이러한 생산체제에서 후발산업국가인 한국이 채택한 핵심전략은 '빠른 추격자(fast follower) 전략' 이었다. 이는 선진국의 생산기술을 빠르게 습득하고, 상대적으로 낮은 임금을 기반으로 선진국 시장을 개척하는 방식이다.

이러한 경제환경은 자연스럽게 선진국의 표준화된 지식과 기술을 빠른 속도로 습득하여, 주어진 직무를 성실하게 수행할 수 있는 정형화된 'X(XeroX)형인재'를 필요로 하게 되었다. 이에 따라 교육시스템 역시 자연스럽게 모든 학생에게 표준화된 지식과 기술을 복사하듯이 주입하는 'X형인재 육성 패러다임'을 갖게 되었다.[1]

이러한 인재육성 시스템은 당시에 요구되던 인재를 적은 비용으로 대량으로 양성할 수 있었기 때문에 효과성과 효율성을 동시에 달성할 수 있었다. 한국은 이러한 인재육성 시스템을 통해 잘 훈련된 값싼 노동력을 확보했고, 이를 기반으로 압축성장을 실현할 수 있었다.

그런데 현재는 제4차 산업혁명으로 산업경제에서 창조경제로 경제발전단계가 새롭게 이행하는 시기에 들어와 있고, 한국은 이미 선진국으로서 첨단기술 경쟁을 해야 하므로 '선도자(first mover) 전략'을 써야 한다.

창조경제는 산업경제와 달리 대량생산체제를 기반으로 한 효율성으로 경쟁하는 것이 아니라, 창의와 혁신에 의한 빠른 기술변화로 경쟁하는 경제이다. 효율적인 생산체제를 갖추고 있어도, 변화를 선도하지 못하면한 순간에 무너진다.

그래서 현재 한국은 표준화된 지식과 기술을 성실하게 잘 활용하는 X형인재가 아니라, 혁신과 변화를 선도하여 새로운 가치를 창출할 수 있는 'Y(Yield)형 인재'를 요구한다. 인재상과 인재육성 시스템의 근본적 변화, 즉 인재육성 패러다임의 변화가 절실한 시점이다. 초등학교에서 대학교에 이르기까지 인성, 창의성, 진취성, 전문성을 겸비한 Y형인재를 양성할 수 있도록 교육 시스템과 교육 방법을 혁신해야 한다.

Y형인재와 공교육

제4차 산업혁명과 창조경제 시대에는 개인, 대학, 기업, 국가 모두 Y형인재로 경쟁해야 한다. Y형인재는 인성, 창의성, 진취성, 전문성을 고루 갖춘 인재를 의미하며, 미래 사회의 지속 가능성과 혁신 역량을 견인할 핵심 자원이다.

이러한 Y형인재를 육성하는 데에는 사교육보다 공교육이 더 효과적이다. 표준화된 지식 전달에 집중하는 X형인재 육성 방식에서는 암기 기법과 문제풀이 요령에 능숙한 사교육이 일정한 강점을 보일 수 있다. 그러나 Y형인재는 다양한 경험, 협력, 비판적 사고 등을 통해 성장하는 만큼, 이는 공교육의 포괄적이고 개방적인 교육 시스템에서 더 잘 이루어질 수 있다.

따라서 Y형인재 육성으로의 전환은 단순한 인재 육성 전략을 넘어 공교육 정상화를 위한 중대한 기회이자 그 실현의 길이다. 공교육은 Y형인재 육성의 중심축으로 자리매김함으로써 교육 본연의 가치를 회복하고, 급변하는 미래 사회에서 국가 경쟁력을 높이는 핵심적인 역할을 담당할 수 있다.

훌륭한 인성

Y형인재의 기본 덕목은 '훌륭한 인성'이다. 인성은 사람의 성품, 태도, 형동의 특성으로, 사람의 됨됨이를 의미한다. 인성은 자신과 타인에 대한 이해를 바탕으로 타인과의 관계를 형성하고 유지하는 능력이므로, 어느 시대에나 중요하다. 인성은 기본적으로 남을 이해하고 사랑하며, 남으로부터 사랑받는 능력, 즉 공감능력을 말한다.

'Y형인재론'에서는[2] 인성을 단순한 개인의 도덕적 성품을 넘어, 사회 구성원 간의 신뢰를 구축하고 협력을 이끌어내는 핵심 요소로 인식한다. 창조경제 시대에 인성이 특히 중요한 이유는 인성이 혁신과 창의성의 촉매 역할을 하기 때문이다. 인성이 올바르게 형성되어 있어야 공동선을 추구하는 방향으로 혁신과 창의성을 발휘할 수 있다.

창조경제 시대에는 지식재산권이 기업의 경쟁력을 좌우하는 핵심 요소로 자리 잡았다. 올바른 인성을 갖춘 인재는 지식재산권을 존중하고 윤리적인 방식으로 아이디어를 활용하여 기업의 지속적인 성장을 이끌어내는 데 중요한 역할을 한다.

또한, 새로운 아이디어를 내고 실현하기 위해서는 다양한 사람과의 협력이 필수적이다. 인성이 훌륭한 사람은 타인을 존중하고 배려하며, 함께 문제를 해결하고 목표를 달성하기 위한 긍정적인 분위기를 조성할 수 있다.

특히 글로벌 시대에는 다양한 문화권의 사람들과 소통하고 협력해야 한다. 인성이 뛰어난 사람은 남을 잘 이해하고 배려하는 습성이 있기 때문에 문화적 차이를 이해하고 존중할 줄 안다.

창조경제는 단순한 경제적 성장을 넘어 경제사회의 지속가능한 발전을 추구한다. 인성이 바른 사람은 사회적 책임을 다하며, 지속가능한 발전을 위해 노력한다. 인성은 이처럼 창조경제 시대의 핵심 가치로, 개인의 성공뿐만 아니라 사회 전체의 발전을 위한 필수적인 요소이다.

훌륭한 인성은 하루아침에 길러지는 것이 아니라, 가정교육, 학교교육, 사회참여, 독서와 자기 성찰 등을 통한 꾸준한 노력과 교육을 통해 형성된다. 부모는 자녀에게 존중과 배려, 정직과 책임감을 가르치고 긍정적인 가치관을 심어주어야 한다. 학교는 학생들에게 다양한 인간관계 경험을 제공하고, 공감능력과 사회성을 기르는 매우 중요한 장이다. 학교 교육과정에서는 인성 교육을 강화하고, 팀 학습 등 학생들이 서로 협력하고 배울 수 있는 환경을 조성해야 한다.

사회 참여 활동 역시 인성 교육에서 빼놓을 수 없는 영역이다. 봉사활동, 동아리 활동 등 다양한 사회 참여 활동을 통해 타인과 소통하고 협력하는 경험을 쌓는 것이 중요하다. 이러한 활동은 공동체 의식을 함양하고, 사회문제에 대한 관심을 높이는 데 도움이 된다.

좋은 책을 읽고 자신의 생각을 정리하는 시간은 인성 함양에 매우 중요하다. 독서는 지식 축적뿐만 아니라, 다양한 사람들의 삶과 생각을 간접적으로 경험하게 해준다. 자기 성찰은 자신의 강점과 약점을 파악하고 개선하는 데 도움이 된다.

인성교육은 단기적인 암기 위주의 교육이 아니, 장기적인 인간관계 속에서 자연스럽게 체득되는 가치이다. 따라서 학원 같은 사교육보다는 학교 교육이 인성 함양에 유리하다.

문제는 학생, 학부모 등 교육 수요자들이 인성과 인성교육의 가치와 경쟁력에 대한 인식이 부족하다는 점이다. 제13장에서 사교육 열풍을 논의했듯이, 대입점수 서열경쟁이 하나의 문화로 자리 잡으면서 오히려 인성 교육은 설 자리를 잃었다.

교사들은 학부모의 압박으로 인해 인성교육은 엄두도 내지 못하며, 일부 교사들은 학부모의 스트레스를 견디지 못해 교직을 떠나거나 심지어 자살하는 경우도 있다. 이러한 부모들은 잘못된 판단으로 자녀의 올바른 인격 형성을 오히려 어렵게 만드는 것이다.

창조경제 시대에는 인성이야말로 자녀의 성공과 행복을 위한 핵심적인 경쟁력이라는 인식을 갖는 것이 매우 중요하다.

창의성

Y형인재의 두 번째 핵심 역량인 '창의성' 교육도 사교육보다 공교육이 더 잘할 수 있다. 창의성 교육의 핵심은 단순히 지식을 전달하는 방식이 아니라, 스스로 문제를 찾고 해결하는 능력을 배양하는 데 있다. 즉, 창의성 교육은 문제의식을 기르고, 문제해결에 필요한 지식과 정보를 수집하며, 이를 결합하여 새로운 지식과 정보를 만들어내는 능력을 기르는 데 초점을 맞추어야 한다.

따라서 창의성 교육은 교사가 학생들에게 지식을 주입하는 방식으로는 이루어질 수 없다. 교사는 학생들의 창의적 사고방식과 창의적 역량을 기를 수 있도록 가이드를 제공하고, 필요한 지식의 습득과 활용은 학생 스스로 자기주도 학습을 통해 이루어져야 한다.

이러한 교육은 다양한 학습 환경, 융합 및 통합적 교육, 협력과 팀워크, 장기적인 관점에서의 교육, 다양한 탐구 활동 기회 등을 통해 효과적으로 이루어질 수 있기 때문에 학교 교육이 더 유리하다. 표준화된 지식을 주입하고, 문제풀이 기술을 연마하는 데 초점을 맞추고 있는 현재의 사교육 방식은 오히려 학생들의 창의력 배양에 장애가 될 수 있다.

진취성

Y형인재의 세 번째 덕목은 '진취성'이다. 제4차 산업혁명과 창조경제 시대에는 기술변화 속도가 빠르고, 불확실성이 높다. 이런 시대에는 변화

에 대한 적응 능력이 높고, 변화를 선도하거나 변화를 즐길 수 있는 '진취성'이 필요하다. 창의성도 새로운 변화를 추구한다는 점에서 진취성과 맞물려 있다. 진취성이 있어야 창의적 인재가 될 수 있다.

진취적 인재는 도전과 혁신을 즐기고, 실패를 두려워하지 않으며, 다양한 방법으로 문제를 해결하려고 시도한다. 또한 새로운 변화에 대한 적응력과 유연성이 뛰어나고, 자기주도성이 강하다.

진취성 교육을 위해서는 '학생 중심 교육'을 강화해야 한다. 학생들이 스스로 학습 목표를 설정하고, 학습 과정을 설계할 수 있도록 지원해야 한다. 다양한 분야의 체험 활동을 통해 학생들의 흥미와 호기심을 자극하고, 문제해결 능력을 키워야 한다. 실패를 통해 배우는 방법을 학습하도록 해야 한다.

진취성 교육은 창의성 교육과 함께 이루어져야 한다. 학생들의 독창적 아이디어를 존중하고 이를 발전시키는 훈련을 해야 한다. 다른 사람들과 협력하여 문제를 해결하는 경험을 통해 소통 능력과 협동심을 키워야 한다. 다양한 분야의 지식을 연결하여 새로운 가치를 창출하는 능력을 배양해야 한다. 창의성과 진취성을 배양하기 위해서는 지필 시험뿐만 아니라, 프로젝트, 발표, 토론 등 다양한 형태의 평가를 도입해야 한다.

전문성

Y형인재의 네 번째 핵심 역량은 전문성이다. 전문성은 특정 분야에 대한 깊이 있는 지식과 경험을 바탕으로, 문제를 분석하고 해결하며, 독창적인 아이디어를 제시할 수 있는 능력을 말한다.

단순히 많은 지식을 암기한다고 해서 전문성이 있는 것은 아니다. 전문성은 '살아 있는 지식(working knowledge)'을 의미하며, 이는 이론적 지식, 실용적 지식, 경험적 지식의 융합을 통해 축적된다.

전문성을 기르는 과정에서 사람은 문제를 찾고, 분석하고, 해결하는 능력을 축적하게 된다. 그래서 전문성은 창의성과 직결되어 있다. 전문성이 있으면 어떤 현상을 깊이 들여다보고 문제점을 쉽게 발견하여 창의적 아이디어를 낼 수 있으며, 창의적 아이디어를 새로운 가치로 실현하기 위해서도 전문성이 필요하다.

전문성 교육은 직업학교나 대학교에서 이루어진다. 인문계 고등학교에서는 대학교에서 전문성 교육을 받는 데 필요한 국어, 수학, 영어, 과학 등 도구 과목에 대한 지적 능력을 축적하는 데 주력해야 한다.

평가방식의 혁신

교육에서 교육 내용 및 방법과 더불어 중요한 것은 시험과 평가 방법이다. 학벌주의 사회에서 대입점수 서열경쟁이 과열되면서 교육뿐만 아니라 시험과 평가도 크게 왜곡되었다. 선발시험은 합격자와 불합격자를 가려야 하므로 우열을 가리는 데 초점을 맞출 수밖에 없다.

그러나 인재육성을 위한 교육에서 시험과 평가는 학생들의 학습동기부여, 학습 성취도 점검을 통한 강의 및 학습 수준 조절, 학생의 역량개발 등을 위한 도구로 활용되어야 한다.

인재육성의 목적에 따라 시험과 평가 방법도 달라져야 한다. X형인재 평가는 표준화된 지식을 얼마나 잘 숙지하고 활용할 수 있는지를 평가하는 데 중점을 두므로 상대평가가 적합할 수 있다. 그러나, Y형인재는 다양성, 창의성, 자기주도학습을 중시하기 때문에 절대평가가 더 적절하다고 볼 수 있다.

절대평가는 학생 개개인의 학습 성취도를 절대적 기준에 따라 평가한다. 절대평가는 학생이 스스로 설정한 학습목표를 얼마나 달성했는지를 명확하게 보여주어, 각 학생의 학습 진도를 파악하고 맞춤형 교육을 하는 데 활용될 수 있다.

절대평가는 학생들이 자신의 성취를 인정받고 학습에 대한 자신감을 가지게 하여 지속적인 학습 동기를 부여한다. 또한, 절대평가는 학생들 간의 불필요한 경쟁을 줄이고 협력적인 학습 환경을 조성하는 데 기여한다.

시험은 나와 다른 사람을 비교하는 데 초점을 두기보다는 어제의 나와 오늘의 나를 비교하여 나의 약점과 문제점을 보완하고 더 나은 내일의 나를 만드는 데 초점이 있어야 한다.

맞춤형 교육과 자기주도 학습

개인 맞춤형 교육 방법

개인 맞춤형 교육을 실현하기 위해 교육방법과 교육제도를 혁신할 필요가 있다. 교사는 학생 개인의 학습수준과 성향을 잘 파악하여 적절한 설명으로 학습효과를 극대화해야 한다. 디지털 기술을 활용해 학생 개개인의 학습 수준과 성향에 맞는 교육 내용을 제공하고, 인공지능(AI) 개인 조교를 통해 개인 맞춤형 학습을 지원해야 한다.

디지털 교재는 어디까지나 보조 교재로 사용되어야 하며, 종이 교재를 대체해서는 안 된다. 디지털 교재는 풍부한 멀티미디어 요소, 동영상, 시뮬레이션 및 대화형 퀴즈 등을 지원하고 최신 정보를 반영하고 업데이트되는 등 많은 장점이 있다. 그러나 인재개발의 가장 중요한 요소인 집중력과 창의성을 기르는 데는 오히려 방해가 될 수 있다.

디지털 교재는 SNS, 게임, 온라인 검색이 가능한 디바이스이기 때문에 학생들이 학습 시간 동안 집중력을 유지하기 어렵다. 문제를 스스로 풀려고 노력하기 보다는 깊이 생각하지 않고 쉽게 해결하려 하며, 심지어 부정행위나 표절의 유혹에서 벗어나기 어렵다.

이러한 이유로 산만하고 집중력이 부족한 잘못된 습관이 형성될 수 있다. 특히 생성형 AI를 기반으로 한 챗 GPT는 모든 질문에 즉각적으로 답을 제공하기 때문에 학생들의 창의적 사고 능력을 기르는 데 장애가 될 수 있다.

창의성을 기르기 위해서는 생각하는 힘을 길러야 한다. 생각하는 힘은 집중력과 논리적 사고를 필요로 한다. 이러한 능력을 기르는 데는 종이교재가 효과적이다. 종이교재로 먼저 집중하고 깊이 사고하여 자신의 생각을 정리하고, 이를 점검하고 보완하기 위해 이차적으로 디지털 교재나 챗 GPT를 활용하는 학습방법을 체득하도록 해야 한다.

초중등 교육에서 도구 과목은 매우 중요하다. 도구 과목은 새로운 지식이나 기술을 습득하고 이해하는 데 도움이 되는 과목으로, 국어, 수학, 영어 등을 포함한다. 국어는 자신의 생각을 표현하고, 다른 사람과 의사소통하며, 문화와 문학은 물론 다른 학과목을 배우고 이해하는 데 필수적인 도구이다. 수학은 논리적 사고와 문제 해결 능력을 향상시키고, 과학, 공학, 경제학 등 많은 학문 분야에서 수학적 원리와 기법이 적용되기 때문에 학문을 위한 매우 중요한 도구 과목이다. 영어 등 외국어는 국제적인 의사소통의 도구로서, 다양한 문화와 지식을 접하고, 세계적인 이슈를 이해하기 위한 필수적인 도구이다.

도구과목들은 다양한 학문 분야를 탐구하고 복잡한 문제를 해결하며 효과적으로 의사소통을 하기 위한 기초과목으로서 교육의 궁극적인 목표를 달성하는데 중요한 역할을 하다.

도구과목은 내용의 적용범위와 난이도를 기준으로 여러 단계로 나누어 수준별로 교육과정을 편성하여, 학생 개인별 필요와 수준에 맞게 단계별로 교육을 실시해야 학습효과를 극대화할 수 있다.

예를 들어 고등학교에서 수학을 7단계로 나누어 교육과정을 편성하면, 3단계까지는 모든 학생들이 필수적으로 이수하고, 4단계에서 7단계까지는 개별 학생의 적성과 필요에 따라 선택적으로 이수하게 하면 된다.

가능한 한 적용 범위가 넓고 기초가 되는 내용을 낮은 단계에 편성하며, 각 단계별 교육내용은 이해, 적용, 활용 능력을 높이는 데 중점을 두어야 한다. 즉, 단순히 수학문제를 푸는 데 초점을 맞추는 것이 아니라, 그 문제를 이해하고, 그 문제의 적용 사례와 활용 방법 등을 학습하도록 해야 한다.

그리고 수준별 교과과정을 편성할 때, 계단효과가 잘 나타날 수 있도록 하위단계를 잘 이해하면 다음 단계를 효과적으로 학습할 수 있도록 구성할 필요가 있다. 이는 학생 개인 중심 교육과 학습의 중요성을 고려한 것이다. 수준별 교육과정 편성은 과정별 연계성과 독립성을 동시에 확보해야 한다. 이를 위해 학년제에서 벗어나, 학기제와 학점제의 도입이 필요하다.

이 접근법은 또한 교사의 역할이 매우 중요하다. 교사는 학생의 수준을 정확하게 평가하고, 적절한 학습 자료와 방법을 제공하며, 개별 학생의 학업성취 단계를 지속적으로 모니터링해야 한다. 이를 위해 교사의 전문성과 역량 강화가 필요하다.

맞춤형 교육의 중요성

이러한 개인 맞춤형 교육은 몇 가지 측면에서 공교육 정상화에 크게 기여할 수 있다.

첫째, 고교 평준화로 같은 교실에 학업수준이 다른 학생들이 모여 있어 강의수준을 조절하기 어려워 교육이 부실화되고, 그 결과 교실파괴와 하향평준화 문제가 발생했다. 공교육 불실화가 심화되면서 사교육 의존도가 높아졌다.

도구과목의 단계별 학기/학점제 수업은 수준별 교육과 개인 맞춤형 교육을 가능하게 하여 교육의 질을 크게 높일 수 있다. 이를 통해 고교 평준화에 따른 여러 가지 부작용을 상당히 완화하고 사교육 의존도를 줄일 수 있다.

둘째, 도구과목의 기초 단계는 필수로 이수하도록 하고, 중급 및 상급 단계와 기타 과목들은 학생의 적성, 취미, 장래 희망 직종, 필요에 따라 선택적으로 이수할 수 있도록 함으로써 불필요하고 과도한 점수서열 경쟁에서 벗어날 수 있다.

예를 들어, 인문학 분야 진학 희망 학생은 수학 3단계, 국어 6~7단계를 이수하고, 과학 분야 진학희망 학생은 수학 7단계, 국어 4~5단계를 이수하는 방식이다. 이처럼 수준별 선택이수를 허용하면 학년별, 학기별 전체 학생의 석차를 산출하는 것은 불가능해진다.

학생들은 상위단계 과정을 이수하지 않는 것이 자신의 열등함 때문이 아니라, 장래 희망과 필요에 따라 수준별 과정을 선택했기 때문이라는 인식을 갖게 되어 우열 경쟁에서 벗어나 서로 다른 길을 걷는다는 인식을 공유할 수 있다. 또한, 학생들은 점수서열 경쟁에서 벗어나 자신이 하고 싶고 잘할 수 있는 과목을 선택하여 학습욕구를 높일 수 있다.

셋째, 도구과목의 각 단계별 수업에서 이해, 적용, 활용 능력을 높이는 데 중점을 두어 창의력과 협동심을 배양하고, 살아있는 지식을 축적할 수 있다. 도구과목을 단계별로 세분화하여 각 단계의 학습 내용과 양을 줄이는 대신, 수업내용의 이해, 적용, 활용 능력을 높이는 교육방법을 도입해야 한다.

예를 들어, 미적분의 개념과 공식, 문제풀이만 하는 것이 아니라, 미적

분의 이해를 바탕으로 그것이 어디에 어떻게 적용되고, 어떤 문제를 해결하는 데 활용되는지를 교육 학습해야 '살아있는 지식'이 된다. 적용과 활용 부분은 팀별 발표 토론 등의 방법을 사용하여 학생들의 창의성과 협동심을 배양할 수 있다.

대입 점수서열 경쟁 사회에서 문제풀이 요령을 익혀 높은 점수를 받는 식의 교육으로는 점수를 잘 받을 수 있을지는 몰라도 배운 지식을 활용할 수 없다. 그것은 '죽은 지식'이다. 죽은 지식을 위해 많은 시간, 에너지, 돈을 투입하는 것은 어리석은 일이고, 죽은 지식을 위해 수많은 청소년들이 열등감을 느끼고 과도한 스트레스에 시달리게 하는 것은 잔인한 짓이다.

넷째, 개인 맞춤형 교육은 자기주도 학습을 효과적으로 할 수 있도록 도와준다. 교육은 학습을 통해 개인화되고 내면화된다. 학습을 수반하지 않는 교육은 그 효과가 반감될 수밖에 없다. 교육 못지 않게 학습이 중요한 이유이다.

개인 맞춤형 교육은 학습자의 개별적인 학습 스타일, 속도, 흥미, 능력 등을 고려하여 교육 과정을 설계하고 실행하는 방식이다. 이는 학습자가 자신만의 학습 경로를 만들고, 그 경로를 따라 학습을 진행할 수 있게 도와준다.

이러한 접근 방식은 학습자가 자신의 학습을 주도하고, 학습에 대한 책임의식을 갖게 하며, 학습 동기를 높이는 데 도움이 된다. 학습자는 이 과정에서 학습에 대한 성취감과 자신감을 느끼고, 학습에 대한 흥미와 의욕을 갖게 된다. 이는 학습자가 지식을 효과적으로 습득하고, 그 지식을 실제 문제 해결에 활용하는 능력을 향상시키는 데 크게 도움이 된다.

그러나 하루 종일 학교와 학원에서 암기위주의 주입식 교육에 지쳐있는 학생은 자기주도 학습을 할 시간도 에너지도 없다. 누구를 위하여, 무엇을 위해 이런 교육에 함몰되어 있는가?

성장과 행복을 위한 교육

개인 맞춤형 교육과 자기주도 학습은 고등학교 3개년 전 과정에 걸쳐서 학생 개인별로 종합적이고 체계적으로 접근할 필요가 있다. 개인 맞춤형 교육은 3년 전 과정을 고려하여 개인 맞춤형 교육과정을 설계하고, 수업시간에 개인 맞춤형 수업을 진행하는 것을 의미한다.

또한, 개인 맞춤형 교육은 자기주도 학습과 서로 긴밀하게 연계되어 있다. '개인 맞춤형 교육'과 '자기주도 학습' 중심의 교육 패러다임은 사교육 수요를 줄이고 공교육 정상화를 실현하는 데 크게 기여할 수 있다.

공교육 이니셔티브를 위한 교육 패러다임의 대전환을 위해서는 다음과 같은 조치가 필요하다. 첫째, Y형인재 육성 패러다임을 구축해야 한다. 둘째, 학기제 및 학점제를 도입해야 한다. 셋째, 개인 맞춤형 교육과 자기주도 학습을 이끌 수 있는 교사의 전문성 및 자율성을 확보하고, 이를 위한 교원 재교육 및 연수 프로그램 운영도 필요하다. 넷째, 교육과정, 평가방식, 교원의 역할 등을 재정립하고, 이를 뒷받침할 수 있도록 교육 관련 법 및 제도를 정비해야 한다. 다섯째, AI 기반 학습 플랫폼 구축, 디지털 학습 콘텐츠 개발 등 개인 맞춤형 교육과 자기주도 학습을 지원할 수 있는 기술적 기초도 마련해야 한다.

무엇보다 중요한 것은 새로운 교육 패러다임에 부합할 수 있도록 대학입시 제도를 개선하고, 학생, 학부모 등 교육 수요자와 교사 등 교육 공급자가 새로운 교육 패러다임에 대해 바르게 이해하고 협력할 수 있도록 하는 일이다.

이는 새로운 패러다임을 위한 종합적인 교육개혁이 필요하다는 것을 의미한다. 물론 이는 매우 어려운 과제임에 틀림없다. 그러나 제13장 사교육 열풍과 공교육 붕괴에서 살펴본 바와 같이 현재 한국 교육은 교육 본래의 기능을 상실하고 심각한 부작용을 가지고 있어, 반드시 개혁되어야 한다. 그리고 개혁의 방향은 교육 본래의 기능을 회복하는 데 있다.

교육은 단순히 지식의 주입이나 점수서열 경쟁에서 이기기 위한 것이 아니라, 인격을 도야하고 잠재적 역량을 발현시켜, 사회 구성원의 한 사람으로서 자존감과 도덕성을 갖고 행복하게 살 수 있는 인격체, 즉 인재로 성장할 수 있도록 돕는 것이어야 한다. 교육과 학습은 즐거워야 하고, 살아있는 지식을 축적할 수 있어야 한다. 그것이 인간의 성장과 행복을 가져다 주기 때문이다.

학벌주의의 그늘

학벌주의 문화 속에서 교육의 본질적 가치는 사리지고, 초중고교 교육의 목표는 오로지 사회적 평판도가 높은 대학에 입학하는 것으로 전락했다. 이러한 교육 환경에서 학생들이 미래를 꿈꾸고 설계하기 어렵다.

대입점수 서열경쟁 문화 속에서 취미, 적성, 전공은 무시되고, 학생들은 자신의 점수로 갈 수 있는 대학 중 점수 서열이 가장 높은 곳을 선택한다. 대학에 입학한 후 자신의 전공분야가 취미와 적성에 맞지 않아서 전공에 불만을 느끼는 학생이 절반에 달하는 이유가 바로 여기에 있다. 이처럼 삐뚤어진 대학입학 관행은 인적자원개발 수준을 현저하게 저하시켜 개인, 대학, 기업, 국가의 잠재적 역량을 크게 약화시키는 심각한 문제를 야기한다.

적성에 맞지 않은 전공을 선택한 학생들은 대학 간판은 얻었지만, 전문분야의 지식과 역량을 제대로 축적하지 못한다. 졸업 후 취업할 때도 자신의 전공을 살릴 수 없기 때문에, 노동시장에 진출하면서 전공과 일치하지 않는 일자리를 잡을 가능성이 매우 높다. 그 결과 좋은 일자리를 잡을 확률이 낮으며, 전문지식이 부족해 경력을 체계적으로 관리하기도 어렵다. 이로 인해 삶의 질을 높일 수 있는 기회마저 크게 제약 받게 된다.

전공 몰입도가 낮은 학생들이 많은 대학은 수준 높은 전문지식과 기술을 연마하는 교육을 소홀히 할 가능성이 매우 높다. 이는 대학 부실화의 한 가지 원인이 된다. 그 결과 기업은 대학의 인재 양성 역량을 불신하고, 전공에 관계없이 인지도가 높은 대학 출신자를 선발하여 기업 내에서 인재를 재교육하는 방법을 택하면서 인적자원 개발비가 크게 증가한다. 뿐만 아니라 기업은 대학과 같은 전문 교육기관이 아니기 때문에 기업 업무와 관련된 실무교육은 잘 할 수 있지만, 창의성, 혁신역량과 같은 인재의 핵심역량을 기르는 데는 한계가 있을 수밖에 없다.

국가는 가장 중요한 자원인 인적자원을 효율적으로 개발하지 못하여, 국가의 성장역량이나 국가경쟁력을 강화할 수 있는 기회를 그만큼 잃게 된다. 이러한 문제의 실상은 유럽경영대학원(INSEAD)이 2013년부터 매년 발표하는 '세계 인재 경쟁력 지수(GTCI, The Global Talent Competitiveness Index)'에서 확인할 수 있다. 유럽경영대학원이 발표한 'GTCI 2023'에서 한국은 134개국 가운데 24위였다.[3]

인재경쟁력이 왜 이렇게 낮은가? 이는 전공을 무시하고 대학 간판만 보고 대학을 선택하는 학벌주의와 무관치 않다. 대졸 취업자의 전공 불일치도는 심각한 수준이다.

한국은 대학 등 고등교육을 받은 노동력 비중은 세계 4위인 반면, 전공 일치도 즉 스킬 매칭 정도는 세계 74위이다. 또한 고등교육 실업자는 세계 12위, 교육 시스템과 경제 관련성은 세계 36위, 근로자의 노동 생산성은 세계 30위이다.[4]

한국은 전체 노동력 가운데 대졸 노동력이 차지하는 비중은 세계 4위이지만, 대학에서 배운 전공과 일치하는 일자리를 잡는 사람들의 비중은 선진국 중 최하위 수준이다. 그 결과 고학력화율에 비해 상대적으로 대졸 실업자가 많고, 근로자의 노동 생산성도 낮게 나타나고 있다. 잘못된 대학 진학 관행이 인적자원개발과 노동생산성에 얼마나 심각한 악영향을 미치고 있는지를 잘 보여준다.

한국 대졸 노동력의 전공 불일치 문제는 국내 통계 및 연구보고서에서도 자주 지적된다. 한국경제인협회 보고서에 따르면 대졸자의 52.3%가 전공과 무관한 직업을 선택한 것으로 조사되었다.[5]

한국은행 보고서에서도 한국의 전공 불일치 비율은 50.1%로, OECD 29개국 중 인도네시아(54.6%)에 이어 두번째로 높고, OECD 평균 39.6%보다 훨씬 높게 나타났다.[6] 통계청 통계에 따르면, 전공일치도가 높을수록 소득이 높은 데도 불구하고, 4년제 대졸 취업자의 전공일치도를 보면, 2022년에 매우 일치하거나 일치하는 편이라고 답한 사람의 비중은 46.8%에 불과하다.[7]

학벌의 노예가 되어 자신의 취미와 적성, 전공을 무시하고 오로지 대학 간판만 보고 점수에 맞춰 대학을 선택하여 전공에 몰입하지 못하면 어떤 결과를 가져올까? 남들이 보기에는 명문 대학에 들어가 대학 입시에 성공한 것처럼 보일지 모르지만, 정작 자신은 평생 삶의 기초가 될 전문지식의 기초를 다지기 위한 꿈도 열정도 없이 불안정한 대학생활로 시간을 보내게 된다. 이는 분명 '성공의 불행'이자, '껍데기만 남은 삶'이 될 것이다.

대학진학 문화 바꾸어야

Y형인재 육성과 공교육 정상화에 성공하려면, 대학진학 문화를 바꾸

어야 한다. 수능점수라는 하나의 잣대로 모든 대학, 모든 학과, 모든 수험생을 서열화 하는 비교육적인 대학입시 제도는 반드시 개혁되어야 한다. 수능시험 제도를 유지해야 한다면, 수능시험은 상대평가가 아닌 절대평가로 하고, 수능등급 발표와 수능점수를 기반으로 한 대입 배치표 작성 등을 엄격하게 금지해야 한다. 대학들이 나름대로 신입생 선발의 객관성과 공정성을 보장할 수 있는 제도를 마련하여 공시하도록 하고, 대학입시는 대학 자율에 맡겨야 한다.

대학은 교수의 연구역량과 교육역량을 바탕으로 우수 신입생을 유치해야 한다. 교육 수요자도 단순히 수능성적과 내신성적이 아니라, 학생의 적성과 전공별 대학 학과의 경쟁력을 중심으로 대학을 선택하는 새로운 입시 풍토를 조성해야 한다. 우리가 대학에 가는 이유는 본인이 하고 싶은 학문 분야의 전문적 지식과 역량을 축적하기 위해서다. 대학에는 다양한 전공 분야가 존재하며, 개인의 취미와 적성에 따라 잘 할 수 있는 전공 분야가 사람마다 다르다.

따라서 대학 진학은 대학을 먼저 선택하고 전공을 선택하는 것이 아니라, 반대로 전공을 먼저 선택하고 대학을 선택해야 한다. 대학은 단순히 교양을 쌓거나 일반지식을 습득하는 곳이 아니라 전문지식을 연마하는 곳이다. 자신의 취미, 적성, 잠재적 역량, 장래 희망과 선호하는 직업 등을 고려하여 스스로 즐길 수 있고 잘할 수 있는 전공을 먼저 선택하고, 그 다음에 그 전공을 가장 잘 할 수 있는 대학을 선택해야 한다.

최근 교육부가 대학의 무전공 입학을 확대하는 정책을 펴고 있지만, 이는 대학서열화와 대학 부실화를 심화시킬 위험성이 크다. 전국 모든 대학이 무전공 입학을 확대하면, 학벌 위주의 대입문화와 대학서열화가 더욱 심화되고 고착화될 수 있다. 학생들이 대학에 입학한 후 전공을 선택하면 특정 학과에는 학생들이 과도하게 몰려 교육이 부실화되고, 나머지 학과는 학생들의 지원 부족으로 부실화될 가능성이 높다.

학령아동 감소로 앞으로 많은 대학은 백화점식 전공들을 특정 학과를 중심으로 구조조정하여 질적 경쟁력을 강화해야 한다. 그러나 무전공 입학이 확대되면, 중하위권 대학들은 특정 학과에 대규모 투자를 해도 우수 학생을 유치할 수 없기 때문에 대학의 특성화가 불가능해진다.

따라서 고등학교에서 '직업세계와 진로' 과정을 대폭 강화하여 학생과 학부모가 학생이 원하는 전공을 찾아갈 수 있도록 해야 한다. 다양한 직업세계와 각종 직업이 요구하는 직업능력, 그러한 직업능력을 쌓는 데 필요한 전공분야를 소개하고, 학생 개인의 취미와 잠재적 역량을 파악하여 학생들이 스스로 전공분야를 찾아가도록 도와야 한다. 학생들은 이 과정에서 스스로 꿈을 꾸고 미래를 설계하게 될 것이다.

이 과정은 고등학교 전 학년 과정에서 시행하되, 특히 1학년에서 집중적으로 하여 학생들이 고등학교부터 자신이 원하는 전공분야에 더 흥미를 가지고 학습하도록 지도할 필요가 있다. 예를 들어, 경제학에 관심이 있는 학생은 수학, 사회과학, 영어, 컴퓨터 과학 등의 학습역량을 강화해야 한다. 이는 앞서 논의한 맞춤형 교육과 자기주도 학습과도 맥을 같이 한다.

학벌주의에서 능력주의로

학생과 학부모 등 교육 수요자의 일차적 관심은 좋은 일자리를 얻을 수 있는 좋은 학벌을 획득하는 것이다. 그들의 궁극적 목표는 좋은 일자리를 갖는 것이고, 좋은 일자리를 갖기 위해서는 소위 명문대학을 나와야 한다는 인식이 팽배하다. 이는 노동시장과 교육시장이 맞물려 있다는 것을 의미한다. 따라서 노동시장과 교육시장의 동시적 개혁 없이는 이 문제를 해결할 수 없다.

제11장에서 살펴본 바와 같이, 단층노동시장은 학벌에 따라 기회와 보상이 차별적으로 주어지는 시장이므로, 이런 사회에서는 사람들이 학벌이 인생의 성공과 행복을 결정한다는 착각에 빠져 학벌지상주의로 흐르게 된다.

반면 제27장에서 논의하는 '건강한 노동시장'은 모든 사람에게 공정한 기회가 주어지고, 능력과 노력에 상응한 보상이 주어지는 '공정 경쟁 노동시장'이다. 따라서 건강한 노동시장이 발달하면, 사람들은 학벌보다 사회와 시대가 요구하는 능력 개발에 더 많은 관심을 갖게 된다.

인생의 성공과 행복에 이르는 길은 사람마다 다양하며, 그 길은 학벌이 아니라 자신이 즐길 수 있는 일을 잘 수행할 있는 살아있는 능력을 개발하고 노력하는 데 있다. 교육시장은 간판을 판매하는 곳이 아니라, 사회와 시대가 요구하는 살아있는 능력을 개발하고 개인의 취향과 잠재적 역량이 최대한 잘 발현될 수 있도록 도와주는 곳으로 인식되고 기능할 수 있어야 한다.

26
인재주의 시대 대학 패러다임

인재주의 시대의 핵심 동력은 대학 경쟁력이다. 그러나 한국의 대부분의 대학은 자본주의 산업경제와 후발산업국가 시기에 형성된 대학 패러다임을 여전히 고수하고 있다. 당시 한국은 선진국의 기술을 습득하여 값싼 양질의 노동력을 활용해 선진국을 따라잡는 '빠른 추격자(fast follower)' 전략을 펼쳤다. 대학도 이에 발맞춰 선진국의 표준화된 지식과 기술을 모든 학생들에게 습득시켜 표준화된 X인재를 양성해 왔다.

그러나 현재 자본주의 산업경제는 인재주의 창조경제로 이행하고 있으며, 한국은 후발산업국가에서 선진국으로 발전했다. 인재주의 창조경제는 더 이상 표준화된 노동력이 아닌 창의적 혁신역량을 지닌 'Y형인재'를 요구한다. 한국은 이제 빠른 추격자가 아닌 '선도자(first mover)의 길'을 걸어야 한다.

이는 한국 대학 패러다임의 근본적인 변화를 요구한다. 지식을 전달하는 대학에서 새로운 지식을 생산하는 대학으로, X형인재를 육성하는 대학에서 Y형인재를 육성하는 대학으로 대학 패러다임을 전환해야 한다.

대학 위기의 본질

한국 대학 위기의 본질은 대학 패러다임 전환의 실패에 있다. 대학 패러다임 전환의 실패를 상징적으로 보여주는 것이 바로 2025년부터 시행에 들어가는 '한국산업 인재혁신 특별법(약칭 첨단산업인재혁신법)' 이다.

"이 법은 첨단산업 분야의 산업계가 주도적으로 인재를 양성·활용·관리할 수 있는 생태계를 조성하고, 관련 산업계의 수요에 맞추어 우수인재를 지속적이고 안정적으로 공급할 수 있는 기반을 구축함으로써 첨단산업의 발전과 국민경제에 이바지하는 것을 목적으로 한다."[1]

LG는 이 법에 기초하여 국내 최초로 석·박사 학위를 줄 수 있는 '기업대학원'인 'AI 대학원'을 설립하여 2026년부터 계열사 및 협력사 직원을 대상으로 매년 30명의 신입생을 선발할 예정이다.[2]

기업 대학원 설립은 기본적으로 현재 대학교에서 배출하는 석·박사들의 실력이 기업의 기대에 미치지 못할 뿐만 아니라 필요한 전문 기술인력의 공급도 부족하다는 데에서 출발하고 있다.

LG 'AI 연구원' 관계자는 "AI를 전공한 석·박사 학위자를 뽑기도 어렵지만, 막상 뽑아도 현업을 이해하는 데 3~4년은 족히 걸리는데 실시간으로 바뀌는 AI 기술 변화에 제대로 대응이 되겠느냐"고 했다.[3] 대학에 대한 기업의 불신이 어느 정도인가를 알 수 있는 대목이다. 뽑아서 쓸 인재가 없다는 것이다. 이것이 바로 대학위기의 본질이다.

정부의 대학 정책은 대학위기를 극복하는 데 도움이 되기보다는 대학위기를 오히려 심화시켜 왔다는 데, 문제의 심각성이 있다. 정부는 2009년부터 무려 15년간 대학 등록금을 동결해 오고 있다. 등록금을 올리면, 재정지원 사업 선정과 국가 장학금 지급에 불이익을 주는 방식으로 대학을 길들여 왔다.

제4차 산업혁명으로 인재주의 창조경제 시대가 열리면서 대학 패러다임의 대전환을 서둘러야 하는 중요한 시기에, 정치권과 정부는 대학 패러다임 전환을 유도하기 보다는 반대로 대학을 재정위기로 몰아넣었다.

더 큰 문제는 대학 패러다임 전환을 위해 대학의 창의와 혁신, 자율적 경쟁이 절실한 시점에 재정지원 사업과 국가장학금으로 대학을 통제해왔다는 것이다. 그리고 대학 구조조정을 유도한다는 이유로 각종 대학 재정지원 사업에 정원감축 점수 비중을 높여왔다. 이 과정에서 경쟁력 있는 대학보다 어차피 정원이 미달될 수밖에 없는 대학에 국가 재정을 배정하여 오히려 부실대학의 수명을 연장시키는 모순을 범하고 있다.

한국 명문대학과 미국 명문대학의 차이

한국에서는 대학의 서열이 주로 신입생의 수능성적, 즉 인풋(input)으로 결정되는 경향이 있다. 반면, 미국에서는 대학의 연구력이나 스타트업 육성 성과 등 아웃풋(ourput)을 기준으로 명문대학이 가려진다. 이러한 차이는 교육기관의 본질적 역할에 대한 인식 차이에서 비롯된다.

한국에서는 대학을 단순히 고등학교보다 한 단계 높은 교육기관으로 여기는 경향이 있다. 이에 따라 대학 교육의 목표와 기능도 제한적으로 이해되는 경우가 많다. 더불어 기업은 산업과 일자리를 창출하고, 대학은 인재를 길러 기업에 취업시키는 역할을 수행한다는 이분법적 사고에서 아직 벗어나지 못하고 있다.

이러한 사고는 교육과 산업 간의 협력 구조를 단절시키고, 창의성과 자율성을 저해하는 요인이 될 수 있다. 앞으로는 대학과 기업이 공동의 가치 창출을 위한 파트너로서 역할을 재정립해야 하며, 대학도 단순한 취업 준비 기관이 아닌 미래 사회를 선도하는 지식 창출의 중심으로 자리잡아야 한다.

미국의 대부분 주에는 2~3개의 연구중심 대학이 자리잡고 있다. 최근 이러한 대학들은 연구력을 바탕으로 스타트업을 적극적으로 육성하면서 새로운 기업 및 산업과 일자리를 창출하는 글로컬 선도대학(GIU)의 역할을 수행하며 지역경제발전을 선도하고 있다. 글로컬 선도대학의 중요한 지표 중 하나는 재학생 및 졸업생, 즉 동문들의 스타트업 창업 실적이다.

스탠퍼드 대학은 2013년 1월부터 2024년 7월까지 11년 7개월 동안 학부 출신 1,547명, 대학원 출신 4,214명, MBA 1,881명 총 7,642명의 창업자를 배출했다. 이들이 설립한 스타트업 수는 6,354개에 달하며, 유치한 벤처 캐피털(VC)은 3,430억 달러, 한화로 약 458조 2480억 원에 달한다. 같은 기간 동안 UC. 버컬리에서는 4,135명의 창업자가 3,625개의 스타트업을 설립했으며, 1,452억 달러, 한화 약 194조 원의 벤처 캐피탈 투자를 유치했다.[4]

실리콘밸리 지역의 대표적인 글로컬 선도대학인 스탠퍼드 대학교와 UC. 버컬리는 지난 11년 7개월 동안 총 11,777명의 창업자를 배출하여 9,979개의 스타트업을 설립했으며, 유치한 벤처 캐피탈 투자액은 652조 원에 달한다. 창업규모에는 차이가 있지만, 미국 대부분의 주에서는 2~3개 이상의 글로컬 선도대학을 보유하고 있으며, 이런 대학을 중심으로 스타트업 생태계가 잘 조성되어 있다.

안타깝게도 한국 대학 중 스타트업 창업 세계 100위권에 이름을 올린 곳은 서울대학교가 유일하다. 같은 기간 동안 서울대학교는 학부 출신 251명이 220개 스타트업을, 대학원 출신 242명이 184개의 스타트업을 창업했다. 지난 11년 7개월 동안 서울대학교 학부 및 대학원 재학생 및 졸업생이 창업한 기업체 수는 총 404개로, 이는 스텐퍼드 대학교의 6.4% 수준에 불과하다. 또한 유치한 벤처캐피털(VC) 투자액은 90억 달러로, 스텐퍼드 대학교의 0.3% 수준에 머물러 있다.[5]

인재주의 시대 대학 패러다임: 글로컬 선도대학(GIU)

글로컬 선도대학(GIU: Glocal Initiative University)은 첨단 지식을 생산하고 창의성 및 혁신역량을 갖춘 Y형인재를 양성하여 국가와 지역의 미래 첨단산업 발전과 양질의 일자리 창출을 '선도하는(initiate) 대학'을 의미한다. 글로컬 선도대학은 단순히 학문을 연구하고 인재를 양성하는 것을 넘어, 혁신적인 기업가를 양성하고 스타트업을 통해 세계적인 기업을 탄생시키는 요람의 역할을 한다. 따라서 글로컬 선도대학(GIU)은 크게 다음 세 가지 의미를 함축하고 있다.

첫째, 글로컬 선도대학(GIU)은 '첨단지식'의 생산역량을 가진 대학이다. 즉, GIU는 단순히 지식을 전달하는 수준의 대학이 아니라, 세계 수준의 경쟁력을 지닌 '첨단지식'을 생산하는 대학이다. 글로컬 선도대학은 '첨단지식'의 생산역량을 바탕으로 세계로부터 인재를 받아들이고, 길러낸 인재를 세계로 내보낸다. 세계적 수준의 연구 및 인재 육성 역량을 갖추고, 국가 및 지역 발전에 기여하면서 세계와 호흡하는 대학이다.

둘째, 글로컬 선도대학(GIU)은 '창의성'과 '혁신역량'을 지닌 'Y(Yield)형인재'를 양성하는 대학이다. Y형인재는 인성(Character), 창의성(Creativity), 진취성(Challenge), 전문성(Competence) 등 4Cs를 겸비한 인재로, 제4차 산업혁명/창조경제 시대가 요구하는 인재이다. Y형인재는 산업경제시대 대량생산체제에서 표준화되고 정형화된 지식을 복사하듯이 동일하게 습득한 'X(XeroX)형인재'와 구분되는 인재상이다. 'Y형인재론'은 제4차산업혁명/창조경제 시대의 인재상을 제시함과 동시에, 초등학교에서 대학교에 이르기까지 인재육성 패러다임의 대전환을 요구한다.[6]

셋째, 글로컬 선도대학(GIU)은 '첨단 지식' 생산과 'Y형인재' 육성을 통해 새로운 산업과 새로운 일자리 창출을 선도하는(initiate) 대학이다. 글로컬 이니셔티브 유니버시티(GIU)에서 '이니셔티브(initiative)'는 대학의 첨단지식과 Y형인재가 새로운 종류의 산업과 새로운 형태의 일자리를 위한 새싹을 발아시키고, 그 새싹이 묘목(스타트업)으로 자라나며, 묘목이 거목(유니콘 기업 또는 대기업)으로 성장하고, 나아가 거대한 숲(산업)을 만드는 시발점이 된다는 것을 의미한다.[7]

구글(Google)의 사례를 보면, 쉽게 이해할 수 있다. 구글은 스탠퍼드 대학 연구실에서 발아했다. 1998년 스탠퍼드 대학 박사후 과정에 있던 래리 페이지와 세르게이 브린은 '백과사전보다 더 유용한 검색 엔진'을 만들겠다는 꿈을 가지고 구글을 창업했다. 그들은 웹 페이지의 중요도를 계산하여 검색 결과의 순위를 매기는 알고리즘 '페이지랭크(PageRank)' 개발로 검색의 효율성과 효과성을 높여 세계에서 가장 인기 있는 검색 엔진으로 자리매김했다.

구글은 새로운 스타트업들을 인수 합병하여, 구글 검색, 클라우드 컴퓨팅, 유튜브, 안드로이드 소프트웨어, 구글 크롬, 지메일, 구글 플레이, 구글 지도, (구글) 어시스턴트, 클래스룸, 피트니스, 여행, 드라이브, 뉴스, 번역, 문서, 캘린더, 포토, 어스, 스마트홈, 스칼라 등 다양한 서비스를 제공하면서 검색을 기반으로 하는 새로운 산업을 만들었다. 구글은 2023년 12월 기준 50개국에서 약 15만 명의 직원을 고용하고 있다.[8]

실리콘 밸리와 구글이 스탠퍼드 대학 연구실에서 발아하였고, 로버트 랭거(Robert Langer) MIT 교수가 40개 이상 기업을 창업하며 '바이오 창업의 신'으로 불리는 것을 보면,[9] 글로컬 선도대학이 새로운 산업 및 일자리를 선도한다는 것을 이해할 수 있다.

제4차 산업혁명/창조경제 시대에는 '창의적 지식'이 경쟁우위를 결정하므로, 인재, 자본, 기업이 글로컬 선도대학이 있는 곳으로 자연스럽게 모여든다. 이러한 이유로 글로컬 선도대학은 지역균형발전과 국가경쟁력 강화를 위한 핵심전략으로 자리매김하고 있다.

글로컬 선도대학의 요건

글로컬 선도대학은 VIP 리더십을 갖춘 총장, 첨단지식 생산 및 Y형인재 육성 역량을 갖춘 우수한 교수진, 그리고 충분한 재정 능력 등 3가지 요건을 충족해야 성공할 수 있다. 따라서 모든 대학을 글로컬 선도대학으로 육성하는 것은 현실적으로 불가능하다. 대학 패러다임의 전환은 대학의 목적, 연구 및 교육 방식, 행정 시스템과 대학문화를 근본적으로 개혁해야 하는 어려운 과제이다.

글로컬 선도대학 패러다임에 대한 올바른 이해를 바탕으로 대학의 비전(Vision)을 제시할 수 있고, 치밀한 전략으로 대학의 전면적 혁신(Innovation)을 이끌며, 목표 실현과 저항 관리를 할 수 있는 열정(Passion)을 겸비한 총장, 즉 VIP 리더십을 지닌 총장이 필요하다.

또한 융복합 연구 패러다임 및 Y형인재 육성 패러다임을 구축해야 한다. 특화 분야에서는 세계적 석학을 유치할 수 있도록 인사 및 보수 시스템을 혁신해야 한다. 교수 및 학생들의 스타트업 환경 조성은 물론, 실사구시의 실효성 있는 산학협력체제가 구축되어야 한다.

실패의 교훈

나는 2009년 영남대학교 총장 취임사에서 21세기 대학 패러다임으로 '글로컬 선도대학(GIU, Glocal Initiative Universty)' 개념과 비전을 제시하였고, 재임 기간 동안 대학 패러다임 전환을 위한 담대한 개혁을 추진한 바 있다. 또한 언론 등 다양한 경로를 통해 지방과 수도권을 포함하여 전국에 20~30개의 '글로컬 선도대학' 육성을 위한 국가전략의 필요성을 강조해 왔다.

영남대학교는 전국 최초로 2009년부터 4년간 글로컬 선도대학 패러다임 구축을 목표로, 3대 목표, 7대 전략, 21개 액션플랜, 15개 중점과제 및 100대 세부과제를 설정하여 추진하였다.

융복합 연구 패러다임, Y형인재 육성 패러다임 등 연구 및 인재육성 패러다임의 근본적인 전환이 추진되었다. 또한 융복합 3대 연구분야에서 세계 10위권 진입을 목표로 하는 글로벌 프론티어 10-3-10 프로젝트와 세계에서 4천 명의 유학생을 유치한다는 글로벌 캠퍼스 7-4-3 프로젝트 등 다양한 프로젝트가 추진되었다.[10]

대학의 연구역량 강화를 위해 신임교수 채용 시 심사대상 연구실적은 국제학술지로 제한하여 국제경쟁력을 갖춘 교수를 채용하였다. 또한 교수가 연구중심, 교육중심, 연구교육중심, 산학협력 중심 트랙을 매년 선택할 수 있도록 하고, 연구중심 트랙 교수는 주당 책임 시수를 6시간으로 줄여 연구에 몰입할 수 있도록 하였다. 이와 더불어 천마석좌교수제 도입으로 피인용 상위 1% 논문이나 세계 저명 학술지 발표 논문을 적극 장려하여 연구의 글로벌 경쟁력 및 질적 경쟁력을 중시하는 대학문화를 조성했다.[11]

이 과정에서 4년 동안 15대 대형 국책과제를 모두 석권한 전국의 유일한 대학이 되었고, 입학성적이 크게 상승했으며, 2년 연속 취업률 1위로 취업지원 대통령상을 수상했다. 또한 2012년 QS 아시아 대학평가에서 43단계 수직 상승하여 아시아 고성장 대학으로, 그리고 아시아에서 국제화 속도가 세번째로 빠른 대학으로 조선일보에 소개되었다.[12]

이효수 총장은 2010년 10월 13일 밤 11시부터 전국에 생방송된 KBS 뉴스라인 기획대담에 특별 초청되어, 글로컬 이니셔티브의 비전과 발전전략, Y형인재육성 패러다임, 융복합 연구패러다임에 대해 심층 인터뷰를 했다.[13] 그리고 전국 주요 언론들은 글로컬 선도대학과 Y형인재의 성과들을 여러 차례 크게 보도하였고, '지방의 한계를 넘어선 대학,' '지방사립대학 1위' 등으로 평가하면서 크게 주목을 받아왔다.[14]

그런데 왜 12년이 지난 2024년 현재 영남대학교는 여전히 '글로컬 선도대학(GIU)'으로서 위상을 확보하지 못했을까? 글로컬 선도대학은 21세기 새로운 대학 패러다임으로, 성공적인 패러다임 전환을 위해서는 시스템과 문화가 함께 바뀌어야 한다. 새로운 시스템과 새로운 문화가 정착하여 새로운 패러다임으로 자리잡기 위해서는 최소 10년 이상 일관된 정책기조 유지가 필요하다. 그런데 새로운 패러다임이 제대로 자리잡기 전에 총장이 바뀌면서 '글로컬 선도대학'의 비전과 전략은 추진력을 잃었다. 'Y형인재' 등 일부 사업은 지속적으로 강조되었지만, 재정적인 문제로 인해 Y형인재 육성을 위한 투자가 대폭 줄어들면서 Y형인재 육성 패러다임 역시 제대로 정착되지 못했다.

패러다임 전환은 기존 시스템과 관행의 개혁을 요구하지만, 새로운 패러다임이 안착하기 전까지 구성원들은 익숙하고 편안한 과거로 회귀하려는 경향이 있다. 예를 들어, 지식생산 능력 강화를 위해 교수들은 더욱 심층적이고 창의적인 연구에 몰두하고 세계적인 학술지에 논문을 게재해야 한다. 또한, Y형인재 육성을 위해 교수들은 새로운 교육방법을 도입하고 더 많은 강의준비에 힘써야 한다.

교수들은 대학 패러다임 전환의 필요성을 인지하면서도, 연공서열과 같은 기득권 유지를 우선시하는 경향이 있어 패러다임 전환에 어려움이 많다. 따라서 새로운 패러다임이 안착할 때까지 강력한 VIP 리더십이 필수적이다. 그러나 한국 대부분의 대학은 VIP 리더십을 갖춘 총장을 찾으려는 노력을 충분히 기울이지 않고 있으며, 임기도 4년 단임이 거의 관행처럼 자리잡고 있다.

앞서 언급된 스타트업 창업 실적에서 서울대학교가 스탠퍼드 대학교의 10%에도 미치지 못하는 것은 교수와 학생의 두뇌 차이 때문이 아니라, 대학 패러다임의 차이에서 비롯된 것이다. 서울대학교가 대학 패러다임 전환에 성공하지 못하는 주요 원인 중 하나는 총장의 4년 단임 관행이다.

예를 들어 VIP 리더십을 갖춘 총장이 IT분야에서 세계적인 연구역량 및 인재양성 역량 확보를 위해 IT 융복합 연구분야에서 세계적인 수준의 연봉을 주고 석학을 유치하며 세계적 수준의 연구환경 조성 작업을 추진했다고 가정하자. 그러나, 4년 후 새로운 총장이 정책 추진을 중단해 버리면 투자 낭비만 일어나게 된다.

글로컬 선도대학과 VIP 리더십

미국 명문대학들은 엄격한 기준과 투명한 절차를 바탕으로 VIP 리더십, 탁월한 경영능력, 뛰어난 학문적 성과, 국제적 안목, 그리고 원활한 소통 능력을 두루 갖춘 최적의 인재를 총장으로 영입하기 위해 1년 전후의 긴 시간에 걸쳐 다각적인 선임 과정을 거친다. 이처럼 심혈을 기울이는 이유는 총장 선임 과정을 단순한 인물 선발이 아닌, 대학의 미래를 설계하는 핵심적 과정으로 인식하기 때문이다.

총장 선임 과정은 대학별로 다소 차이를 보이지만, 일반적으로 다음과 같은 단계로 이루어진다.[15]

첫째, 대학의 미래를 선도할 탁월한 총장 후보를 선별하기 위해 이사회, 교수진, 학생, 교직원, 동문, 외부 전문가 등 다양한 이해관계자가 참여하는 '총장선임위원회(Presidential Search Committee)를 조직하여 광범위한 탐색과 심층적인 평가를 체계적으로 수행한다.

둘째, 한국 대학들이 내부 출신 인사 중심으로 총장을 선출하는 경향이 강한 반면, 미국의 명문 대학들은 전국적으로 잠재적 후보자를 폭넓게 물색하며 서류심사와 면접을 통해 후보자의 자질, 역량, 비전, 전략을 종합적으로 평가하여 교내외를 막론하고 최고의 인재를 영입하기 위해 노력한다.

셋째, 최종 후보자를 중심으로 캠퍼스 구성원들과의 오픈 포럼이나 질의응답 시간을 마련하여 후보자의 자질과 능력을 다각적으로 평가하고 다양한 의견을 수렴하는 과정을 거친다.

넷째, 총장선임위원회에서 최종 후보를 선정하면, 이사회 승인을 거쳐 공식적으로 총장으로 임명된다. 이렇게 선출된 총장은 비전과 전략을 성공적으로 수행하는 경우, 4년 단위로 3~4차례의 연임을 통해 새로운 대학 패러다임을 안정적으로 정착시킬 수 있다.

한국에서 글로컬 선도대학을 육성하기 위해서는, 미국의 명문대학처럼 VIP 리더십을 갖춘 인재를 총장으로 선출할 수 있도록 총장 선출 방법과 과정을 혁신해야 한다. 아울러, 선출된 총장의 VIP 리더십이 검증되면, 그의 비전과 전략이 새로운 대학 역사로 자리잡을 수 있도록 충분한 시간을 주어야 한다.

세계적 연구역량과 스타트업 생태계

글로컬 선도대학(GIU)이 세계적 연구역량과 스타트업 생태계를 갖추기 위해서는 세 가지 핵심 요소가 필요하다.

첫째, 세계적 연구역량을 갖춘 교수진 확보와 우수 대학원 인재 유치다. 첨단 지식과 기술을 개발하기 위해서는 세계적 수준의 연구역량을 갖춘 교수진을 확보해야 하며, 이를 뒷받침하는 고도화된 대학원 프로그램을 통해 뛰어난 인재들이 모여야 한다.

현재 한국의 많은 대학들은 여전히 연공서열 임금체계를 유지하고 있어 세계적 수준의 연봉을 제공하기 어려운 실정이다. 연봉과 인종에 관계없이 세계적인 연구역량을 가진 우수한 교수를 유치할 수 있도록 유연하고 경쟁력 있는 교원 인사시스템을 마련해야 한다. 이러한 교수들이 세계적인 연구실을 구축해야만 우수한 대학원생을 유치할 수 있으며, 이를 기반으로 첨단 지식과 기술 개발을 선도할 수 있다.

둘째, 융복합 연구환경과 창의적 연구문화를 조성해야 한다. 첨단 지식과 기술은 다양한 학문 분야의 통섭과 융합을 통해 탄생한다. 특히, 생성형 인공지능, 빅데이터 등 제4차 산업혁명 범용기술 기반의 새로운 연구영역 개척을 위해서는 공학, 기초과학, 인문사회과학 간의 심도 깊은 융복합 연구가 필요하다. MIT의 미디어랩과 같이 기술, 미디어, 과학, 예술, 디자인 등 다양한 학문 분야의 전문가들이 협력하여 혁신적인 연구를 수행하고 미래 기술을 선도하는 연구 환경을 구축해야 한다.

셋째, 혁신적인 스타트업 생태계를 조성해야 한다. 대학은 교수진과 학생들의 스타트업 활동을 적극적으로 지원할 수 있는 교육 프로그램과 맞춤형 지원 시스템을 제공해야 한다. 또한 지자체, 산업계, 정부와의 긴밀한 협력을 통해 자금지원, 정책 연계, 인프라 구축 등의 다각적인 노력을 기울여야 한다. 이를 통해 대학은 기술 창업과 산업 혁신의 허브 역할을 수행할 수 있으며, 지역과 세계를 연결하는 지속가능한 글로컬 혁신 플랫폼으로 성장할 수 있다.

대학경쟁력이 국가경쟁력

제4차 산업혁명과 창조경제가 주도하는 인재주의 시대에 대학 경쟁력은 곧 국가 경쟁력으로 직결된다. 특히 글로컬 선도대학(GIU)의 경쟁력은 제4차 산업혁명 범용기술 개발역량과 스타트업을 포함한 창조경제 생태계의 수준을 좌우하며, 이는 산업 혁신역량과 미래산업 개발역량을 결정짓는 핵심 요소로 작용한다. 궁극적으로 이러한 역량은 국가의 경제성장동력과 글로벌 경쟁력을 좌우한다.

상반된 대학 투자 정책

이러한 메커니즘은 한·중·일 3국의 비교 분석을 통해 더욱 명확히 확인할 수 있다. 필자는 '이효수 블로그'와 신문 칼럼 등을 통해 제4차 산업혁명과 창조경제를 선도할 '글로컬 선도대학(GIU)'을 광역 경제권별로 2~3개씩, 전국적으로 20~30개 육성할 수 있는 국가전략의 필요성을 지속적으로 강조해 왔다.

하지만 지난 16년간 정부는 대학 등록금 동결, 국가장학금 지원, 단기 프로젝트 지원 등 규제 중심의 정책을 펼쳤을 뿐, 글로벌 경쟁력을 갖춘 대학 육성을 위한 실질적인 지원은 미흡했다. 이러한 정책 기조는 대학들을 재정난에 빠뜨려 연구 개발 투자 및 인재육성 패러다임 전환을 위한 투자를 저해하는 결과를 초래했다. 특히, 낮은 교수 연봉은 첨단 분야의 우수한 인재들이 해외 대학이나 글로벌 기업을 선택하게 만들었고, 이는 국내 대학들이 우수 교수진을 확보하는 데 큰 어려움을 겪게 하는 원인으로 작용하고 있다.

한편, 중국은 문화대혁명으로 황폐화된 대학 시스템을 재건하기 위해, 1995년부터 '211 공정'을 추진했다. 이는 지역별로 2~3개, 전국적으로 100개의 선진 수준 대학을 육성하기 위한 전략으로, 2015까지 추진되면서 112개 대학이 참여하였고 약 6.2조 원이 투입되었다. 이어서 1998년 5월 베이징대학교 100주년 기념식에서 장쩌민 주석은 100대 대학 중 일부를 21세기 초에 연구중심 세계일류 대학으로 육성하겠다는 비전을 담은 '985 공정'을 발표했다. '985 공정'은 1999년부터 2015년까지 39개 대학이 참여하였고 16조 원이 투입된 대규모 프로젝트였다.[16]

중국의 대학 정책은 여전히 불공정, 불투명, 학문의 자유 제한 등 많은 문제점을 안고 있지만 적어도 대규모 재정 투입을 통해 대학의 연구개발 역량을 획기적으로 끌어올린 점은 분명한 사실이다.

한·중·일 대학 경쟁력 변화

지난 30년간 한국과 중국의 대학 투자 격차는 양국의 대학경쟁력 순위를 완전히 뒤바꿔 놓았다. 영국의 글로벌 대학 평가 기관인 QS의 '아시아 대학 평가 톱 10'을 살펴보면, 2012년에는 서울대(4위), 카이스트(7위), 포스텍(9위) 등 한국 대학 3곳, 홍콩 대학 3곳, 일본 대학 2곳, 싱가포르 대학 1곳이 포함되었고, 중국 대학은 단 1곳에 불과했다.[17]

그러나 2024년에는 중국 대학 4곳, 홍콩 대학 3곳, 싱가포르 대학 2곳이 톱 10에 이름을 올렸고, 한국 대학은 9위의 연세대가 유일했으며 일본 대학은 10위권에서 사라졌다.[18] 홍콩이 중국에 반환된 점을 고려하면, 아시아 톱 10 대학 중 7곳이 중국 대학이라는 사실은 중국의 대학 경쟁력이 얼마나 빠르게 성장했는지를 보여준다.

핵심 과학기술 경쟁력 역전

과학기술정보통신부는 과학기술기본법에 따라 2년마다 한국, 미국, 중국, 일본, 유럽연합(EU) 등 5개국의 핵심 과학기술을 비교 평가하고 있다. 2024년 평가 보고서에 따르면,[19] 국가경쟁력의 척도인 핵심 과학기술 11대 분야 136개에서[20] 미국의 기술수준을 100%로 봤을 때, 지난 10년(2012-2022년) 동안 한국은 77.8%에서 81.5%로 3.7% 포인트 증가한 반면, 중국은 67.0%에서 82.6%로 15.6% 포인트라는 놀라운 상승률을 기록했다. 한편, 일본은 93.4%에서 86.4%로 7% 포인트 하락했다.[21]

이 결과는 매우 충격적이다. 불과 10년 사이, 국가경쟁력을 좌우하는 핵심 과학기술력에서 2012년 한국은 중국보다 10.8% 포인트 앞서 있었지만, 2022년에는 오히려 1.1% 포인트 뒤쳐지게 되었다. 또한, 중국은 일본과의 격차를 3.8% 포인트까지 좁히며 바짝 추격하고 있다. 이는 충분히 예견된 결과이다.

앞서 보았듯이 한국 및 일본과 달리 중국은 1995년부터 지난 30년간 대학에 막대한 재정 투자를 지속해 왔다. 그 결과, 지난 10년간 중국은 아시아 톱10 대학 수가 1개에서 7개로 늘어났고, 국가경쟁력을 결정하는 핵심 과학기술력에서도 한국을 추월하고 일본을 턱밑까지 추격했다.

한국은 지난 30년 동안 중국과의 높은 기술격차를 이용하여 중국 거대시장을 발판으로 빠르게 성장해 왔다. 그러나 이제 핵심과학기술력의 역전으로 저가상품시장은 물론 첨단산업 분야에서도 중국에 밀리게 될 것이며, 이는 국가경쟁력의 심각한 약화로 이어질 것이다. 이러한 위기감 때문에 나는 글로컬 선도대학(GIU) 육성을 위한 국가전략의 필요성을 끊임없이 강조해 왔다.

1992년 한중수교 직전에 나는 중국의 베이징대와 칭화대를 방문했을 때, 한국의 퇴락한 서원과 같은 인상을 받았다. 그러나 중국의 985공정이 본격 추진되던 2000년에 베이징대학, 칭화대학, 난징대학 등 중국의 주요 대학들을 다시 방문한 후, 언론 칼럼 등을 통해 한국이 조속히 글로컬 선도대학(GIU)을 육성하지 않으면 대학은 물론 과학기술력과 경제 경쟁력에서도 가까운 미래에 중국에 추월당할 것이며, 이는 한국경제의 구조적 침체를 야기할 것이라는 점을 거듭 강조해 왔다.[22] 안타깝게도 우리는 지금 예견된 비극을 눈앞에 두고 있다.

글로컬 선도대학과 국가균형발전

세계적인 경쟁력을 갖춘 명실상부한 글로컬 선도대학(GIU)을 광역경제권별로 2~3개 육성하는 국가전략이 필요하다. 글로컬 선도대학은 제29장에서 논의될 '글로벌 혁신도시'의 핵심 동력으로서, 수도권 집중화를 막고 국가균형발전을 실현하는 데 필수적인 전략 중 하나이다.

글로컬 선도대학은 단순한 지역거점대학을 넘어, 인재주의 창조경제 시대에 부합하는 새로운 대학 패러다임으로서 지역 지식경쟁력과 지역 혁신정체성을 강화하고, 지식 트라이앵글의 핵심 동력 역할을 수행해야 한다. 이를 통해 지역의 우수한 인재들이 수도권 상위권 대학이 아닌 지역의 글로컬 선도대학을 선호하고, 외국의 우수한 인재들 또한 끌어들일 수 있는 매력적인 환경을 조성해야 한다. 이것이 지역의 우수 인재 유출을 방지하고, 양질의 일자리를 창출하는 가장 확실한 방법이다.

인재주의 시대에 지역의 우수한 인재 유출이 지속되는 상황에서는 지역 쇠퇴의 가속화를 막을 수 없다. 현재 정부가 지방대학 육성정책으로 추진 중인 글로컬 대학(GU) 30개 육성 정책은 글로컬 선도대학(GIU)과 명칭은 유사하지만, 그 내용에는 상당한 차이가 있다. 정권이 교체될 때마다 명칭만 달리한 산학협력 대학 지원 프로그램이 운영되어 왔는데, 현재 정부의 글로컬 대학 정책은 이러한 기존의 틀을 벗어나지 못하고 있는 것으로 보인다. 현재 정부가 추진하는 글로컬 대학 정책으로는 지역 우수인재 유출을 막기 어려우며, 국가균형발전 또한 기대하기 어렵다. 글로컬 선도대학은 단순한 지방대학 육성 정책이나 대학 구조조정 차원으로 접근해서는 결코 성공할 수 없을 것이다.

글로컬 선도대학을 육성하기 위해서는, 앞서 논의한 바와 같이 VIP 리더십을 갖춘 총장 선출 시스템, 세계적 수준의 교수를 확보할 수 있는 인사시스템, 지식생산과 Y형인재육성을 위한 연구 및 인재육성 패러다임의 대전환 등 구체적인 실행계획을 수립한 대학을 자유경쟁 방식으로 선발하고, 대학 패러다임 전환 계획의 실행에 맞추어 체계적으로 지원하되, 세계 최고 수준의 대학들과 경쟁할 수 있도록 충분한 재정지원을 해야 한다.

학령인구 절벽과 대학 구조조정

오늘날 한국 대학은 대학 패러다임 전환과 더불어 초저출산으로 인한 학령인구 급감에 따른 구조 조정이라는 두 가지 중대한 과제에 직면해 있다. 제5장에서 살펴본 바와 같이, 대학 학령인구는 2024년 189만 3천 명에서 불과 16년 후인 2040년에는 117만 2천 명으로 61.9% 수준으로 감소하고, 2050년에는 절반에도 미치지 못하는 46% 수준으로 급감할 것으로 예상된다. 이는 앞으로 20년 이내에 대학의 절반가량이 문을 닫을 위기에 처해 있음을 의미한다.

수도권을 제외한 대부분의 대학들은 앞으로 15년 안에 현재 정원의 절반을 유지하는 것조차 어려울 것으로 예상된다. 이러한 상황은 대학 재정 악화로 이어져 우수 교수 확보 및 양질의 교육 프로그램 유지가 불가능해지고, 결국 부실 대학 양산으로 이어질 수밖에 없다.

따라서 단기간 내에 대규모 구조 조정이 불가피하며, 구조 조정이 지연될 경우 연구 및 양질의 교육이 사실상 불가능한 부실 대학이 급증할 수밖에 없다. 글로컬 선도 대학(GIU)을 제외한 나머지 대학들은 대학 구조 조정을 통해 직업 능력 개발에 특화된 강소 대학으로 육성해야 한다. 이러한 대학들은 지역 기업과의 산학 협력 및 생애 학습 프로그램 개발에 주력해야 한다.

국가는 대학 구조조정 예산을 확보하여, 이런 대학들이 통합과 특성화를 통해 경쟁력 있는 강소대학으로 거듭날 수 있도록 적극적으로 지원하고, 사립대학 재단에는 '해산 장려금'을 제공하여 자발적인 퇴출을 유도해야 한다. 이러한 조치가 없다면 부실대학의 양산을 막기 어려울 것이다.

인구 절벽이 가파르게 진행되는 상황에서 대학의 대규모 부실화는 사회 전체에 끔찍한 재앙이 될 수 있다. 이는 눈에 보이지 않지만 개인, 기업, 국가에 막대한 피해를 주고, 국가 경제가 저성장 함정에서 벗어나기 어렵게 만든다. 부실 대학 졸업생들은 안정적인 일자리를 얻기 어려워지고, 기업들은 경쟁력 있는 인재를 확보하는 데 어려움을 겪게 될 것이다. 국가가 부실대학을 방치한다는 것은 국가의 가장 중요한 자원인 인적자원의 부실화를 방관하는 것과 같다.

27
건강한 노동시장과 가족친화적 고용관계

건강한 노동시장

제11장에서 논의된 바와 같이, 한국 노동시장은 단순한 분단노동시장이나 이중노동시장이 아닌, 학력 중심의 단층노동시장이다. 세 개의 뚜렷한 단층으로 나뉜 이 시장은 일단 진입하면 개인의 능력이나 노력만으로는 상위단층으로의 이동이 극히 제한적인, 일종의 신분사회와 유사한 양상을 보인다. 이러한 단층노동시장은 '직위 중심의 피라미드형 단층구조', '학력 중심의 연공서열형 고용관리 관행'이라는 두 가지 핵심 특징을 중심으로 작동한다.

이러한 특징은 과도한 사교육 열풍, 만연한 사회적 스트레스, 높은 양육비 부담 등 다양한 사회·경제적 문제를 야기하며, 결과적으로 한국 사회를 심각한 초저출산의 늪으로 몰아넣고 있다. 따라서 단층노동시장 구조는 초저출산 문제의 핵심 원인으로 작용하며, 노동시장 개혁 없이는 기존의 출산 장려 정책만으로는 근본적인 해결이 어렵다.

그러나 IMF 구제금융 이후 노동시장 개혁은 노동시장의 유연성 확보에 초점을 맞춰 진행되어 왔다. 이러한 유연노동시장 전략은 고용불안감을 자극하여 오히려 정규직의 고용 경직성을 심화시키고, 비정규직 중심의 하위 단층만을 확대시켜 노동시장의 양극화를 더욱 심화시키는 역효과를 낳았다.

따라서 한국 노동시장 개혁은 유연노동시장(FLM, Flexible Labor Market)을 넘어, 단층구조와 연공서열형 고용관리 관행을 혁신할 수 있는 '건강한 노동시장(HLM, Healthy Labor Market)' 구축을 지향해야 한다. 이는 단순히 노동시장의 효율성을 높이는 것을 넘어, 사회 구성원 모두에게 공정한 기회를 제공하고 지속 가능한 발전을 도모하는 방향으로 나아가야 함을 의미한다.

건강한 노동시장(HLM)은 네 가지 핵심 요소를 기반으로 구축되어야 한다.

첫째, 양질의 일자리가 풍부하게 제공되는 '다채로운 노동수요 생태계'를 조성해야 한다. 이는 다양한 산업과 직종에서 안정적이고 발전 가능성이 높은 일자리를 지속적으로 창출하는 것을 의미하며, 산업의 구조적 다양성과 지속 가능성을 함께 고려해야 한다.

둘째, 우수한 인재를 지속적으로 공급할 수 있는 '탄탄한 노동공급 생태계'를 구축해야 한다. 이를 위해 인재육성 패러다임 전환을 위한 교육시스템 혁신, 직업훈련 강화, 평생 학습체계의 구축이 필요하며, 시대의 변화에 발맞춘 인재 개발 전략이 수반되어야 한다.

셋째, 생산성 향상과 근로자의 삶의 질 개선이라는 상호이익(mutual gains)을 추구하는 '상생적 고용관계'를 확립해야 한다. 이는 노사 간의 신뢰를 바탕으로 한 협력적 관계 구축과 더불어, 공정하고 투명한 보상체계를 마련하는 것을 포함한다. 상생적 고용관계는 기업의 지속 가능성과 근로자의 안정된 삶 모두를 실현하는 기반이 된다.

마지막으로, 노동력 거래비용을 절감하고 노동시장의 불일치를 최소화하기 위한 '효율적인 학습·고용 정보시스템'을 구축해야 한다. 이 시스템은 구직자와 구인 기업 간의 정보 격차를 해소하고, 맞춤형 정보 제공을 통해 노동시장의 효율성을 높이는 것을 목표로 한다.[1]

따라서 '단층노동시장'을 '건강한 노동시장(HLM)'으로 혁신하기 위해서는 세 가지 핵심과제를 수행해야 한다. 양질의 일자리와 우수한 인재의 안정적 공급을 위해 'Y형인재 중심의 노동수요·공급 생태계'을 구축하고, 노사가 상호이익을 실현할 수 있도록 고용관계 시스템 즉 PDR 시스템을 혁신해야 한다. 그리고 노동시장의 정보불일치를 해소할 수 있도록 학습·고용정보센터(LJIC)를 구축하는 것이다. 지금부터 이 세가지 핵심과제에 대해 차례로 논의를 이어가겠다.

Y형인재 중심의 노동수요·공급 생태계 구축

건강한 노동시장을 위한 노동수요 생태계란 '질 좋은 일자리'를 지속적으로 창출하는 경제사회적 기반을 의미한다. 제4차 산업혁명/창조경제 시대의 일자리 창출 메커니즘은 산업경제시대와는 근본적으로 다르다. 과거에는 산업단지 조성이나 대규모 투자 등을 통해 일자리가 만들어졌지만, 이제는 첨단지식과 창의적 혁신역량을 갖춘 'Y형인재'에 의해 일자리 창출이 주도되고 있다.

신산업 창출의 핵심은 첨단지식과 Y형 인재를 끊임없이 공급할 수 있는 글로컬 선도대학(GIU, Glocal Initiative University)이다. GIU는 지역 경제를 이끌고 새로운 일자리를 창출하는 핵심 인프라이며, 지역 혁신의 중심축으로 기능한다.

따라서 중앙정부와 지방정부는 광역경제권별로 2~3개의 GIU를 전략적으로 육성해야 하며, 이를 중심으로 창조도시와 혁신 클러스터를 조성해야 한다. 이러한 구조는 지역의 혁신 역량을 강화하고, 스타트업과 신산업 육성을 통해 지속 가능한 양질의 일자리를 안정적으로 창출하는 기반을 마련하게 된다.

건강한 노동시장을 위한 노동공급 생태계란, 창의적이고 혁신적인 Y형인재를 지속적으로 양성하고 공급하는 시스템과 문화를 의미한다. 4차 산업혁명 시대에는 급변하는 기술 환경에 능동적으로 적응하고, 새로운 가치를 창출할 수 있는 인재가 절실히 요구된다. 정형화된 'X형인재'보다 창의성과 혁신역량을 갖춘 'Y형인재'가 주목받는 이유이다.

이에 따라 개인은 물론, 대학, 기업, 사회 전체가 'Y형인재' 양성에 힘써야 한다. 개인은 평생 학습을 통해 지속적으로 자신의 역량을 개발해야 하며, 교육 기관은 X형인재 중심의 기존 교육 방식에서 탈피해 Y형인재를 양성하는 새로운 교육 패러다임을 구축해야 한다. 창의성과 유연성을 지닌 인재들이 노동시장에 안정적으로 공급될 수 있을 때, 지속가능하고 역동적인 노동시장 생태계가 실현될 수 있다.

PDR 시스템 혁신

노동수요와 노동공급을 연결하는 핵심 매개체는 바로 고용관계이다. 따라서 건강한 노동시장을 구축하기 위해서는 '상호이익(mutual gains)'을 실현할 수 있는 '상생적 고용관계 관행'을 형성하는 것이 필수적이다. 고용관계 분야 세계적 석학인 MIT의 토마스 코칸(Thomas A. Kochan), 캐나다의 장 섹스턴(Jean Sexton) 교수 등이 평가하듯이, 이효수 교수의 'PDR 시스템 이론'은 휴먼웨어에 기초한 이론으로, 상생적 고용관계의

중요성을 명확히 이해하고, 이를 구축하기 위한 방향을 모색하는 데 유용한 틀을 제공한다.[2]

PDR 시스템 이론

PDR 시스템 이론에 따르면, 사용자, 노동자, 정부 등 고용관계 행위주체들은 고용관계 환경변수를 고려하여 생산(P), 분배(D), 룰-메이킹(R) 시스템에 대한 전략적인 선택을 한다. 그리고 PDR 시스템의 내용과 시스템 간의 상호작용을 통해 고용관계의 성과수준이 결정된다.

(그림 27-1) PDR 시스템 이론

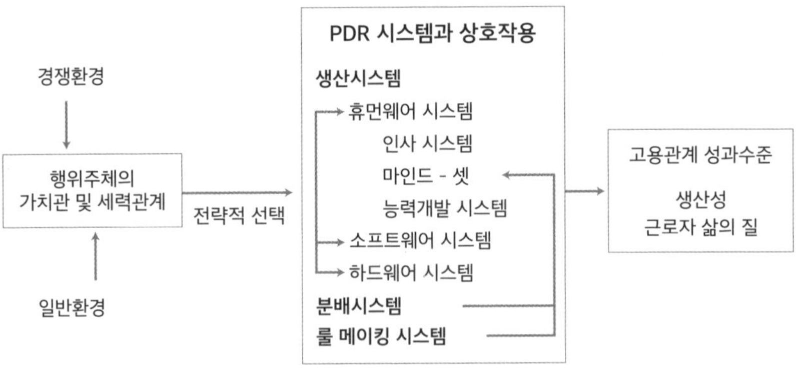

출처: Hyo-Soo Lee, 'The Interaction of Production, Distribution and Rule-Making Systems in Industrial Relations', *Relat.ind.,* 1996, vol. 51, n°2, pp.302-332

이처럼 PDR 시스템 이론은 고용관계를 네 가지 차원으로 접근한다. 첫째, 고용관계에 영향을 미치는 외부 환경을 분석한다. 둘째, 사용자, 노동자, 정부 등 행위주체들의 가치관, 세력관계, 전략적 선택을 면밀히 검토한다. 셋째, 생산(P), 분배(D), 룰-메이킹(R)이라는 세 가지 핵심 시스템, 즉 PDR 시스템의 내용과 그 상호작용을 분석하여 고용관계의 작동원리를 규명한다. 넷째, 생산성 및 근로자 삶의 질과 같은 고용관계의 성과수준을 평가한다. 이는 시스템의 효과성을 측정하는 데 필수적이다.

환경 변수

고용관계 환경은 크게 경쟁환경과 일반환경으로 나눌 수 있다. 경쟁환경은 기업이 직접적으로 영향을 미치고 전략을 수립하는 영역으로, 상품시장, 노동시장, 기술 변화, 기업규모, 지배 구조 등이 포함된다. 이러한 환경 요소들은 기업의 경쟁력과 직접적으로 연결되어 있으며, 기업은 이를 분석하고 대응전략을 수립해야 한다.

반면, 일반환경은 경제 상황, 정치 상황, 문화 등 기업이 직접적으로 통제하기 어려운 외부 요인을 의미한다. 이러한 요소들은 기업의 의사 결정에 간접적인 영향을 미치지만, 행위주체들의 가치관과 세력관계에 중요한 영향을 미친다. 예를 들어, 경제 불황은 기업의 투자 결정에 영향을 미치고, 정치적 불안정은 외국 기업의 투자 유치를 어렵게 만들 수 있다. 정권의 정치성향과 노동정책 또한 노사의 가치관과 세력관계에 상당한 영향을 미친다.

이처럼 환경 변수는 고용관계 행위주체들의 의사결정에 중요한 영향을 미친다. 환경 변수는 행위주체들의 가치관을 형성하고, 이러한 가치관은 다시 전략적 선택의 범위를 결정한다. 또한 환경 변수는 행위주체 간의 세력관계에도 영향을 미쳐, 최종적으로 유효한 전략이 무엇인지 결정하는 데 중요한 역할을 한다.

PDR 시스템의 내용

PDR 시스템은 생산시스템, 분배시스템, 룰-메이킹 시스템으로 형성되어 있다. 생산시스템은 휴먼웨어, 소프트웨어, 하드웨어 등 세 개의 하위 시스템과 그들의 상호작용을 통해 작동한다.

첫째, 휴먼웨어 시스템은 인재를 관리하고 육성하는 시스템으로, 인사 시스템, 마인드셋, 능력개발 시스템으로 이루어져 있다. 인사 시스템은 채용, 배치전환, 승진제도 등을 통해 조직 구성원을 관리하고, 마인드셋은 학습, 창조, 협력 마인드로 조직 구성원의 태도와 가치관을 형성하며, 능력개발시스템은 구성원의 역량을 강화하기 위한 교육 및 훈련 프로그램을 제공한다.

둘째, 소프트웨어 시스템은 조직 구조, 조직의 운영 방식과 절차, 작업 방식, 정보 시스템 등을 포괄한다. 피라미드형 조직, 네트워크 조직, 팀 구성, 생산방식, 품질관리 시스템 등이 여기에 해당된다.

셋째, 하드웨어 시스템은 생산에 필요한 물리적인 설비와 기계를 의미한다.

이러한 세 가지 요소가 유기적으로 결합될 때, PDR 시스템의 생산 시스템은 최적의 효율성을 발휘할 수 있다.

분배 시스템은 경제적, 정치적, 사회적 측면으로 나누어 볼 수 있다. 경제적 분배시스템은 임금체계, 성과 분배, 이윤 분배 등 금전적 보상체계로 근로자의 경제적 만족도에 영향을 미친다. 공정한 임금체계와 성과에 따른 합리적인 분배는 근로자의 동기 부여와 생산성 향상에 중요한 역할을 한다.

정치적 분배시스템은 의사 결정 과정에서의 참여 기회, 정보 접근성 등과 관련되어 근로자의 심리적 만족도에 영향을 미친다. 근로자의 의견이 반영되고 정보가 투명하게 공개되는 환경은 근로자의 주인의식과 소속감을 높여 심리적 안정감을 제공한다.

사회적 분배시스템은 근무 환경, 복지 제도 등과 관련되어 근로자의 삶의 질에 직접적인 영향을 미친다. 안전하고 쾌적한 근무 환경, 충분한 휴식 시간, 다양한 복지 제도는 근로자의 건강과 행복을 증진시켜 삶의 만족도를 높인다.

이러한 세 가지 측면의 균형 잡힌 분배 시스템은 근로자의 마인드셋과 만족도를 높이고, 궁극적으로 조직의 성과 향상에 기여한다.

룰-메이킹 시스템은 법률, 단체 협약, 기업 사규 등 다양한 형태로 존재하며, 조직 구성원들의 행동을 규제하고 조정하는 역할을 한다. 국가차원에서는 노동법, 근로기준법 등이 핵심적인 규칙으로 작용하며, 산업별 차원에서는 산별 교섭 등을 통해 결정된 규칙들이 적용된다. 또한, 기업 차원에서는 단체교섭, 노사협의, 또는 기업의 인사정책이나 관행 등을 통해 다양한 규칙들이 만들어진다.

이러한 규칙들은 생산 및 분배 시스템과 밀접하게 상호 작용하며, 조직의 문화와 성과에 복합적인 영향을 미친다. 공정하고 투명한 룰-메이킹 시스템은 조직 구성원들의 신뢰를 구축하고, 효율적인 생산 시스템 및 공정한 분배 시스템과 결합하여 조직의 안정적인 성장과 발전을 이끌어낼 수 있다.

PDR 시스템의 상호작용

PDR 시스템이론에서는 PDR 시스템 간의 상호작용과 시스템 균형에 대한 분석이 매우 중요하다.

(그림 27-1)에 따르면, 분배 시스템과 룰-메이킹 시스템은 근로자의 마인드셋에 영향을 미치고, 이는 다시 휴먼웨어의 질을 결정한다. 휴먼웨어는 소프트웨어 및 하드웨어 시스템과의 상호작용을 통해 생산 시스템의 수준을 결정한다. 따라서 생산시스템을 높은 수준에서 유지하기 위해서는 근로자의 학습·창조·협력 마인드가 최대한 발현될 수 있도록 휴먼웨어 시스템, 분배 시스템, 룰-메이킹 시스템을 구축해야 한다.[3]

휴먼웨어의 힘

결국, 기업의 경쟁우위는 휴먼웨어의 질에 의해 결정된다. 동일한 설비와 시스템을 갖추더라도, 이를 얼마나 효율적으로 활용할 수 있는지는 구성원들의 능력, 역할, 마인드셋에 달려 있다.

따라서 기업은 휴먼웨어 시스템을 강화하기 위해 분배시스템과 룰-메이킹 시스템을 지속적으로 개선해야 한다. 이는 단순히 시스템의 효율성을 높이는 것을 넘어, 구성원들의 잠재력을 극대화하고 조직 전체의 시너지를 창출하는 핵심 전략이다.

PDR 시스템 이론은 기업 경쟁력의 핵심이 인재임을 명확히 제시한다. 또한 기업 경쟁력 강화와 근로자의 삶의 질 향상을 동시에 달성하기 위해서는, 휴먼웨어가 효과적으로 작동할 수 있도록 PDR 시스템을 구축해야 한다는 점을 이 이론은 잘 보여주고 있다.

이 이론은 인재주의 경제학의 철학과 관점에서 가치 창출의 원천을 '인재'로 보고, 인재는 마인드셋과 잠재력 개발을 통해, 즉 휴먼웨어 강화를 통해 창조적으로 발전할 수 있음을 분명히 하고 있다.

디지털 시대와 연공서열 임금체계의 한계

PDR 시스템 이론에 따르면, 고용관계 환경변수에 중대한 변화가 발생하면 'PDR 시스템'을 혁신해야 한다. 현재 제4차 산업혁명과 창조경제 시대로의 전환 속에서 학력 중심의 단층노동시장과 연공서열 고용관리 관행은 다음 세 가지 이유로 인해 구조적 한계를 가질 수밖에 없기 때문에 근본적인 개혁이 시급하다.

첫째, 앞서 제11장에서 언급했듯이, 현재 학력 중심의 단층노동시장은 다양한 경제·사회 병리현상을 유발하고 있으며, 이로 인해 노동시장의 구조적 개혁은 더 이상 미룰 수 없는 과제가 되었다.

둘째, 산업경제에서 제4차 산업혁명과 창조경제로의 전환에 따라 고용관계 환경변수에 큰 변화가 일어나고 있다. 기술 패러다임은 아날로그에서 디지털로 이동하였고, 이에 따라 경제구조 또한 디지털 중심으로 변화하였다. 기술 변화 속도가 가속화됨에 따라 경쟁질서는 자본력 중심에서 기술 경쟁력과 창조적 변화 역량 중심으로 재편되었다. 이에 따라, 표준화된 지식과 기술로 주어진 업무를 성실히 수행하는 'X형인재'보다 창의성과 혁신역량을 갖춘 'Y형인재'가 기업의 핵심 경쟁력으로 부각되고 있다.

셋째, 디지털 네이티브인 MZ 세대는 고용관계에 대한 가치관과 의식구조 측면에서 부모 세대와 뚜렷한 차이를 보인다. 부모 세대는 산업경제 시대에 형성된 학력 중심의 단층노동시장과 연공서열 고용관리 관행을 자연스럽게 수용하지만, MZ 세대는 학력, 성별, 연령, 근속연수 등 속인적 요소에 따른 승진기회 및 보상의 차이를 '불공정'으로 인식한다. 이들은 공정성을 중시하며, 속인적 요소가 아닌 능력과 노력에 상응하는 보상을 공정하다고 여긴다.

MZ 세대는 특히 다음 두 가지 측면에서 연공서열 임금체계를 받아들이기 어렵다고 인식한다.

첫째, 연공서열 임금체계는 젊은 시기에는 낮은 임금을 지급하고, 근속연수와 연령이 증가함에 따라 임금이 상승하는 구조로, 평생직장과 장기고용을 전제로 설계되어 있다. 하지만 부모 세대와 달리 일생 동안 여러 번 직장을 옮겨야 하는 MZ 세대는 실현성이 낮은 미래 소득을 위해 현재의 낮은 임금을 감수하는 것을 납득하기 어렵다.

둘째, 디지털 경제에서는 기술변화 속도가 매우 빠르기 때문에, 단순히 학력이 높거나 근속연수가 많다고 해서 반드시 직무수행 능력이나 생산성이 높아지는 것이 아니다. MZ 세대는 인공지능(AI)과 같은 4차 산업혁명의 범용기술 활용 능력이 뛰어나 생산성과 효율성이 높음에도 불구하고, 단지 학력이나 근속연수가 높다는 이유로 선배들이 더 높은 승진기회와 임금수준을 누리는 것에 불만을 느낀다.

이와 더불어 세대 간 가치관의 차이도 뚜렷하다. 부모 세대는 직장에 대한 충성도와 장기적 고용관계를 중시하며 공동체 의식과 타인과의 관계를 중요하게 생각하는 경향이 강하다. 반면, MZ 세대는 개인주의적 성향이 강하며 일과 삶의 균형, 즉 워라밸을 중요하게 여긴다.

PDR 시스템 혁신

제4차 산업혁명과 창조경제 시대의 도래는 기술과 같은 고용관계의 핵심 환경변수를 근본적으로 변화시키고 있으며, 동시에 MZ 세대의 의식구조가 기성세대와 뚜렷하게 차별화됨에 따라, 기업은 글로벌 경쟁력을 유지하기 위한 전략으로 PDR시스템을 혁신해야 한다.

이를 위해 기존의 직위중심의 수직적 피라미드형 단층구조를 직무중심의 수평적 네트워크 조직으로 개편함으로써 유연하고 창의적인 조직운영을 가능케 해야 한다. 아울러 학력과 근속연수와 같은 속인적 요소가 아닌 능력과 노력에 상응하는 공정한 보상이 이루어질 수 있도록, 연공서열 임금체계를 직무급을 기본으로 하면서 직무 성과와 직업능력을 반영할 수 있는 직무·직능급 임금체계로 개편해야 한다.

이러한 조직 및 임금체계의 개편은 단층노동시장을 건강한 노동시장으로 전환하는 핵심 전략이기도 하다.

직무중심 수평적 네트워크 조직에서는 학력, 성별, 연령에 관계없이 해당 직무를 수행할 수 있는 직업능력을 갖춘 인재를 채용한다. 직무급 임금체계에서는 직무의 난이도 및 요구하는 직업능력의 차이에 따라 직무별로 급수가 주어지고, 주어진 직무에서 직무수행 능력이나 직무 성과의 차이에 따라 성과급을 추가적으로 지급하는 방식이다.

학력 중심의 단층노동시장과 연공서열 고용관리 관행에서는 채용, 승진, 보수를 관리하는 기준인 직급과 호봉이 사람에게 주어져 있으며, 수행하는 직무와는 관계가 없다. 반면, 직무중심의 수평적 네트워크 조직과 직무/직능급 임금체계에서는 사람에게 급수가 없고, 직무에 급수가 주어져 있다. 이를 편의상 '직무/직능 중심 고용관리 관행'이라고 하자.

직무/직능 중심 고용관리에서는 기업은 유사한 직업능력을 요구하는 직무들을 직군으로 묶고, 직군별로 학력, 성별, 연령 등 속인적 요소와 관계없이, '직업능력'을 기준으로 채용한다. 여기서 직업능력은 매우 중요한 개념이다. 단층노동시장에서 학력이 가장 중요한 입직기준이었다면, 직무 중심의 수평조직에서는 직업능력이 핵심적인 입직기준이 된다.

직업능력(Vocational Ability)은 특정 직무를 성공적으로 수행하는 데 필요한 지식, 기술, 경험 등을 총칭하는 개념이다. 이는 단순한 기술적 숙련도를 넘어, 해당 직무에 대한 심층적인 이해와 문제 해결 능력까지 포괄한다. 직업능력은 특정 직무에 대한 이론적, 실용적, 경험적 지식이 축적될수록 향상된다. 직업능력이 높을수록 환경 및 기술 변화에 대응하여 새로운 지식 및 기술의 습득(trainability)과 활용 능력(adaptability)이 높아진다.

또한, 내부노동시장을 적극적으로 발전시켜 근로자들이 직무 및 직군 이동을 자유롭게 할 수 있도록 지원해야 한다. 근로자들은 끊임없는 직업 능력 개발을 통해 자신이 원하는 직무나 더 높은 임금수준의 직무로 이동할 수 있어야 한다.

직무중심 고용관리에서는 다양한 직무급이 존재하며, 채용과 승진관리는 오직 직업능력을 기준으로 이루어진다. 어느 대학을 졸업했는가보다 어떤 직업능력을 갖추고 있느냐에 따라 근로자의 삶의 질이 결정되는 사회, 즉 '간판'이 아닌 '실력'이 중요한 사회가 구현되는 것이다.

학벌 아닌 능력 중심 사회

현재 글로벌 시장에서는 'AI 인재 확보 경쟁'이 치열하게 벌어지고 있다. 새로운 기술개발 능력이 기업의 운명을 좌우하는 첨단 산업 분야에서 직무 및 직업능력과 무관하게 직급과 호봉에 따라 임금이 결정되는 연공서열 임금체계로는 세계적인 수준의 인재를 확보할 수 없다.

글로벌 기업들이 고액 연봉을 제시하며 우수한 인재를 확보하는 현실에서 연공서열 체계에 묶여 1~2억 원 수준의 연봉을 지급할 수밖에 없는 기업은 장기적으로 경쟁에서 살아남기 어렵다. 직무 및 직능 중심의 임금체계를 도입하면 글로벌 시장 수준의 임금을 제공하여 우수한 인재를 확보할 수 있다.

직무 및 직능 중심의 임금체계 개혁은 기업의 경쟁력 강화뿐만 아니라, 우리나라의 왜곡된 인재 흐름을 바로잡는 데도 기여할 수 있다. 현재 고등학교 우수 인재들이 이공계 대학을 기피하고 의과대학으로 몰리는 현상을 해결하는 데 도움이 될 것이다. 학원에 초등학생 의대반이 개설될 정도로 심각한 상황이다. 이는 한국에서 의과대학을 졸업하면 다른 전공에 비해 상대적으로 높은 고용 안정성과 높은 소득을 보장받을 수 있기 때문이다.

기술 전쟁이 일상화된 제4차 산업혁명과 창조경제 시대에 우수한 인재들이 이공계를 기피하는 나라에서 기업이나 국가가 지속적으로 경쟁우위를 확보하는 것은 어려운 일이다. 직무/직능급 임금체계로 미국처럼 고액 연봉을 받는 개발자들이 크게 늘어나면 창조계급의 길을 택하는 인재들이 크게 증가할 것이다.

대기업 노동조합들은 연공서열 임금체계 유지와 동시에 정년 연장을 요구하고 있다. 이는 몇 가지 측면에서 심각한 문제를 야기할 수 있다. 기업의 노동비용 증가로 인해 신규 청년 인력 채용이 어려워지면서 기업 인력구조의 고령화가 심화된다. 이는 단순한 종업원 평균 연령 상승을 넘어 기업 생산성 저하, 혁신역량 약화, 청년층 일자리 감소 등 다양한 문제를 초래할 수 있다.

저출산 고령사회에서 정년 연장은 바람직한 방향이지만, 이를 위해서는 직무 및 직능 중심의 임금체계로 전환하여 생산성에 상응하는 공정한 분배시스템을 확립해야 한다. 직무 및 직능 중심의 임금체계는 근로자의 역할과 성과에 따라 보상이 이루어지므로 공정한 보상체계를 구축할 수 있다. 이러한 임금체계 아래에서 근로자들은 자신의 업무에 집중하여 생산성을 높이고, 새로운 기술에 필요한 직업능력 개발에 몰입하게 된다.

직무 및 직능 중심의 임금체계는 대학의 인재육성 패러다임 전환을 유도하는 데도 기여할 수 있다. 기업이 대학 졸업장이나 학벌이 아닌 직업능력을 평가하여 인재를 채용하면, 대학은 경쟁적으로 학생들의 직업능력을 높이기 위해 노력할 것이다. 즉, 대학은 학생들이 이론적 지식뿐만 아니라 실용적 지식과 경험적 지식을 쌓을 수 있도록 교육 훈련 프로그램을 개발할 것이다. 교수들은 10년, 20년 동안 동일한 내용을 반복해서 강의하는 대신, 최신 지식을 바탕으로 학생들의 직업능력 향상에 힘쓸 것이다.

대학은 첨단지식 생산과 Y형인재 육성 능력이 뛰어난 우수 교수 확보에 힘쓸 것이며, 이 과정에서 자연스럽게 대학의 특성화가 이루어질 것이다. 대학들이 첨단지식 생산과 Y형인재 육성을 위한 치열한 경쟁체제에 돌입하면서, 과거의 평편도나 수능 배치표에 의해 고착화된 대학서열은 무너지고, 간판이나 학벌이 아닌 실력주의 사회로 발전하게 될 것이다.

제4차 산업혁명과 창조경제 시대에는 창의와 혁신을 통해 '창조적 변화'와 '창조적 진화'를 선도하는 기업만이 고부가가치를 창출하고 지속 가능한 발전을 이룰 수 있다. 기업이 고부가가치를 창출하고 지속 가능한 발전을 이루어야 근로자들도 더 높은 임금과 좋은 근로조건을 보장받으며 삶의 질을 향상시킬 수 있다. 근로자의 삶의 질은 임금, 근로조건, 근로복지 등의 절대적 수준에 의해 보장된다.

PDR 시스템 이론에 따르면, 근로자의 학습, 창조, 협력 마인드와 직업능력이 기업 경쟁력의 핵심이다. 따라서 기업은 근로자의 학습, 창조, 협력 마인드가 최대한 발휘되고 공정성이 보장될 수 있도록 공정한 분배 시스템과 합리적인 룰-메이킹 시스템을 구축해야 한다. 이것이 바로 좋은 일자리를 창출하고 노사가 '상호이익(Mutual gains)'을 실현하는 길이다.

학습고용정보센터

건강한 노동시장을 위한 마지막 제도적 장치는 '학습-고용정보센터(LJIC, Learning-Job Information Center)'를 구축하는 것이다. 학습-고용정보센터는 모든 사람에게 새로운 직업 능력을 개발할 수 있는 학습 기회와 최적의 일자리를 찾아갈 수 있는 직업탐색 기회를 함께 제공하는 노동시장 플랫폼이다.

현재 고용복지센터는 학습정보, 직업능력 정보, 일자리 정보가 통합되어 있지 않아 노동시장 기능 강화에 근본적인 한계를 드러내고 있다.

학습-고용정보센터(LJIC)는 직업능력 정보, 학습정보, 일자리 정보를 통합하여 구직자와 구인 기업의 수요에 능동적으로 대응할 수 있도록 구축되어야 한다. 이는 4차 산업혁명과 창조경제 시대에 대응하기 위한 전략적 인프라이며, 노동시장 유연성과 직업전환의 기회를 확대하는 데 핵심적 역할을 수행할 수 있다.

이 시대의 기술변화 속도는 매우 빠르며, 새로운 기술은 새로운 직업능력을 요구한다. 이에 따라 구직자에게 양질의 일자리 기회를 제공하고 재직자에게 직업전환의 기회를 확대하는 것이 건강한 노동시장 구축의 필수 요소이다.

건강한 노동시장과 직무/직능급 고용관계 체계의 핵심은 '학력'이 아니라 '직업능력' 이다. 다양한 직업군만큼 요구되는 직업능력도 다양하므로, 직업능력검사 또한 직무 특성과 산업 변화에 맞추어 정교하게 개발되어야 한다.

기업은 필요로 하는 직무에 적합한 직업능력을 갖춘 인재의 채용 수요를 '일자리 은행(Job Bank, JB)'에 등록한다. 구직자는 본인이 희망하는 직업군을 설정하고, 학습고용정보센터(LJIC)에서 직업능력검사와 맞춤형 컨설팅을 받는다.

구직자가 원하는 직업군의 직업능력을 이미 보유하고 있는 경우, '인재은행(Talent Bank, TB)'에 등록하고 학습고용정보센터는 일자리를 알선한다. 반면, 새로운 직업능력 개발이나 추가 교육 훈련이 필요한 경우에는 학습-고용정보센터는 가장 적합한 교육훈련 프로그램을 안내하고, 직업능력 향상을 지원한다.

직업학교, 전문대학, 대학교는 자신들이 개설 및 운영하는 직업능력개발 프로그램의 내용과 품질을 학습고용정보센터에 등록한다. 학습-고용정보센터는 학습정보, 즉 직업능력개발 프로그램과 프로그램의 성과 및 평가를 공개한다.

이 과정에서 부실한 직업능력개발 프로그램과 기관은 시장에서 퇴출되고, 양질의 직업능력개발기관이 육성되면서 노동시장에 양질의 노동력

공급체계가 구축될 수 있다.

학습-고용정보센터(LJIC)는 이러한 메커니즘을 통해 노동력의 취업비용인 '이행비용(transition cost)'과 기업의 인력채용 및 교육훈련비용인 '거래비용(transaction cost)'을 줄이고, '일자리 불일치(Job mismatch)', '기술 불일치(Skill mismatch)', '임금 불일치(Wage mismatch)' 등 노동시장에 존재하는 3대 미스매치를 최소화하며 구조적 실업 해소에 크게 기여할 수 있다.

비정규직 노동시장

한국은 비정규직 노동시장 규모가 매우 크며, 그로 인해 많은 청년들이 고용 불안정에 지속적으로 노출되어 있다. 이들은 낮은 임금과 높은 고용 불안정성으로 인해 결혼과 육아에 어려움을 겪고 있다.

이러한 구조적 문제는 단층노동시장을 건강한 노동시장으로 개혁함으로써 개선될 수 있다. 건강한 노동시장에서는 학력이나 연공서열이 아니라 직업능력에 기반한 보상이 이루어지며, 비정규직 노동자도 본인의 노력에 따라 직업능력을 개발함으로써 정규직으로의 진입이 가능해진다. 이는 비정규직이 벗어날 수 없는 함정이 아니라, 서구 선진국처럼 경력 발전의 디딤돌로 작용할 수 있음을 의미한다.

그러나 플랫폼 경제의 확산은 오히려 비정규직 노동시장을 더욱 확대시키는 경향이 있어 새로운 문제가 되고 있다. 고용 형태가 다변화되고 자유계약 기반 업무가 증가함에 따라 고용안정성이 저하될 위험도 함께 커지고 있다.

비정규직 노동시장에서 고용불안을 줄이기 위해서는 '학습-고용정보센터(LJIC)'의 활성화가 필수적이다. LJIC은 구직자가 직장을 옮기는 과정에서 발생할 수 있는 이행비용과 실업 기간을 최소화하는 기능을 하여, 비정규직 노동자도 비교적 안정적인 고용 환경을 누릴 수 있다.

가족친화적 고용관계

4차 산업혁명과 창조경제 시대는 인재 경쟁의 시대이다. 이러한 시대적 흐름 속에서 기업이 경쟁력을 확보하기 위해서는 '가족친화적 고용관계'를 구축해야 한다. 특히 초저출산 사회에서는 가족친화적 고용관계가 우수 인재 확보와 기업 이미지 개선에 크게 기여할 수 있다.

가족친화적 고용관계는 단순히 근로자를 위한 제도가 아니다. 이는 기업과 직원 모두에게 이익이 되는 '상생적(mutual gains) 고용관계'로, 특히 워라밸을 중시하는 MZ세대에게 매력적인 고용관계이다. 이러한 고용관계를 통해 기업은 유능한 인재를 유치하고 기존 직원의 이직률을 낮추며, 더욱 안정된 조직을 구축할 수 있다.

직원들은 일과 삶의 균형을 통해 높은 직무만족도를 경험하고, 스트레스 없이 업무에 몰입할 수 있다. 그 결과 자연스럽게 조직에 대한 충성도와 생산성이 향상되고, 삶의 질 또한 개선된다. 이는 기업에게는 지속가능한 성장의 기반이 되고, 직원에게는 만족스러운 직장생활을 제공하는 핵심 요소이다.

또한, 초저출산 문제가 국가적 재앙으로 인식되는 현실에서, 가족친화적 기업은 사회적 책임을 다하는 기업으로 평가받아 기업 브랜드 가치를 높일 수 있다. 따라서 기업은 가족친화적 고용관계를 지속적으로 개발하고 실행함으로써, 직원과 함께 성장하는 기업문화를 조성해야 한다. 이러한 문화의 확산은 단순한 복지 차원을 넘어 초저출산 문제 해결을 위한 필수적인 사회적 과제이다.

가족친화적 고용관계는 여성의 경력단절을 예방하고, 남성의 육아 참여를 장려함으로써 아이 키우기 좋은 사회를 만드는 데 크게 기여할 수 있다. 그렇다면, 가족친화적 고용관계는 어떻게 구축할 수 있을까? 다음의 네 가지 차원에서 접근할 수 있다.

첫째, 직원들이 자율적으로 근무시간을 조절할 수 있도록 다양한 형태의 유연근무제를 적극 도입하는 것이다. 대표적인 예로는 재택근무, 시차 출퇴근제, 선택적 근무시간제 등이 있으며, 이는 근로자의 일과 삶의 균형 확보에 매우 효과적인 수단이다.

그러나 유연근무제의 도입은 자칫하면 생산성 저하로 이어질 수 있는 잠재적 위험도 내포하고 있다. 따라서 유연근무제를 성공적으로 정착시키기 위해서는 근로자의 자발적인 업무 집중과 성과 향상 노력이 반드시 전제되어야 하며, 이는 직무·직능급 임금체계와 함께 실행되어야 실질적인 효과를 기대할 수 있다.

직무·직능급 임금체계는 근로자의 직업능력과 업무성과에 기반하여 보상이 이루어지므로, 근로자들은 타인의 시선을 의식하기 보다는 자신의 성과 향상을 위한 내적 동기에 따라 자발적으로 노력하게 된다. 이러한 체계는 유연근무제와의 시너지를 통해 높은 생산성과 조직몰입도를 기대할 수 있다.

반면, 연공서열 임금체계 하에서 유연근무제를 도입할 경우, 업무 성과와 무관하게 임금이 결정되므로 일부 근로자가 책임의식 없이 이 제도를 악용할 가능성이 있으며, 이는 오히려 조직 전체의 생산성 저하를 초래할 수 있다.

둘째, 가족친화적 고용관계의 또 다른 핵심은 '육아지원 제도'를 잘 실행하는 것이다. 육아휴직, 보육시설 지원, 육아기 단축근무 등 육아와 관련된 다양한 지원 제도를 마련하여 직원들이 육아 부담 없이 일에 몰입할 수 있도록 해야 한다. 직원들이 법정 육아휴직 제도를 심리적 부담 없이 적극적으로 활용할 수 있도록 기업이 지원해야 한다. 특히 경력단절은 물론 승진기회 등에서 육아휴직으로 인한 불이익이 없도록 해야 한다.

단순히 기업의 제도적 지원 차원을 넘어 모든 직원이 육아휴직 제도를 적극적으로 받아들이고 서로 협력할 수 있는 조직문화를 조성해야 한다. 대기업은 기업 차원에서, 중소기업은 지자체와 공동으로 보육시설을 마련하여 아이의 부모가 아이와 함께 출퇴근할 수 있는 환경을 적극적으로 조성할 필요가 있다.

셋째, 직원을 위한 건강 증진 프로그램과 가족 참여 프로그램 등을 운영해야 한다. 직원들의 건강을 관리하고 업무 효율을 높이기 위해 건강검진, 운동 프로그램 등 건강증진을 위한 프로그램을 운영할 필요가 있다. 또한, 기업이 가족과 함께 참여할 수 있는 다양한 프로그램과 가족 행사 등을 운영하면 직원, 가족, 기업 모두가 서로를 자랑스럽게 생각하고 유대감을 강화할 수 있다.

넷째, 기업은 가족친화적 고용관계를 단순히 '비용의 관점'이 아닌 '투자적 관점'에서 접근해야 한다. 가족친화적 고용관계는 시대적 소명이며 생산성 향상, 기업 경쟁력 및 이미지 개선에 간접적이지만 크게 기여한다는 점을 인식해야 한다. 기업은 시야를 넓고 멀리 확대하여 지속 가능한 발전을 추구해야 한다.

가족친화적 고용관계는 초저출산 문제 해결의 핵심 과제이다. 초저출산의 심화는 기업의 핵심 생산요소인 우수 인재 확보를 어렵게 만들어 경쟁력 약화를 초래하고, 급격한 내수시장 축소로 기업의 생존까지 위협할 수 있다. 따라서 기업은 가족친화적 고용관계를 구축하여 지속 가능한 성장을 도모해야 한다.

28

인재중심 혁신성장: 중소기업 르네상스

우리나라 경제의 근간을 이루는 중소기업이 심각한 인재 유치난에 직면해 있다. 중소기업은 전체 기업의 99.9%, 고용의 81.0%를 차지하며, 제조업 분야만 보더라도 기업체수의 97.4%, 고용의 68.5%를 담당하고 있다.[1] 하지만, 청년들은 낮은 임금, 불안정한 고용, 성장 가능성에 대한 의구심 등을 이유로 중소기업 취업을 기피하는 현상이 두드러지고 있다.

이러한 중소기업 기피 현상은 개인과 사회 모두에게 부정적인 영향을 미친다. 많은 청년들이 대기업 취업만을 고집하며 취업 재수, 삼수를 반복하다 안정된 일자리를 잡을 기회를 놓치고 하위단층으로 추락하는 경우가 많다. 안정된 일자리를 확보하지 못한 청년들은 결혼과 출생에 어려움을 겪으며, 이는 초저출산의 주요한 원인 중 하나로 작용하고 있다.

중소기업 역시 창의적 혁신역량을 갖춘 젊은 인재의 확보에 어려움을 겪으며 기술혁신과 경쟁력 강화에 어려움을 겪고 있다. 이는 결국 국가 전체의 성장 동력 약화와 국가 경쟁력 저하로 이어진다.

인재주의 시대에 중소기업은 단순히 저임금 노동력을 활용하는 곳이 아니라, 혁신과 성장을 이끄는 주체로 거듭나야 한다. 중소기업은 젊은 인재들의 창의성과 열정을 발휘할 수 있는 환경을 조성하고, 그들의 성장을 지원해야 한다. 이를 위해서는 임금 및 복지 수준을 개선하고, 스마트한 근무환경과 안정적인 고용환경을 구축하며, 미래 성장 가능성에 대한 명확한 비전을 제시해야 한다.

정부는 중소기업의 경쟁력 강화를 위한 정책 지원을 확대해야 한다. R&D 투자, 기술지원, 금융지원 등을 통해 중소기업의 성장을 촉진하고, 우수 인재들이 중소기업으로 향할 수 있도록 적극적으로 유도해야 한다.

결국, 중소기업의 성공은 곧 국가 경제의 성공으로 이어진다. 중소기업이 인재를 중심으로 혁신을 이루고 지속 가능한 성장을 할 수 있도록 체계적인 지원 시스템을 구축해야 한다.

대·중소기업 이중노동시장의 함정

한국의 기업 규모에 따른 임금격차는 매우 심각한 수준이다. 중소기업 근로자의 임금은 대기업 근로자에 비해 현저히 낮으며, 연령이 높아질수록 그 격차는 더욱 심화되는 추세를 보인다. 2022년 기준으로 중소기업 근로자의 평균 임금은 대기업의 절반에 불과하다. 연령대별로 살펴보면, 20대 중소기업 근로자의 임금은 대기업의 63.2%, 30대에서는 54.1% 수준으로 더욱 낮다.[2]

한국은 일본에 비해 기업규모간 임금격차가 훨씬 크며, 지난 20년간 그 격차는 더욱 확대되었다. 2002년 기준으로 한국 중소기업의 임금은 대기업 대비 70.4% 수준이었으나, 2022년에는 57.8%로 하락해 격차가 눈에 띄게 벌어졌다.

반면, 같은 기간 일본에서는 중소기업의 임금이 대기업 대비 64.2%에서 73.8%로 상승하여 격차가 오히려 축소되는 양상을 보였다. 이러한 차이는 양국 간 임금변동 추이에서 명확하게 나타난다.

한국의 경우 2002년부터 2022년까지 대기업 임금은 2.58배 증가한 반면, 중소기업 임금은 2.11배 증가에 그쳤다. 반대로 일본에서는 대기업 임금이 오히려 6.8% 감소했고, 중소기업 임금은 7.0% 증가했다.

전체 기업 규모를 기준으로 한 평균임금은 같은 기간에 한국에서 2.22배 증가했으나, 일본은 거의 변동이 없었다. 그 결과, 2002년 당시 한국의 평균임금은 일본의 54.3% 수준에 불과했으나, 2022년에는 오히려 일본보다 5.5% 더 높아졌다.[3] 여기서 우리는 몇 가지 중요한 사실을 발견할 수 있다.

첫째, 국가가 국제경쟁력을 잃으면 개인의 삶의 질이 떨어진다는 것이다. 지난 20년간(2002-2022년) 1인당 명목 GDP 증가율을 보면, 한국은 154.2% 증가한 반면 일본은 8.8% 증가에 그쳤다. 이 과정에서 한국의 시간당 임금은 157.8% 증가했으나, 일본의 임금수준은 제자리걸음을 했다.

그 결과, 불과 20년전에는 한국의 2배에 가까웠던 일본의 임금수준이 불과 20년 만에 오히려 한국에 추월당하게 되었다. 이는 일본인의 삶의 질이 한국인에 비해 지난 20년 사이에 상대적으로 크게 하락했음을 의미한다.

이러한 문제는 단순히 일본만의 이야기가 아니다. 저성장 함정과 초저출산 늪에 빠진 한국 역시 가까운 미래에 직면할 수 있는 현실적인 문제이다.

둘째 한국의 기업규모 간 임금격차는 1987년 노동자대투쟁 이후 지속적으로 확대되어 왔다. 이효수의 『인재주의 경제학』에 따르면,[4] 1980년대 중반까지는 동일 규모 기업 내에서 학력과 성별에 따른 단층별 임금격차가 크게 존재했으나, 동일 단층 내에서는 기업규모에 따른 임금수준은 큰 차이가 없었다.

그러나, 1987년 노동자대투쟁 이후, 기업별 노조 체제에서 기업규모간 노사 교섭력 격차가 확대되면서 기업규모별 임금격차 역시 점차 심화되기 시작했다. 그 결과 2002년에는 중소기업 임금수준이 대기업의 70% 수준으로 낮아졌고, 2014년에는 중소기업의 상위단층 임금수준이 대기업의 중상위단층 임금수준으로 낮아지는 '단층 하강 현상'이 발생하였다.[5]

셋째 중소기업 노동시장의 단층하강으로 한국 노동시장에 심각한 구조적 불균형이 발생하였다. 중소기업 노동시장의 단층 하강은, 중소기업의 대졸자 임금수준이 대기업의 고졸자 임금수준으로 낮아졌음을 의미한다. 이에 따라, 대졸자들은 대기업만을 선호하고 중소기업을 적극적으로 기피하는 경향이 뚜렷해졌으며, 이는 곧 상위단층 일자리의 감소로 이어졌다.

중소기업 노동시장이 전체 노동시장의 80%를 차지하는 현실에서, 노동시장 신규진입자의 70%이상을 차지하는 대졸 노동력이 중소기업을 기피하는 현상은 매우 심각한 문제이다. 이러한 과정에서 대기업 노동시장과 중소기업 노동시장이 분리되어 대·중소기업 이중노동시장이 형성되었다. 그 결과, 한국노동시장은 단층노동시장과 대·중소기업 이중노동시장이 중첩되면서 심각한 구조적 불균형 상태에 빠지게 되었다.

넷째 이와 같은 구조적 불균형 속에서 중소기업은 유능한 노동력을 확보하기 어려워 기술경쟁과 글로벌 경쟁에 효과적으로 대응하기 어렵게 되었다. 그 결과, 생산성 증대와 부가가치 창출의 한계에 직면하여 임금지불 능력의 한계를 극복하지 못하고, 이는 다시 유능한 인재 확보를 어렵게 만드는 악순환으로 이어지고 있다.

다섯째 중소기업 노동시장의 단층 하강으로 인해 대졸자들은 대기업 취업에만 몰두하게 되었으며, 이로 인해 대기업 입사를 위한 과도한 스펙 쌓기가 일반화되고 있다. 그로 인해 재학기간이 길어지고, 취업 재수생과

삼수생의 수가 크게 늘어나고 있다.[6]

이들 중 상당수는 중소기업을 회피한 채, 임시직이나 시간제 근로를 전전하며 대기업 재도전을 준비하는 과정에서 하위단층으로 추락하거나, 아예 취업을 포기하고 비경제활동인구로 전환하는 경우가 많다. 그 결과, 실제로 첫 일자리를 정규직으로 취업한 청년의 비중은 52.6%에 불과하며, 첫 일자리 취업자 가운데 59.8%가 200만 원 미만의 월급을 받는 것으로 조사되었다.[7]

일자리가 불안정하고, 소득이 충분하지 않은 상황에서, 주거를 마련하고 결혼하여 자녀를 양육하는 것은 상당한 용기를 필요로 한다. 이러한 현실 속에서 안정된 직장을 확보하는 연령이 높아지고, 생활안정이 가능한 직장에 취업하는 청년의 비율이 낮아지면서 만혼과 비혼이 증가하여 초저출산 현상은 더욱 심화되고 있다.

좋은 일자리 창출의 길: 하이테크 스타트업과 강소중소기업

양질의 일자리 창출 규모를 확대하기 위해서는 중소기업 노동시장의 상위단층을 복원해야 한다. 이는 고용 안정성이 높고 대기업 수준의 임금을 지불할 수 있는 중소기업을 육성하는 것을 의미한다.

이를 위해서는 높은 기술 경쟁력과 글로벌 경쟁력을 바탕으로 높은 생산성과 부가가치 창출 능력을 갖춘 중소기업, 즉 하이테크 기반 스타트업과 강소 중소기업을 집중적으로 육성해야 한다.

또한, 이러한 경쟁력 있는 중소기업들이 중견기업, 나아가 대기업으로 성장할 수 있는 기업 성장 생태계를 조성해야 한다. 이를 위해 중소기업 지원정책의 기본방향을 단순한 중소기업 보호 정책에서 기술 경쟁력을 기반으로 한 중소기업의 스케일 업(Scale-up) 정책으로 전환해야 한다.

중소기업의 R&D 및 혁신 역량이 강화되어야 지속적으로 기술 경쟁력을 강화할 수 있으며, 이 과정에서 글로벌 경쟁력과 성장 경쟁력이 생긴다. 기술 경쟁력 기반 중소기업의 가장 중요한 성공 요건은 CEO의 경영철학이다. 이러한 기업을 만들기 위해서는 최고경영자가 글로벌 기술 경쟁력을 확보하여 글로벌 기업으로 육성하겠다는 분명한 철학, 비전, 전략이 있어야 한다.

정부는 이러한 기업의 R&D 인력의 임금수준을 대기업 수준으로 지급하여 우수한 인재를 확보할 수 있도록, R&D 인력의 임금 일부를 안정적으로 지원할 필요가 있다. 이는 실질적인 산학협력의 튼튼한 토대가 되어 지역 대학의 연구역량과 지역기업의 경쟁력을 동시에 강화하는 효과를 가져올 수 있다.

1990년대 후반, 나는 MIT에서 개발한 'PDR 시스템 이론'을 검증하기 위해 전국 500여 개 기업을 대상으로 재무제표 분석과 현장 실태조사를 수행했다.[8] 이 과정에서 만난 SL은 중소기업임에도 불구하고, R&D 인력과 연구시설을 잘 갖추고 독자기술 개발에 대한 강한 의지를 갖고 있어 대기업으로 성장할 것이라는 기대를 가졌었다. 실제로 SL은 예상대로 글로벌 경쟁력을 갖춘 기업으로 성장하여, 많은 양질의 일자리를 창출하고 있다.

최근 미국, 인도, 이스라엘 등 기술 혁신 역량이 뛰어난 국가에서는 하이테크 스타트업들이 우후죽순으로 생겨나며 유니콘 기업으로 성장하는 사례가 빈번하게 나타나고 있다. 이는 단순한 기업 성장을 넘어 양질의 일자리 창출과 국가 경쟁력 강화에 기여하는 매우 고무적인 현상이다. 따라서 우리나라 역시 하이테크 스타트업 생태계를 조성하고, 이들이 유니콘 기업으로 성장할 수 있도록 적극적으로 지원하는 것이 중요하다.

특히, 중소기업의 기술 경쟁력 강화를 위해서는 대기업과 중소기업

간의 건전한 협력 관계 구축이 필수적이다. 그동안 대기업 중심의 경제구조 속에서 중소기업들은 대기업의 부당한 요구에 휘둘리며 자생적인 성장에 어려움을 겪었다. 이러한 불공정한 관행을 개선하고, 대기업이 중소기업의 기술개발과 성장을 지원하는 선순환 구조를 만들어야 한다.

우리나라 대기업과 중소기업의 간의 불공정 거래 문제는 심각한 사회문제로 대두되고 있다. 특히, 수직적인 원청-하청 관계에서 발생하는 납품 단가 후려치기, 기술 탈취 등의 불공정 행위는 중소기업의 성장을 저해할 뿐만 아니라, 나아가 국가 경제 전체에 부정적인 영향을 미친다.

대기업의 우월적 시장 지위를 이용한 불공정 거래는 중소기업의 기술개발과 경영 혁신을 가로막고, 임금 수준을 낮추는 결과를 초래한다. 이는 곧 우수 인력의 이탈로 이어져 중소기업의 경쟁력을 약화시키고, 기업 규모 간 임금격차를 심화시키는 요인이 된다. 결과적으로, 중소기업은 생존을 위한 고투에 몰리게 되고, 양질의 일자리 창출은 더욱 어려워진다.

더욱 심각한 문제는 이러한 불공정 거래가 단순히 기업 간의 문제를 넘어 국가 경제 전체에 악영향을 미친다는 점이다. 중소기업의 성장 잠재력이 억눌리면서 국가 경제의 활력이 저하되고, 고용 불안정 심화로 인한 사회 양극화가 더욱 심화될 수 있다. 특히, 우수 인력이 대기업으로 집중되면서 중소기업의 기술 혁신 역량은 약화되고, 이는 국가 경쟁력 저화로 이어질 수 있다.

이러한 불균형은 고급 인력의 과잉 공급과 구조적 실업 문제를 야기한다. 대졸자들이 중소기업을 기피하고 대기업에 집중하면서 구조적 실업이 심화되고, 중산층이 붕괴되어 내수 시장이 위축되는 악순환이 발생한다. 결과적으로 국가 경제의 성장 동력이 약화되고 사회 불안이 증가하는 결과를 초래한다.

이러한 문제를 해결하기 위해서는 다음과 같은 노력이 필요하다. 첫째, 대기업의 불공정 행위에 대한 감시와 처벌을 강화해야 한다. 둘째, 중소기업이 글로벌 경쟁력을 가질 수 있도록, 기술 개발과 경영 혁신을 적극적으로 지원해야 한다. 셋째, 원청-하청 관계를 개선하여 수직적 관계에서 상호 존중과 협력을 기반으로 하는 상생협력 관계로 발전시켜야 한다. 넷째, 공정 거래 환경을 조성하여 모든 기업이 자유롭게 경쟁할 수 있는 기반을 마련해야 한다.

결론적으로, 대기업과 중소기업 간의 불공정 거래 문제는 단순한 기업 간의 문제가 아니라 국가 경제 전체의 지속 가능한 성장을 저해하는 심각한 문제이다. 이를 해결하기 위한 정부와 사회의 노력이 절실히 요구된다.

대기업과 중소기업의 상생은 기업의 이윤추구와 사회적 책임이 조화를 이룰 때 비로소 가능하다. 대기업이 단순히 중소기업에 시혜를 베푸는 것이 아니라, 공정한 거래를 통해 상호 발전을 도모해야 한다는 것이다. 이를 위해서는 대기업 최고경영진의 리더십과 가치관이 중요하며, 먹이사슬이 아닌 가치사슬을 구축하고, 실질적인 상생협력을 위한 지속적인 노력이 필요하다.

좋은 기업: GTT와 SPICE

중소기업 역시 자체적인 경쟁력 강화를 위해 끊임없이 노력해야 한다. 글로벌 시장에서 경쟁력을 확보하기 위해서는 기술 혁신, 우수 인재 확보, 지속적인 성장을 위한 명확한 비전이 필수적이다. 이를 위해 GTT 전략, 즉 세계시장(Global Market)을 지향하고, 우수한 인재(Talents)를 확보하며, 경쟁우위의 기술력(Technology)을 확보하여 지속적 혁신을 추구해야 한다.

대기업과 중소기업을 막론하고 좋은 기업이 좋은 일자리를 창출한다. 좋은 기업은 SPICE, 즉 사회(Society), 협력업체(Partners), 투자자(Investors), 고객(Customers), 종업원(Employees) 등 기업의 5대 핵심 이해관계자들의 만족과 이익을 극대화하기 위해 노력한다.

물론, 기업의 궁극적인 목표는 이윤 극대화에 있다. 하지만 이윤 추구를 위해 납품 단가 후려치기, 저임금, 열악한 근무 환경 등 불공정한 방법을 사용하는 것은 장기적으로 기업의 지속 가능성을 위협한다. 이러한 행위는 기업 이미지를 실추시키고, 우수 인재 유입을 저해하며, 협력업체와의 관계를 악화시켜 기업의 경쟁력을 약화시킨다.

반면, SPICE 모델을 기반으로 모든 이해관계자의 가치를 존중하는 기업은 다양한 측면에서 긍정적인 효과를 얻을 수 있다. 우선, 협력업체와의 상생을 통해 안정적인 공급망을 구축하고, 고객의 신뢰를 얻어 시장 점유율을 확대할 수 있다. 또한, 우수한 인재를 유치하고 유지하여 기업의 혁신 역량을 강화할 수 있다. 결과적으로, 이러한 기업은 지속 가능한 성장을 이루고, 더 많은 양질의 일자리를 창출할 수 있다.

결론적으로, 좋은 기업은 단순히 이윤을 추구하는 것을 넘어 사회적 책임을 다하고 다양한 이해관계자와 상생하는 기업이다. SPICE 모델은 기업이 나아가야 할 방향을 제시하며, 이를 통해 기업은 장기적인 성장을 이루고 사회에 기여하는 선순환 구조를 만들 수 있다.

워라밸 기업문화

초저출산 문제 해결과 기업 경쟁력 강화를 위해서는 '워라밸 기업문화', 또는 '가족친화적 기업문화' 조성이 필수적이다. 특히 MZ세대를 중심으로 '일과 삶의 균형(워라밸)'에 대한 가치관이 확산되면서, 기업은 유능한 인재를 유치하고 유지하기 위해 워라밸 중심의 근무 환경을 제공해야 한다. 워라밸은 단순한 개인의 바람을 넘어, 기업의 생산성 향상과 지속 가능한 성장을 위한 필수적인 요소가 되었다.

유연근무제 도입, 자녀 돌봄 지원 등 다양한 제도를 통해 직원들의 만족도를 높이고 직무몰입도를 향상시키면, 기업의 생산성을 높일 수 있다. 또한, PDR 시스템을 개선하여 직원들의 잠재력을 최대한 발휘할 수 있는 환경을 조성하고, 혁신을 이끌어내야 한다.[9]

워라밸 기업 문화는 단순히 제도적인 변화를 넘어, 기업의 가치관과 리더십 변화를 요구한다. 최고경영자를 포함한 모든 구성원들이 워라밸의 중요성을 인식하고, 이를 실천하기 위한 지속적인 노력을 기울여야 한다. 특히 워라밸 기업문화가 성공적으로 정착하려면 직원들이 직무몰입도와 생산성 향상을 통해 기업경쟁력을 높이는 것이 중요하다.

이러한 노력은 기업에 다양한 긍정적인 효과를 가져온다. 우수인재를 유치하고, 직원 만족도를 높이며, 생산성 향상을 실현할 수 있을 뿐만 아니라, 사회적 책임을 다하는 기업 이미지를 구축함으로써 브랜드 가치 또한 상승한다. 이는 곧 기업의 지속 가능한 성장의 기반을 다지는 결과로 이어진다.

결론적으로, 워라밸 기업문화는 기업과 개인 모두에게 이익이 되는 선순환 구조를 만들어 낼 수 있다. 이는 캔코아 에어로스페이스 사례에서 확인할 수 있다.

켄코아 에어로스페이스는 육아 친화적인 기업 문화를 통해 지속 가능한 성장을 이룬 대표적인 사례이다.[10] 항공우주 부품을 생산하는 중소기업인 켄코아는 젊은 인재를 중심으로 빠르게 성장하며, 2020년 대비 2022년 매출이 3배 이상 증가하는 놀라운 성과를 달성했다. 젊은 인재 확보에 어려움을 겪는 중소기업이 많은 현실 속에서 켄코아의 성공 비결은 무엇일까?

켄코아는 육아와 일을 병행하는 직원들을 위한 다양한 지원 제도를 마련하여 직원들의 만족도를 높이고, 이직률을 낮추는 데 성공했다. 특히, 근무시간 조정 제도, 시차 출퇴근제, 육아 휴직 제도 등을 도입하여 직원들이 자유롭게 일과 가정생활을 조절할 수 있도록 지원했다.

또한, 회사 인근에 직장 어린이집을 설립하여 직원들의 양육 부담을 덜어주고, 육아 휴직 후에도 원활하게 직장에 복귀할 수 있도록 지원했다. 그 결과 젊은 직원들의 결혼율과 출산율이 높아졌으며, 남성 직원들의 육아 참여도가 높아졌다. 이러한 노력은 곧바로 기업의 성장으로 이어졌다. 육아 친화적인 기업 문화는 직원들의 회사에 대한 로열티를 높이고, 생산성을 향상시켰다.

켄코아의 사례는 가족 친화적인 기업 문화가 단순히 사회적 책임을 넘어, 기업의 경쟁력 강화와 지속 가능한 성장을 위한 필수적인 요소임을 보여준다. 다른 기업들도 켄코아의 사례를 참고하여 육아 친화적인 기업 문화를 조성하고, 우수한 인재를 유치하여 기업의 경쟁력을 강화해야 할 것이다.

29

수도권 블랙홀에서 지역 생존의 길

수도권 집중 현상이 심화되고 지방 소멸위기가 가속화되면서, 국가의 지속 가능한 발전이 심각하게 위협받고 있다. 수도권은 과밀화로 인해 생활비와 생산비가 높아져 삶의 질이 저하되고, 국제 경쟁력이 약화되고 있다. 반면 비수도권 지역은 인재와 자본의 지속적인 유출로 인해 경제적·사회적 활력이 감소하고, 구조적 쇠퇴가 진행되고 있다. 이러한 지역간 불균형은 초저출산 문제로 이어져 국가의 미래를 위협하고 있다.

제13장에서 살펴본 바와 같이, 정부는 과거 공기업의 지역 분산 배치와 혁신 도시 조성 등 국가균형발전을 위한 정책들을 추진해 왔다. 그러나 접근 방식의 한계로 인해 수도권 집중 현상을 효과적으로 완화하지 못했고, 영남권 메가시티 리전 조성과 같은 중요한 기회마저 놓치면서 국가균형발전은 더욱 어려워진 상황이다.

이러한 구조적 문제를 해결하기 위해서는 '중형 메가시티 리전'과 '인재주의' 관점에서 접근하는 새로운 정책 패러다임이 필요하다. 전국을 5대 광역경제권으로 재편하고, 각 권역별로 '중형 메가시티 리전'을 조성하여 하나의 유기적인 경제권으로 통합해야 한다.

그리고 각 메가시티 리전의 중심에는 '글로벌 혁신도시'를 건설하여 첨단산업 중심의 클러스터를 형성하고, 고급 인재를 지역에 유치함으로써 경제 활성화를 이끌어야 한다. 이는 인재주의 시대에 부합하는 국가균형발전전략이다.

메가시티 리전

수도권 블랙홀 현상은 마치 블랙홀이 주변의 모든 것을 빨아들이듯 인재와 자본이 수도권으로 집중되는 현상을 의미한다. 이에 대응하는 가장 실효성 있는 전략은 메가시티 리전을 건설하는 것이다. 메가시티 리전은 강력한 자기 확장력을 지닌 중력체로서, 인재와 자본을 끌어들이고 지역 경제를 활성화하는 핵심적인 역할을 수행한다. 따라서 국가균형발전의 핵심전략은 자기 확장이 가능한 중력을 가진 메가시티 또는 메가시티 리전을 최대한 많이 만드는 것이다.

메가시티 리전(Mega-city Region, MCR)은 행정적으로 분리되어 있지만, 경제, 사회, 문화적으로 긴밀하게 연결된 인구 1,000만 명 이상의 광역 경제권을 의미한다. 현재 한국에서 메가시티는 1,000만 명 규모의 서울이 유일하며, 메가시트 리전 또한 2,600만 명 규모의 수도권이 유일하다.

20세기 말부터 신자유주의와 글로벌 마켓의 확대로 인해 인적 물적 자원이 국경을 넘어 '메가시티 리전'으로 이동하는 거대한 흐름이 생겨났다. 이에 각국은 국가경쟁력 강화 전략의 일환으로 '메가시티 리전'을 최대한 많이 만들려고 노력하고 있다. 또한 메가시티 리전은 '중력의 법칙(Law of gravity)'이 작동하므로 규모를 최대한 크게 만들어야 한다.

그러나 한국에서는 수도권을 제외하면 인구 1,000만 명 이상의 메가시티 리전을 만드는 것은 현실적으로 불가능하다. 현재 대구경북권, 부산·울산·경남권, 호남권, 충청권 등에 메가시티 리전 건설의 필요성만 논의되고 있다. 이는 500만 명 전후의 중형 메가시티 리전이 될 것이다. 이 정도 규모로 수도권 블랙홀 현상에 대응하기 어렵지만, 지역 소멸을 완화하는 차원에서 중형 메가시티 리전을 추진할 필요가 있다.

메가시티 리전(MCR)의 4대 성공 요건

메가시티 리전이 성공적으로 기능하기 위해서는 (그림 29-1)에서 제시된 '메가시티 리전 4대 성공요건'을 충족해야 한다. 이는 경제적 번영(Economic prosperity), 살기 좋은 환경(Livability), 충분한 규모(Sufficient scale), 높은 수준의 역내 및 글로벌 연계성(Global & Regional Connectivity)을 포함한다. 이 4가지 요건은 강력한 상호작용 효과를 발휘한다.[1]

(그림 29-1) 메가시티 리전(MCR)의 4대 성공요건

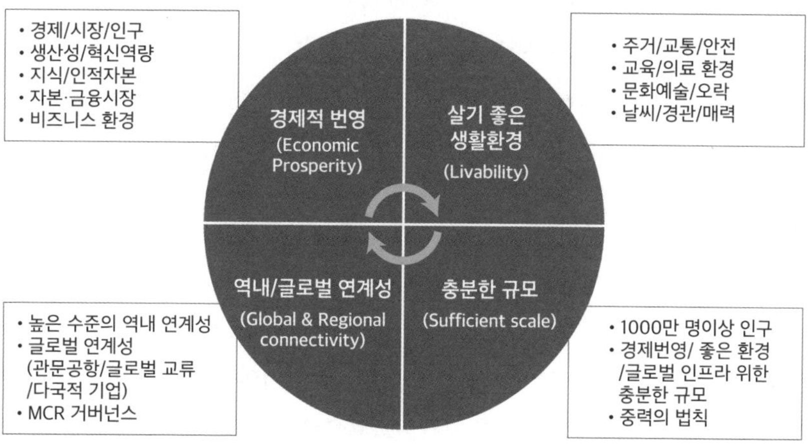

제4차 산업혁명/창조경제 시대에 경제적 번영을 누리기 위해서는 창의적 지식을 생산하고 활용할 수 있는 창의적 인재들이 몰려올 수 있는 혁신적 경제생태계가 발달되어야 하며, 그들이 살고 싶은 '살기 좋은 환경(Livability)'이 조성되어야 한다. 글로벌 경쟁우위의 경제 및 생활 환경과 인프라를 조성하기 위해서는 '충분한 규모(Sufficient scale)'의 인구와 경제력을 갖추어야 한다. '충분한 규모'를 확보하기 위해서는 지역의 주요 도시들을 하나의 생활권으로 묶을 수 있도록 '지역 연계성(Regional connectivity)'을 강화하고, 세계로부터 인재와 기업을 유치할 수 있도록 '글로벌 연계성(Global connectivity)'을 증진해야 한다.

첫째, 글로벌 경쟁우위를 바탕으로 '경제적 번영(Economic prosperity)'을 이루기 위해서는 경제, 시장, 인구가 세계적으로 주목받을 수 있는 규모와 질적 경쟁력을 갖추어야 한다. 우수한 인적자본과 높은 지역 지식경쟁력을 통해 지역 생산성을 향상시키고, 변화를 선도할 수 있는 혁신역량이 있어야 한다.

또한, 벤처 캐피탈 등 금융 자본시장도 발달되어 있고, 비즈니스 환경이 좋아야 한다. 이러한 지역 경제에서는 고부가가치 서비스 산업과 창조산업 및 스타트업이 발달하고, 이를 바탕으로 좋은 일자리가 창출되어 경제적 번영이 지속적으로 이루어질 수 있다.

둘째, 제4차 산업혁명/창조경제 시대에는 창의적 지식이 핵심 생산요소이므로, 창의적 인재가 많아야 고부가가치 미래산업이 발전할 수 있다. 창의적 인재들이 많이 모여들기 위해서는 '살기 좋은 환경(Livability)'이 필수적이다.

'살기 좋은 환경'은 '사회적 생태계(Social ecology)'와 '자연환경(Natural environment)'이 조화롭게 발달되어 있어야 한다. 인간은 사회적 동물이므로, 교육 환경, 주거환경, 다양한 일자리, 의료, 교통, 풍부한 문화 및 여가 시설, 안전 등 사회적 생태계가 잘 갖춰진 곳에서 거주하기를 선호한다. 또한, 쾌적한 기후와 아름다운 자연 경관은 '살기 좋은 환경'의 중요한 요소이다.

셋째, 경제적 번영과 살기 좋은 환경을 조성하기 위해서는 다양한 수준의 인프라와 시장이 갖추어져야 한다. 이를 위해서는 인구, 경제, 시장이 '충분한 규모(Sufficient scale)'를 가져야 한다. 메가시티 리전은 행정적으로 분리되어 있지만, 경제, 사회, 문화, 기능적으로 통합된 인구 1,000만 명 이상의 광역경제권으로 규정하는 이유가 바로 여기에 있다.

선진 각국은 인구 1,000만 명 규모에 만족하지 않고 기존의 메가시티 리전의 범위를 지속적으로 확대하고 있다. 규모가 클수록 다른 지역에서는 조성하기 어려운 경제 사회적 인프라를 구축하여 더욱 매력적인 지역을 만들고 글로벌 경쟁우위를 확보할 수 있기 때문이다. '글로벌 경쟁우위(Global Competitive Advantage)'를 확보해야만 세계 각국의 인재와 정보, 자본과 기업이 유입되어 첨단산업과 양질의 일자리가 창출되고 지속적인 경제적 번영을 이룰 수 있다.

넷째, 메가시티 리전은 '충분한 규모'의 조건을 충족해야 하므로, 국내외의 연계성을 강화할 필요가 있다. 이를 위해 메가시티 리전의 핵심 전략 중 하나는 지역 내 주요 도시 및 지역들을 교통과 기능적으로 연계하는 '지역 연계성(Regional connectivity)'을 강화하는 것이다. 또한, 메가시티 리전은 세계 각 지역과의 인적, 물적 교류를 증진하기 위해 '글로벌 연계성(Global connectivity)'을 구축해야 하며, 이를 위해서는 전 세계로 연결될 수 있는 관문공항이 필수적이다.

글로벌 혁신도시

한국에서 수도권을 제외하고 인구 1,000만 명 이상의 메가시티 리전을 구축하는 것은 현실적으로 어렵다. 따라서 '중형 메가시티 리전' 개념을 도입하여 인구 500만 명 전후의 광역경제권을 구축하는 전략이 필요하다.

이러한 중형 메가시티 리전이 성공하기 위해서는 핵심 거점으로서 '글로벌 혁신도시'를 조성해야 한다. 여기서 말하는 글로벌 혁신도시는 공기업 본사가 이전한 기존의 혁신도시와는 근본적으로 다른 개념이다. 공기업 지방이전과 같은 수도권 강제 분산 정책과는 차별화된 접근 방식으로, 각 광역경제권별로 경쟁우위의 혁신생태계를 조성하여 수도권 블랙홀 현상에 대응하는 전략이다. 즉, 수도권 억제방식이 아닌 지방의 내재적 경쟁력을 강화하는 방식으로 국가 균형발전을 도모하는 것이다.

글로벌 혁신도시는 지식경쟁력과 혁신 생태계가 발달하여, 창의적 인재들이 모여들어 첨단기술개발과 스타트-업이 활발하게 이루어지고 있는 세계적인 혁신도시를 의미한다. 이러한 도시는 높은 혁신 정체성을 지니고 있어, 글로벌 투자와 국제적인 교류 및 협력이 활발하게 이루어진다. 이는 단순히 건물이나 인프라가 밀집된 지역 거점 대도시가 아니라, 혁신적인 아이디어를 통해 새로운 가치를 창출하고 지속 가능한 성장을 이루어내는 창조도시를 의미한다.

인재주의 시대에는 인재와 기업이 밀접한 상호관계를 형성하며, 양측 모두 지식경쟁력과 혁신생태계가 잘 발달된 지역으로 집중되는 뚜렷한 경향을 보인다. 글로벌 경쟁력을 갖춘 기업은 혁신을 이끌어갈 수 있는 Y형인재가 안정적으로 공급되는 지역으로 이동하고, Y형인재 또한 자신의 역량을 최대한 발휘하고 성장할 수 있는 환경을 찾아, 글로벌 경쟁력을 보유한 기업이 있는 곳으로 이동한다.

이러한 기업과 인재 간의 상호 유인 및 집중 현상은 특정 지역의 지식 경쟁력과 혁신 생태계를 더욱 공고히 하며, 이는 곧 지역의 지속 가능한 발전과 번영을 위한 핵심동력이 된다.

혁신 중심지 이동

수도권 블랙홀 현상 속에서 지방에 글로벌 혁신도시를 조성하는 것이 현실적으로 가능할까? 최근 10년 동안 진행된 미국의 혁신 중심지 이동 현상에서 그 해답을 찾을 수 있다. 2000년대까지만 해도 실리콘밸리와 보스턴의 '루트 128'이 미국의 대표적인 혁신도시로 알려져 있었다. 그러나 최근 10년 동안 혁신 중심지가 중부 내륙의 주요 도시들로 빠르게 확산되고 있다.

지난 10년 동안 미국 중부 지역의 벤처 캐피털 투자는 3배이상 증가하여 550억 달러에 달했다. 현재 미국 중부 지역 대도시의 거의 4분의 3에서 벤처 캐피털 투자가 크게 증가하고 있다. 테네시주 내슈빌은 2023년 조사에서 실리콘밸리, 뉴욕, 보스턴, 로스앤젤레스에 이어 벤처투자에서 전국 5위를 차지했다. 또한, 같은 조사에서 텍사스주 오스틴과 시카고는 1995년 실리콘 밸리와 비슷한 수준의 벤처캐피털 투자를 기록하며 혁신 거점으로 빠르게 성장하고 있다.[2]

특히 주목할 점은 혁신도시로 성공적으로 변모한 도시들은 예외 없이 전국적인 경쟁력을 갖춘 연구중심 대학을 보유하고 있으며, 대학을 중심으로 한 전략적 경제개발에 주력했다는 점이다. 거의 모든 선도적인 기술 및 스타트업 허브는 대학도시에서 성장했다.[3]

미국 혁신 중심지 이동의 또 하나의 주요 요인은 기존 혁신 중심지의 혼잡비용의 증가이다. 실리콘밸리에 하이테크 기업들이 집중되면서, 주거비와 혼잡비용, 생활비와 생산비가 크게 증가하였고, 캘리포니아의 높은 세금과 각종 규제로 기업과 인재들이 크게 부담을 느끼고 있었다.

이러한 상황에서 지난 20년간 생활비가 저렴한 중부지역의 주요 도시들이 세금과 규제를 과감하게 낮추고, 도시의 혁신생태계를 잘 조성하여 첨단기업들을 적극적으로 유치하기 시작했다. 기업들은 더 이상 실리콘밸리, 보스턴, 뉴욕을 무조건 선호하지 않고, 세금, 규제, 생활비, 혁신생태계 등을 종합적으로 고려하여 입지를 결정하는 새로운 흐름이 나타났다.

현재 서울을 비롯한 수도권도 수도권 블랙홀 현상으로 인해 주거비와 혼잡비용, 생활비와 생산비가 크게 증가하고 있으며, 세금과 각종 규제가 많다. 광역경제권별로 글로벌 혁신도시를 조성하고, 세금과 각종 규제를 과감하게 낮추면, 미국 중부 지역으로의 이동과 같은 새로운 흐름을 만들어 낼 수 있을 것이다. 이는 저성장 함정에 빠지지 않고 지속가능한 발전을 할 수 있는 성장동력을 확보하고, 국가균형발전을 이루는 일석이조의 효과를 기대할 수 있다.

글로벌 혁신도시의 길

글로벌 혁신도시의 핵심전략은 혁신생태계를 조성하는 것이다. 누가, 어떻게 조성할 것인가? 이를 위해 첫째, '지역거버넌스 이니셔티브'가 필요하다. 둘째, 바이탈(VITAL) 지수가 높은 창조도시를 만들어야 한다. 셋째, 지역경제사회 선진화 파트너십(RESAP)으로 지역 경쟁력 강화와 사회통합을 실현해야 한다. 넷째, 글로컬 선도대학(GIU)을 육성하여 하이테크 스타트업 생태계를 조성해야 한다.

글로벌 혁신도시는 정부와 지자체, 그리고 지역거버넌스가 상호 협력하여 추진해야 성공할 수 있다. 정부와 지자체는 혁신생태계 구축을 위한 법적, 제도적 기반을 마련하고, 재정 지원을 통해 혁신생태계 기반을 조성하는 역할을 수행해야 한다.

지역내 다양한 혁신 주체들이 참여하는 지역거버넌스는 지역 특성을 반영한 맞춤형 혁신 전략을 수립하고, 혁신 공감대를 확산하여 주민들의 참여와 협력을 이끌어내는 역할을 수행한다.

지자체는 바이탈(VITAL) 지수가 높은 창조도시를 만들어야 한다. 이효수는 『창조경제』에서 '다양성(Variety)', '혁신정체성(Innovation Identity)', '인재(Talent)' 및 그들의 '활동성(Activity)', '살기 좋은 환경(Livability)' 등 이른바 'VITAL 지수'가 높을수록 창조도시로 발전할 가능성이 높다고 밝히고 있다.[4] 세계에서 'VITAL 지수'가 높은 대표적인 도시는 뉴욕, 실리콘밸리, 런던의 테크시티 등이다.

창의성은 다양성의 융합에서 나오고, 다양성은 개방성과 관용성에서 비롯된다. 도시의 다양성을 높이기 위해서는 세계로 열린 도시를 만들어야 하고, 다양한 문화를 받아들일 수 있는 관용성이 필요하다. 실리콘밸리처럼 혁신정체성이 높은 도시에 창의적 인재가 성장하고, 창의적 인재들이 세계 각지에서 모여든다. 혁신정체성이 높은 도시를 만들기 위해서는 제26장에서 논의한 '글로컬 선도대학'의 육성이 절대적으로 필요하다.

인재들이 창의적 지식을 생산하여 새로운 상품과 서비스를 개발하기 위해서는 지식융합과 비즈니스 융합을 위한 '활동성(Activity)'이 필수적이다. 아무리 인재가 많아도 지식융합이나 비즈니스 융합을 위한 활동성이 낮으면 창조도시는 생명력을 갖기 어렵다.

인재들이 모여들고 머물기 위해서는 그들이 매력적으로 느낄 수 있는

'살기좋은 환경'이 필요하다. 'Y형인재'들이 선호하는 도시는 교육, 문화, 의료 수준이 높고, 산책로와 공원 등 자연환경이 쾌적하며, 교통이 편리하여 국내외 접근성이 높아야 한다.

글로벌 혁신도시를 만들기 위해서는 창의적 인재와 좋은 일자리가 끊임없이 창출될 수 있는 혁신 생태계를 구축해야 한다. 이는 산업경제 시대에 산업단지를 조성하듯이 정부주도로 짧은 시간에 할 수 있는 일이 아니다. 혁신도시 및 혁신생태계 구축은 대학, 산업계, 시민사회, 지자체가 파트너십을 형성하여 함께 추진해야 한다. 즉, 지역거버넌스 이니셔티브(Regional Governance Initiative)로 추진해야 한다.

이를 위해 이효수의 '지역경제사회선진화 파트너십 모델(RESAP, Regional Economic & Social Advancement Partnership Model)'에 주목할 필요가 있다. RESAP 모델은 OECD에서 출판되었고[5] 이효수의 『인재주의 경제학』에[6] 소개되어 있다. (그림 29-2)는 이를 일부 수정 보완한 것이다.

(그림 29-2) 국가(지역) 경제사회 선진화 파트너십(NESAP/RESAP)

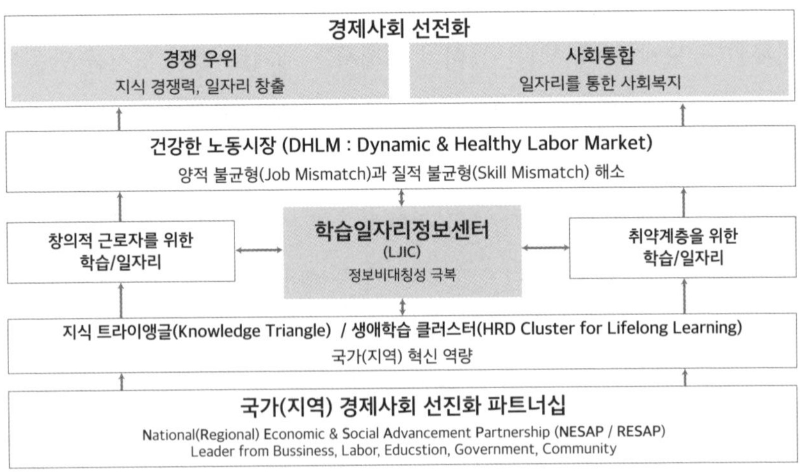

출처: Hyo-Soo Lee, 'Korea: Proposal for a New Type of Partnership', *More than Just Jobs,* OECD, 2008.

RESAP 모델은 지역 인재의 육성 및 활용, 그리고 지역혁신체제를 통해 지역의 경제 및 사회의 선진화를 도모하는 전략 모델이다. 이 모델의 핵심은 지역 선진화의 주요 주체들이 함께 '인재 중심 지역발전 전략'을 수립하고, '파트너십'에 입각하여 각자의 책무를 다하는 것이다.

경제사회 선진화를 실현하기 위해서는 기업성장과 좋은 일자리 창출에서 '경쟁우위(competitive advantage)'를 확보해야 하며, 취약계층을 위한 학습 및 일자리 창출로 '사회통합(social inclusion)'을 실현해야 한다. 이를 위해 지자체, 대학, 산업계, 노동계, 시민단체 등이 참여하는 지역 거버넌스로서 지역선진화 위원회 (RESAB)을 구성한다.

지역선진화 위원회는 산하에 대학, 산업계, 지자체가 중심이 된 '혁신클러스터 위원회(ICC)'와 대학, 전문대학, 산업계, 노동계, 시민단체 대표들로 구성된 '학습공동체 위원회(LCC)'를 둔다.

혁신클러스터 위원회는 '지식 트라이앵글(Knowledge Triangle)'을 구축하여 창의적 근로자를 위한 학습 및 일자리 창출구조를 만든다. 지식트라이앵글은 연구개발(R&D)을 통한 창의적 지식 및 기술의 생산, Y형인재의 육성, 스타트업 창업 및 기업의 제품, 서비스, 비즈니스의 지속적 혁신이 상호작용하면서 지속적으로 발전하는 구조를 말한다. 즉, 지식 트라이앵글은 연구개발, 인재, 혁신이 상호작용하면서 서로의 역량을 지속적으로 강화시켜 나가는 시스템과 문화를 의미한다.

학습공동체 위원회는 '생애학습 클러스터'를 만들어 라이프 사이클 단계별로 직업능력을 개발하고, 취약계층을 위한 학습 및 일자리 창출구조를 만든다. 제4차 산업혁명과 창조경제 시대에는 기술변화 속도가 빠르기 때문에 사람들은 한 생애 동안 직업을 여러 번 바꾸어야 하며, 새로운 직업은 새로운 직업능력을 요구한다. 직장을 계속 옮겨도 직업의 단절은 없어야 개인도 삶의 질을 유지할 수 있고, 국가와 사회도 인적자원의 낭비를 최소화할 수 있다.

이를 위해서는 이미 제27장에서 논의한 '건강한 노동시장'과 '학습·일자리 정보센터(LJIC)'의 구축이 절대적으로 필요하다. 또한 지역의 대학, 전문대학, 직업훈련기관 등이 다양한 종류의 직업능력개발 프로그램을 개발하여 '생애학습 클러스터'를 조성해야 한다.

누구나 학습·일자리정보센터를 통해 필요한 시기에 필요한 직업능력을 개발하여 원하는 새로운 직업에 종사할 수 있는 학습/일자리 생태계가 발달되어 있어야 한다. 기업은 직업능력이 높은 인재를 안정적으로 공급받을 수 있어 높은 생산성을 유지할 수 있고, 일자리를 원하는 사람들도 필요한 직업능력을 개발하여 원하는 직업에 취업할 수 있다.

고백과 호소

나는 왜 이 책을 쓰게 되었는가? 그리고 독자와 국민에게 무엇을 호소하고자 하는가? 이 질문에 답하기 위해, 필자가 평생을 천착해 온 '인재주의 경제학'에 대해 먼저 언급하고자 한다.

인재주의 경제학은 '인간의 존엄성'을 전제로, '경제주체이자 동시에 인적자원으로서의 인간'에게 절대적인 가치를 부여한다. 따라서 인재주의 경제학은 두가지 핵심 명제에 기반하고 있다.

제1명제는 '인간의 존엄성'이며, 제2명제는 '경제주체이자 인적자원으로서의 인간'이다. 인재주의 경제학의 핵심은 제1명제를 전제로 제2명제가 성립되어야 한다는 데 있다. 인간이 존엄한 존재라는 인식이 전제되지 않으면, 인간은 단순한 경제수단이나 자원으로 환원될 위험에 빠질 수 있기 때문이다.

이러한 철학은 노동력의 착취, 자연환경의 훼손, 삶의 질 저하 등 인간과 사회, 자연을 파괴하는 경제 시스템을 사전에 교정해야 한다는 원칙으로 이어진다.

이러한 사상적 기반 위에서, 인재주의 경제학은 각 개인이 지닌 무한한 잠재력과 역량을 중시하며, 이를 최대한 개발하고 활용함으로써 인간 삶의 질을 지속적으로 향상시키는 이상적인 경제사회를 구현하는 것을 목표로 한다.

이는 인간을 경제적 생산요소로 바라보고 그 가치를 측정·활용하는 데 초점을 맞춘 인적자본론이나 노동경제학보다 훨씬 더 포괄적이고 인간 중심적인 개념이다.

인재주의 경제학의 첫 번째 핵심 가치인 '인간의 존엄성'은 모든 인간이 본질적으로 존중받아야 할 고유한 가치를 지닌 존재임을 의미한다. 이는 생명, 자유, 평등, 안전, 사생활 등 침해 받아서는 안 되는 기본적인 권리를 포함하며, 나아가 각자가 자신의 삶을 스스로 결정하고 선택할 권리를 가진다는 점을 내포한다.

인간은 차별 없이 평등하게 대우받아야 하며, 서로 협력하고 연대하여 공동체의 발전과 번영을 함께 추구해야 한다. 인재주의는 이처럼 인간 존엄에 절대적인 가치를 부여하며, 개인의 잠재력과 역량을 최대한 개발하고 활용하는 것을 목표로 삼는다.

이러한 철학적 기반 위에서 인재주의는 개인의 자유와 선택, 그리고 자율적 결정권을 중시한다는 점에서, 이를 제약하는 사회주의나 공산주의와는 양립할 수 없다. 반면, 생산수단의 사유화, 시장가격에 따른 자원배분, 그리고 개인의 효용 극대화와 기업의 이윤극대화를 전제로 하는 자본주의는 개인의 자유로운 선택과 결정을 기반으로 한다는 점에서 인재주의와 상호 보완적인 관계에 있다.

자본주의는 인재주의를 통해 개인의 창의성과 혁신을 장려하고, 경제성장을 촉진할 수 있다. 그러나 동시에 자본주의는 독과점으로 인한 시장실패, 소득 불평등의 심화, 자원낭비와 환경 파괴 등 다양한 한계를 지닌다. 특히 자본주의 산업경제에서 나타나는 노동착취, 양극화, 환경파괴는 매우 심각한 사회적 문제로, 인간의 존엄성과 삶의 질을 위협하는 핵심 요인이다.

인재주의는 이러한 자본주의의 구조적 문제를 해결하기 위한 새로운 패러다임이다. 인간의 존엄, 사회적 책임, 공동체 의식 등을 핵심 가치로 삼는 인재주의는 자본주의를 보완하고, 보다 인간적인 경제 시스템을 구축하는 데 기여할 수 있다. 즉, 인간 존엄을 중심에 두는 인재주의는 자본주의의 한계를 극복하고, 창의성과 혁신을 기반으로 한 지속 가능한 발전을 가능하게 하는 중요한 대안이자 동반자이다.

인재주의 경제학의 두 번째 핵심 가치는 '경제주체이자 자원으로서의 인간'이다. 인간은 경제활동의 주체이자 동시에 고유한 가치를 지닌 인적 자원이다. 경제는 재화와 서비스의 생산, 분배, 소비를 통해 자원을 효율적으로 관리하고 배분하는 사회 시스템이며, 인간은 이 모든 과정에 참여하여 경제 시스템을 구성하고 움직이는 핵심적인 역할을 수행하는 경제주체이다.

따라서 경제 활동의 중심에는 항상 인간이 자리해야 한다. 인간이 배제된 경제는 지속 가능하지 않으며, 인간의 존엄성과 삶의 질을 보장할 수 없다.

특히 생성형 인공지능의 발달로 무인 생산시스템이 고도로 진화하고 있는 오늘날, 이러한 철학은 더욱 중요해지고 있다. 인간 중심의 경제 철학이 부재할 경우, 미래 사회는 인간이 소외되고 자본과 생성형 인공지능 로봇이 지배하는 비인간적 구조로 전락할 위험이 있다.

경제학은 인간의 욕망은 무한하지만, 이를 충족할 수 있는 자원은 유한하다는 전제에서 출발한다. 이로 인해 본질적으로 '희소성'이 발생하며, 이러한 희소한 자원을 어떻게 효율적으로 관리하고 배분할 것인가가 경제학의 핵심 과제가 된다.

자원은 크게 인적자원과 물적자원으로 나눌 수 있다. 한 국가의 인적자원의 규모와 질은 일차적으로 인구 규모에 의해 결정되며, 이차적으로는 국민 개개인의 능력, 자질, 그리고 마인드셋에 의해 좌우된다.

특히 '마인드셋'은 물적자원과는 구별되는 인간 고유의 특성으로,

'PDR 시스템 이론'에서 처음 도입된 개념이다. 이는 모든 인간이 지닌 학습, 창조, 협력의 사고방식을 의미하며, 개인의 성장과 사회적 발전의 핵심 동력으로 작용한다.

인간의 능력과 자질, 그리고 마인드셋은 교육과 훈련, 학습과 자기수련을 통해 무한히 개발할 수 있으며, 이를 통해 개인의 역량은 지속적으로 확장된다. 이러한 역량은 생산활동, 노동시장 및 고용관계 시스템 등에서 구체적으로 발현된다.

인재주의 경제학은 인간의 능력과 마인드셋, 창의와 협력이 최대한 발현될 수 있는 경제사회 시스템과 문화를 창출함으로써, 더 많은 사람이 더욱 행복한 삶을 살아갈 수 있는 경제사회를 구현하는 것을 목표로 한다.

인재주의 경제학의 관점에서 한국 사회를 진단해 보면, 우리는 지금 심각한 위기에 직면해 있다. 초저출산으로 인한 인구절벽은 경제주체이자 핵심 자원인 인적자원의 급격한 감소를 의미한다. 이는 단순한 인구 감소를 넘어, 국가의 지속 가능성과 성장 기반을 위협하는 구조적 위기다.

제4차 산업혁명으로 인해 인간의 창의적 혁신역량이 새로운 경쟁질서를 형성하는 인재주의 시대가 도래했음에도 불구하고, 한국의 교육시장과 노동시장은 여전히 산업경제 패러다임에서 크게 벗어나지 못하고 있다. 그 결과 2011년부터 시작된 저성장 국면이 장기화되며 성장 잠재력이 소실되고, 경제가 '저성장 함정'에 빠져들고 있다.

더욱이 취약한 사회안정망 속에서 세계에서 가장 빠른 속도로 고령화가 진행되면서, 양극화는 심화되고 빈곤의 늪은 점점 확대되고 있다. 즉, 한국은 지금 '인구 대협곡'과 '경제 대협곡'이라는 '이중위기'에 빠져들고 있는 상황이다.

이중위기는 정치위기와 안보위기에 의해 더욱 심각한 '복합위기'로 치닫고 있다. 정치는 인간의 삶과 직결되는 경제 문제와 국가 안보에 결정적인 영향을 미친다. 그러나 현재 한국 정치는 적대적 공생 관계와 이념적 대립에 갇혀, 경제와 안보를 모두 위기로 몰아넣고 있다.

정치는 시대 변화에 발맞춰 경제 시스템과 경제 활동의 규칙을 설정해야 한다. 하지만 극단적인 대립 구조 속에서, 제4차 산업혁명 시대에 부합하는 인재주의 경제 패러다임으로의 전환을 위한 제도 개혁은 논의조차 제대로 되지 못하고 있는 실정이다.

한편, 미국과 중국 간의 패권전쟁이 심화되는 국제정세 속에서, 국내 정치는 이념적 성향에 따라 친중과 친미로 양분되고 있다. 더욱이 북한의 핵 위협이 현실화되면서, 국가안보는 6.25전쟁 이후 최대위기를 맞고 있다. 이러한 상황은 한국을 '정치 대협곡'과 '안보 대협곡'이라는 새로운 위기의 심연으로 몰아넣고 있다.

이러한 복합위기 상황을 인재주의 경제학의 관점에서 진단하고, 그 극복 방안을 제시하고자 이 책을 집필하였다. 본서에서 논의된 4대 위기는 국민적 각성과 행동 변화 없이는 결코 극복될 수 없다.

이러한 문제의식과 분석을 바탕으로, 이제 이 책의 핵심 메시지를 독자와 국민 여러분께 다음과 같이 간곡히 호소하고자 한다.

첫째, 현재 우리가 직면하고 있는 4대 위기는 단순한 미래의 문제가 아니다. 이는 우리의 삶의 질을 급격히 저하시킬 뿐 아니라, 장기적으로는 국가의 존립마저 위협할 수 있는 심각한 위기이다. 이 위기를 극복하지 못한다면, 그 누구도 그 영향권에서 자유로울 수 없다.

위기 극복의 첫걸음은 위기의 실체와 본질을 정확히 파악하는 것이다. 위기의 본질을 올바로 이해해야만 그 심각성을 인식하고, 효과적인 대처 방안을 모색할 수 있다.

이 책은 이론적, 실증적, 역사적, 국제비교적 접근 방식을 통해 위기의 본질을 심층적으로 분석하였고, 독자 누구나 위기의 본질과 심각성을 쉽게 이해할 수 있도록 구성하였다.

둘째, 한국은 현재의 4대 위기를 극복할 경우, 미국에 이어 세계 최고 수준의 선진경제강국으로 도약할 3대 기회와 잠재력을 지니고 있다. 그 잠재력은 축적된 기술력과 뛰어난 기업 경쟁력, 전 세계적으로 확산되고 있는 한류 열풍, 그리고 제4차 산업혁명과 인재주의 시대의 도래에서 비롯된다.

이 책은 4대 위기를 극복하고 이러한 3대 기회와 잠재력을 극대화함으로써, 대한민국이 선진경제강국으로 나아가는 길을 구체적으로 제시하고 있다.

셋째, 이 책은 제4차 산업혁명으로 촉발된 인재주의 시대의 도래를 명확히 밝히고, 인재주의 경제학의 관점에서 새로운 경제 패러다임을 제시하고 있다. 제4차 산업혁명은 경제발전 단계를 자본 중심의 산업경제에서 인재 중심의 창조경제로 근본적으로 전환시키고 있다. 자본주의 산업경제에서는 자본이 경쟁질서를 주도했지만, 인재주의 창조경제에서는 창의적 혁신역량을 지닌 인재가 새로운 경쟁질서를 만들어 간다.

따라서 개인, 대학, 기업, 지역, 그리고 국가는 이러한 패러다임을 정확히 이해하고 능동적으로 변화해야만 경쟁력을 확보하고, 삶의 질을 높이며 지속 가능한 발전을 이룰 수 있다. 이 책은 그 구체적인 방향을 제시하고 있다.

특히 자본주의 산업경제가 표준화된 지식과 기술을 연마한 'X형인재'를 요구했다면, 인재주의 창조경제는 창의적 혁신 역량을 지닌 'Y형인재'를 필요로 한다. 이 책은 Y형인재의 개념은 물론, 스스로 Y형인재가 되는 길, Y형인재를 육성하는 방법, 그리고 기업과 지역이 Y형인재를 활용해 혁신을 이끌어내는 전략까지 구체적으로 제시하고 있다.

넷째, 인재주의 시대의 중심에는 '가족'이 있다. 이 책은 "한국만이 아이를 행복의 원천이 아닌 경제적 부담으로 인식한다"는 충격적인 국제비교 연구결과들을 소개하고 있다. 이는 압축성장 과정에서 비롯된 과도한 경쟁과 물질 중심의 가치관이 가족의 의미를 심각하게 왜곡시킨 결과이며, 초저출산 문제의 핵심 원인 중 하나다.

이 문제를 극복하기 위해서는 전통적인 권위주의적 가족관계의 복원이 아니라, 가족의 가치와 역할에 대한 새로운 인식이 필요한 시점이다. 가족은 사랑과 행복, 희망과 성공의 원천이며, 삶의 의미 그 자체다. 인간은 권력, 명예, 부를 추구하지만, 그 궁극적 목적은 행복이며, 진정한 행복은 사랑에서 비롯된다.

우리는 태어나면서 부모로부터 사랑을 배우고, 사랑을 주고받으며 행복을 느낀다. 따라서 가족의 가치는 사랑과 행복의 원천이며, 그 가장 중요한 역할은 이를 상호 학습하는 데 있다. 물론 가족 내 갈등도 존재하지만, 그 어떤 사회적 관계도 가족만큼 사랑과 행복을 함께 나눌 수 있는 공간은 없다.

사람과 자연을 사랑할 줄 아는 사람이 사회에서도 따뜻한 인간관계를 형성하고, 결국 더 큰 성공을 이룰 수 있다. 가족은 또한 희망과 성공의 원천이며, 이를 지지하는 역할을 수행한다. 아이의 탄생은 곧 가족과 국가의 희망이자 미래이며, 아이가 성장하는 과정에서 가족은 끊임없이 희망을 발견하고 그 성공을 기원한다.

특히 인재주의 시대의 성공적인 삶은 Y형인재로 거듭나고, 튼튼한 마인드셋을 구축하는 데서 시작된다. 이 과정에서 가족의 절대적인 지지는 필수적이다. 이 책은 현재 한국인의 가족 가치관의 문제점을 분석하고, 인재주의 시대의 성공을 위해 가족 가치관을 재정립해야 할 필요성을 강조하고 있다.

이 책을 마무리하며, 독자 여러분과 대한민국 국민 모두가 한국 사회가 직면한 위기를 깊이 절감하고, 지혜와 용기를 발휘하여 4대 위기를 극복하고 3대 기회를 극대화함으로써 인재주의 시대를 열고, 대한민국이 선진경제강국으로 도약하기를 간절히 염원한다.

이 책은 존경하는 부모님, 동산 이승배 선생님과 박도순 보리심 보살님, 그리고 사랑하는 아내 김태경 교수에게 바친다.

더불어, 사랑하는 나의 가족 원철, 현정, 성호, 영희, 호령, 정은, 지안, 서아, 지후, 유준, 그리고 도윤이가 이 책에 담긴 지식뿐만 아니라 그 안에 담긴 사상과 철학까지 깊이 이해하여, 선진경제강국으로 발전하는 조국에서 지혜롭고 행복한 삶을 펼쳐 나가기를 진심으로 기원한다.

끝으로 책 표지 디자인과 일러스트를 세련되게 제작해 준 홍창기 교수께 감사의 뜻을 전한다. 아울러, 좋은 책을 만들기 위해 노고를 아끼지 않은 열리시선 관계자 여러분과, 특히 세심한 교정 및 편집 작업을 담당해 준 김혜은, 권기진 두 분께 특히 감사드린다.

참고문헌

제1부 대협곡의 벼랑

1장 희망의 언덕에서 치명적 위기를 만나다

1 돌민정음은 '아이돌'과 '훈민정음'의 합성어로 해외 아이돌 팬들이 아이돌이 주로 사용하는 말을 한국어 발음 그대로 영어 알파벳으로 쓰는 것을 말하는 신조어이다. '돌민정음, 케이팝(K-pop) 타고 세계로 흐르다', [이효수 세상 보기(118)], 「이효수 블로그」 2023. 5. 16. 인출

2 IFPI, Global Music Report 2025.; Joseph Kim and Seung Ho Kwon, K-Pop's Global Success and Its Innovative Production System, Sustainability 2022, 14(17).

3 이효수, 『창조경제』, 매일경제신문사, 2014

4 이효수, 『창조경제』, 매일경제신문사, 2014. 제4장 창조경제 패러다임.

5 이효수, '선진 경제강국(50-50국가)을 위한 새로운 리더십', 대구경북언론인회 초청 강연, [이효수 경세제민 (152)], 「이효수 블로그」, 2021. 11. 23. 인출

6 중앙일보, 2023. 5. 17.

2장 대재앙의 씨앗, 초저출산

1 저출산 단계에 따라 인구구조 변동 및 경제사회에 미치는 충격이 크게 다르고, 문제 해결의 난이도도 크게 다르다.

2 저출산 단계에 따라 정책 효과가 크게 다르기 때문에 정책수단과 정책 재정 투입 규모를 달리해야 한다. 저출산이 심각한 단계로 갈수록 정책 투입 비용은 크게 증가하지만, 정책 효과는 반대로 미미하게 나타난다.

3 저출산 단계 구분을 통해 저출산 문제의 심각성을 사회에 알리고 인식을 제고할 수 있다. 저출산 문제 해결을 위해서는 사회적 공감대 형성과 정책적 지원, 그리고 국민적 협력이 절대적으로 필요하다. 이를 위해서는 저출산 심각도에 대한 인식 공유가 필요하다.

4 다른 국가들의 저출산 단계와 비교하여 우리나라의 저출산 상황을 파악할 수 있다.

5 현재 저출산 단계를 기반으로 미래 인구구조 변동과 인구 감소 추세를 예측할 수 있다. 이는 미래 경제사회에 발생할 수 있는 문제점을 파악하고 대비책을 마련하는 데 도움이 된다.

6 맬서스(1766~1834년)는 인구론에서 '과잉인구' 개념을 처음으로 도입하였고, 과잉인구는 식량을 초과하는 인구로 파악하였다. 마르크스(1818~1883년)는 그의 불멸의 저서《자본론》에서 맬서스의 과잉인구론을 비판하고, '절대적 과잉인구', '상대적 과잉인구', '잠재적 과잉인구' 개념을 도입하여 자본주의 체제의 모순과 착취 문제를 다루고 있다. 과잉인구 문제를 맬서스는 인구증가 자체에서 찾고 있지만, 마르크스는 맬서스와 달리 사회경제 구조적 모순에서 찾고 있다.

7 T. R. Malthus, An Essay on the Principle of Population, 6th, John Murray, 1826.

8 맬서스는 산업혁명 초기에 인구론을 전개했기 때문에 당시에는 과학혁명에 의한 생산성 혁신이나 피임법에 의한 과잉인구 해소 방안을 제시하지 못한 것으로 보인다.

9 보건복지부,「한국 인구정책 50년」, 2016.

10 Ibid.

11 인식 오류는 인간이 외부 세계를 이해하고 해석하는 과정에서 발생하는 오류이다. 인식 오류는 잘못된 정보, 선택 편향, 고정관념, 현상 유지 욕구 등으로 인하여 잘못된 판단을 하는 것으로, 의사결정과 행동에 영향을 미친다는 점에서 심각하다.

12 United Nations, 'UN Population Division Data Portal', 2024. 9. 24. 인출

3장 초고속 고령화와 가파른 인구절벽

1 이효수, '극고령사회의 비극, 고령화사회, 고령사회, 초고령사회 그리고 극고령사회', 인구절벽 (15) [이효수 경세제민 (218)],「이효수 블로그」, 2024. 1. 23. 인출

2 KOSIS, '부양인구비 및 노령화지수, 1950~2100 (OECD 회원국), 2025. 3. 24. 인출

3 미국에서는 2차 세계대전 후인 1945~60년에 출생률이 급증하였고, 이 시기에 태어난 세대를 베이붐 세대라 한다. 일본에서는 1948년 전후 출생률이 급증하였는데, 이 시기에 태어난 세대를 단카이 세대라 한다.

4 행정안정부, 국가기록원, '6.25전쟁 피해 현황 통계', https://theme.archives.go.kr,

2024. 9. 24. 인출

5 이효수, '인구재앙이 눈앞에 있다', 인구절벽 (1), [이효수 경세제민 (64)], 「이효수 블로그」, 2019. 11. 7.

6 KOSIS, '부양인구비 및 노령화지수 (OECD 회원국) 1950-2100년', 2025. 3. 24. 인출

7 Ibid

8 제2장 (그림 2-2) 참조

9 KOSIS, '주요 인구지표(성비, 인구성장률, 인구구조, 부양비 등) 1960-2072년', 2024. 3. 15. 인출

10 KOSIS, '부양인구비 및 노령화지수 (OECD 회원국) 1950-2100년', 2025. 3. 5. 인출

제2부 인구재앙 쓰나미

4장 축소와 소멸의 시대

1 이것은 비단 시골만의 문제가 아니다. "식품의약품안전처에 따르면, 2023년 성인용 기저귀 수입량은 2만 5532톤으로 같은 기간 어린이용 수입량 2만 2954톤을 넘어섰다. 어린이용 기저귀 수입량은 계속 감소하고, 성인용 기저귀 수입량을 최근에 큰 폭으로 증가하고 있다." '유아용보다 많은 성인 기저귀 수입', 「뉴시스」, 2024. 1. 8.

2 이재희, '임신·출산 및 영유아 의료 인프라 추이 분석 및 대응 방안', 「육아정책포럼 75권」, 육아정책연구소, 2023. 3. 이 연구보고서는 공간적 접근성과 시간적 접근성을 고려하여 서비스 시설의 적정 위치를 선정하는 공간 분석 방법 즉 2SFCA(Two-Step Floating Catchment Area) 기법을 사용했다. 제1단계에서 서비스 시설의 최대 서비스 거리를 기준으로 포획 영역을 설정한다. 제2단계에서 각 개인의 위치에서 서비스 시설까지의 예상 이동 시간을 계산한다. Luo, W., & Wang, F. (2003). Measures of spatial accessibility to health care in a GIS environment: Synthesis and a case study in the Chicago region. Environment and Planning B, 30(6), 865-884.

3 이 보고서는 30Km 내에 영유아 1만 명당 약 30명의 소아청소년과 전문의에 의한 의료 서비스가 가능한 지역을 '핫스팟'으로, 그리고 17명의 소아청소년 전문의에 의한 의료 서비스가 가능한 지역을 '콜드스팟'으로 분류하였다.

4 Ibid

5 MEDIC&C, '2024 전공의 모집결과 리포트', https://www.medigate.net/event/attence/report/resident2024, 2024. 2. 17. 인출

6 보건복지부, 「2021년 보육통계」, 2022.; 「2022년 보육통계」, 2023.

7 이재희, '저출생시대 어린이집 유치원 인프라 공급 진단', 「육아정책포럼 78권」, 2023년 겨울호, 육아정책연구소, pp.36-48

5장 교육 사막화와 무너지는 대학

1 '80년 된 초등학교도 가차 없이 폐교', 여성경제신문, 2023. 2. 15.

2 전북특별자치도 교육청 홈페이지, '2024-2028학년도 중학교 중기학생 배치계획', 2024. 12. 20. 인출

3 Ibid.

4 서울특별시 교육청 홈페이지, '2024-2028학년도 각급학교 학생배치계획', 2025. 9. 8. 인출

5 Ibid.

6 폐교대학 종합관리포털, '폐교 대학 현황', https://portal.u-haksa.or.kr/, 2024. 9. 24. 인출

7 KOSIS, '성 및 연령별 추계인구(1세별, 5세별)/전국, 1960-2072년', 2024. 12. 8. 인출

8 조선에듀, '2025학년도 대학입시 주요 특징과 대비 전략은?' 2024. 3. 13.

9 한국대학신문, '2025년 전문대 입시 정원 311명 줄인다.' 2023. 5. 25.

10 서울신문, '지방대 빨라진 '벚꽃 엔딩', 2024. 2. 20.

6장 지방소멸

1 마스다 히로야, 『지방소멸』, 김정환 옮김, 와이즈베리, 2014.

2 한국경제, ''넘버 2 도시' 부산도 소멸 위험,' 2024. 4. 2.

3 Ibid.

4 KOSIS, '시군구/인구동태건수 및 동태율(출생, 사망, 혼인, 이혼), 2000-2022년', 2024. 9. 21.; KOSIS, '시군구/출생아수, 합계출산율', 2000~2003년, 2024. 8. 30. 인출

5 Ibid.

6 KOSIS, '시군구/출생아수, 합계출산율, 2000-2024년', 2025. 3. 26. 인출

7 KOSIS, '주요 인구지표 (성비, 인구성장률, 인구구조, 부양비 등)/시도, 1970-2050', 2024. 2. 21. 인출

8 감사원, '감사보고서-저출산·고령화 대책 성과분석', 2021. 7.; 중앙일보, '저출산 충격 보고서 '100년 후 서울 강남, 광진, 관악, 마포만 생존', 2021. 8. 19.

7장 흔들리는 경제

1 이효수, 『창조경제』, 제12장 창업과 스타트업, 매일경제신문사, 2014, pp.269-316.

2 Ibid.

3 KOSIS, '무역의존도(GDP대비 수출입 비율), 1990-2023년', 2024. 12. 10. 인출

4 한국경제연구원, '핵심노동인구 비중 전망', 2022. 3. 5.

5 이효수, '한국의 노인 빈곤, 심각한 수준', [이효수 경세제민 (227)], 「이효수 블로그」, 2024. 9. 7. 인출

6 KOSIS, '종사상지위별 취업자, 1963-2025.05', 2025. 6. 15. 인출

7 Ibid.

8 OECD, OECD Data Explorer, Employment by activities and status (ALFS), 2025. 7. 10.

9 통계청, '2023년 가계금융복지조사 결과', 2023. 12. 7.

10 금융투자협회 조사국제부, '2022 주요국 가계금융자산 비교', 2022. 8. 23.

8장 시들어가는 사회

1 UN, United Nations World Population Projects: The 2022 Revision.

2 OECD, Income Distribution Database, OECD Data Explorer, 2025. 9. 10. 인출

3 기초연금 제도는 1991년부터 노령수당제도, 경로연금제도, 기초노령연금제도를 거쳐 2014년 7월부터 도입되었다.

4 OECD, Pensions at a Glance 2023, OECD AND G20 INDICATORS, 2023.

5 통계청, '2023년 연금 통계 결과', 2025. 8. 25.

6 OECD database Labour Market Statistics by sex and age: employment population ratio. 통계청, '연령별 경제활동인구 총괄', KOSIS 2024. 7. 16. 인출

7 통계청, '연령별 경제활동인구 총괄', KOSIS 2024. 7. 16. 인출

8 통계청, '2023년 5월 경제활동인구조사, 고령층 부가조사 결과', 2023. 7. 25.

9 OECD, Pensions at a Glance 2023, 2023. 11.

9장 미래를 잃은 나라

1 Henley & Partners, 'Global Passport Ranking, 2025', www.henleyglobal.com. 2025. 8.3. 인출

제3부 위기의 근원을 찾아

10장 초저출산의 늪: 어디서, 어떻게?

1 통계청, '행정자료로 살펴본 2022년 「25~39세 청년의 배우자 유무별 사회·경제적 특성 분석」', 2024. 9. 10.

2 서울행정법원, 사건이름: 부당해고구제재심판정취소, 2000-2-15 99구 18615, 공포일, 2000-02-15. 양지노무법인, '판례: 결혼퇴직제는 근로기준법상의 정당한 이유 없는 해고이다',

3 KOSIS, '1인당 국민총소득(당해년가격), 1960~2022년', 2024. 9. 25. 인출

4 KOSIS, '인구동태건수 및 동태율 추이(출생, 사망, 혼인, 이혼), 1970~2023년', 2024. 5. 28. 인출

5 KOSIS, '교육단계별 취학률(OECD 회원국), 1970~2022년', 2024. 10. 5. 인출

6 교육부·한국교육개발원, 『교육통계연보』, 매년

7 법제처 국가법령정보센터, '남녀 고용평등과 일·가정 양립 지원에 관한 법률', 2025. 5. 19. 인출

8 한국경제, '한국 여성들 출산 꺼리는 이유는…' BBC 기자 연설 '화제', 2024. 3. 8.

9 이코노미스트(The Economist)는 2013년에는 5개 지표로 유리천장지수를 산정하였고 26개 OECD 국가를 대상으로 하였으나, 현재에는 출산 및 육아 휴가를 포함한 10개 지표로 유리천장지수를 산정하고 29개 OECD 국가를 대상으로 하고 있다.

10 'The Economist's glass-ceiling index-Our annual measure of the role and influence of women in the workforce', The Economist, 2024. 3. 6.

11 조선일보, '프랑스는 비혼 커플에게 출생, 아동 가족 수당', 2024. 3. 16.

12 KOSIS, '남녀 임금격차(제조업), 1994~2022년', 2024. 9. 25. 인출

13 Ibid.

14 KOSIS, '성/연령별 경제활동인구. 1999.06~2025.03', 2024. 4. 15. 인출

15 Ibid.

16 조혼인율(Crude Marriage Rate: CMR)은 1년간 신고된 총 혼인건수를 당해연도의 연앙인구로 나눈 수치를 1,000분비로 나타낸 것이다.

17 통계청, 「사회조사로 살펴본 청년의 의식변화」, 2023. 8.

18 여성가족부, '2022년 경력단절여성 등의 경제활동 실태조사 결과', 2023. 6. 1.

19 KOSIS, '향후 결혼할 의향', 2024. 7. 5. 인출

20 KOSIS, '결혼할 의향이 없는 이유', 2024. 7. 5. 인출

21 통계청, 「사회조사로 살펴본 청년의 의식변화」, 2023. 8.

22 KOSIS, '출산 의향', 2024. 7. 5. 인출

23 KOSIS, '출산할 의향이 없는 이유', 2024. 7. 5. 인출

24 한국경제신문이 여론조사 전문업체에 의뢰해 경제활동을 하는 25-45세 여성 1000명을 대상으로 2024년 2월 5일에서 20일까지 온라인 설문조사한 결과이다. '일하는 여성 62% "애 안 낳겠다"', 한국경제, 2024. 2. 27.

25 통계청, 「사회조사로 살펴본 청년의 의식변화」, 2023. 8.

11장 단층노동시장: 경쟁압력과 절망의 벽

1 이효수, 『노동시장구조론』, 법문사, 1984; 이효수, 『인재주의 경제학』, 탑북스, 2015.

2 Ibid.

3 Peter B. Doeringer, Michael J. Piore, Internal Labor Markets and Manpower Analysis, Routledge, 1985.

4 David M. Gordon, Richard C. Edwards, and Michael Reich, Segmented Work, Divided Workers: The Historical Transformation of Labor in the United States, New York: Cambridge University Press, !982; Michael Reich, David M. Gordon and Richard C. Edwards, 'A Theory of Labor Market Segmentation', The American Economic Review, Vol. 63, No. 2. 1973. pp.359-365.

5 이정우, 『불평등의 경제학』, 후마니타스, 2010, pp.150-152.

6 대한민국 공식 전자정부 누리집, '취학률 및 진학률', e-나라지표, https://www.index.go.kr/unity/potal/main/EachDtlPageDetail.do?idx_cd=1520, 2024. 3. 24. 인출.

7 Ibid.

8 이효수, 『노동시장구조론』, 법문사, 1984.

9 한국노동연구원, 「공채의 종말과 노동시장의 변화」, 연구보고서 23-15, 2023. 12. 29.

10 통계청, '일자리이동통계 결과', 2020, 2021, 2022년, 2024. 6. 5.

11 이효수, 『인재주의 경제학』, 탑북스, 2015, p.237.

12 KOSIS, '성/교육정도/근로형태별(비정규직) 취업자', 2024. 10. 22. 인출

13 통계청, 「2024년 8월 경제활동인구조사 근로형태별 부가조사 결과」, 2024. 10. 22.

14 통계청, 'OECD Temporary Workers', 「2024년 8월 경제활동인구조사 근로형태별 부가조사 결과」, 2024. 10. 22.

15 국민일보, '정규직 전환 비율, OECD 절반도 안 된다', 2015. 2. 17.

16 유경준, 권태구, '비정규직의 일자리 이동 분석', Journal of the Korean Data Analysis Society(JKDAS), Vol.25 No.2 pp.599-614. 2023. 4.
17 OECD, 'Labour Market Transitions Across Countries: Stylised facts', Working paper. 2021. 12. 10.
18 KOSIS, '성/교육정도/근로형태별(비정규직) 취업자', 2003.08~2024.08, 2024. 11. 22. 인출

12장 사교육 열풍과 공교육 붕괴

1 통계청, '2024년 초중고 사교육비 조사 결과', 2025. 3. 13.
2 교육부, '교육부 2024년 예산 및 기금 95조 7,888억원 확정', 2023. 12. 21.
3 통계청, '2024년 초중고 사교육비 조사 결과', 2025. 3. 13.
4 통계청, '2024년 4/4분기 가계동향조사 결과', 2025. 2. 27.
5 조선일보, '교사들, '문제 장사 조직' 만들어 수억 챙겨', 2024. 3. 11.
6 Ibid.
7 Ibid.
8 통계청, '2024년 초중고 사교육비 조사 결과', 2025. 3. 13.
9 이효수, 『Y형인재에 투자하라』, 매일경제신문사, 2012.
10 Ibid.

13장 수도권 블랙홀의 덫

1 통계청, '행정자료로 살펴본 2022년 「25~39세 청년의 배우자 유무별 사회·경제적 특성 분석」', 2024. 9. 10.
2 KOSIS, '시도/인구동태건수 및 동태율(출생, 사망, 혼인, 이혼)' 1990-2024년, 2025. 5. 4. 인출
3 KOSIS, '시도/합계출산율, 모의 연령별 출산율' 1993-2023년, 2025. 5. 4. 인출
4 동아일보, '대학 편입 4만명, 의대 광풍에 5년새 최대', 2023. 10. 3.
5 교육부, 한국대학교육협의회, 대학알리미, '대학 편입학 선발 결과, 2022, 2023', 2024. 9. 10. 인출
6 고용노동부, '지역별 상용(5인 이상) 월급여총액', 2023; 이효수, '인재도 일자리도 수도권으로, 지난 20년간 지방화 추진했지만 수도권 집중화는 오히려 가속화', [이효수 경세제민(207)], 「이효수 블로그」, 2025. 1. 17. 인출

7 KOSIS, '행정구역(시도)/성별 취업자', 1989 1/4-2025.03, 2025. 4. 9.; 이효수, '인재도 일자리도 수도권으로, 지난 20년간 지방화 추진했지만 수도권 집중화는 오히려 가속화', [이효수 경세제민 (207)], 「이효수 블로그」, 2025. 1. 17. 인출
8 이효수, '영남 경제권 구축 전략', 이효수 경제칼럼, 매일신문, 2004. 8. 4.
9 영남일보, '1989년 영남권 국제공항 필요성 첫 언급 학자 "가덕도에는 제2관문공항 불가능", 2020. 11. 26.
10 이효수, '영남권 신공항 건설, 따져볼 것 세가지', 중앙일보, 2009. 9. 12.
11 이효수, [이효수 경제칼럼] 민선 3기와 정책과제, 영남일보, 2002. 7. 5.; 이효수, [경제와 세상] 영남권 신국제공항에 대하여, 영남일보, 2016. 5. 27.
12 이효수, '관문공항은 매표 전략이 아니라, 메가시티 리전 전략으로 접근해야', [이효수 경세제민 (101)], 2020. 11. 25.; 이효수, '영남권 메가시티 리전 실현의 길', [이효수 경세제민 (120)], 「이효수 블로그」, 2021. 4. 9.

14장 단선적 과잉경쟁과 스트레스 사회

1 Pew Research Center, 'What makes life meaningful? Views from 17 Advanced Economies', 2021. 1. 18.
2 KOSIS, '종사자규모별 취업자, 2004.01~2025.05', 2025. 7. 15. 인출
3 KOSIS, '10만명당 자살률(OECD 회원국)', 2025. 9. 12. 인출
4 매일경제, '서울대생 60% "전공 잘못 골랐다"', 2007. .7. 13.

15장 나홀로족 문화와 딩크족 문화

1 The Motto(Drake song), Wikipedia, 2025. 9. 12. 인출
2 이효수, '한국은 쇠퇴의 길에 들어섰는가? 치명적 인구재앙 몰고올 가파른 인구절벽, 인구절벽 (9), [이효수 경세제민 (211)], 「이효수 블로그」, 2023. 12.19.; KOSIS
3 Ibid.
4 통계청, '행정자료로 살펴본 2022년 「25~39세 청년의 배우자 유무별 사회·경제적 특성 분석」', 2024. 9. 10.
5 Ibid.
6 Ibid.
7 통계청, 「행정자료를 활용한 2023년 신혼부부통계 결과」, 2023. 12. 11.
8 Robert Waldinger, 'What makes a good life? Lessons from the longest study on

happiness', TED, 2015

Robert Waldinger and Marc Schulz, *The Good Life and How to Live It : Lessons from the World's Longest Study on Happiness,* Simon & Schuster, 2023. 박선령 번역, 『세상에서 가장 긴 행복탐구보고서』, 비즈니스북스, 2023.

9 Ibid.

10 Pew Rearch Center, 'What makes life meaningful? Views from 17 Advanced Economies', 2021. 11. 18.

11 서울대 아시아연구소·한국리서치, '아시아인의 가족과 행복', 2023.

12 Karol Ladd, *A Positive Plan for Creating More Calm, Less Sress,* W Publishing Group, 2007.

16장 저출산 정책은 왜 실패했는가?

1 국회예산정책처, 「중·장기 재정현안 분석, 인구위기 대응전략, 3. 저출산 대응 전략」, 2023. 11.

2 Ibid.

3 대한민국정부, 「제4차 저출산·고령사회 기본계획 (2021-2025), 함께 일하고 함께 돌보는 사회」, 2020. 12. 22.

4 첫만남이용권은 「저출산·고령사회기본법」에 의거하여 출생 아동 첫째 200만 원, 둘째 이상 300만 원 바우처(국민행복카드) 지급

5 아동수당은 「아동수당법」에 기초하여 8세미만 아동에게 매월 10만 원을 지급하고 있다.

6 양육수당은 부모급여가 종료된 시점인 생후 24개월부터 85개월까지 가정보육시 매달 10만 원 지급, 양육수당은 유치원이나 어린이집을 이용하면 보육료로 전환.

7 부모급여는 만 2세 미만의 영아기 아동을 돌보는 가정에, 만 0세 아동 월 100만 원, 만 1세 아동 월 50만 원 지원. 기존 영아수당은 부모급여로 변경

8 저출산고령사회위원회, '저출생 예산 재구조화', 2024. 6. 11.

9 OECD, Family Database, Public policies for families and children, 2024. 6. 14. 인출

10이것은 KOSIS '성 및 연령별 추계인구 자료를 이용하여 산출한 것이다. KOSIS, '성 및 연령별 추계인구(1세별, 5세별), 전국' 수록기간 년 1960-2072, 자료갱신일 2023. 12. 14.

17장 위험한 선택

1 통계청, '2021년 장래인구추계를 반영한 내·외국인 인구전망: 2020-2040년', 2022. 4.

2 KOSIS, '주요 인구지표(성비, 인구성장률, 인구구조, 부양비 등)/전국, 1960-2072', 2024. 7. 20. 인출

3 Ibid.

4 통계청, '2024년 이민자체류실태 및 고용조사 결과', 2024. 12. 17.

5 Ibid.

6 BBC News 코리아, '전교생의 80%가 다문화 학생, 초저출생 한국에서 이미 시작된 미래', 2024. 7. 3.

제4부 또 다른 대협곡

18장 침몰하는 한국경제: 저성장 함정의 공포

1 프리드리히 리스트(Georg Friedrich List, 1789-1846), 힐데브란트(Bruno Hildebrand, 1812-1883), 마르크스(Karl Marx, 1818-1883) 등의 경제발전단계설이 대표적이다. '이효수 산업혁명론과 경제발전단계설', 「이효수 블로그」, 2017. 5. 12.

2 이효수, '이효수 경제성장 단계설', 「이효수 블로그」, 2017. 5. 9.; 이효수, '이효수 산업혁명론과 경제발전단계설', 「이효수 블로그」, 2017. 5. 12.

3 이효수, 『창조경제』, 매일경제신문사, 2014. 11. 30.

4 이효수, 『창조경제』, 매일경제신문사, 2014; Klaus Schwab, The Fourth Industrial Revolution, Crown Currency, 2017. 1. 3.

5 로스토(W. W. Rostow)는 그의 저서 『경제성장의 단계(The Stages of Economic Growth), 1959』에서 경제성장단계를 ① '전통적 사회(the traditional society)', ② '도약 준비단계(the preconditions for take-off)', ③ '도약단계(the take-off)', ④ '성숙단계(the drive to maturity)', ⑤ '고도 대중 소비단계(the age of high mass-consumption)'로 구분하였다. W. W Rostow, The Stages of Economic Growth: A Non-Communist Manifesto, 3rd ed., Cambridge, 1990.

6 권병탁, '농지개혁의 과정과 경제적 기여', 『농업정책연구』, 11권 1호, 1984.

7 이효수, '30-50 클럽'의 교훈, 선진 경제강국의 길(3), 이효수 경세제민 (156), 「이효수 블로그」, 2021. 12. 5.

8 이효수, '한국경제는 저성장함정에 빠져들 위험성이 있다.' 이효수 경세제민(7), 「이효수 블로그」, 2017. 5. 14.

9 KOSIS, '국민계정, 주요지표(연간지표)', 1953-2023년, 2024. 12. 30. 인출

10 IMF, World Economic Outlook Database, 2024. 9. 13. 인출

11 KOSIS, '국가별 수출액, 수입액', 수록기간 1965-2024.07, 2024. 9. 14. 인출
12 산업통상자원부, '2024년 연간 및 12월 수출입 동향', 2025. 1. 1.

19장 깊어지는 양극화, 빈곤과 부채의 덫

1 이효수, '한국과 미국의 세대 구분, Z세대의 어둠과 빛', 이효수 경세제민 (88), 「이효수 블로그」, 2020. 5. 4.; 이효수, 'MZ 세대가 세상의 변화를 이끈다', 이효수 세상보기 (41), 「이효수 블로그」, 2020. 6. 26.
2 World Inequality Lab, https://inequalitylab.world. 2025. 5. 9. 인출
3 OECD Data, https://data.oecd.org
4 절대 빈곤선은 최소한의 생활 필수품을 구매하는 데 필요한 최저 소득 수준을 의미하고, 상대 빈곤선은 중위 소득의 일정 비율(50% 또는 60) 이하의 소득을 의미한다.
5 BIS, 'Debt service ratios (DSRs)', BIS Data Portal, 2024. 9. 12. 인출
6 Ibid.
7 IMF, 'FISCAL MONITOR', 2024 Apr.
8 기획재정부, 「2025~2065 장기 재정 전망」, 2025. 9. 3.

20장 정치·안보 대협곡: 분열과 위기의 시대

1 이효수, "[아침을 열며] 정치가 바로 서야 국민이 산다.' 영남일보, 2022. 12. 12.
2 한국행정연구원, 각 년도별 「사회통합실태조사(국가승인통계 공표용 보고서)」, 2013~2024.
3 이효수, '정치개혁 바로 해야 나라가 산다. 왜 그리고 어떻게?' [이효수 경세제민(201)], 「이효수블로그」, 2023. 3. 31.

제5부 대협곡을 넘어: 인재주의 국가로의 대전환

21장 인재주의 시대: 빛과 길

1 KOSIS, '품목별 수출액, 수입액', 2020.01~2025.06.
2 '기생충: 아카데미 4관왕, 영화 역사를 새로 쓰다', BBC NEWS 코리아, 2020. 2. 10.
3 김윤지, 『한류외전』, 어크로스, 2023. 4. 17.
4 '미도 홀린 K뷰티…프랑스 제치고 미 수입시장 첫 1위', 동아일보, 2025. 1. 3.
5 해외 한식 특파원, '세계 길거리부터 식료품점까지 점령한 K-푸드, 한식, 세계인의 일

상을 물들이다', 한식진흥원, 2024. 8. 28. www.hansik.co.kr > magazinse

6 The New York Times, 'Kisa Brings South Korea Roadside Fare to the Lower East Side', 2024. 4. 16.; '제육정식 4만4000원…뉴욕 한복판 등장한 K-기사식당', 조선일보, 2024. 4. 22.

7 'dalgona', 'hyung', 'noraebang'…한국어 7개 단어 옥스퍼드 사전 등재', 세계일보, 2025. 1. 7.

8 "인도 명문 네루대 한국어학과 2022년 입학 경쟁률은 30명 모집에 10만명이 지원하여 3300 대 1의 경쟁률을 보였다." '한국어과 입학 3300 대 1…인구 14억 코끼리 대륙에 거센 한류 열풍', 세계일보, 2024. 6. 16.

9 Wikipedia, 'KPop Demon Hunters', 2025. 9. 14. 인출

10 혼문은 악마가 들어오는 문이자 악령으로부터 인간의 영혼을 지키는 방패라는 이중적 의미를 지닌다. 이 문은 팬들의 응원과 감동을 통해 완성되는 장치로, 아이돌과 팬 사이의 유대가 세계를 지키는 힘으로 형상화되며 감정, 예술, 연대의 힘을 시각적으로 구현한다.

11 오방색(五方色)은 음양오행 사상에 기반하여 우주와 인간의 질서를 다섯 가지 색(청색, 적색, 황색, 백색, 흑색)으로 표현한 한국 전통 색채 체계이다. 이 다섯 색은 각각 방위, 계절, 오행, 감정, 덕목 등을 나타낸다. 케데헌은 오방색을 활용하여 한국 전통문화의 아름다움과 상징성을 작품에 녹여내어, 캐릭터에 깊이를 더하고 이야기의 시각적 요소를 풍부하게 만들었다. 이효수, '케데헌 열풍이 입증한 한국민속 세계관의 세계성[이효수 세상보기(149)], 「이효수 블로그」, 2025. 8. 15.

12 사인검(四寅劍)은 조선시대 왕실에서 제작한 의장용 검으로 '인년(寅年)' 인월(寅月), 인일(寅日), 인시(寅時) 즉 인(寅, 호랑이)이 네 번 겹치는 시점에 쇳물을 부어 만든 보검으로 호랑이의 양기를 담아 사귀를 물리치고 왕실의 안녕과 백성의 평온을 기원하는 주술적 벽사용 검이다. 검날에는 북두칠성과 28수 별자리를 새겨 주술적 힘을 더하기도 한다. 영화 속 사인검은 악마를 베는 주술적 무기로 등장하고, 검날에 별자리를 새겨 한국 전통문화의 아름다움을 잘 살려내고 있다.

13 일월오봉도(日月五峰圖)는 해와 달, 다섯 개의 산봉우리를 그린 병풍으로, 조선시대 궁궐에서 왕의 어좌 뒤에 놓여 왕의 권위와 존엄, 그리고 왕조의 영원한 번영을 상징했다. 케데헌 주인공 헌트릭스의 리더 루미의 무대 배경으로 일월오봉도가 등장하여 루미의 케이팝 로열티로서의 지위를 상징한다. 한국 문화 유산의 상징성을 글로벌 팬들에게 전달하고 있다.

14 까치호랑이(작호도)는 조선시대 민화의 대표적인 소재로, 까치와 해학적으로 그려진

호랑이를 함께 배치한 그림이다. 까치가 호랑이를 놀리는 듯한 구도는 풍자와 해학, 그리고 길운과 액막이의 의미를 동시에 담고 있다. 케데헌에서 더피(호랑이)와 서씨(까치)로 등장하여 한국 전통문화의 상징성을 현대적으로 재해석하여 작품의 정체성을 강화하는 역할을 하고 있다.

15 South Korea Ranks Among the World' Best Countries, https://www.usnews.com/news/best-countries/south-korea 에서 2024. 8. 30. 인출

16 이효수, 『Y형인재에 투자하라』, 매일경제신문사, 2012.

17 Zeki, 'Deep-Tech Talent War, Europe vs North America Showdown 2024', Zeki Research Ltd, www.zekidata.com

22장 출생·육아 정책 패러다임의 대전환

1 '윤 대통령, 인구 국가 비상사태 선언', 조선일보, 2014. 6. 20.

2 KOSIS, '성 및 연령별 추계인구 (1세별, 5세별)/전국', 2024. 7. 3. 인출

3 OECD, Family Database, Public policies for families and children, 2024. 6. 14. 인출

4 조선일보, '작년 47조 퍼부었는데…절반은 엉뚱한 곳에 쓰였다', 2024. 6. 20.

5 "보건복지부와 행정안전부에 따르면 2024년 상반기 기준 전국 226개 기초 지자체 중 72.1%인 163곳이 출산지원금을 자체 예산으로 지급했다. 첫째 자녀 기준 평균 337만원을 지급했고 둘째, 셋째 자녀을 낳을수록 지원금이 늘어나는 구조다. 하지만 일시적으로 출생아 수가 증가하기도 하지만, 합계출산율은 오히려 떨어지고 있어 효과가 없는 것으로 나타났다" 한국경제 2024. 11. 21.; '출산수당 퍼주기' 경쟁…출산율의 기적, 결국 도루묵', 한국경제, 2024. 4. 1.

6 서울일보, '나경원 저출산고령화사회 부위원장, 대통령 재가 없이 출산장려대책 발표', 2023. 1. 9.

7 경향신문, '권익위, '출산지원금 1억 지원' 대국민 설문 진행 중', 2024. 4. 23.

8 국민일보, ''출산 장려금 1억' 부영 그룹, 공채 지원자 5배 늘어,' 2024. 6. 27.

9 이효수, 『창조경제』, '제3장 창조경제의 출현', 매일경제신문사, 2014. pp.54-92.

10 통계청, 「2024년 사회조사 결과」, 2024. 11. 12.

11 KOSIS, '출생아 부모 중 육아휴직 대상자 수', 2024. 7. 1. 인출

12 KOSIS '전체 육아휴직자 수', 2024. 7. 1. 인출

13 KOSIS, '출생아 부모의 육아휴직 사용률', 2024. 7. 1. 인출

14 KOSIS, '기업체 규모별 전체 육아휴직자', 2024. 7. 1. 인출

15 '일도 가정도 챙긴다…아빠 출산휴가 최대 한달까지 늘리기로', 조선일보, 2024. 6. 20.
16 '육아시설 없는 중소기업, 19곳 뭉쳐 어린이집 만들었다.' 조선일보, 2024. 4. 15.
17 ibid.
18 홍현균·공정승, 「아동돌봄 서비스 현황과 전망」, 한국고용정보원, 2022. 12.
19 Ibid.
20 KOSIS, '시도/출산순위별 모의 평균 출산연령', 1993-2023, 자료갱신일: 2024. 8. 28.
21 통계청, 「2023년 출생 통계」, 2024. 8. 28. p.7.
22 The JoongAng, '출생아 10명 중 1명 난임 출산인데, 국가지원 헛바퀴', 2023. 10. 14.
23 OECD, 'Share of births outside of marriage', OECD Family Database, 2024. 11. 22. 인출
24 Ibid.
25 Ibid.
26 통계청, 「2023년 출생 통계」, 2024. 8. 28. p.10.
27 통계청, 「'사회조사'로 살펴본 청년의 의식변화」, 2023. 8. 28.
28 ibid.

23장 삶의 가치와 행복의 조건

1 법정, 『무소유』, 범우사, 1976.
2 Robert Waldinger, 'What makes a good life? Lessons from the longest study on happiness', TED, 2015;
Robert Waldinger and Marc Schulz, *The Good Life and How to Live It : Lessons from the World's Longest Study on Happiness,* Simon & Schuster, 2023.
3 The Harvard Study of Adult Development, https://www.adultdevelopmentstudy.org/: George E. Vaillant, *Triumphs of Experience: The Men of the Harvard Grant Study,* The Belknap Press of Harvard University, 2012.
4 Ibid.
5 George E. Vaillant, *Triumphs of Experience: The Men of the Harvard Grant Study,* The Belknap Press of Harvard University, 2012.;
Robert Waldinger, 'What makes a good life? Lessons from the longest study on happiness', TED, 2015
Robert Waldinger and Marc Schulz, *The Good Life and How to Live It: Lessons from the World's Longest Study on Happiness,* Simon & Schuster, 2023. 박선령

번역, 『세상에서 가장 긴 행복탐구보고서』, 비즈니스북스, 2023.

6 Robert Waldinger, 'What makes a good life? Lessons from the longest study on happiness', TED, 2015.;
Robert Waldinger and Marc Schulz, *The Good Life and How to Live It : Lessons from the World's Longest Study on Happiness,* Simon & Schuster, 2023. 박선령 번역, 『세상에서 가장 긴 행복탐구보고서』, 비즈니스북스, 2023.

7 Ibid.

8 George E. Vaillant, *Triumphs of Experience: The Men of the Harvard Grant Study,* The Belknap Press of Harvard University, 2012.

9 Pew Research Center, 'What makes life meaningful? Views from 17 Advanced Economies', 2021. 1. 18.

10 이효수, '자녀를 '인생의 기쁨'보다 '경제적 부담'으로 느끼는 시민의 비중이 가장 높은 도시, 서울', [이효수 세상보기 (119)], 「이효수 블로그」, 2023. 5. 30.

11 장선희 외, '서울 학생 가치관 조사 연구', 서울특별시 교육청 교육연구정보원, 2023. 12. 31.

12 조선일보, '자녀는 기쁨보다 부담 응답 높은 곳은 서울 도쿄뿐', 2023. 5. 30.

13 연합뉴스, '의대정원 확대에 '초등 의대반' 문의 쇄도…"초3때 고교수학도", 2023. 10. 16.

24장 다원적 경쟁과 포용적 사회

1 한국고용정보원의 『2020 한국직업사전』에 의하면, 한국에 총 16,891가지 종류의 직업이 존재한다. 이것은 2012년에 발간한 제4판에 비해 5,236개 늘어난 것이다. 직업 종류가 8년 사이에 무려 31%가 증가한 것이다. 한국고용정보원, 『2020 한국직업사전, 통합본 제5판』, 2020.

2 지식이 축적되고 기술이 발전하면서 사라지는 직업보다 새롭게 생성되는 직업이 많기 때문에, 경제사회가 선진화될수록 직업의 종류는 늘어나는 경향이 있다.

3 이효수, 『Y형인재에 투자하라』, 매일경제신문사, 2012. 11. 12.

4 통계청, 「2024년 사회조사 결과」, 2024. 11. 12.

5 Ibid.

6 Ibid.

25장 Y형인재와 공교육 이니셔티브

1 이효수, 『Y형인재에 투자하라』, 매일경제신문사, 2012.
2 Ibid.
3 INSEAD, The Global Talent Competitiveness Index 2023, Special Tenth Anniversary Edition, 2023.
4 Ibid.
5 한국경제인협회, 'FKI 인사이트 65호: 대졸 청년 일자리 현황과 과제', 2021.
6 최영준, '전공 불일치기가 불황기 대졸 취업자의 임금에 미치는 장기효과 분석', 「BOK 경제연구」, 한국은행, 2021. 12.
7 KOSIS, '전공과 직업의 일치도', 2024. 7. 26. 인출

26장 인재주의 시대 대학 패러다임

1 첨단산업 인재혁신 특별법(약칭: 첨단산업인재혁신법), 법률 제20033호, 2024. 1. 16. 제정. https://www.law.go.kr/LSW/lsInfoP.do?lsiSeq=258733#0000
2 'LG, 국내 최초로 '기업 대학원' 만들어 석·박사 준다.' 조선일보, 2024. 3. 20.
3 Ibid.
4 PitchBook, 'PitchBook Universities: Top 100 colleges ranked by startup founders', 2024. 8. 30.; 이효수, '스타트업 창업 세계 대학 순위 [대학개혁 (42)], 이효수 블로그, 2024. 5. 23.
5 Ibid.
6 이효수, 『Y형인재에 투자하라』, 매일경제신문사, 2012.
7 이효수, 『창조경제』, 매일경제신문사, 2014.
8 구글 홈페이지, https://about.google/stories/, 2023. 12. 30. 인출
9 '모더나 창업자 로버트 랭거 MIT 교수, 첨단 약물전달시스템, 인간 건강에 엄청난 영향', 연합뉴스, 2023. 4. 14. 한국생물학회 홈페이지
10 이효수, '대학위기의 본질과 위기극복의 길', [대학개혁(37)], 「이효수 블로그」, 2023. 2. 5.
11 영남대학교, YU GLOCAL INITIATIVE, 2013 신년호, 2013. 2. 8.
12 조선일보, 'QS 대학평가, 아시아에서 수직 상승하는 대학', 2012. 5. 30.
13 KBS, '지방의 한계를 뛰어넘은 대학', KBS 뉴스라인, 2010. 10. 13.
14 영남대학교, 「담대한 도전, 담대한 변화 (YU Glocal Initiative), 2009-2012」, 2012.; YU GLOCAL INITIATIVE, 2013 신년호, 2013. 2. 8.

15 하버드, 시카고 대학 등 미국 명문대학의 패러다임 전환을 이끈 총장들의 사례에 대해서는 다음 참조. 이효수, 『Y형인재에 투자하라』, 매일경제신문사, 2012, pp.213-218.

16 홍원일·한종희, '중국 211 공정 및 985 공정의 정책변동 분석에 관한 연구', 한국행정연구 제29권 제4호, 2020. pp.111-142.

17 이효수, '아시아 10위권 대학, 중국 석권, 한국 전무, 국가의 대학정책의 차이가 빚은 참극', [이효수 경세제민(148)], 「이효수 블로그」, 2021. 11. 6.

18 조선일보, '베이징대, 3년째 아시아 대학 평가 1위, 톱10 중 한국은 연세대 1곳', 2024. 11. 7.

19 과학기술정보통신부, 한국과학기술기획평가원, 「2022년 기술수준평가 결과」, 2024. 2. 28.

20 평가대상기술은 건설교통(13개), 재난안전(4개), 우주항공해양(8개), 국방(3개), 기계제조(13개), 소재나노(5개), 농림수산식품(9개), 생명보건의료(15개), 에너지자원(23개), 환경기상(12개), ICT SW(31개) 등 11대 분야 136개이다.

21 유럽연합(EU)은 2012년 94.5%에서 2022년 94.7%로 미국과의 기술력 격차를 안정적으로 유지하고 있다.

22 이효수, '대학 경쟁력이 국가 경쟁력이다', 『대학교육』 no. 176, 2012. pp.10-11; 이효수, '글로컬 선도대학이 나라의 미래를 만든다', [이효수 경세제민 (34)], 「이효수 블로그」, 2019. 1. 5.

27장 건강한 노동시장과 가족친화적 고용관계

1 이효수, 『인재주의 경제학-노동시장과 고용관계』, 탑북스, 2015. pp.381-389.

2 Lee, Hyo-Soo, "The Interaction of Production, Distribution and Rule-making Systems in Industrial Relations", invited paper, IIRA 10th World Congress, Relations Industrielles/Industrial Relations 51(2), 1996. 6., pp.302-332.

PDR 시스템이론에 대한 세계적 석학들의 평가를 보면, MIT의 Thomas A. Kochan는 국제고용노사관계학회 제10차 세계학술대회 개막연설에서 "이 논문은 서양이론가들과 다른 접근으로 이 분야의 새로운 획을 긋는 획기적 논문이라고 소개했다(IIRA 10th World Congress, Presidential Address, pp.8-9). 캐나다 Jean Sexton 교수는 "이효수는 서양 이론가들과 달리 휴먼웨어에 기초한 이론을 제시했고, 이것은 신선한 획기적인 논문"이라고 평가했다(RI/IR 51-2, pp.275-6). "이 이론은 아시아뿐만 아니라 북미지역 기업현장에서도 유용하게 적용될 수 있다."(Jean Boivin). "이 모델로부터 미국인들이 많은 것을 배울 수 있다." (Chip Hunter).
Thomas A. Kochan, 'Launching a Renaissance in International Industrial Relations Research', Presidential Address to the 10th World Congress of the International Industrial Relations Association, May 31, 1995, pp.8-9
Jean Sexton, 'New Models of Negotiations, Dispute Resolution and Joint Problem Solving', Relations Industrielles/Industrial Relations 51-2, 1996 spring, pp.275-276
3 PDR 시스템을 잘 구축한 기업은 기업경쟁력과 근로자의 삶이 동시에 높아지는 상생적 고용관계(Mutual gains)를 실현할 수 있다는 방대한 실증분석 결과가 나와 있다. 이효수, 『노사공동선 경제학』, 한국노동교육원, 1997. 7.

28장 인재중심 혁신성장: 중소기업 르네상스

1 중소벤처기업부, '중소기업위상', 중소벤처기업부 홈페이지. 2025. 1. 13. 인출
2 통계청, '2022년 임금근로일자리 소득(보수) 결과', 2024. 2. 27.
3 한국경영자총협회, '한·일 임금현황 추이 국제비교와 시사점', 2024. 3. 17.
4 이효수, 『인재주의 경제학』, 탑북스, 2015. 8. 30.
5 이효수, 『인재주의 경제학』, 탑북스, 2015. 8. 30. pp.281-283.
6 통계청, '2024년 5월 경제활동인구조사, 청년층 부가조사 결과', 2024. 7. 16.
7 Ibid.
8 이효수, 『노사공동선 경제학』, 한국노동교육원, 1997. 7.; 이효수, '노사관계와 기업의 총체적 경쟁력', 『경제학연구』 제46집 제2호, 한국경제학회, 1998. 6. pp.195-221.
9 이효수, 『인재주의 경제학』, 탑북스, 2015. 8. 30. pp.394-409.
10 켄코아 에어로스페이스는 경남 사천에 있는 항공기 방산 부품을 생산하는 330여 명의 직원을 둔 중소기업이다. 매출액이 2020년 103억 원에서 2022년 447억 원으로 급성장하고 있는 '글로벌 강소 기업'(중소벤처기업부 선정) 이다. "1시간 늦게 출근해도 OK…아이는 '공동 어린이집'에 맡겨요", 조선일보, 2024. 3. 22.

29장 수도권 블랙홀에서 지역 생존의 길

1 이효수, '메가시티 리전 건설로 국가경쟁력 강화해야, 메가시티 리전 4대 성공조건', [이효수 경세제민 (102)], 「이효수 블로그」, 2020. 11. 29.
2 Richard Florida and Karen King, 'America's Evolving Geography of Innovation:

How the Heartland Region Can Lead the Way on Industry Transforming Technology,' Heartland Forward, 2023

3 Ibid.

4 이효수, 『창조경제』, 매일경제신문사, 2014, pp.431-482.

5 Lee, Hyo-Soo, 'Korea: Proposal for a New Type of Partnership', *More than Just Jobs, Workforce Development in a Skills-based Economy,* OECD, pp.227-249.

6 이효수, 『인재주의 경제학』, 탑출판사, 2015, pp.390-392.

찾아보기

1-9

1차 청년인구 이동 197, 198
2차 청년인구 이동 198
3대 기회 466
4대 대협곡 307
4대 위기 465
211 공정 413
985 공정 413

A

adaptability 429

D

Debt Service Ratio 286
decent jobs 169
DSR 286

G

GTT 전략 445

I

IMF 35

K

K-뷰티 20, 310
K-컬처 112
K-팝 20
K-푸드 20, 310

M

mutual gains 419
MZ 세대 138, 373, 427

N

N포 세대 215

O

OECD 106
off-shoring 263
outsourcing 169

P

PageRank 405
PDR 시스템 423, 424
PDR 시스템 이론 421, 422
PDR 시스템 혁신 428

R

RESAP 모델 458

S

S자 경제성장가설 255, 256, 257
SPICE 446
SPICE 모델 446

T

Talents 445
Technology 445
trainability 429

V

VIP 리더십 406
VITAL 지수 457

X

X형인재 192, 309

Y

Y형인재 192, 309, 319, 380, 382
Y형인재론 383

ㄱ

가계 부채 285
가족 가치관 르네상스 229
가족관 진화 374
가족친화적 고용관계 435, 436
가족행복 문화 364
가치관 352
가파른 인구절벽 47, 49
감세정책 275
개인 맞춤형 교육 388, 393
거래비용(transaction cost) 434
거품경제 266
건강한 노동시장(HLM, Healthy Labor Market) 419, 420
결혼 미스매치 142
경력단절 133
경쟁우위(competitive advantage) 459
경제강국 316
경제성장 255
경제성장 단계 255
경제영토 21
경제적 대협곡 253
경제적 번영(Economic prosperity) 451, 452
경제적 양극화 269
경제 회복 탄력성(economic resilience) 262
고도성장단계(High-Growth Stage, Turnpike) 256, 262
고든(Gordon) 151
고등학교 학령인구 69
고령사회(aged society) 42
고령인구 비중 51
고령층 고용률 105
고령화 사회(aging society) 42
고령화 속도 41, 42, 44
고부담-고불평등 국가 282
고부담-저불평등 국가 283
고용관계 환경 423
고용관리관행 156
고학력화 159
공교육 187, 382
공교육 이니셔티브 393
공교육 정상화 377
공적연금 103
과밀비용 194
과학기술기본법 414
관료적 통제 381
관성의 법칙 151
광역경제권 205
교사의 역할 390
교실파괴 현상 186
교육 72, 379, 394
교육 사막화 71
교육의 목적 378
교육의 효과성 191
교육훈련비용 168

교조적 이념주의(dogmatic ideology) 299
교차압박(double jeopardy) 138
구글(Google) 405
구조조정 76
국가 경쟁력 114, 115, 116
국가균형발전 203, 206, 449
국가균형발전특별법 204
국가 브랜드 가치 315
국가 육아 수당 332
국가채무 287
국내총투자율 265
국민부담률 281
국민연금 284
국제결제은행(BIS) 286
국제경쟁력 89
국제통화기금(IMF) 287
규모의 경제 206
규모효과 204
극초고령 사회(hyper-aged society) 42, 43, 44
글로벌 경쟁우위(Global Competitive Advantage) 453
글로벌 연계성(Global connectivity) 453
글로벌 혁신도시 454, 457
글로벌 혁신도시의 핵심전략 456
글로컬 선도대학(GIU: Glocal Initiative University) 404
기술 불일치(Skill mismatch) 434
기술적 통제 317, 381
기술 전쟁 430
기업별 노조 체제 165, 441
기업 부채 285
기초연금 284
긱 노동자(Gig Worker) 173

ㄴ

나홀로족 221, 222
나홀로족 문화 221, 222
낙수효과(Trickle-down effect) 275
낙인효과 176
남녀고용평등법 131, 161
내부 고용관리 156
내부노동시장 429
내부자-외부자(Insider-outsider) 169
내수시장 90
내재적 위기 23
노년부양비 52, 107
노년 인구 46
노동공급 구조 158
노동공급 생태계 419, 421
노동수요 생태계 419
노동시장 개혁 419
노동시장 구조 151
노동시장구조분석론 150
노동시장 유연화 168
노동자계급(proletariat) 172
노령화 지수 53
노무현 203, 204
노인 빈곤율 53, 102
농경사회 126, 338
농지개혁 260
능력개발시스템 424
능력주의(Meritocracy) 180
능력주의 사회 180

ㄷ

다원적 경쟁 153
다원적 경쟁사회 366, 367, 371
단선적 경쟁 153, 207
단선적 경쟁문화 178
단선적 경쟁사회 208, 212, 213, 365
단선적 과잉경쟁 신드롬 207, 208
단선적 초경쟁 153
단시간 근로자 174
단층노동시장 156, 158, 209
단층노동시장론 150, 151, 153, 154
단층성 156
단층 하강 164, 165
대량생산체제 317
대입성적 서열경쟁 180, 181
대체출산율 28
대학 402
대학 교육의 목표 402
대학교 학령인구 70
대학의 구조조정 75
대학 진학 397
대학진학률 159
대학진학 문화 396
대학 폐교 76
데이비드 콜먼(David Anwyll Coleman) 24
도구 과목 389
도덕적 존재 379
돌민정음 20
되린저(Doeringer) 151
디지털 경제 267
디지털 교재 388
디지털 네이티브 88
디지털 전환(DX) 320
딩크족 문화 225
딩크족(DINKs, Double Income No Kids) 224, 225
따뜻한 인간관계 356

ㄹ

라이히(Reich) 151
로버트 랭거(Robert Langer) 405
로버트 왈딩거(Robert Waldinger) 355
로스토우(Walt Whitman Rostow) 255
룰-메이킹 시스템 425

ㅁ

마스다 히로야 79
마인드셋 424
마크업 프라이싱(mark-up pricing) 164
만혼문화 221
맞춤형 교육 390
메가시티 리전(Mega-city Region, MCR) 205, 450
메가시티 리전 4대 성공요건 451
명문 대학 212
모방 창업 88
모의 연령별 출산율 196
문화 332
문화대국 316
문화적 양극화 269
물질적 풍요(Material well-being) 358
물질적 행복의 역설 362, 363
미중 패권전쟁 303

ㅂ

박정희 33, 162, 261, 262
반숙련 노동력(semi-skilled worker)

184
범용기술 309, 427
범위의 경제 206
베이비붐(baby boom) 44
벤처캐피털(VC) 404
변화의 법칙 151
보호무역 265
부가급여(fringe benefits) 154
부동산 가치의 역설 96
부동산 불패 신화 97
부실대학 75
부채 285
부채 도미노 290
부채상환비율 286
부채의 덫 285, 287, 288
분단노동시장 152
분단노동시장론 152
분배 시스템 424
분수효과(Fountain effect) 275
분열의 정치 293
불공정 거래 444
비교문화 215, 216
비교의 덫 216, 217
비임금 근로자 93
비정규직 노동시장 155, 170, 176, 434
비정규직 함정 152, 171
비혼 동거 146
비혼 출산 147
빅테크 기업 317
빈곤선 277
빈곤율(poverty rate) 277
빠른 추격자(fast follower) 184, 381

ㅅ

사교육 187
사교육 열풍 182, 183, 190
사교육 카르텔 186
사내하청 169
사랑 363
사이먼 쿠즈네츠(Simon Kuznets) 274
사적연금제도 104
사회계층 세습화 182, 189
사회보장부담률 281
사회서비스 유지 인구 65
사회적 양극화 269
사회적 책임 337
사회통합(social inclusion) 459
산업경제 308
산업화 준비단계(Early Stage of Industrialization) 256, 259
산업화 초기단계(Takeoff Stage) 256, 261
살기 좋은 환경(Livability) 451, 452
살아 있는 지식(working knowledge) 386
삶의 가치 351
삶의 질 369
상대적 빈곤 216
상생적 고용관계 419
상시채용 166
상위단층 128, 154
상위단층 노동시장 210
상위단층 입직구 209
상위단층 진입 214
생각하는 힘 389
생산성 89
생산시스템 423
생산연령인구 46

생산연령인구 감소 101
생산연령인구 비중 50
생식본능 193
생애 포트폴리오 228
생애학습 클러스터 459
생존본능 193
생활습관 23
서플라이 체인 164
선도자(first mover) 381
선진경제강국 307, 321
선행 강의 185
성숙단계(mature stage) 256, 262
성장동력 262
성차별(gender discrimination) 134
세계금융위기 263
세계시장(Global Market) 445
세계적 콘텐츠 313
세전 지니계수 279
세종특별자치시 204
세종학당 21
세후 지니계수 279
소득분위수비율 270
소득 블평등 270
소득 양극화 270, 276
소득 양극화 축소기 271
소멸고위험단계 80
소멸위험단계 80
소멸위험 진입단계 80
소멸 주의단계 80
소셜 포비아(social phobia) 215
소유의 환상 362
소프트웨어 시스템 424
소프트 파워 20
속인적 요소 157
수도권 블랙홀 193, 204, 206
수도권 블랙홀 현상 194
수도권 집중화 202
수시채용 166
수입대체산업 261
수학능력시험 210
스타트-업 88
스타트업 생태계 411
스탠퍼드 대학 403
스트레스 과잉사회 213
시대의 운 21
신뢰 372

ㅇ

아날로그 경제 267
아날로그 세대 373
압축성장 184
에드워드(Edwards) 151
에스닉 인클레이브 247
에스닉 인클레이브(ethnic enclave) 243
연공서열 임금체계 427
연공서열주의 153
연구중심 대학 403
예정된 위기 22
오징어 게임 20
올바른 가치관 352
완만한 인구절벽 47
외부 고용관리 156
외생적 위기 23
요한 하인리히 페스탈로치(Johann Heinrich Pestalozzi) 230
욜로(YOLO) 219
워라밸 기업문화 447
워라밸(work-life balance) 123

워차밸 딜레마 137
워차밸(work-childcare balance) 123, 137
원청-하청 관계 444
원하청구조 164
유리천장 134
유리천장지수(glass-ceiling index) 134
유소년 인구 46
유연근무제 436
유연노동시장(FLM, Flexible Labor Market) 419
유효경쟁체제 211, 300
육아기 근로시간 단축 132
육아빈곤 124
육아지원 제도 436
육아휴직 132
윤석열 328
의무교육제도 260
이념 299
이데올로기(Ideologie, ideology) 298
이민자 244
이민정책 240, 245
이승만 260
이정우 152
이주배경인구 241
이중노동시장 152
이중노동시장론 151
이행비용(transition cost) 434
이효수 150, 204, 254, 408, 421, 440, 457
이효수의 경제발전단계설 254
인간의 존엄성 462
인격 도야 379
인구 감소 3단계론 46
인구구조의 변동 46
인구론 33
인구의 사회적 감소 98
인구의 사회적 증가 98
인구재앙 94, 111
인구재앙 쓰나미 22, 23, 25, 66
인구 피라미드 44
인디 브랜드(Indie Brand) 310
인사 시스템 424
인성 383
인성교육 384
인식의 오류 37
인재 72, 114, 318
인재경쟁력 395
인재상 380
인재은행(Talent Bank, TB) 433
인재전쟁 319
인재주의 317, 462
인재주의 경제 318
인재주의 경제 패러다임 318
인재주의 경제학 426, 440, 461, 463
인재주의 시대 316
일-가정 균형 148
일-가정 양립 127, 218
일-가정 양립 사회 341
일자리 불일치(Job mismatch) 434
일자리 은행(Job Bank, JB) 433
일자리 쪼개기 173
일자리 창출(job creation) 366
일자리 파괴(job destruction) 366
임금 불일치(Wage mismatch) 434
임금체계 개혁 430
입지효과 98
입직구(port of entry) 156

ㅈ

자기개발 370
자기주도 학습 379, 392
자녀 360
자본주의 462
자산가치 96, 99
자산가치 붕괴 98
자영업 93
자영업 붕괴 94
자영업자 93
잠재성장률 256
장기고용관행 35
장 섹스턴(Jean Sexton) 421
장쩌민 413
재외동포 247
재정점검보고서(Fiscal Monitor) 287
저기술 균형 168
저부담-고불평등 국가 283
저부담-저불평등 국가 282
저성장 단계 175, 264
저성장 단계(Low-Growth Stage) 256
저성장 함정(low-growth trap) 258, 264, 265
저출산 28
저출산 고령사회 기본계획 231
저출산 단계 27, 34, 45
저출산 사회 29
적대적 공생관계 293
전두환 272
전략형 룬샷 330, 331
전문성 386
전통적 가족관 376
절대평가 387
점수서열경쟁 188
정기 공채 166
정부부채 비율 287
정신적 존재 379
정책 관성 238
정책 목표 328
정책지도(policy map) 233, 326, 327
정책 컨트롤 타워 233
정책 타이밍 40, 237
정책 패키징 326
정책 포트폴리오 326
정치 293
정치실패 300
정치적 대협곡 291
정치적 양극화 269
정치적 지역주의(political regionalism) 298
제1단계 인구감소기 46
제1차 단층구조변동 161
제2단계 인구감소기 47
제2의 물결 166, 167
제2차 단층구조 변동 162
제3단계 인구감소기 47, 49
조세부담률 281
조지 배일런트(George Vaillant) 355
조직문화 437
조혼인율 142
주택 갈아타기 98
죽은 지식 392
준초저출산 단계 34, 45
준초저출산 사회 29, 30
중력의 법칙(Law of gravity) 450
중산층 98
중소기업 438
중소기업 노동시장 441

중소기업의 스케일 업(Scale-up) 443
중앙노동위원회 129
중위단층 155
중위인구절벽 47
중학교 학령인구 69
중핵도시 205
중형 메가시티 리전 449
중화학공업 164
지니계수(Gini coefficient) 278
지니계수(Gini Coefficient) 270
지방노동위원회 129
지방붕락 82
지속가능 최저출산율 30, 330
지식재산권 383
지식 트라이앵글(Knowledge Triangle) 459
지역 소멸위험지수 79
지역 연계성(Regional connectivity) 453
지적성장 370
직무급 157, 209
직무급 임금체계 428
직업능력(Vocational Ability) 429, 431
직업세계와 진로 398
직장 어린이집 344
진취성 386
진취성 교육 386
집적효과 204

ㅊ

창의성 교육 385
창의적 연구문화 411
창조경제 254, 308, 309, 316, 381
창조계급 430
창조적 변화 320
창조적 진화 320
청년층의 순유입 202
청년층의 순유출 202
청년층 인구절벽 199
초고령 사회(super-aged society) 42
초단시간 근로자 173
초등학교 학령인구 69
초저출산 32
초저출산 단계 35
초저출산 사회 29, 31
초저출산의 늪 21, 35
총장선임위원회(Presidential Search Committee) 410
출산휴가 132
출생 60, 62
출생의 가치 60
출생 절벽 59, 60, 62
충분한 규모(Sufficient scale) 451, 453
치명적 위기 22, 24

ㅋ

케이팝 데몬 헌터스(K-POP Demon Hunters) 311
케데헌 311
쿠즈네츠 곡선(Kuznets Curve) 274
클라우스 슈밥(Klaous Schwab) 254

ㅌ

토마스 로버트 맬서스(Thomas Robert Malthus) 33
토마스 코칸(Thomas A. Kochan) 421
톱니효과 100

ㅍ

패러다임 전환 408
팬덤정치 294, 372
포용적 사회 372
포용적 시장경제 282
포퓰리즘 276
포퓰리즘 정책 295
포퓰리즘 중독 296
풍요 속 빈곤 353, 362, 363
퓨서치센터 357
프레카리아트(Precariat) 172
프리드리히 리스트(Georg Friedrich List) 254
플랫폼 경제 173, 309, 434
피오르(Piore) 151

ㅎ

하드웨어 시스템 424, 426
하위단층 155, 170
하위단층의 비조직부문 169
하위단층 조직부문 170
학력병 177
학령인구 68
학벌주의 212
학벌주의 사회 212
학벌지상주의 180
학습-고용정보센터(LJIC, Learning-Job Information Center) 432, 434
한국의 압축성장 259
한국의 합계출산율 33, 38
한류 콘텐츠 314
합계출산율 28
핵심 과학기술 414
핵심 과학기술력 414
핵심 노동인구 87, 88
핵심노동인구 86, 95
행복 352, 363
행복 가족관 376
행복의 조건 362
행정수도 204
혁신도시 455
혁신 중심지 이동 455
현장학습(OJT) 192
혼외출산(비혼출생) 348
혼족 221
화이트 액소더스(White exodus) 243
화이트 플라이트(White flight) 243
휴먼웨어 426
휴먼웨어 시스템 424